鉄道・路線名の・ひみつ

木更津線、人吉本線を
知っていますか

今尾恵介

日本加除出版株式会社

鉄道路線名はどのように名付けられているのか

東海道本線、上越新幹線、阪急神戸線……。日常的に何気なく使っている鉄道の路線名は、いつからそう呼ばれるようになったのだろうか。

明治の鉄道黎明(れいめい)期にあっては、「○○線」という表現はあまり見かけない。明治一三年（一八八〇）に初めて整備された地形図である迅速測図では、山手線を称して「自赤羽至品川鉄道(あかばねよりしながわにいたる)」などと表記されているし、その後の地形図にも官営にもかかわらず「東海道鉄道」といった、後世から見れば私鉄のような名称が目立つ。逆に川越鉄道（現西武鉄道）などは「川越線」と記されていた。

明治二七年（一八九四）には冊子型時刻表である『汽車汽船旅行案内』（庚寅(こういん)新誌社）が国内で初めて刊行されている。そこに掲載された私鉄・日本鉄道の広告には「中仙道線」「奥州線」「山ノ手線」などと記されているものの、時刻が載った本文には「上野高崎前橋間」と区間の表示なので、線名で呼ぶ習慣が定着していなかったのかもしれない。

急速に近代化が進む日本では日露戦争の後、明治三九年（一九〇六）に鉄道国有法が公布された。それまで主に私鉄が担っていた幹線鉄道が翌年にかけて国有化されたのだが、一気に増えた国有鉄道の名称と区間が明確に定められたのは、同四二年一〇月一二日に告示された「国有鉄道線路名称」（左）である。これにより東海道線、北陸線、山陽線、山陰線などの各「部」

○告示

鐵道院告示第五十四號

國有鐵道線路名稱左ノ通定ム

明治四十二年十月十二日

鐵道院總裁　男爵後藤新平

名稱		區間
本州	東海道線	東海道本線（新橋神戸間神奈川横濱程ケ谷間及貨物支線）
		横須賀線（大船横須賀間）
		武豐線（大府武豐間）
		大津線（馬場大津間）
		京都線（京都園部間）
		西成線（大阪天保山間）
	北陸線	北陸本線（米原魚津間及貨物支線）
		七尾線（津幡矢田新間）
	中央東線	昌平橋篠ノ井間
	中央西線	名古屋野尻間
	阪鶴線	神崎新舞鶴間舞鶴海舞鶴間及貨物支線
		山陽本線（神戸下關間及貨物支線）
	奥羽線	奥羽本線（福島青森間及貨物支線）
		鹽釜線（岩切鹽竈間）
		八ノ戸線（尻内湊間）
		能代線（機織能代間）
	信越線	高崎新潟間
	總武線	總武本線（兩國橋銚子間及貨物支線）
		房總線（千葉大原間）
		東金線（大網東金間）
四國	讃岐線	高松琴平間
	徳島線	徳島船戸間
	人吉線	人吉本線（門司人吉間及貨物支線）
		小倉裏線（平時運轉休止）
		大藏線（小倉大藏黒崎間）
		室木線（遠賀川室木間）

国有鉄道線路名称（明治 42 年 10 月 12 日告示）

官報　第七八九一號　明治四十二年十月十二日（第三種郵便物認可）

- 播但線（飾磨城崎間）
- 山陽線
  - 呉線（海田市呉間）
  - 宇品線（廣島宇品間）
  - 大嶺線（厚狭大嶺間）
- 山陰線
  - 山陰本線（鳥取松江間）
  - 境線（米子境間）
- 関西線
  - 関西本線（名古屋木津奈良湊町間）
  - 参宮線（亀山山田間）
  - 草津線（柘植草津間）
  - 奈良線（木津京都間）
  - 櫻ノ宮線（木津網島櫻ノ宮間）
  - 櫻井線（奈良高田間）
  - 片町線（片町放出間）
  - 和歌山線（王寺和歌山市間及貨物支線）
  - 城東線（天王寺大阪間）
- 東北線
  - 東北本線（上野青森間及貨物支線）
  - 山手線（赤羽品川間池袋田端間大崎大井間）
  - 常磐線（日暮里岩沼間及貨物支線）
  - 隅田川線（田端隅田川間）
  - 高崎線（大宮高崎間）
  - 両毛線（小山高崎間）
  - 水戸線（小山友部間）
  - 日光線（宇都宮日光間）
  - 岩越線（郡山喜多方間）
- 九州
  - 篠栗線（博多篠栗間）
  - 三角線（宇土三角間）
  - 長崎線
    - 長崎本線（鳥栖長崎間）
    - 唐津線（久保田西唐津間及貨物支線）
    - 伊万里線（有田伊万里間）
    - 佐世保線（早岐佐世保間）
  - 豊州線
    - 豊州本線（小倉柳ヶ浦間）
    - 田川線（行橋添田間及貨物支線）
    - 宮床線（後藤寺宮床間及貨物支線）
  - 筑豊線
    - 筑豊本線（若松上山田間及貨物支線）
    - 伊田線（直方伊田間及貨物支線）
    - 幸袋線（小竹幸袋間及貨物支線）
    - 長尾線（飯塚長尾間）
  - 鹿児島線　鹿児島吉松間
- 北海道
  - 函館線
    - 函館本線（函館旭川間）
    - 幌内線（岩見澤幌内間及幌内太幾春別間）
    - 歌志内線（砂川歌志内間）
    - 手宮線（小樽手宮間）
  - 室蘭線
    - 室蘭本線（岩見澤室蘭間）
    - 夕張線（追分夕張間及紅葉山楓間）
  - 釧路線　旭川釧路間
  - 天塩線　旭川名寄間

の下に、本線とこれに所属する支線が列記された。たとえば東海道線の部では、東海道本線の他に横須賀線、武豊線、大津線（後に路線変更により廃止）、京都線（現山陰本線の一部）、西成線（現大阪環状線の一部と桜島線）という五本の支線が所属している。

これらはその後の路線の新設や新経路の開通などにより複雑な変遷を経たものも多いが、それぞれの路線名を注意深く見れば、国有鉄道（現ＪＲ）から私鉄に至るまで、その命名のしかたにはいろいろな発想が存在することがわかる。

たとえば東海道本線は東海道沿い（一部外れるが）に東京から神戸を結ぶ鉄道だからその街道名を採用したのだろう。ただし古代の「五畿七道」まで遡れば、東海道は街道の名前であると同時に、沿道の国―伊賀、伊勢、志摩、尾張、三河、遠江、駿河、伊豆といった所属国も示すので、それらの国を巡るといった意味も併せて持たせたのかもしれない。

上越新幹線は、上野国の高崎と越後国の宮内（長岡市）を結ぶ在来線の上越線に並行することから来ている。関東と新潟県の間に聳える三国山脈（越後山脈）を長いトンネルで貫いて結ぶもので、豪雪でも運休しないようさまざまな工夫がなされている。田中角栄首相の功績を持ち出すまでもなく、新潟県民には特別な思い入れを含む線名ではないだろうか。

阪急神戸線（正式には神戸本線）の「阪急」のルーツをたどれば、始めは箕面有馬電気軌道と称した。それが後に阪神急行電鉄、京阪神急行電鉄を経て現在の社名「阪急電鉄」に落ち着いている。線名はもちろん神戸方面へ通じているからだが、大阪と神戸を結ぶ鉄道としては国鉄、阪神に続く三つ目で、ここに高速度で電車を走らせることを目論む小林一三（いちぞう）率いる阪急が、満を持してデビューさせた新線だ。ただ単に便利な電車を走らせるだけでなく、良好な住宅を供給し、中・高等教育機関を誘致して沿線イメージを高める戦略が功を奏しているので、「阪急神戸線沿線」という線名に今も特別な価値を認める人は多い。

これだけ見ても、路線の命名はさまざまで、それらは年月を経て利用者の間に定着してきた。中には合併などにより鉄道会社が変わり、あるいはルートが変更され、国有化や民営化で改称する路線もあり、またイメージアップのために意図的に新設されるものも少なくない。特に最近ではひらがな、カタカナを多用し、場合によっては英語由来の「○○ライン」といった命名も増えてきた。そのタイプの線名は私にはちょっと苦手だが、特に昨今では自動車の普及が極限まで達した中で苦境にあるローカル鉄道が「起死回生」を図るための命名と思えば、無理やり納得できなくもない。

さまざまな路線名に満ちた現在の日本列島ではあるが、その命名の由来が官報などに明示されたのを見たことはなく、その「形態」から想像するしかないものがほとんどだ。起点や終点を名乗る線、経由する国名やその合成、広域の地名や山河の名前、あるいは有名な神社仏閣の名を採用して乗客数を増やそうとしたらしいものもある。日本にいくつ路線があるか数えたことはないが、路線名にまつわる話をまとめて収めた本を読んだことがなかったので、日本加除出版の月刊誌『住民行政の窓』で連載の機会をいただいたので書いてみた。ただし路線名の由来を特定するのは簡単なようで難しく、あくまで著者の解釈であるから、異論はいくらでもありそうだ。時には勘違いがあるかもしれない。そんな場合は読者諸賢からのご教示をいただければ幸いである。

令和五年（二〇二三）五月

東京と八王子を結ぶ「京王線」の発車ベルを遠くに聞きながら

今尾　恵介

目次

鉄道路線名はどのように名付けられているのか

信濃と越後で信越本線――国名またはその合成による線名　109

本書は、日本加除出版刊『住民行政の窓』に連載された「鉄道路線名の謎」（二〇一八年一〇月号〜二〇二二年一二月号）をもとに、大幅に加筆修正したオリジナルです。

本書に掲載した地形図は、国土地理院およびその前身機関の発行したものを引用しました。適宜拡大・縮小しています。

本書で扱う社名および線名は場合によって略称を用い、原則として旧国鉄・ＪＲ各線にあっては「国鉄」「ＪＲ」を省略しました。

目的地、それとも起点

——起終点名をとった線名

- 根室本線
- 函館本線
- 留萌本線
- 阪急宝塚線
- 福知山線
- 鹿児島本線
- 長崎本線
- つくばエクスプレス
- 奈良線

根室本線——延伸して釧路本線から改称

青函トンネルが開通する以前、函館～根室間の鉄道距離が東京～青森間より長いことを知って驚いたことがある。当時は東北新幹線がまだ盛岡までしか行っていなかったが、道内では石勝線が開通して道東が近くなっていたにもかかわらずである。ちなみに昭和六二年（一九八七）時点での東京～青森間は七〇〇・四キロ（東北新幹線は実距離で計算）、函館～根室間は七一四・六キロであった。石勝線が開通する以前の同区間はさらに大差があり、距離の短い経路である小樽を経由しても八一三・六キロと今より一〇〇キロも長かった。もともと北海道の面積が一般感覚よりずっと広い証左でもあるが、地形的に見ても内浦湾や日高山脈などが障壁となってまっすぐ進めない事情もある。

さて、道東に最初に鉄道が敷かれたのは現在の釧路総合振興局管内のことであった。屈斜路湖にほど近い鉱山の硫黄を運ぶため明治二〇年（一八八七）に敷設された専用鉄道を同二五年に私設鉄道に変更した釧路鉄道がそれで、この路線は標茶で釧路川の水運とは接続していたが、他の鉄道には繋がっていなかった。同鉄道が不採算で同三〇年に撤退した後に道東を目指したのが、明治三二年（一八九九）に旭川～美瑛間（現富良野線）で部分開業した官営鉄道十勝線

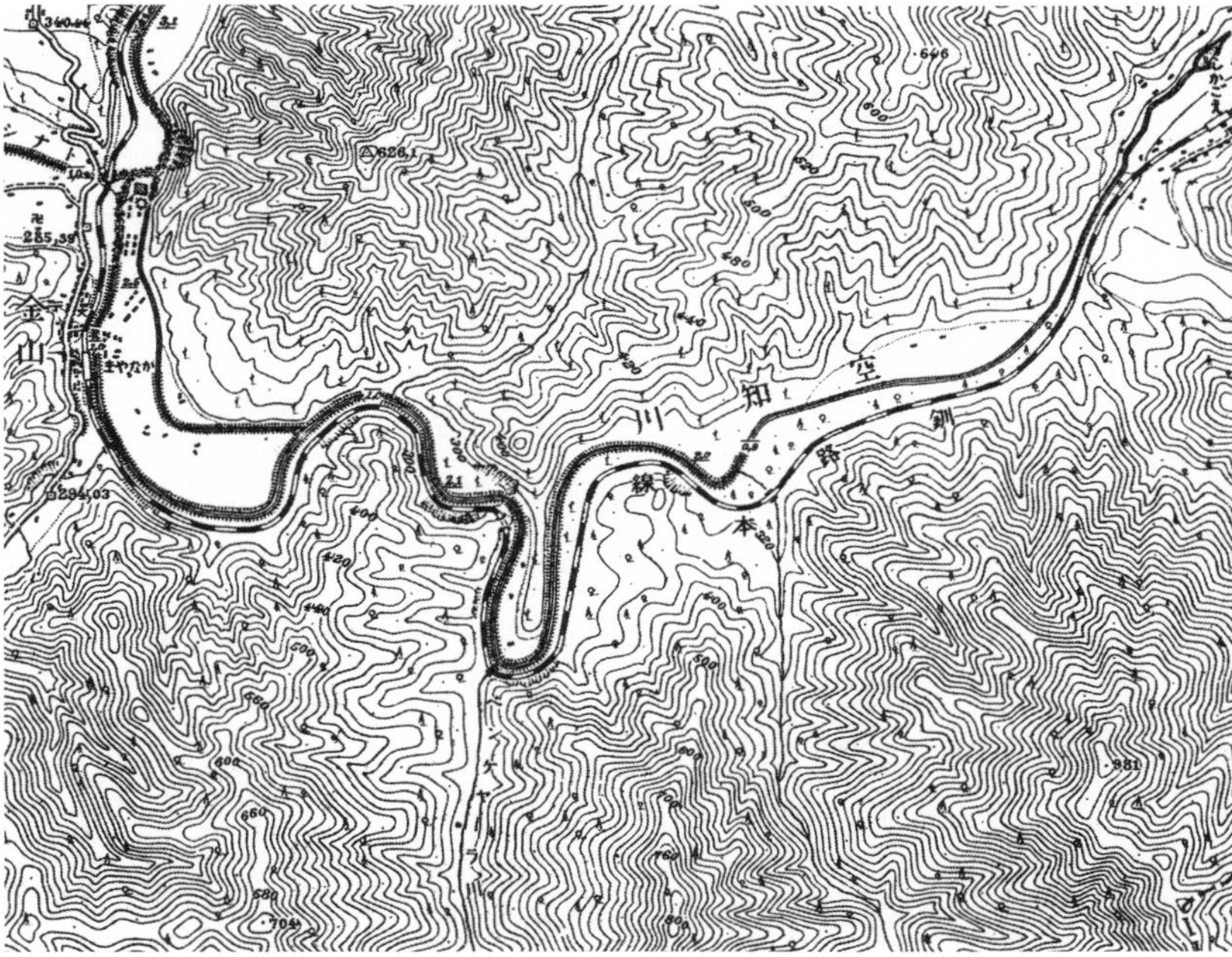

「釧路本線」時代末期の金山駅（上川管内）付近。昭和 41 年（1966）の金山ダム完成により図の右側３分の２が今は湖底に沈んでいる。1：50,000「石狩金山」大正８年測図

である。同三四年には同じく釧路線が白糠(しらぬか)～釧路間を皮切りに西へ延伸、同四〇年には難所の狩勝峠(かりかち)の区間（根室本線落合～新得(しんとく)間の旧線）が開通して、旭川(あさひかわ)～釧路間が開通した。札幌方面から道東へ汽車だけで到達できるようになったのがこの時のことである。

明治四二年（一九〇九）には国有鉄道の線路名称が全国的に制定され、旭川(あさひがわ)（明治三八年に読みを「がわ」に変更、昭和六三年に読みを「かわ」に再変更）～釧路間は釧路線と命名された。大正二年（一九一三）には札幌～道東間の近道となる滝(たき)

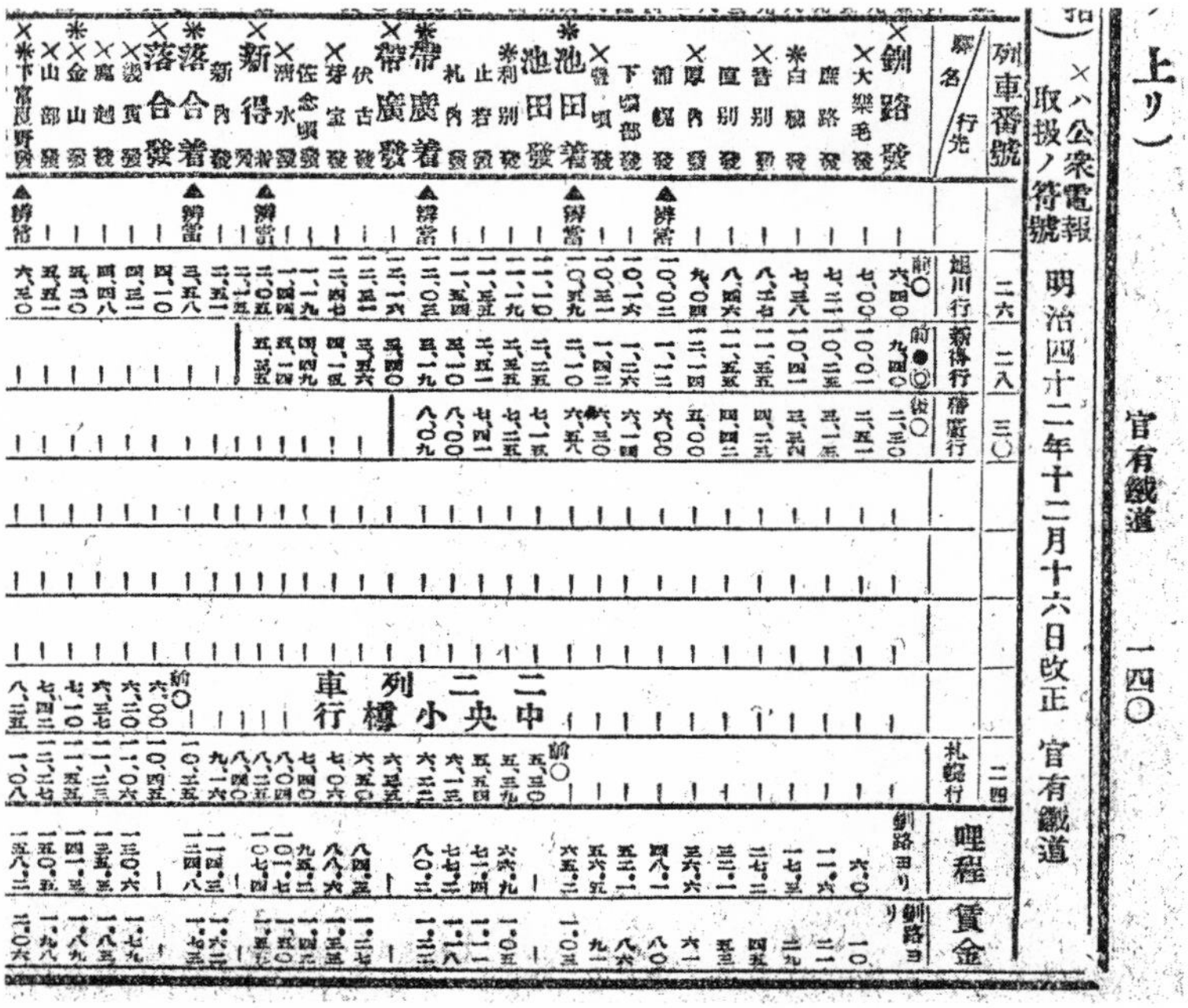

上リ　官有鐵道　一四〇

×ハ公衆電報取扱ノ符號

明治四十二年十二月十六日改正　官有鐵道

驛名＼列車番號・行先	特記	二六 旭川行	二八 新得行	三〇 帯廣行				二二列車 中央小樽行	二四 札幌行	哩程 釧路ヨリ	賃金 釧路ヨリ
×釧路發	｜	前○六、四〇	前●◎九、四〇	後○二、三〇	｜	｜	｜	｜	｜		
×大楽毛發	｜	七、〇〇	一〇、〇一	二、五一	｜	｜	｜	｜	｜	六・〇	一〇
庶路發	｜	七、三一	一〇、二五	三、二七	｜	｜	｜	｜	｜	一一・六	二一
※白糠發	｜	七、五八	一〇、四一	三、五四	｜	｜	｜	｜	｜	一七・三	二九
×音別發	｜	八、二七	一一、二五	四、二五	｜	｜	｜	｜	｜	二七・三	四五
直別發	｜	八、四六	一一、五六	四、四二	｜	｜	｜	｜	｜	三三・一	五三
×厚内發	｜	九、〇四	一二、一四	五、〇〇	｜	｜	｜	｜	｜	三六・六	六一
浦幌發	▲辨當	一〇、〇三	一、一三	六、〇〇	｜	｜	｜	｜	｜	四八・一	八〇
下頃部發	｜	一〇、一六	一、二六	六、一四	｜	｜	｜	｜	｜	五三・一	八六
×豊頃發	｜	一〇、三一	一、四三	六、三〇	｜	｜	｜	｜	｜	五六・五	九一
※池田着	▲辨當	一〇、五九	二、一〇	六、五八	｜	｜	｜	｜	｜	六五・二	一・〇三
池田發	｜	一一、一〇	二、二五	七、一五	｜	｜	｜	｜	前○五、三〇	｜	｜
※利別發	｜	一一、一九	二、三五	七、二五	｜	｜	｜	｜	五、三九	六六・九	一・〇五
止若發	｜	一一、三五	二、五一	七、四一	｜	｜	｜	｜	五、五四	七二・四	一・一一
札内發	｜	一一、五四	三、一〇	八、〇〇	｜	｜	｜	｜	六、一五	七七・三	一・一八
※帯廣着	▲辨當	一二、〇五	三、一九	八、〇九	｜	｜	｜	｜	六、二二	八〇・三	一・二三
×帯廣發	｜	一二、一六	三、四〇	｜	｜	｜	｜	｜	六、三五	｜	｜
伏古發	｜	一二、三一	三、五六	｜	｜	｜	｜	｜	六、五〇	八四・五	一・二七
×芽室發	｜	一二、四七	四、一五	｜	｜	｜	｜	｜	七、〇六	八八・六	一・三五
佐念頃發	｜	一、一九	四、四九	｜	｜	｜	｜	｜	七、四〇	九五・三	一・四六
×清水發	｜	一、四四	五、一四	｜	｜	｜	｜	｜	八、〇四	一〇一・七	一・五〇
新得着	▲辨當	三、〇五	五、五五	｜	｜	｜	｜	｜	八、二五	一〇七・四	一・五七
×新得發	｜	三、一五	｜	｜	｜	｜	｜	｜	八、四〇	｜	｜
新内發	｜	三、五一	｜	｜	｜	｜	｜	｜	九、一六	一一四・三	一・六三
※落合着	▲辨當	三、五八	｜	｜	｜	｜	｜	｜	一〇、三五	一二四・八	一・七三
×落合發	｜	四、一〇	｜	｜	｜	｜	｜	前○六、〇〇	一〇、四五	｜	｜
×幾寅發	｜	四、三一	｜	｜	｜	｜	｜	六、三〇	一一、〇六	一三〇・六	一・七九
×鹿越發	｜	四、四八	｜	｜	｜	｜	｜	六、五七	一一、三三	一三五・五	一・八五
※×金山發	｜	五、三〇	｜	｜	｜	｜	｜	七、一〇	一一、五五	一四一・五	一・八九
×山部發	｜	五、五一	｜	｜	｜	｜	｜	七、四三	一二、二七	一五〇・五	一・九八
×※下富良野發	▲辨當	六、五〇	｜	｜	｜	｜	｜	八、一五	一、〇八	一五八・三	二・〇六

線路名称告示から２か月後の改正ダイヤが掲載された釧路線の時刻表（上り列車）。その時点で旭川～釧路間が全通してまだ２年しか経っていない。釧路～帯広だけで５時間半かかった。時刻は午前・午後に分けた 12 時間制。
庚寅新誌社『汽車汽船旅行案内』明治 43 年２月号

川（かわ）～下富良野（現富良野）間が開通、こちらがメインルートの釧路本線となるのだが、これに伴って従来の旭川～下富良野間は支線の富良野線になった。これにより札幌～釧路間の距離は四四八・一キロから三九五・六キロと五二・五キロも短縮された（いずれも距離は当時）。ちなみに現在の石勝線経由では三四八・五キロとさらに四七・一キロも縮まっている。

　その後の釧路本線は大正六年（一九一七）に厚岸（あっけし）まで延伸、同八年に厚床（あっとこ）、同

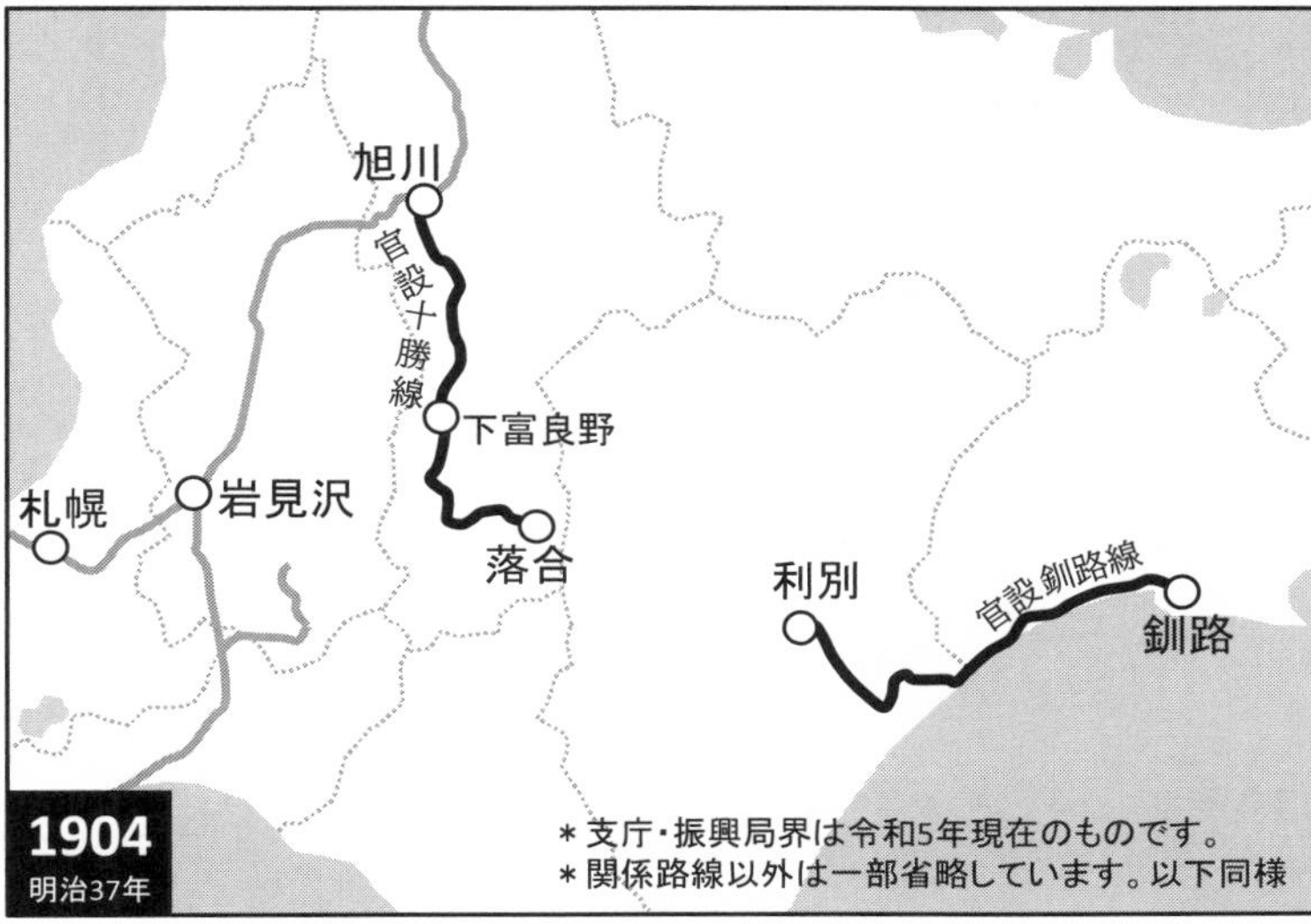
旭川
官設十勝線
下富良野
札幌
岩見沢
落合
利別
官設釧路線
釧路
1904
明治37年
＊支庁・振興局界は令和5年現在のものです。
＊関係路線以外は一部省略しています。以下同様

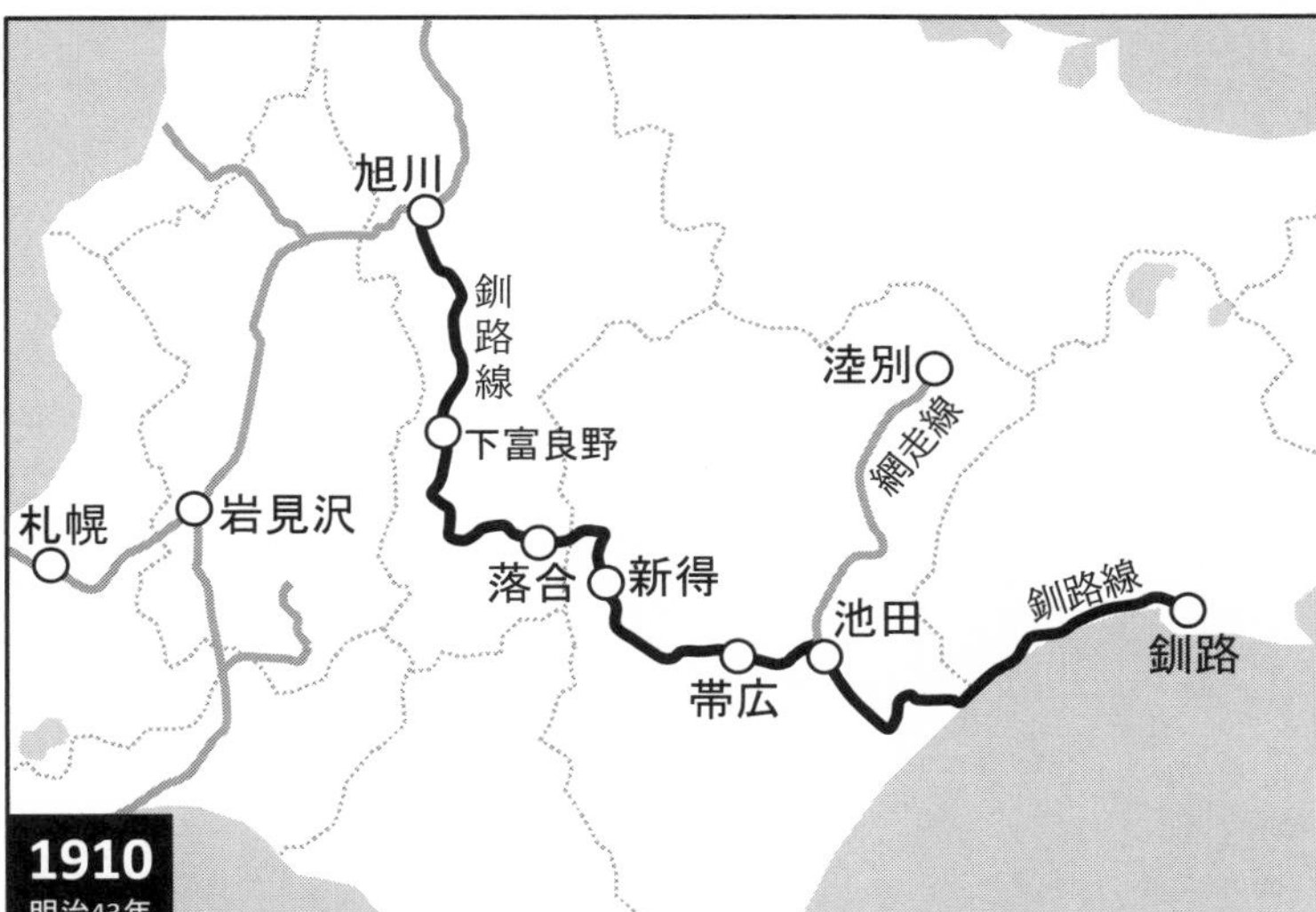
旭川
釧路線
下富良野
淕別
網走線
札幌
岩見沢
落合
新得
池田
帯広
釧路線
釧路
1910
明治43年

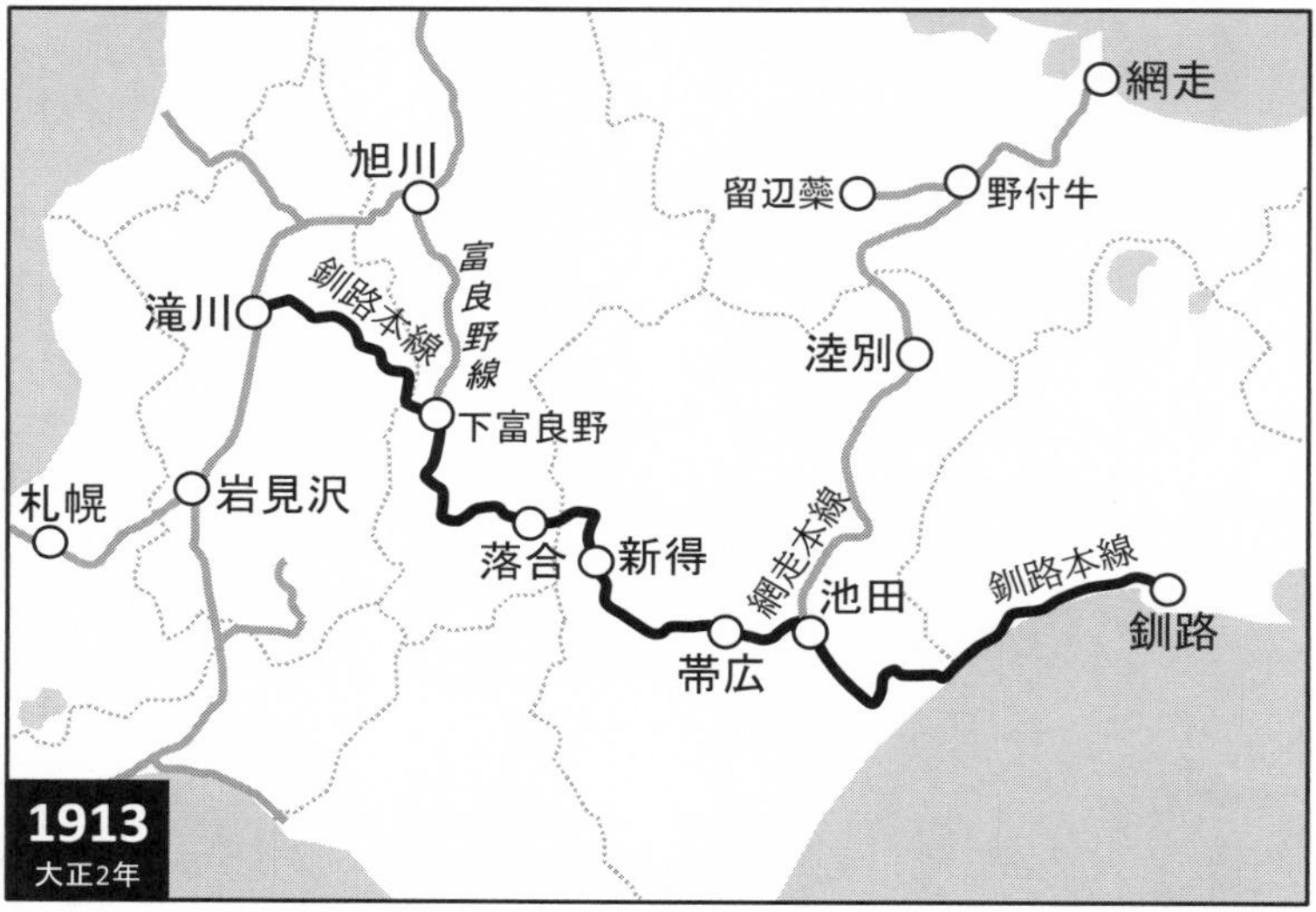
網走
留辺蘂
野付牛
旭川
富良野線
滝川
釧路本線
淕別
下富良野
札幌
岩見沢
網走本線
落合
新得
池田
釧路本線
釧路
帯広
1913
大正2年

遠軽
網走
旭川
留辺蘂
野付牛
富良野線
滝川
根室本線
淕別
下富良野
札幌
岩見沢
至根室
落合
新得
網走本線
池田
根室本線
釧路
帯広
1921
大正10年

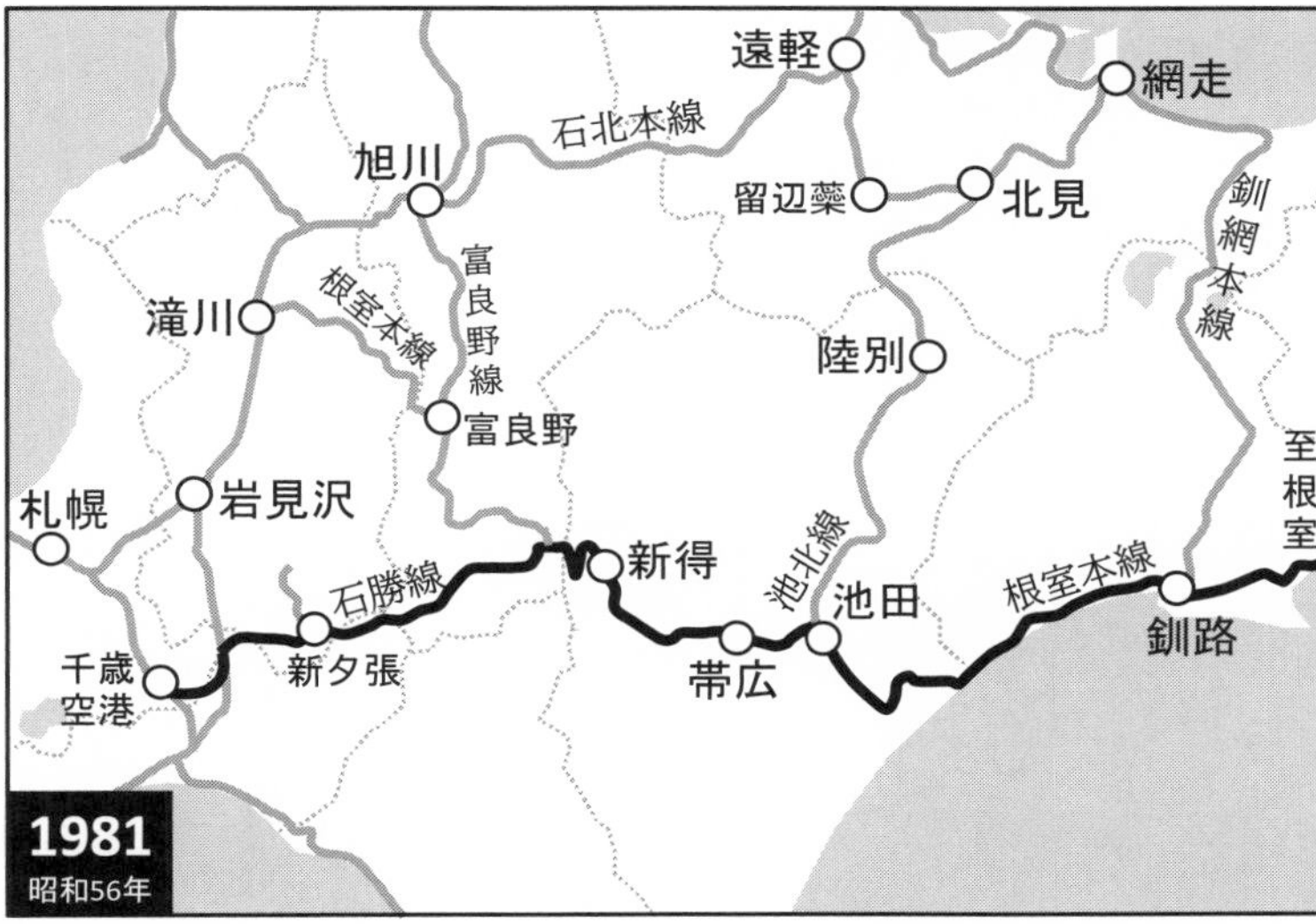
遠軽
網走
石北本線
旭川
留辺蘂
北見
釧網本線
富良野線
根室本線
滝川
陸別
富良野
至根室
札幌
岩見沢
新得
池北線
石勝線
池田
根室本線
千歳空港
新夕張
帯広
釧路
1981
昭和56年

遠軽
網走
石北本線
旭川
留辺蘂
北見
釧網本線
富良野線
根室本線
滝川
富良野
至根室
札幌
岩見沢
新得
石勝線
池田
根室本線
南千歳
新夕張
帯広
釧路
2030
令和12年
予定

九年に西和田と東進し、大正一〇年（一九二一）八月五日に根室まで全通した。せっかく「本線」になった釧路本線もその名称は八年足らずと長続きせず、この日をもって新しい終点の名を冠した根室本線に改められている。

路線名は必ずしも終点の駅名を採用する必要はなく、現在の特急列車がすべて釧路止まりである状況を考えれば釧路本線のままでよかったかもしれない。ただし当時の根室は現在のような事実上の「どん詰まり」ではなく、全千島列島の玄関口として各島へ船便が通じており、影響力ははるかに大きかった。昭和五年（一九三〇）時点の根室町（現根室市）の人口は「町」ながら約三・〇万、現市域の和田村・歯舞村（現北方領土部分を除く）を足せば約四・一万人（令和五年三月末現在市域人口は約二・三万人）という有力な町であり、同年の釧路市が約五・二万人（現市域の阿寒町・音別町を足せば約六・九万人、令和五年三月末現在約一五・九万人）であったことを考えれば、それほど不思議ではない。

長期的な鉄道利用者の減少に加えて道東自動車道の開通、さらに新型コロナウイルス感染症の拡大による利用者の激減でＪＲ北海道の経営は危機的だ。根室本線も釧路以東は同社も「単独では維持できない」としている。そもそも道東は特に人口が希薄で独立採算が難しい上、日本の公共交通への投資の大半は自動車道路に偏しており、その政策を根本的に変更しない限り状況は良くならないだろう。再び「釧路本線」に戻る日が来るだろうか。

函館本線——何度も峠を越えるが今や廃止の危機

JRの路線は「終点」を名乗るものが最も多い。根室本線から高崎線、長崎本線など枚挙にいとまがないが、これに対して「起点」はかなり少ない。北上線や鶴見線、加古川線など数えるほどだが、函館本線は起点を名乗る路線としては日本最長だ。ルーツは明治一三年（一八八〇）に手宮（小樽市・現在廃止）～札幌間を開業した道内最古の官営幌内鉄道にまで遡る。その後は同二二年（一八八九）に官営から北海道炭礦鉄道に事業譲渡、岩見沢から滝川の手前にあった空知太（現砂川市）まで延伸した後は、旭川まで北海道官設鉄道が明治三一年（一八九八）に敷設した。

一方で函館～小樽（現南小樽）間は私鉄の北海道鉄道が建設、同三八年に全通している。翌年に公布された鉄道国有法で全国の幹線と同様に前述の二社は国有化され、同四二年に函館本線（函館～旭川間）と命名された。線名に採用された函館は昭和に入るまで東京以北では最大の都市で、しかも北海道の玄関口を担う重要な位置であったから、当時としては自然なことだったに違いない。札幌市が函館市の人口を抜くのは昭和一〇年代と意外に遅かった。

函館本線はとにかく峠越えが多い。函館を出てほどなく、新函館北斗（旧渡島大野）駅の先から二〇パーミルの上り坂で大沼を経て駒ヶ岳西麓を越えるのを始め、長万部(おしゃまんべ)〜小樽間の一四〇・二キロでは主な分水界を越える峠を五つも通過する。まずは内浦湾沿いの長万部から日本海水系の朱太(しゅぶと)川流域へ抜ける一五・二パーミルの上り下り、その先は尻別(しりべつ)川流域へ抜ける目名(めな)（蘭越町）駅までの二〇パーミルの峠越え、ニセコを過ぎて倶知安(くっちゃん)峠を越えれば堀株(ほりかっぷ)川流域へ二〇パーミルで下る。底にあたる小沢(こざわ)駅を過ぎればすぐ二〇パーミルの上りで、余市川流域へ抜ける最急二〇パーミルの上り下りが待っている。余市からは海岸沿いを走るが、小樽の手前では海岸線の断崖絶壁を避けるため内陸側へ迂回するので、最後の塩谷(しおや)〜小樽間にも最急二〇・八パーミルが存在する難コースだ。

　この経路は「山線」と呼ばれ、平地を多く走る室蘭本線が開通してからはメインルートから外れたが、しばらくの間は山線経由の特急や急行も活躍していたものである。いずれにせよ急勾配の連続区間は蒸気機関車にとっては難所で、蒸気機関車が牽引する最後の急行となった「ニセコ」（昭和四六年まで）には、その勇姿を拝むために多くのマニアが全国から訪れた。長万部〜小樽間の所要時間は当時のディーゼル特急「北海」が二時間二〇分で結ぶところ、「ニセコ」は三時間ちょうどをかけている。これは現在の普通列車のスピードとほとんど変わらない。

　もっとも山線を走るのが普通列車だけになってから久しく、令和一二年（二〇三〇）に予定される北海道新幹線の開通を機に長万部〜小樽間は廃止されることが決まった。「北海道新幹

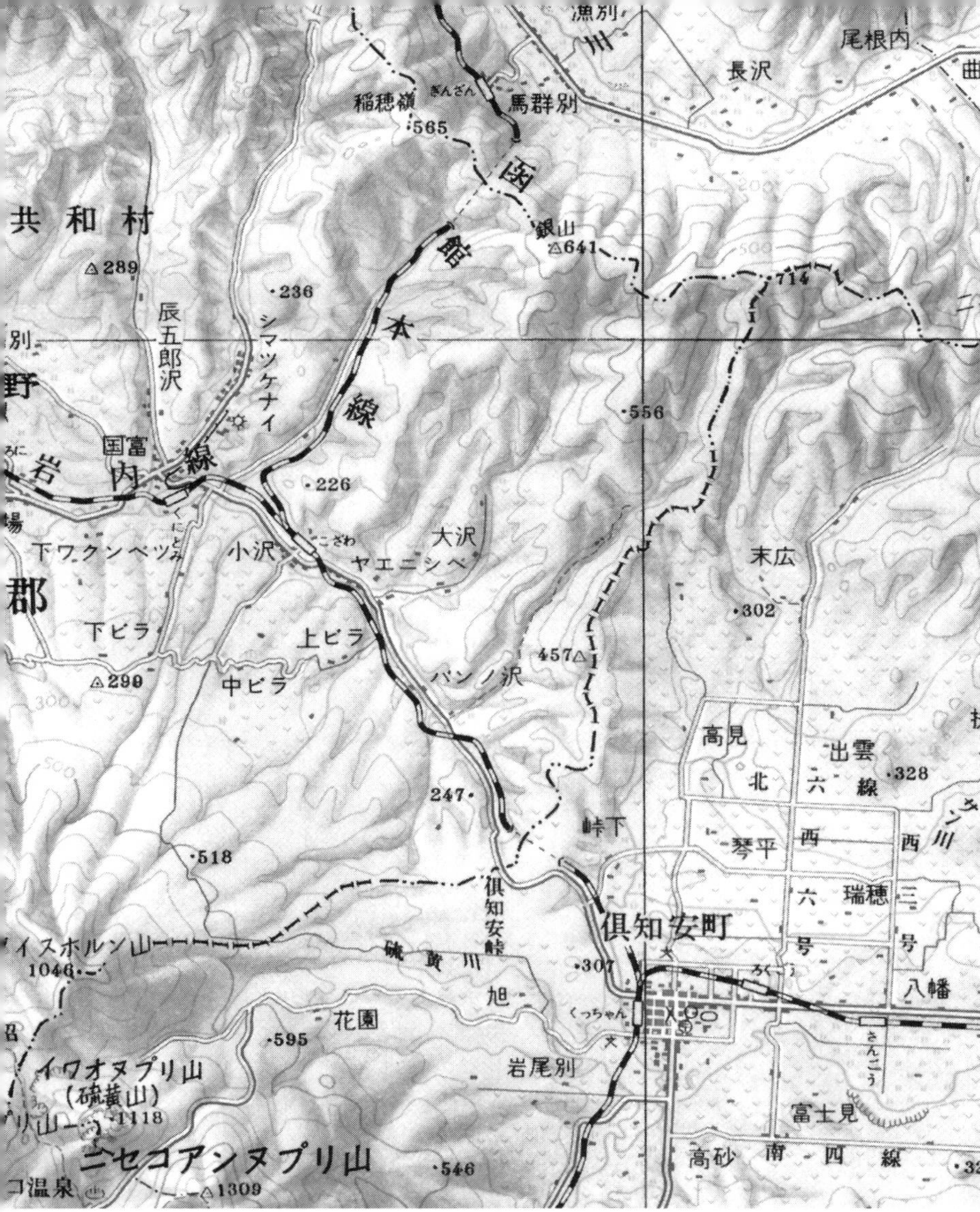

峠越えが多い「山線」こと長万部〜小樽間のうち倶知安付近。ここだけで２つの分水界を越える。胆振線、岩内線も健在だった。1：200,000 地勢図「岩内」昭和 38 年編集

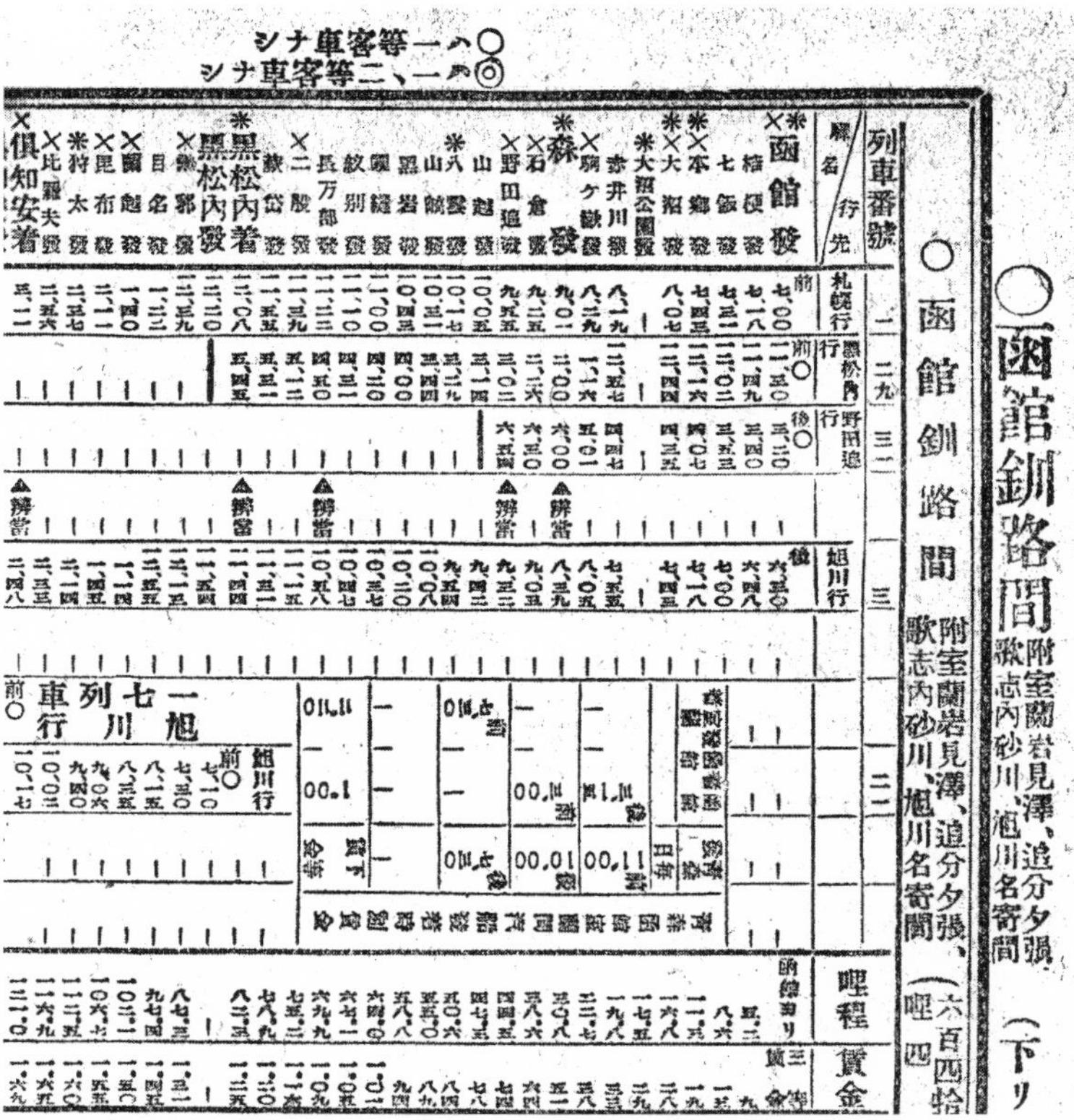

函館本線と命名された翌年の時刻表。まん中に割り込んでいるのは青函連絡船の時刻で、青森まで１日２往復、室蘭へ１往復。当時最新鋭の比羅夫丸、田村丸はスコットランド製の「高速船※」で、青函間わずか４時間 15 分。昭和末とそれほど変わらなかった。
庚寅新誌社『汽車汽船旅行案内』明治 43 年２月号

※「日本の鉄道連絡航路の系譜」青木栄一『鉄道ピクトリアル』通巻 492 号（1988 年３月号）12 頁

線並行在来線対策協議会」の発表によれば、全区間存続の場合は単年で二三・七億円の赤字、[1]余市〜小樽間のみでも六億円の赤字が見込まれることから存続を断念したという。

一方で平成三〇年（二〇一八）一二月に余市ＩＣ〜小樽ＪＣＴ間（二三・三キロ）で開通した後志自動車道は総工費一一八二億円。[2]料金収入は年間約八・五億円で、もし三〇年で償還すると仮定して単純計算すれば、利息を除外しても年間約三一億円の「赤字」になる。ところがそんな道路の収支については誰も話題にしない。これも道路整備が一種の「聖域」と化した日本の交通政策の表われだろう。数十年に一回は噴火する有珠山の間近を走る室蘭本線が不通となったら、迂回路たる「山線」のない鉄道貨物は即ギブアップである。

留萌本線——消えゆく「最短」の本線

日本の国鉄・ＪＲ線の中では、福岡県を走る筑豊本線（若松〜原田間六六・一キロ）が長らく最も短い「本線」であった。国有鉄道の線路名称制定は明治四二年（一九〇九）一〇月であるが、この時以来一〇〇年以上も「日本最短」を保っていたと思われる。そのトップの座が北

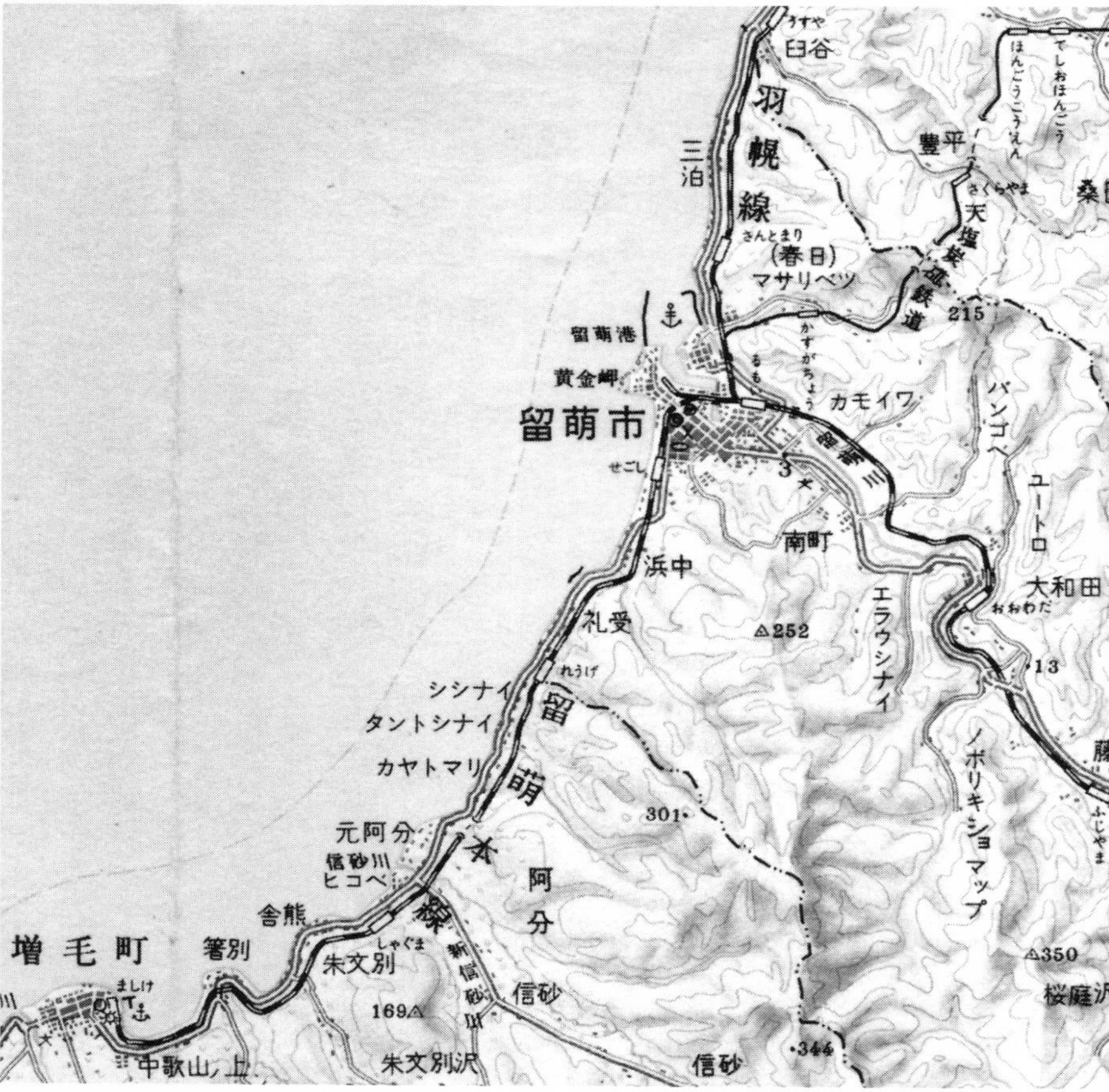

留萌本線が最も活気に満ちていた頃。1:200,000「留萌」昭和38年編集。留萌駅と留萌本線は平成9年以前に「留萠」と表記したが（図は誤り）、本稿では現行表記に揃えた。

海道の留萌(るもい)本線に替わったのが平成二八年（二〇一六）一二月五日のことだ。同線の留萌〜増毛(ましけ)間が廃止され、六六・八キロから五〇・一キロに短縮されたからである。

留萌線は大正一〇年（一九二一）に深川〜増毛間を全通させているが、昭和六年（一九三一）に留萌で分岐して北上する支線が古丹別(こたんべつ)まで伸びたところで羽幌(はぼろ)線として独立したことから、「留萌本線」を名乗るようになった。当時の基準では、支線を擁して初めて「本線」の名称が付与されるが、羽幌線の廃止（昭和六二年）後も本線のまま現在に至っている。

留萌市は人口約一・九万人（令和五年三月末現在）と小さい町ながら留萌振興局（旧支庁）の所在地だ。地名はアイヌ語の「ルル・モッ・ペ（潮が・静かに入る・川）」、つまり満潮になると潮が逆流する「潮入川(しおいり)」に由来する説[3]が有力で、かつては「るるもっぺ」「るるもえ」などと読んだが、後年になって漢字の読みに影響され、現在の「るもい」になった

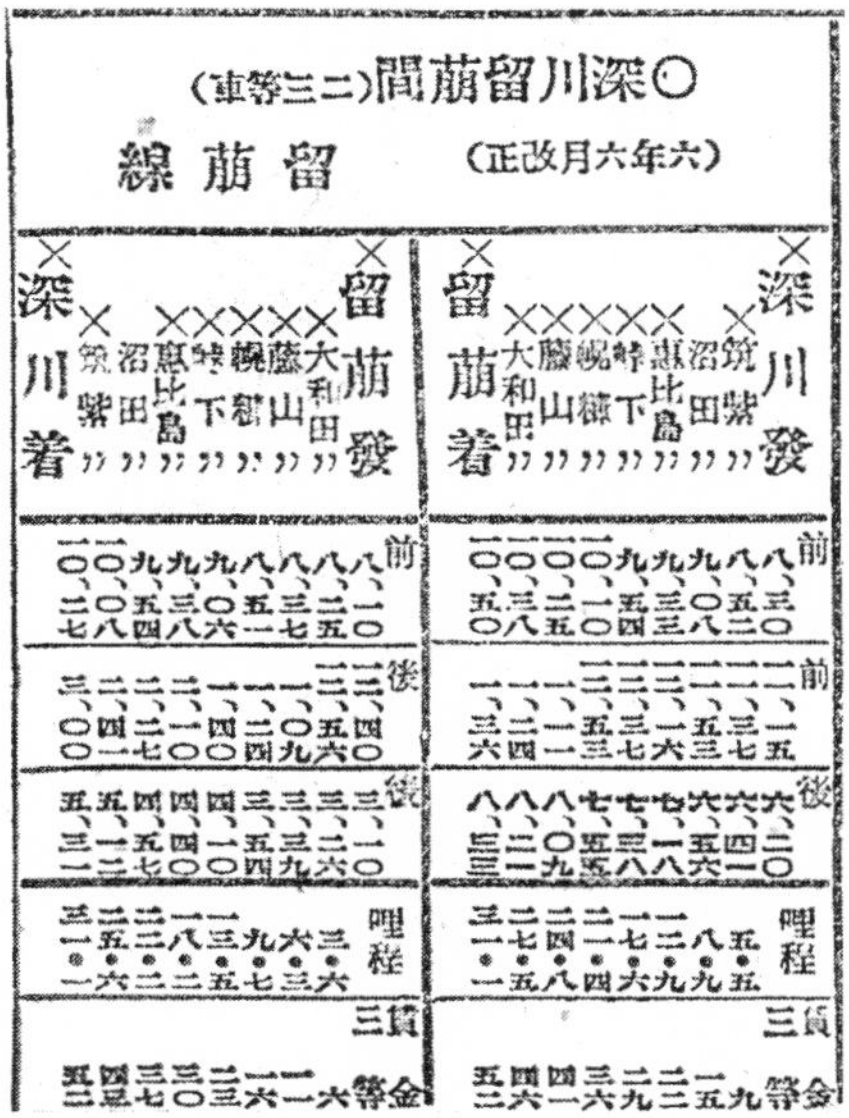

○深川留萠間（二三等車）

留萠線（六年六月改正）

	前	前	後	哩程	三等賃金
×深川發	八、三〇	一一、一五	六、二〇		
×筑紫〃	八、五二	一一、三七	六、四一	五・五	九
沼田〃	九、〇八	一一、五三	六、五六	八・九	一五
×恵比島〃	九、三三	一二、一六	七、一八	一二・九	二三
×峠下〃	九、五四	一二、三七	七、三八	一七・六	二九
×幌糠〃	一〇、一〇	一二、五三	七、五五	二一・四	三六
×藤山〃	一〇、二五	一、一一	八、〇九	二四・八	四一
×大和田〃	一〇、三八	一、二四	八、二一	二七・五	四六
×留萠着	一〇、五〇	一、三六	八、三三	三一・一	五二

	前	後	後	哩程	三等賃金
×留萠發	八、一〇	一二、四〇	三、一〇		
×大和田〃	八、二五	一二、五六	三、二六	三・六	六
×藤山〃	八、三七	一、〇九	三、三九	六・三	一一
×幌糠〃	八、五一	一、二四	三、五四	九・七	一六
×峠下〃	九、〇六	一、四〇	四、一〇	一三・五	二三
×恵比島〃	九、三八	二、一〇	四、四〇	一八・二	三〇
沼田〃	九、五四	二、二七	四、五七	二三・二	三七
×筑紫〃	一〇、〇八	二、四一	五、一三	二五・六	四五
×深川着	一〇、二七	三、〇〇	五、三一	三一・一	五二

後の終点・増毛までは未開通で、支線の羽幌線もない頃の大正７年（1918）の留萌線。１日３往復が運転されていた。公益旅行合資会社『公益旅行案内』大正７年５月号

らしい。

この地は江戸期からニシン漁で栄え、背後に広がる留萌炭田（現留萌市・沼田町・小平町・羽幌町）も開発され、留萌はその石炭積み出し港として整備されていく。留萠駅には天塩炭礦鉄道（留萌～達布、昭和一六年開業、昭和四二年廃止）が乗り入れ、さらに留萠本線の途中駅・恵比島からは留萠鉄道（留萠～昭和、昭和五年開業、昭和四六年廃止）の昭和炭鉱（現沼田町）からの石炭も本線で運ばれた。支線・羽幌線（留萠～幌延間昭和三三年全通、昭和六二年廃止）の沿線にも築別炭鉱まで羽幌炭礦鉄道（昭和四五年廃止）が伸びており、そのお膝元の羽幌町は昭和四〇年（一九六五）には人口三・〇万を擁し、市制施行直前まで至ったこともある（令和五年三月末現在六二四〇人）。旧留萠支庁の管内はちょうど留萠本線と旧羽幌線の沿線に重なるが、モータリゼーションがそれほど及ばなかった頃は乗客数も多く、同年の時刻表によれば深川～留萠間には急行一往復（羽幌線直通）、準急三往復、普通一〇往復（区間運転を除く）、それに加えて貨物列車が走っており、「本線」らしい賑わいを見せていた。

ところが「エネルギー革命」による炭鉱の相次ぐ閉山と過疎が支庁管内を見舞い、おまけに自動車の普及と道路の整備が鉄道を追い詰めていく。急行は国鉄末期の昭和六一年（一九八六）に全廃され、翌六二年には羽幌線も廃止された。現在では本数も当時の半分に減っている。昭和四〇年（一九六五）に留萌市を含めた留萌支庁管内の人口は約一三・四万人（国勢調査）に及んだが、令和五年（二〇二三）三月には同じエリアに約四・三万人（平成二二年に宗谷管内に移った幌延（ほろのべ）町を含む）だから三分の一となっている。

手元のデータによれば、まだ羽幌線が残っていた昭和五八年（一九八三）では、留萠駅の一日あたり乗車人数は一二〇〇人を超えていたが、令和元年（二〇一九）度はわずか四三人。異様なほどの減少だが、ＪＲ北海道の令和三年度のある平日の調査[4]によれば、七往復ほとんどの列車で石狩沼田～留萌間に乗客はわずか一～八人（一列車のみ一九人）で、マイクロバス程度の需要しかない。令和二年（二〇二〇）には深川留萌自動車道も全通、留萌市民はもはや鉄道と無縁になったのである。

かくして、旅客が少しはある深川～石狩沼田間を除く区間の令和五年（二〇二三）四月に廃止された。実は令和三年（二〇二一）、長らく運休していた日高本線が鵡川（むかわ）～様似（さまに）間を廃止したことで「日本最短」は同線（三〇・五キロ）に移っていたのだが、留萌本線は一部廃止で一四・四キロとなるため、最短タイトルを「奪還」する予定だ。とはいえ令和八年（二〇二六）には残りの区間が姿を消す見込みなので、どちらの「線香花火」が先に尽きるかという寂しい話である。

留萌の「萌」の字[5]については明治期から萌と萠（俗字）が混用されてきた。北海道一・二級町村制施行後の留萌村の誕生（明治四〇年四月一日）以降の行政地名には「萌」の字が用いられている。その一方で駅名は開業時から線名とともに萠（別体）が用いられてきた。市名に合わせて萌の字に改められたのは平成九年（一九九七）四月一日からである。

阪急宝塚線——私鉄の経営モデルの老舗

阪急宝塚線。正式名称は宝塚本線だそうだ。日常的に「本線」を付けて呼ぶ人は聞いたことがないが、阪急電鉄は三つの本線に支線が付属するという路線名体系になっている。具体的には京都本線には千里線と嵐山線という二つの支線があり、宝塚本線には箕面線、神戸本線には伊丹線・今津線・甲陽線の三支線を擁するという具合だ。

それらのうち最も長い歴史を持っているのが宝塚本線と箕面線で、どちらも明治四三年（一九一〇）三月一〇日に全線開通している。当初は箕面有馬電気軌道という社名で、その名の示す通り、大阪の梅田から紅葉の名所である景勝地の箕面、そして関西屈指の名湯・有馬温泉を結ぶ観光電車という印象を与えるものであった。ところが有馬温泉へは宝塚から先の険しい山道に線路を敷かなければならず、しかし高額な建設費に見合うほどの乗客は期待できない。結局はその麓に位置する宝塚でストップしてしまった。

宝塚市といえば今でこそ約二二・三万の人口を数える立派な都市であるが、開通前年の明治四二年（一九〇九）には四〇四五人の小浜村[6]という小さな村であった。宝塚温泉は『武庫郡誌』にも塩尾湯、川面湯などとして載っているというが中世に衰微し、明治二〇年（一八八七）に武庫川右岸の良元村大字伊孑志に復活していた。阪急より一三年前に開通した阪鶴鉄道（現ＪＲ福知山線）宝塚駅の開業で客足は伸びていただろうが、これらの村に向けてそのまま漫然と電車を走らせていては、早晩苦境に陥るのは火を見るより明らかであった。

創業期に銀行業界から移ってきた小林一三が手腕を発揮するのはここからである。終点の宝塚駅の対岸に位置する温泉に注目、開業翌年の明治四四年（一九一一）には大理石の大浴場を擁する新しいタイプの「宝塚新温泉」を駅のすぐ近くに作り、数年のうちに遊園地・動物園や宝塚少女歌劇まで立ち上げたのである。ただの温泉地はどこにでもあるが、現代の用語で言えば複合型リゾート（カジノは含まない）で、当時にあっては実に新しい試みであった。

小林一三はそれだけではなく、他に先駆けて勤め人のための分譲住宅を沿線に積極的に開発した。工業都市・大阪の住環境が悪化していた折、沿線の宅地を開発し、マイホームが持てるよう頭金を払った後は月々定期的に支払う「月賦」システムを採用したので評判も良く、この住宅地への人口増加が安定した乗客数確保に貢献したのは言うまでもない。また世界初とも言われるターミナルデパートを起点の梅田（現大阪梅田駅）に建設したのも卓見であった。これらの事業は今でこそ当たり前になったが、この阪急が嚆矢である。

その箕面有馬電気軌道は大正七年（一九一八）に阪神急行電鉄と商号を改めた。大阪と神戸の間に新線を建設し、「都市間高速電車」を走らせる計画を具体化すべく旗幟鮮明にしたのである。しかし行政官庁でありかつ現業部門で鉄道を運営する鉄道院（同九年から鉄道省）は、

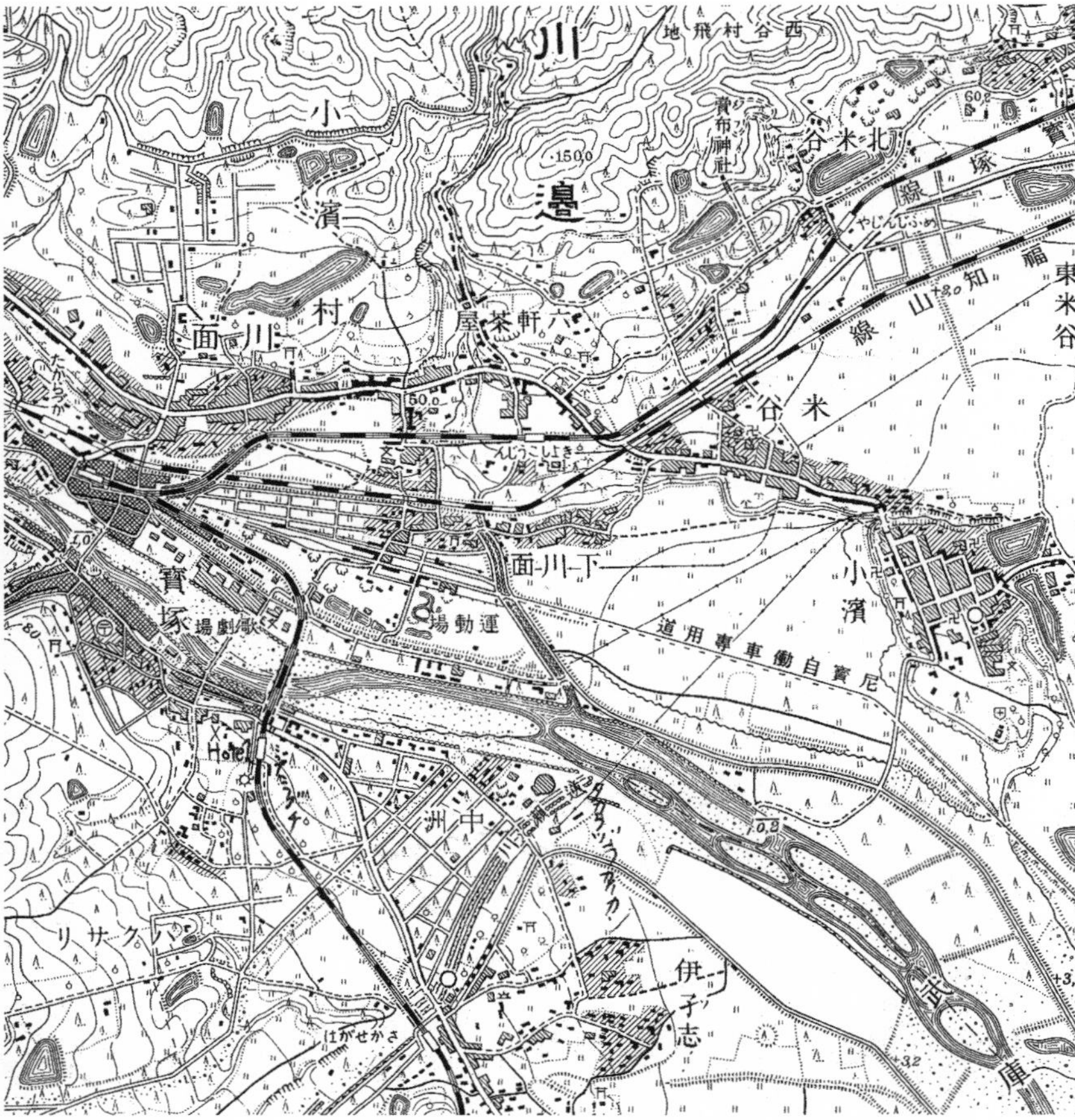

阪急宝塚線（北側）と国鉄福知山線。中央下部の「尼宝自働車専用道」はライバルの阪神が画策して阪急に阻止された宝塚直結支線の夢の跡。1：25,000「宝塚」昭和７年要部修正

阪神間には東海道本線の他にすでに阪神電気鉄道が走っており、この上さらなる並行線を認めるわけにはいかなかった。しかし阪急側は他社が免許を受けた区間を譲り受け、また経路を巧みに変更するなどして軌道敷設の特許を獲得してしまう。十三～神戸（当時は現在の王子公園西側）間に新線を開業したのは大正九年（一九二〇）のことである。

いずれにせよこの線が開通して区別の必要から神戸線・宝塚線の呼称が行われるようになった。ただし大正一〇年頃の時刻表には「阪神急行線」「箕面宝塚線」といった用語も掲載されているので、特に確定した呼び名ではなかったかもしれないが……。

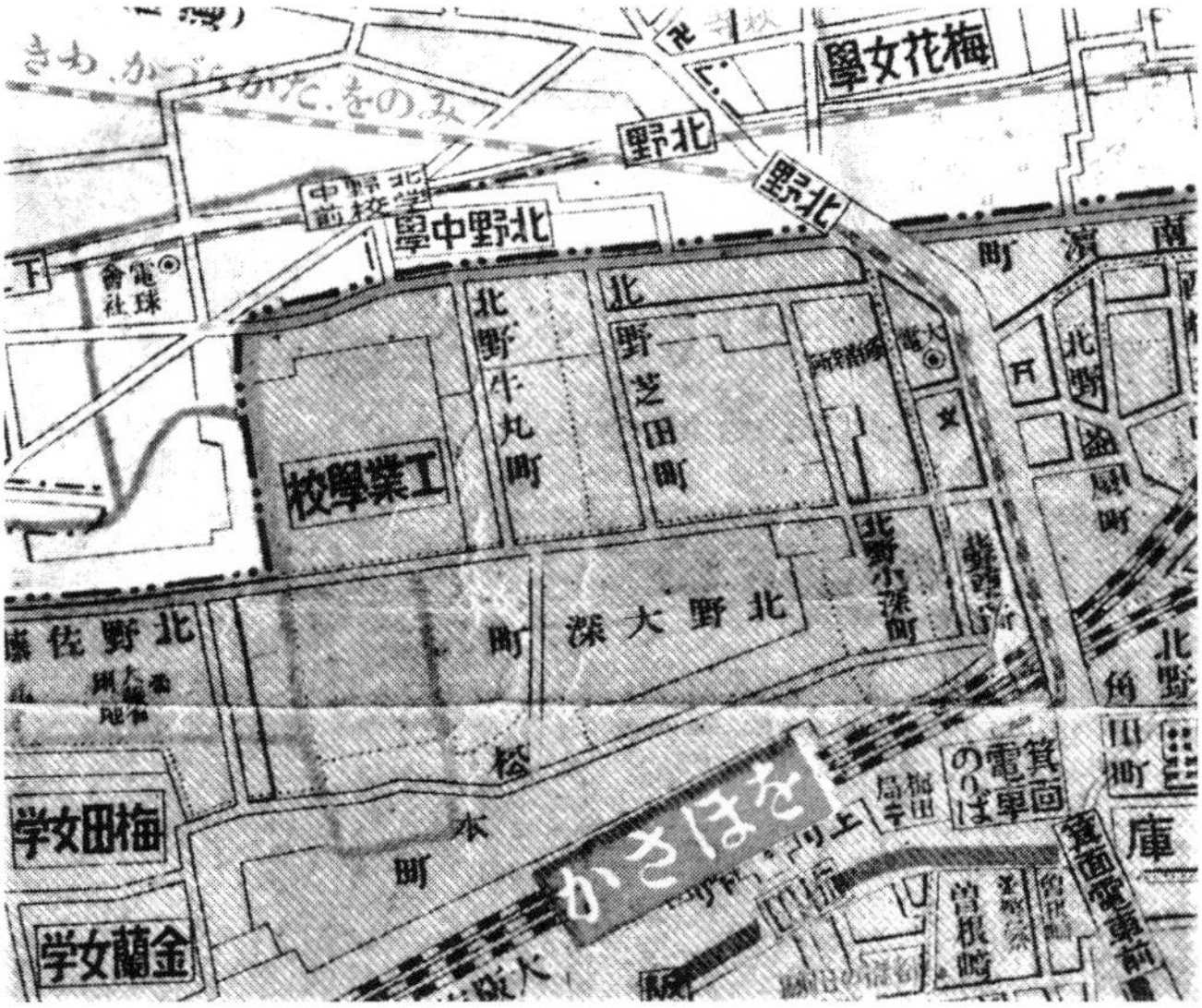

阪急の前身・箕面有馬電気軌道の梅田ターミナル付近。右下に「箕面電車のりば」、左上には「みのを.たからづか.ゆき」の文字が見える。
駸々堂「大阪市街新地図」大正４年（1915）

福知山線——舞鶴鎮守府を目指す阪鶴線がルーツ

鉄道院は、明治四二年（一九〇九）一〇月一二日付の告示第五四号で全国の七二路線に名前をつけた。東海道本線や山手線など、当時の路線名の多くは現在まで続いているが、姿を消したものもある。阪鶴線もその一つだ。前身は大阪と日本海側の舞鶴を結ぶことを意図して設立された阪鶴鉄道で、それが明治三九年（一九〇六）施行の鉄道国有法によって翌四〇年に国有化されたものである。

舞鶴には海軍の拠点である鎮守府が置かれていた。日本海側の海防の要として設置が決まったのは明治二二年（一八八九）だが、その重要性から鉄道需要の増大を見越し、同年四月から六月にかけての短期間にこの日本海の港町に向かう鉄道が相次いで出願された。全部挙げれば、①播丹鉄道（飾磨〔姫路市〕～生野～福知山～舞鶴）、②舞鶴鉄道（大阪～池田～園部～山家〔綾部市〕～舞鶴）、③摂丹鉄道（神崎〔尼崎市〕～篠山～福知山～舞鶴）、④舞鶴鉄道（大阪～池田～綾部～舞鶴）、⑤京都鉄道（京都～亀岡～園部～舞鶴）、⑥南北鉄道（加古川～加東・多可・氷上・天田の各郡～舞鶴）という六路線[7]である。②と④はいずれも舞鶴鉄道を名乗った。

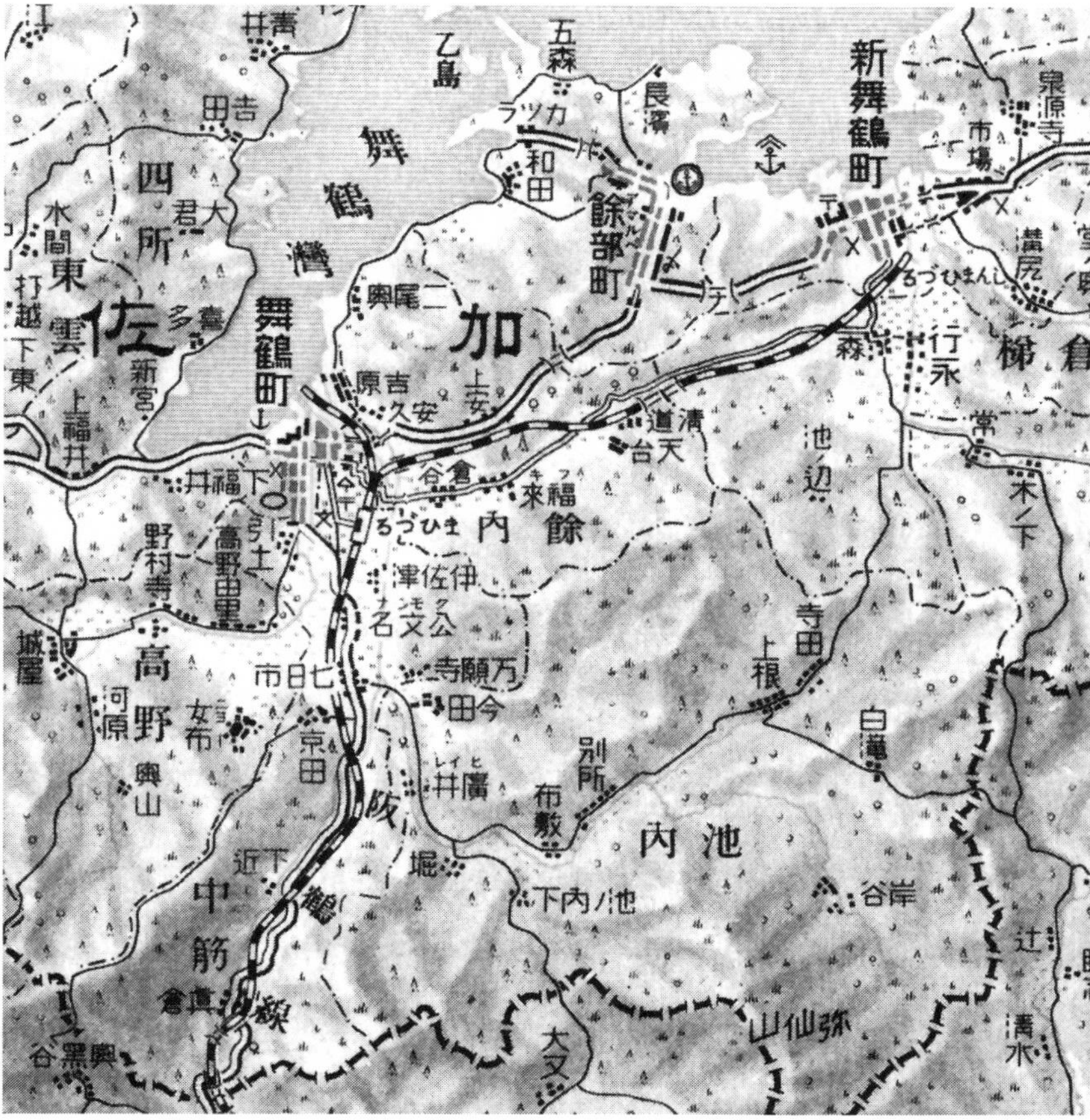

大阪駅から阪鶴線の列車が新舞鶴（現東舞鶴）まで直通していた頃の舞鶴付近。餘部町の右手、錨（いかり）を二重丸で囲んだ記号が舞鶴鎮守府。
1：200,000「宮津」明治42年鉄道補入（大正5年福井県丹生郡補入）

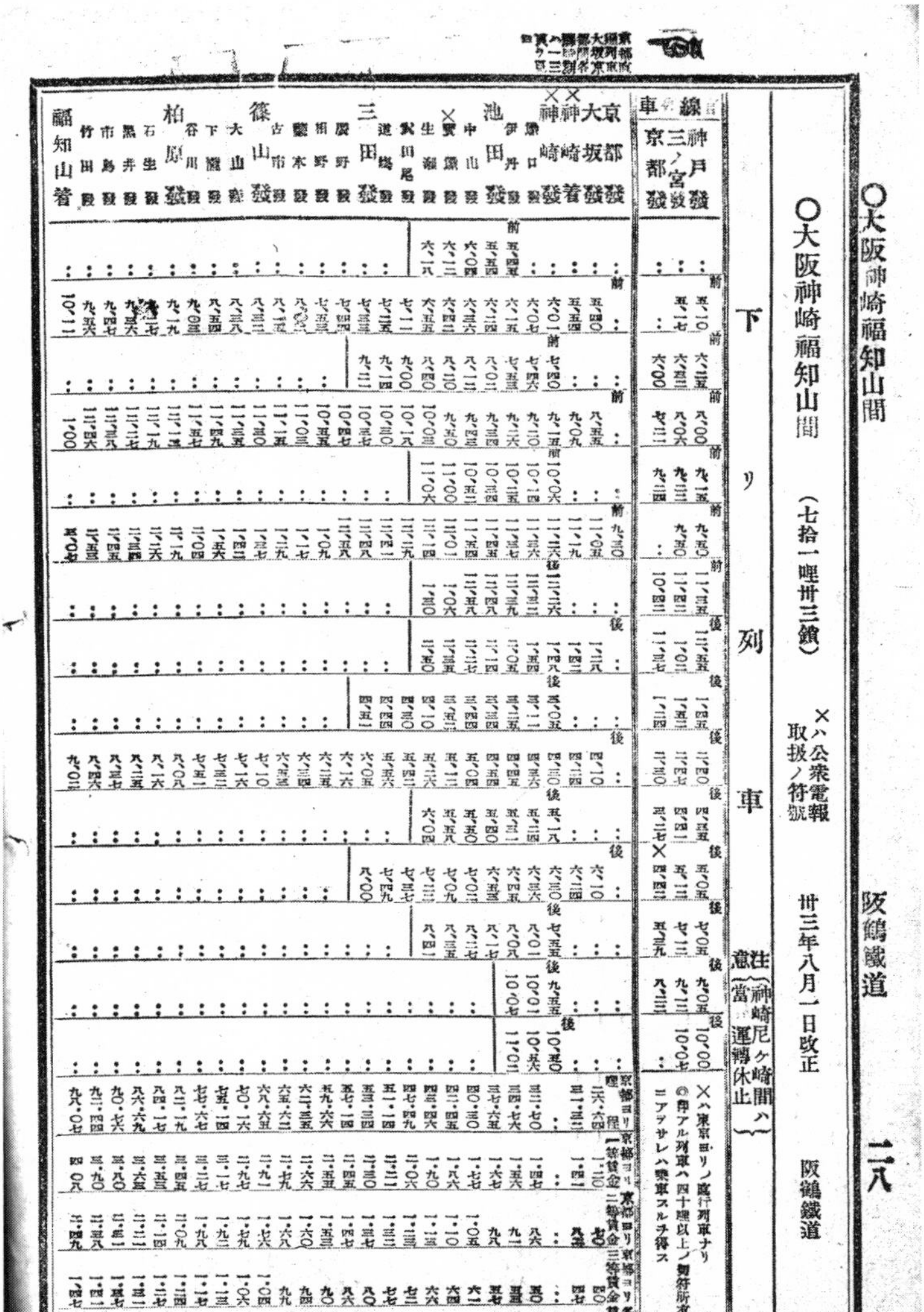

○大阪神崎福知山間　阪鶴鐵道　二八

○大阪神崎福知山間（七拾一哩卅三鎖）

×ハ公衆電報取扱ノ符號

卅三年八月一日改正　阪鶴鐵道

下リ列車

注意（神崎尼ヶ崎間ハ當分運轉休止）

×ハ東京ヨリノ直行列車ナリ
◎印アル列車ハ四十哩以上ノ切符所有者ニアラサレハ乗車スルヲ得ス

線　神戸發　三ノ宮發
車　京都發

京都發　大坂發　×神崎着　×神崎發　塚口發　伊丹發　池田發　中山發　×寶塚發　生瀬發　武田尾發　道場發　三田發　相野發　藍本發　古市發　篠山發　大山發　下瀧發　谷川發　柏原發　石生發　黒井發　市島發　竹田發　福知山着

哩程 京都ヨリ　一等賃金　二等賃金　三等賃金　各驛間

鎮守府の所在地・舞鶴と大阪の直結を目指していた阪鶴鉄道。起点の神崎は現在の尼崎駅、当時の終点はまだ福知山（現在地より 0.9km 東側、正式には福知山南口）で、ここから先へは由良川を航行する連絡船が接続していた。

駸々堂『鉄道航路旅行案内』明治 33 年 9 月号

このうち①は播但（ばんたん）線、③が福知山線、⑤が山陰本線、⑥が加古川線を経由するルートに近い。鉄道院は結局六路線すべてが計画不十分として却下したが、明治二五年（一八九二）の鉄道敷設法の公布で「鉄道起業ブーム」が起こり、今度は阪鶴鉄道が敷設することとなった。社名の通り当初は大阪～舞鶴間を結ぶ構想だったが、同じく私鉄の京都鉄道が出願して重複していた福知山～綾部～舞鶴間の敷設免許が同鉄道に与えられ、さらに起点側でも大阪～神崎（現尼崎）間が東海道本線の並行線であり、その複線化に支障があるとして却下された。このため阪鶴鉄道は神崎～福知山間という不満足な体制でスタートせざるを得なかったのである。

それでも明治三〇年（一八九七）に宝塚、同三一年に有馬口（現生瀬（なまぜ））、同三二年一月には武庫川の峡谷を縫う難工事を経て三田（さんだ）、同じく三月に篠山（現篠山口）、五月に柏原（かいばら）、七月には福知山南口（現廃止）に達した。かなりのスピードである。京都鉄道が京都から福知山、さらに舞鶴へ免許された線路を敷設すれば連絡して舞鶴までを結べるはずが、同鉄道は資金不足で園部から先がなかなか延伸できなかった。

その頃に鉄道国有化論が広まったことを受け、鉄道院は京都鉄道への免許を取り消して自ら敷設することになった。明治三七年（一九〇四）一一月三日には官営鉄道の福知山～綾部～新舞鶴（現東舞鶴）

福知山線を走る特急「こうのとり」

間が開通して阪鶴鉄道がこの区間を借用する形で運行を開始した。東海道本線への乗り入れとなる大阪〜神崎間を含め、めでたく大阪〜舞鶴間に直通列車を実現させている。

福知山南口まで達してから官営鉄道が開通するまでの五年間、阪鶴鉄道は福知山南口（後に

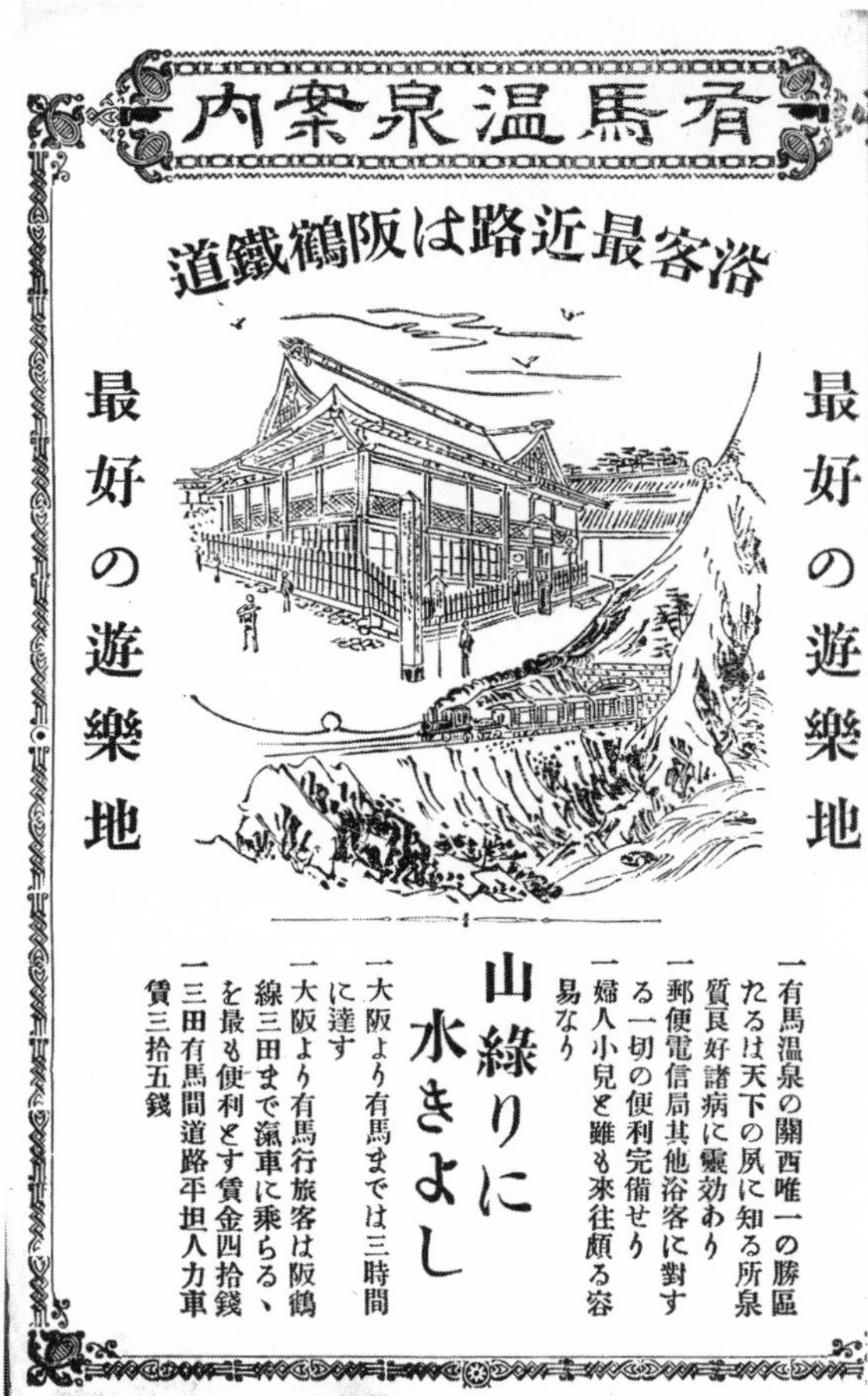

名湯・有馬温泉への近道であることを宣伝する阪鶴鉄道の広告。三田駅から人力車で12km程度の道のりであった。そのルートには後に国鉄有馬線が建設される（昭和18年休止―実態は廃止）。駸々堂『鉄道航路旅行案内』明治33年8月号

福知と改称。ただし時刻表では「福知山」と表記されている）から由良川を下って舞鶴に至る連絡船を運航していた。

明治三六年（一九〇三）一月号の時刻表[8]によれば、大阪～福知山（南口）間は四時間前後、そこから舞鶴までは同誌に掲載された阪鶴鉄道の広告によれば「三時間にて達すべし」とある。大阪から舞鶴までは七時間少々の行程だったようだが、鉄道が全通した翌三七年には、大阪から鎮守府最寄りの新舞鶴駅まで直通で五時間半前後に短縮された。

なお明治四〇年（一九〇七）に国有化された当初の阪鶴線は神崎～新舞鶴間だったが、明治四五年（一九一二）に綾部～福知山間を山陰本線に譲ったため、これに伴って福知山以南が福知山線、綾部以北は舞鶴線となり、阪鶴線の名は消滅した。

鹿児島本線――かつては球磨川を遡っていた

路線名の中で多いタイプとして、目的地や主要経由地を称するものがある。たとえばＪＲ線では函館本線（起点駅名）、高崎線（終点駅名）、高山本線（経由地）など数多く思い浮かぶが、

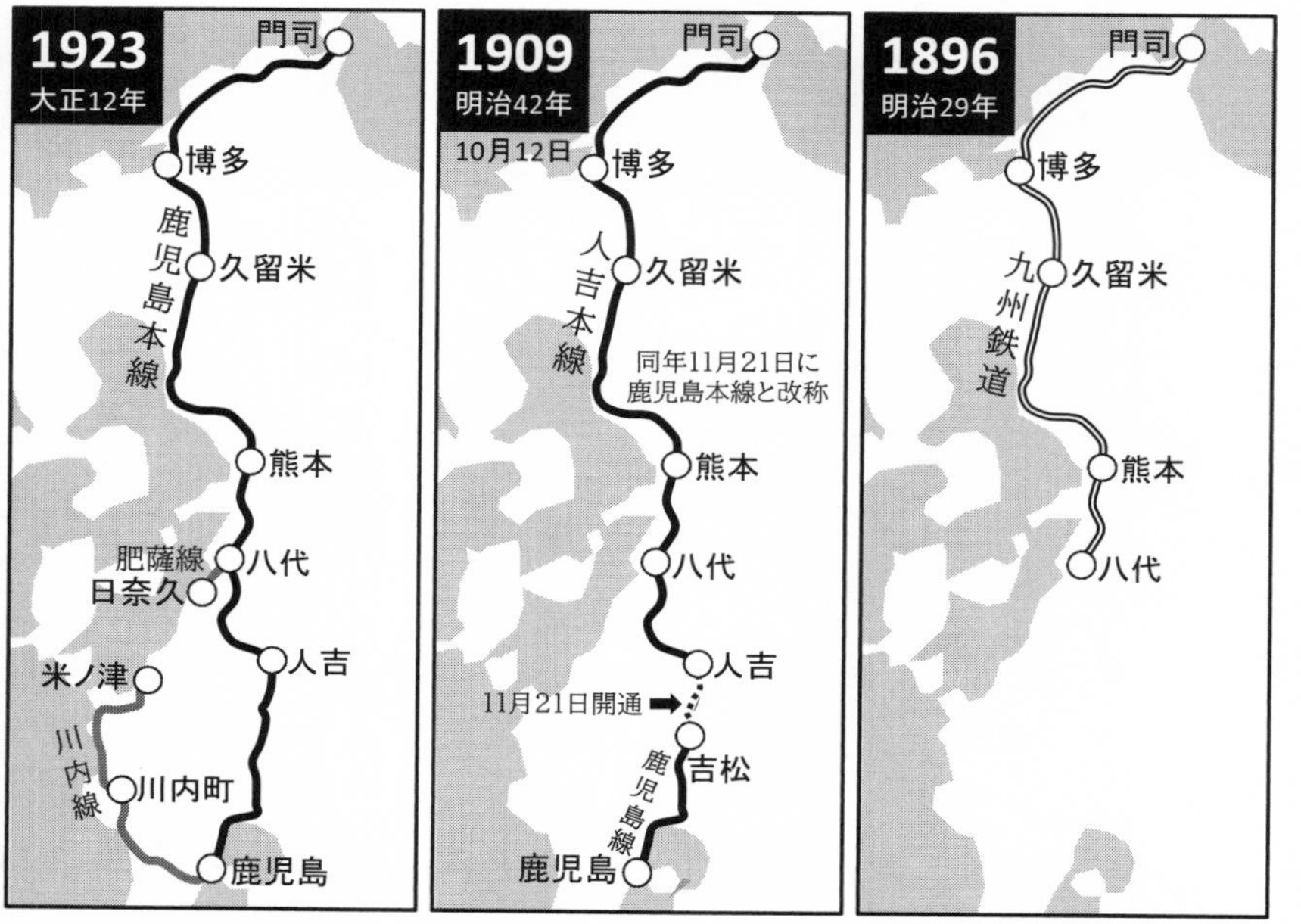

これらの中で鹿児島本線に注目してみよう。

この路線は、現在では門司港駅（福岡県北九州市）から博多、熊本を経て八代駅（熊本県八代市）まで、それに鹿児島県の川内（せんだい）駅から鹿児島駅までの二つの区間に分かれている。途切れた八代〜川内間は九州新幹線（新八代〜鹿児島中央間）が開業した平成一六年（二〇〇四）に「並行在来線」として肥薩おれんじ鉄道に移管された。要するに不採算区間なので切り離されたのである。

それはさておき、鹿児島本線は最初からそう名乗っていたわけではない。最初に開業した区間は博多から南下して久留米の手前まで。筑後川の土手の北側に置かれた千歳川仮停車場（千歳川は筑後川

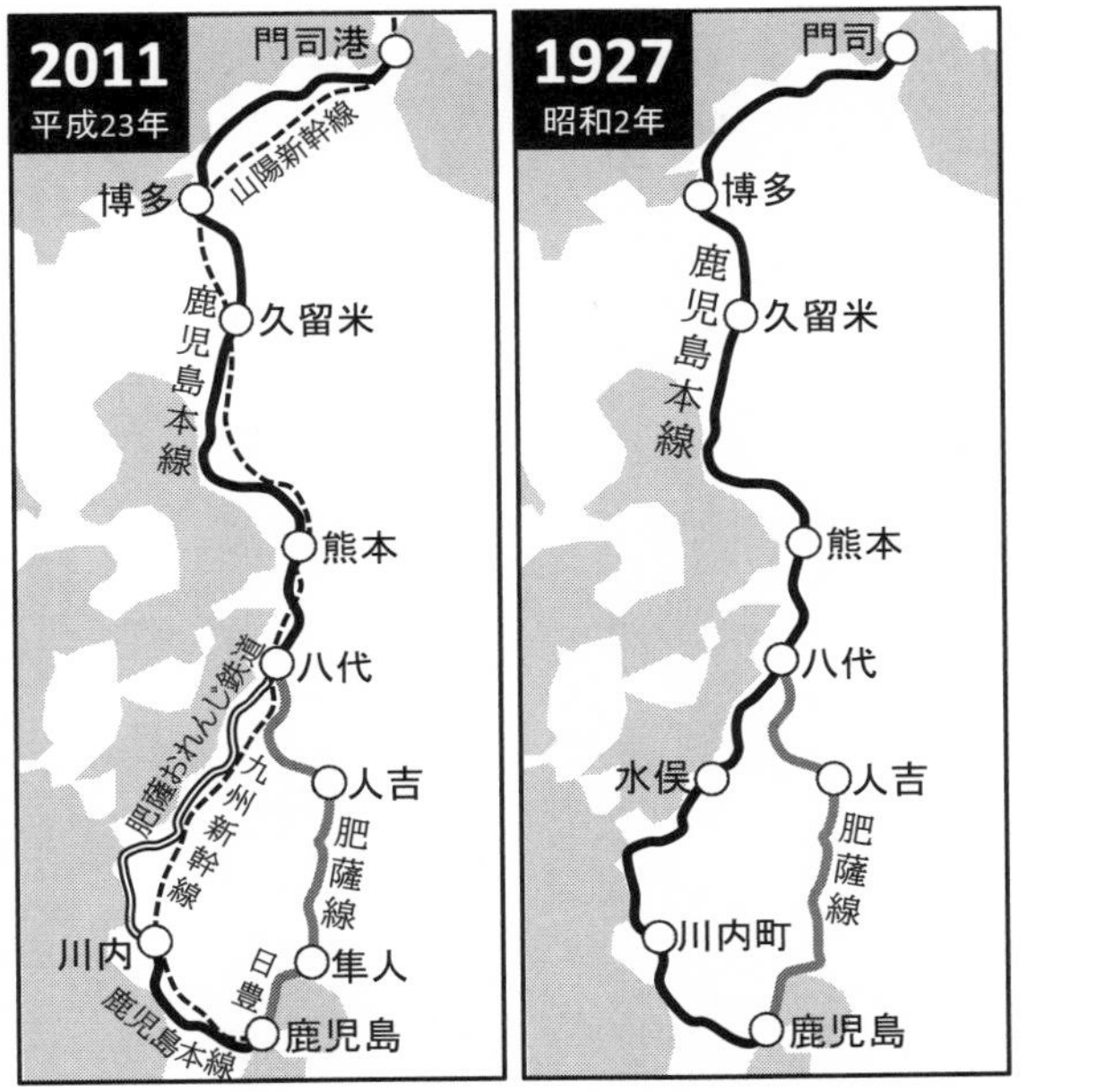

下流部の異称）が終点で、ここに架かる千歳川橋梁が竣功する前の明治二二年（一八八九）一二月一一日のことであった。翌二三年三月にはめでたく久留米まで、同二四年四月には門司（現門司港）まで達している。

当初は他の地方の幹線鉄道と同様に私鉄の九州鉄道で、官営鉄道などが英国、北海道の鉄道が米国のそれぞれ指導を仰いだのに対して、こちら九州ではドイツから招聘した鉄道技術者のヘルマン・ルームシュッテルの指導によって敷設された。このため機関車からレール、橋梁などすべてドイツからの輸入品が用いられ、距離標も当時全国で使われていたマイルではなくキロメートルだった（後に国有化でマイル表示に変更、昭和五年（一九三〇）からは全国的にメートル法に再変更）。

九州鉄道は鹿児島本線の他に現在の長崎本線や日豊本線の一部（小倉～行事（現行橋））も

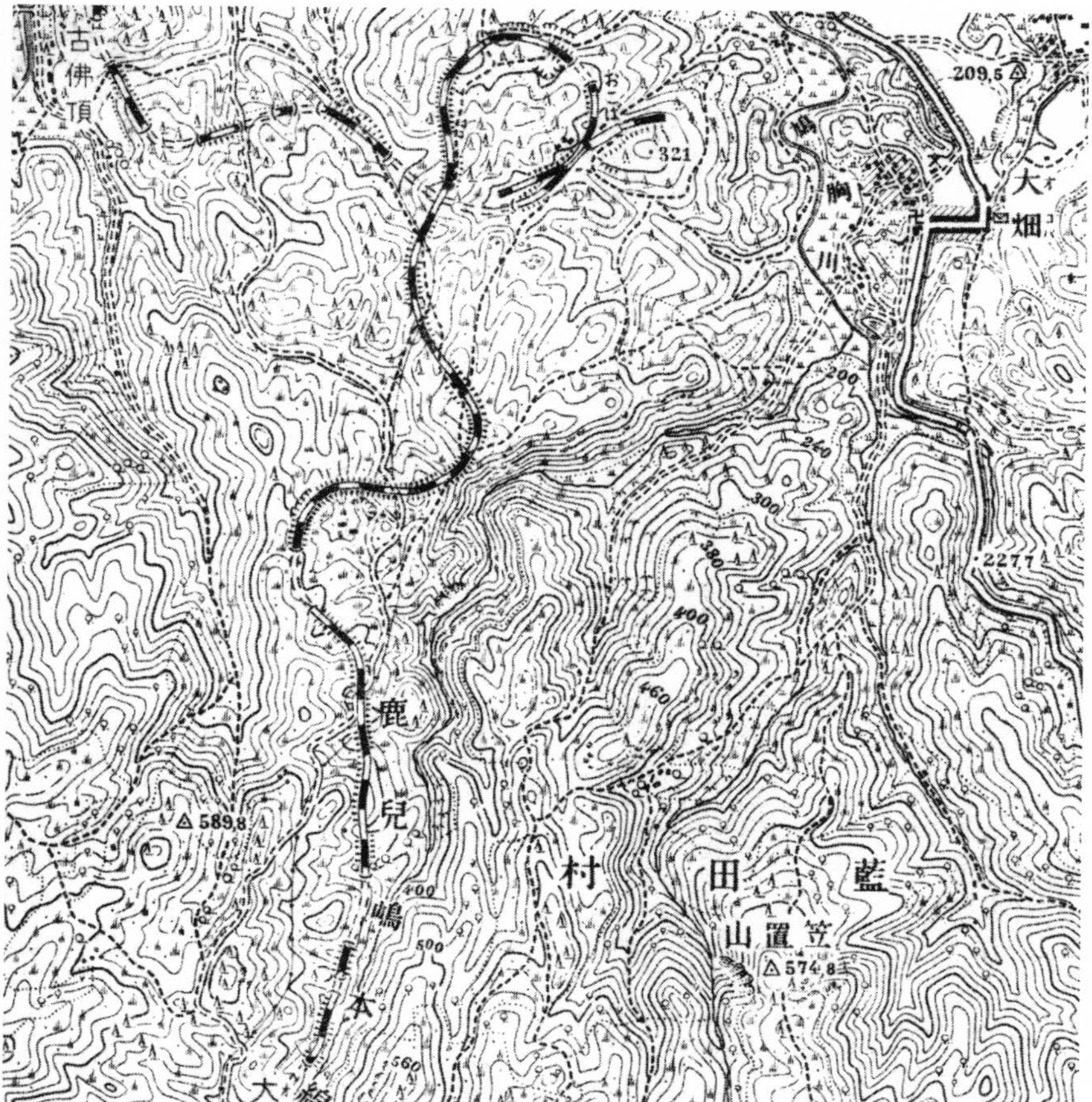

鹿児島本線が八代以南で山側を経由していた時代。図は熊本県人吉の南側（現肥薩線）で、矢岳越えに挑むために日本初のループ線とスイッチバックが設けられている。1 : 50,000「加久藤」明治 43 年修正

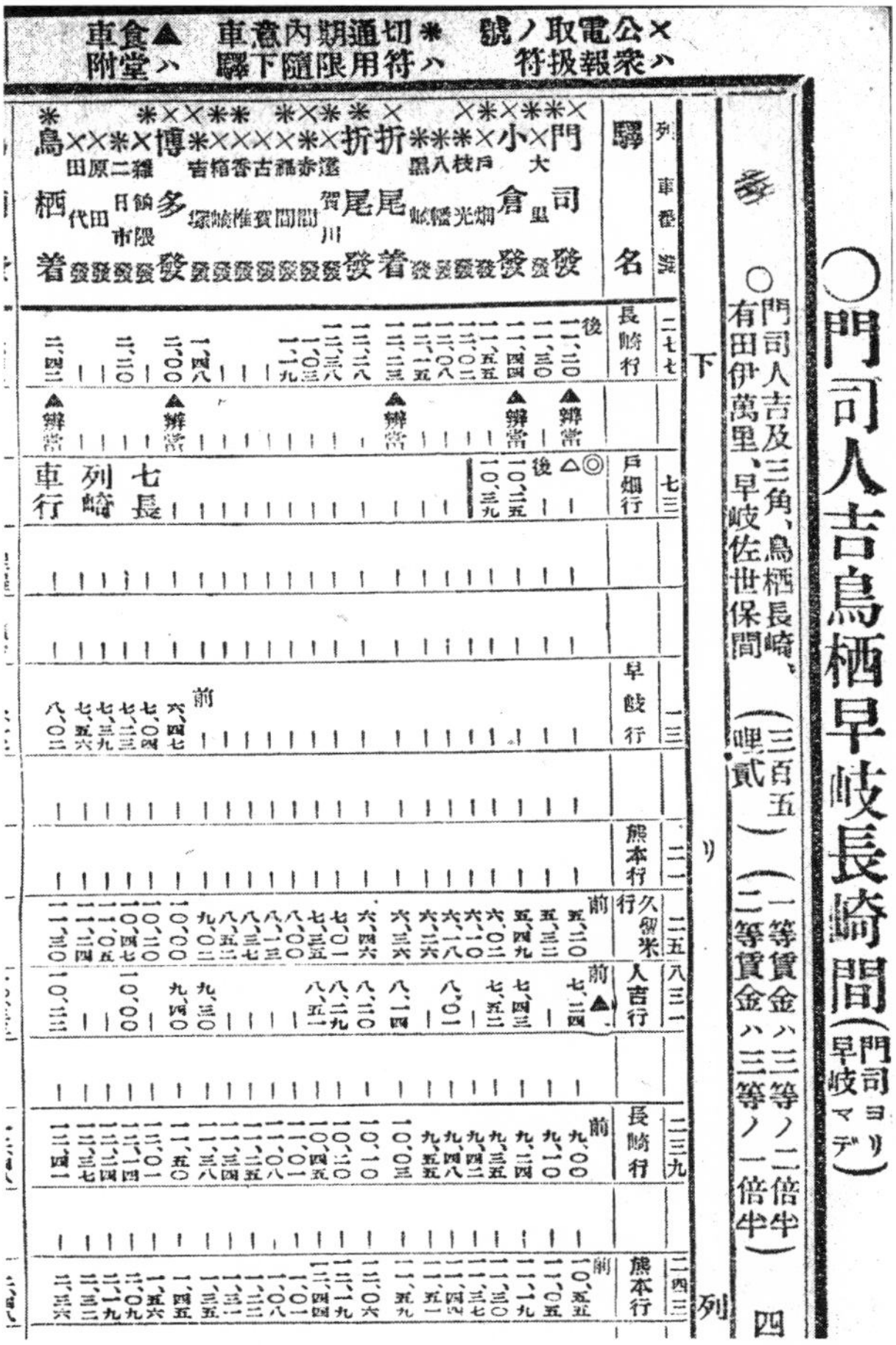
×ハ公衆電報取扱符號 ＊ハ切符通用期限内随意下車驛 ▲ハ食堂車附

○門司人吉鳥栖早岐長崎間（門司ヨリ早岐マデ）

○門司人吉及三角、鳥栖長崎、（三百五哩貳）（一等賃金ハ三等ノ二倍半 二等賃金ハ三等ノ一倍半）

○有田伊萬里、早岐佐世保間

下り列車

門司（現門司港）から熊本、八代を経て人吉まで通じていた鹿児島本線。当時は「路線名称告示」の直前で、10月12日に人吉本線と命名された1か月後の11月21日、鹿児島まで全通を機に鹿児島本線と改称された。庚寅新誌社『汽車汽船旅行案内』明治42年7月号

敷設しているが、当時これらの路線がどのように区別されていたかを当時の時刻表や官報、それに同社の広告などを参照したが線名は見当たらず、たとえば「門司八代間」「鳥栖長崎間」のように区間表示していたようだ。全国の幹線鉄道が「鉄道国有法」により国有化された後、

明治四二年（一九〇九）一〇月一二日に官報告示された路線名が、旧九州鉄道としては初出なのかもしれない。これによれば鹿児島本線にあたるのは「人吉本線」で、区間は門司～人吉間であった。起点の門司は現在の門司港駅である。

人吉は熊本県南部の球磨川沿いの城下町で、八代～人吉間は現在肥薩線の一部になっている山沿いルートだ。当初の鹿児島ルートは、この人吉経由で霧島連山にほど近い矢岳の峠越えを経て南下、国分（現隼人）で錦江湾に出てからは現日豊本線ルート（隼人～鹿児島間）で鹿児島に達している。峠越え区間の人吉～吉松間は未開業で、吉松～鹿児島間は鹿児島線と名乗っていた。ところが人吉本線と命名された翌月の一一月二一日にはこの峠越え区間の開通で門司～博多～熊本～人吉～吉松～鹿児島間が全通、晴れて鹿児島本線となった。そんなことなら、なぜ最初から鹿児島本線としなかったのだろう。人吉の町が命名運動をした話は聞かないが、謎である。

その後は水俣・川内経由の路線が敷設されることになった。少し遠回りだが勾配を抑えられるメリットは大きい。八代から海沿いに南下する肥薩線（現肥薩線とは異なる）、それに鹿児島から海沿いを北上する川内線（大正一三年（一九二四）から川内本線）が順次路線を伸ばして昭和二年（一九二七）一〇月に両者が接続して全通、これをもって鹿児島本線は海岸経由となり、それまでの鹿児島本線は肥薩線と名を変えた。このように時代によって経由地や区間が異なる路線は珍しくない。

長崎本線——佐世保近くを迂回していた旧線

九州新幹線の「西九州ルート」をめぐって沿線がもめている。とにかく新幹線に早く来てほしい長崎県と、利便性向上がそれほどでもないのに分担金が高いと渋る佐賀県の対立だ。当初計画では起点から武雄（たけお）温泉までは平野で線形も良いのでほぼ在来線を活用、その先は新幹線で近道する構想だった。軌間（レール幅）が両者で異なるため、線路に合わせて車輪の間隔を変える「フリーゲージトレイン」を導入の予定だったが開発は難航、ＪＲ九州が「全線フル規格」での建設を求めたところから話がこじれた次第である。西九州新幹線は令和四年（二〇二二）九月二三日に開業したが、先端区間の武雄温泉～長崎間という半端な形となった。先行きはまだ明るくはない。

本題はそちらではなく長崎本線だが、現在は有明海に沿って迂回している。地形の制約から急カーブも多く単線区間もあり、スピードアップには障害だ。ところが昭和九年（一九三四）までは次頁の地図のようにさらに遠回りだった。縮尺のない略図なので実態を必ずしも反映していないが、地図の右下の佐賀から地図の左下の長崎へ向かう途中で佐世保近くの早岐（はいき）（現ハウステンボスの近く）を大きく迂回しているのがわかる。

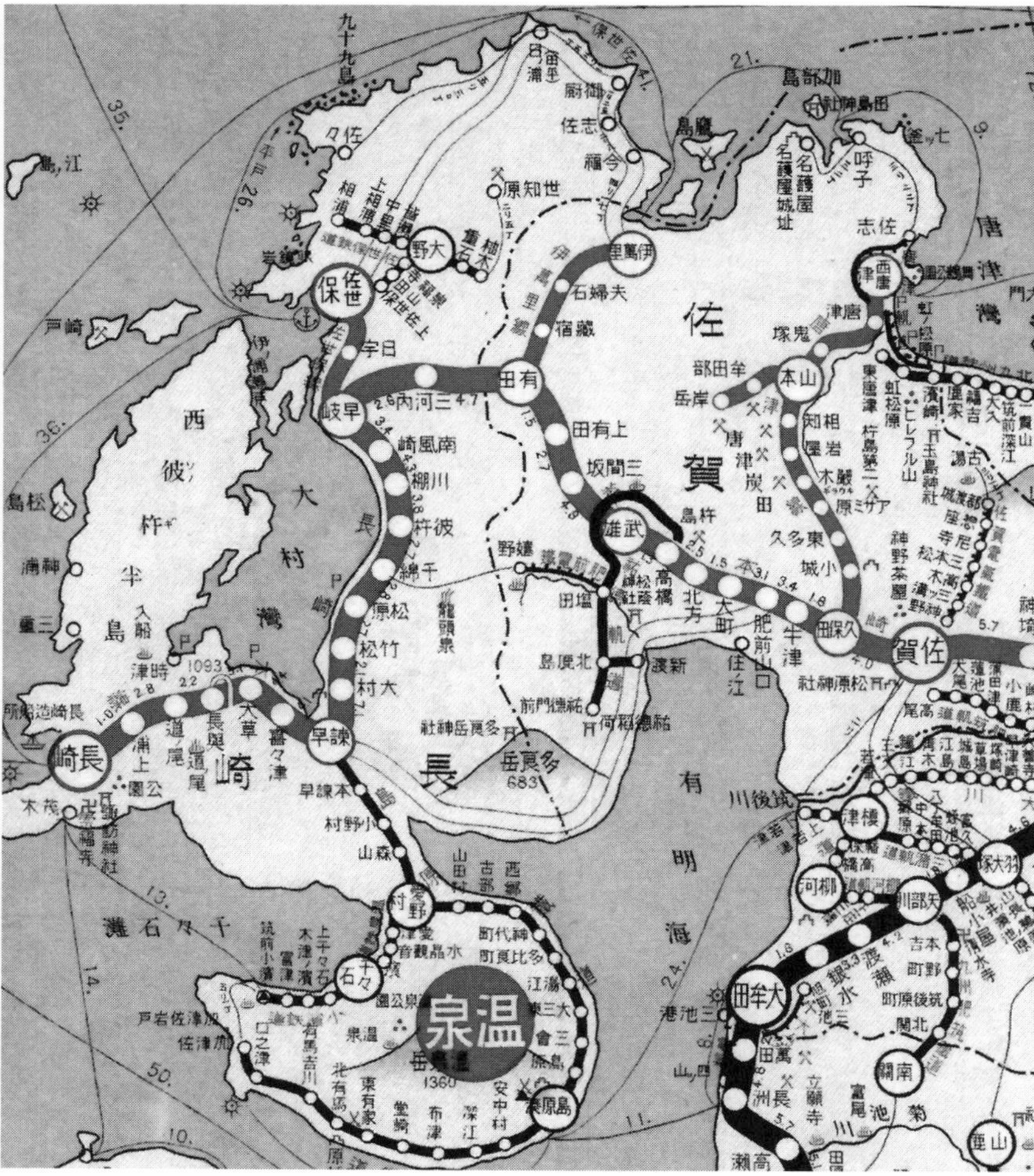

はるばる佐世保軍港近くを経由していた頃の長崎本線。昭和９年に下に見える有明海沿いの二条線ルートに変わった。三省堂旅行案内部編『新鉄道地図』昭和４年（1929）発行

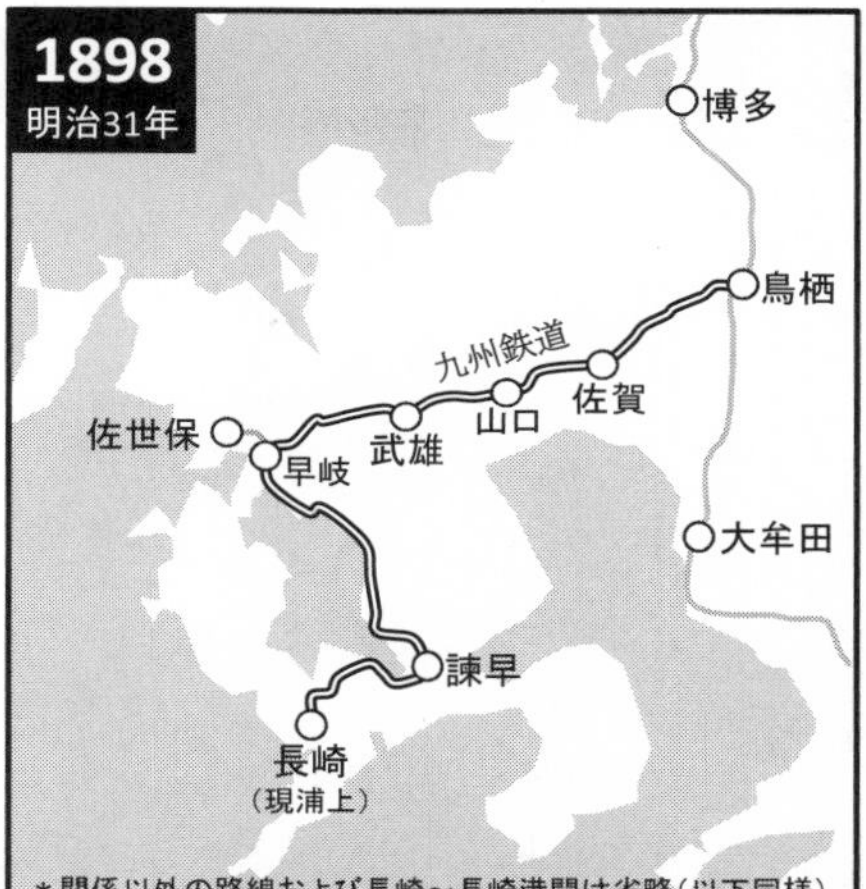

＊関係以外の路線および長崎～長崎港間は省略（以下同様）

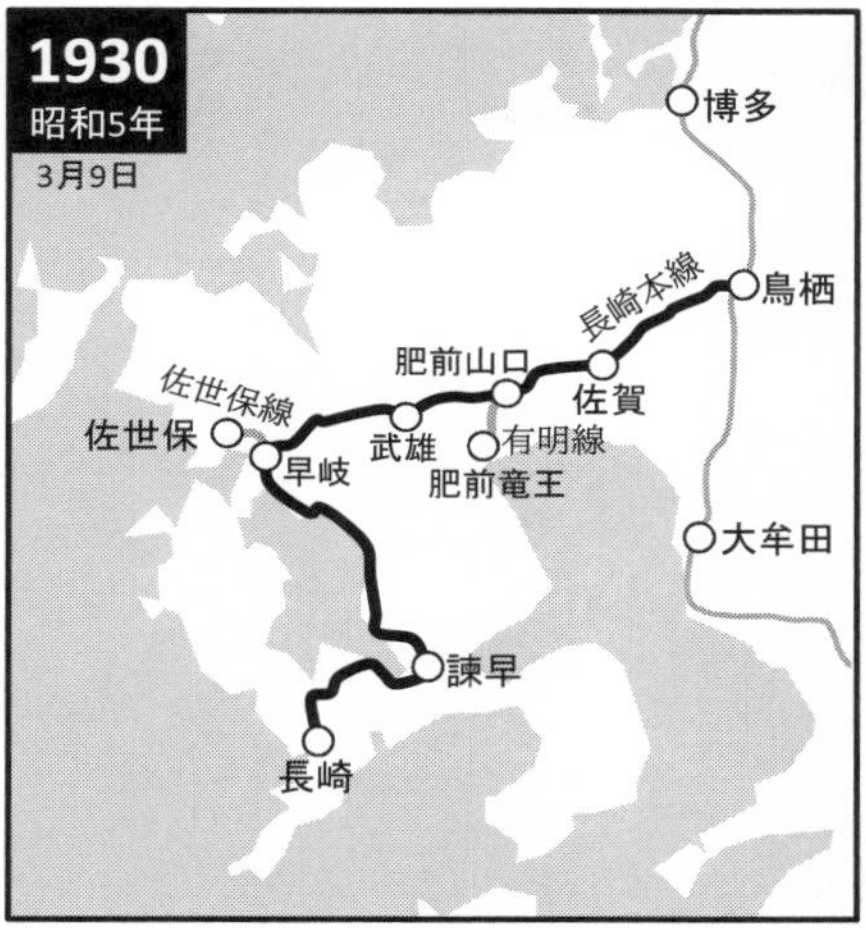

長崎本線は鹿児島本線などと同様に私鉄の九州鉄道が敷設した。明治二四年（一八九一）に鳥栖（とす）～佐賀間が開通、その後は順次延伸して同三一年に初代長崎（現浦上）駅まで、同三八年に現在の長崎駅までの全通を果たしている。九州の玄関口である門司（現門司港）駅からは翌三九年の時刻表によればちょうど一〇時間ほどもかかった。当然ながら夜行列車もあって、こちらは夜中にいくつかの駅を通過することもあって約九時間。この列車は戦後だいぶ後の昭和五九年（一九八四）まで長崎本線唯一の夜行普通列車「ながさき」（B寝台付き）として残っていたものである。

当初ルートが佐世保近くを経由する理由は海軍の要地・佐世保鎮守府への足を企図したものかもしれないが、長崎への遠回りを短絡すべく有明海沿いの現ルートが計画された。昭和五年（一九三〇）三月に支線の「有明線」という名でまず肥前山口（現江（こう）

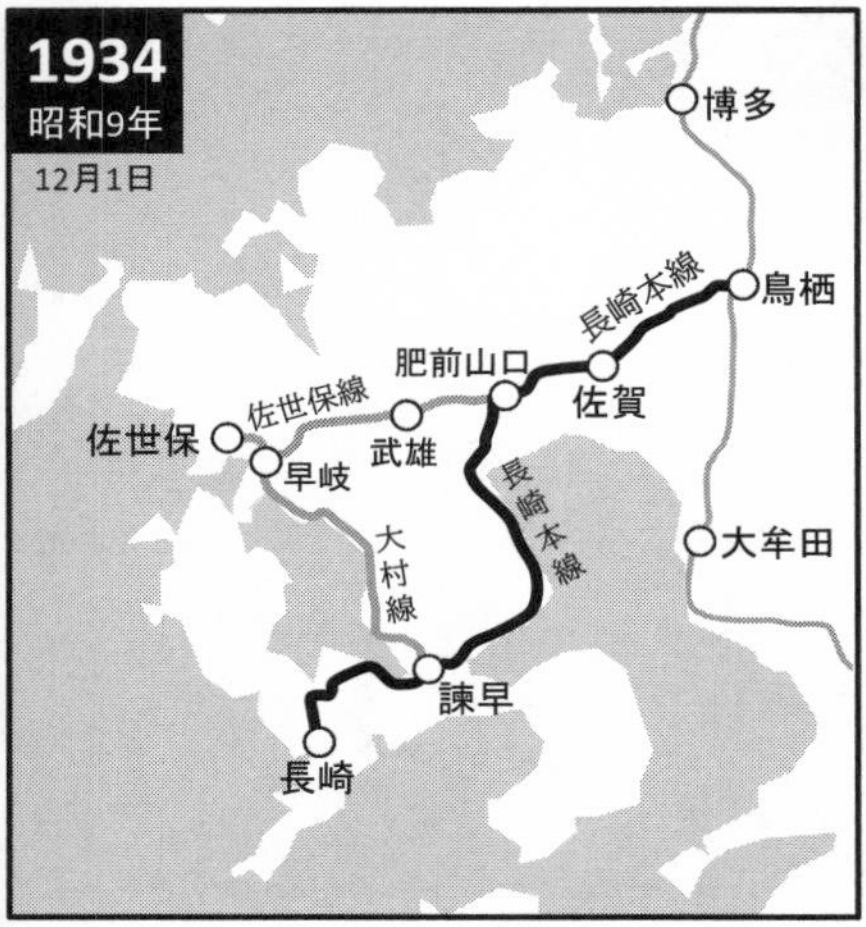

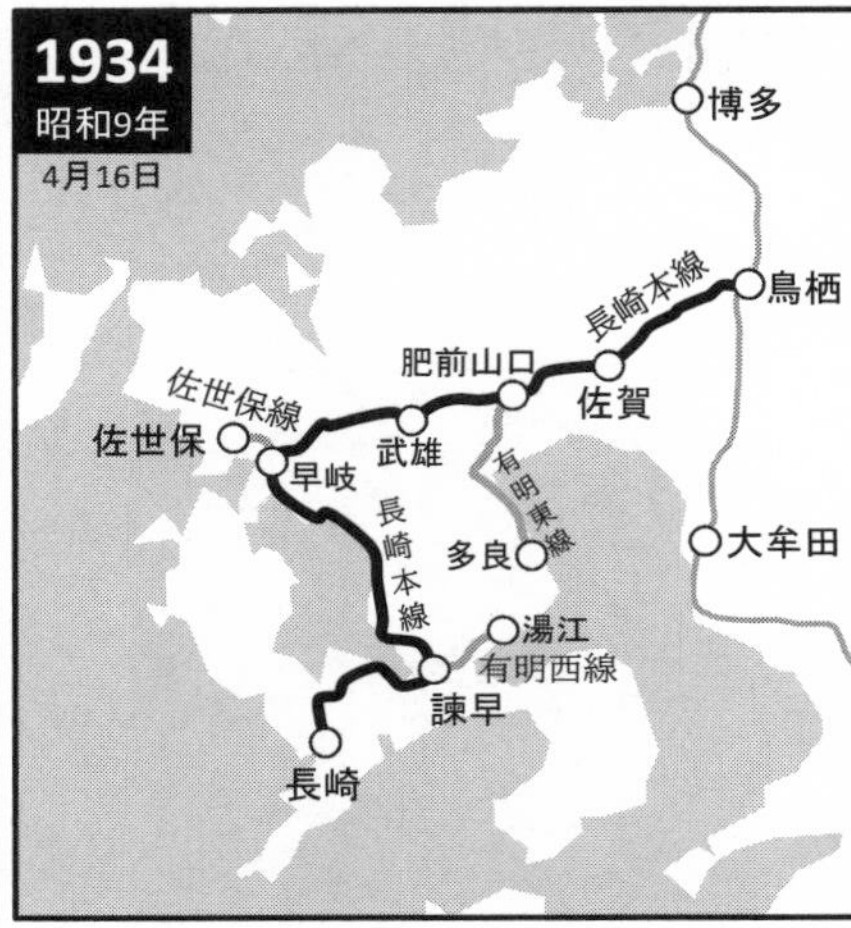

北（ほく））～肥前竜王間、同年一一月に肥前浜という具合に少しずつ延伸していく。諫早（いさはや）方面からも最初に昭和九年（一九三四）三月に湯江（ゆえ）まで開業、こちらが有明西（さい）線と命名されたのと同時に肥前山口から南下する方を有明線から有明東（とう）線と改称、同年一二月一日に全線が繋がったのを機に有明東線・西線は長崎本線の一部に組み込まれた。これに伴って肥前山口～早岐間は佐世保線に編入され、早岐～諫早間は大村線という支線に変更されている。

従前の早岐経由による肥前山口～諫早間は八七・五キロであったが、有明海沿いの新線の完成でこれが六〇・八キロとなったので、実に三割も短縮された。昭和八年（一九三三）の時点で佐賀～長崎間を二時間四六分（下り）で走っていた一日一往復の急行も新ダイヤでは二時間一四分と、三二分もスピードアップしている。

ついでながら昭和九年（一九三四）一二月一日は

当時の鉄道省として記念すべき日であった。東海道本線では丹那トンネル経由の新ルートが開通、さらに現在の岩徳（がんとく）線経由の山陽本線という二つの短絡ルートが同時に完成したことにより東京〜長崎間は六〇・一キロ（当時比）短くなり、所要時間も大幅に短縮されたのである。当時は関門トンネルの開通前だが、旧ダイヤでは東京駅を一三時に出た特急「富士」が下関に翌朝八時五〇分、門司九時五五分発の前述の長崎行き急行が長崎に一五時一七分着であったが、この日の改正で特急「富士」の東京発は二時間繰り下げられて一五時発、長崎着は一二分早着の一五時五分だから、二六時間一七分から二四時間五分と計二時間一二分も短縮されたのである。

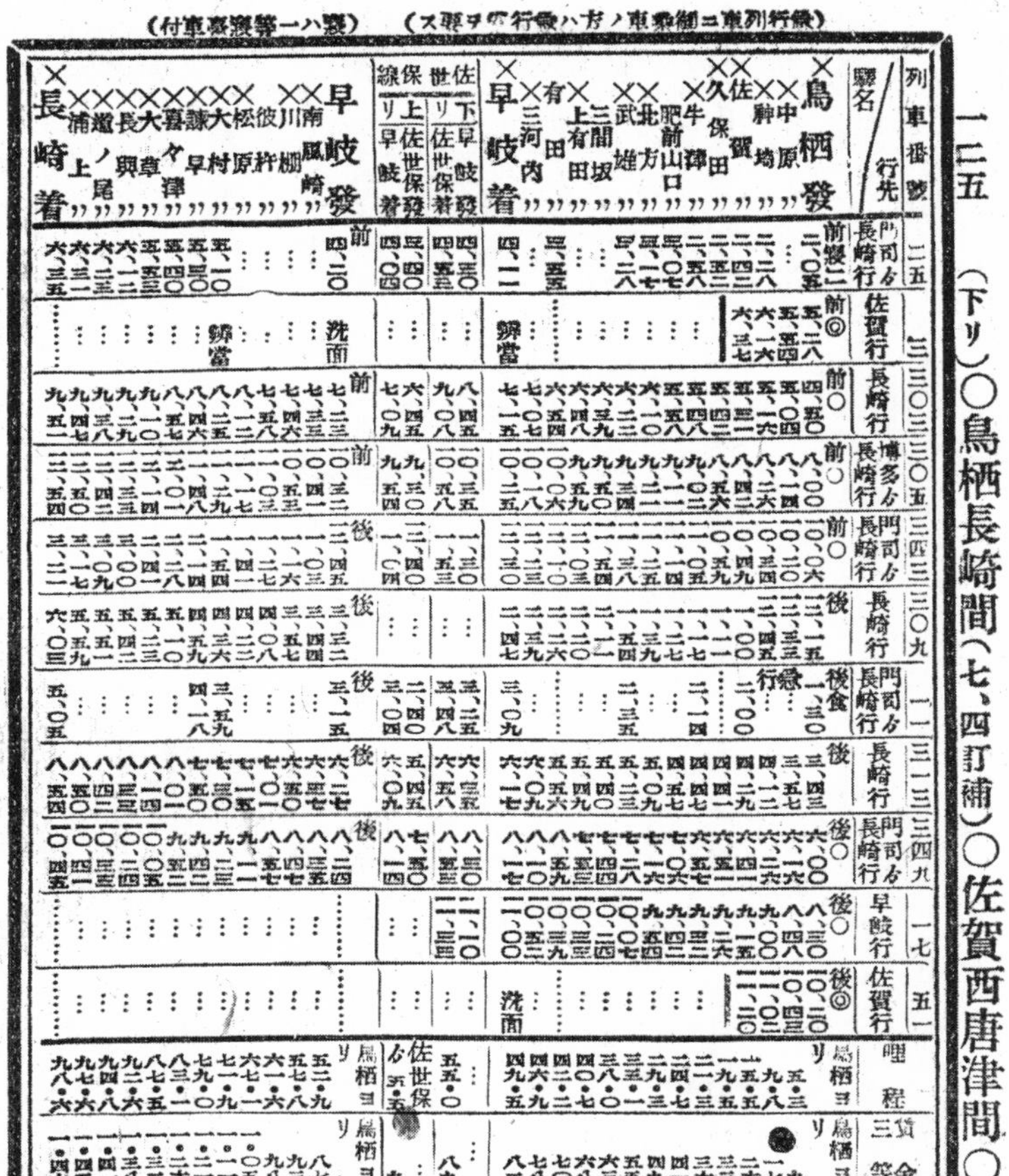

早岐・大村経由だった頃の長崎本線。中央付近に見える急行 11 列車には食堂車が連結されていたことがわかる。牛津に停車、肥前山口（現江北）は通過していた。
公益旅行合資会社『公益旅行案内』大正 7 年 5 月号

つくばエクスプレス――「本名」は常磐新線

東京の秋葉原駅からつくば駅を最速四五分で結ぶ「つくばエクスプレス」は平成一七年（二〇〇五）の開業である。今では沿線人口も増えて多くの利用者で賑わっているが、この路線はその三〇年近くも前から計画され、いわゆる「常磐新線」として期待を集めていた。開発が比較的遅かった首都圏北東部の急速な人口の増加で常磐線の混雑が激しくなったことに加え、首都機能移転の見地から、まずは大学や研究機関などを都心部から移転させる「筑波研究学園都市」への足を確保するのもその重要な目的であった。

全線で約六〇キロというまとまった距離の路線でもあり、経営主体のあり方やルートの決定、その後も用地買収や地盤問題の解決になかなか時間がかかったこともあり、開業まで予想外の時間が経過してしまったのである。私もつくばエクスプレスが開通する前に国土地理院のある研修の講師をつとめた際には、朝からの予定であったのでつくば市内のホテルに前泊した。当時は常磐線の荒川沖駅からバス（後にひたち野うしく駅から）に長く乗るコースで、ロビーから大きな筑波山を独占できる国土地理院までの道のりはなかなか遠かった。もちろん今では飛躍的に時間短縮されたので、前泊など考えられない。

新しい路線なので道路や他の鉄道路線とはすべて立体交差で設計されている。また線形も高速走行を前提としているので良好で、都心部の地下区間を除けばカーブも緩い。このため最高時速一三〇キロで突っ走り、全線五八・三キロを快速は四五分で結ぶ。表定時速（停車時分も含む平均速度）は七七・七キロだが、これは北千住までの各駅停車区間も含むので、守谷〜つくば間に限れば二〇・六キロを一二分で走破するので表定時速は一〇三・〇キロに及ぶ。

その線名であるが、「正式」には首都圏新都市鉄道株式会社という第三セクター会社が所有する「常磐新線」なのだそうだ。社名は漢字がズラズラと並んでいて面白みはないが、会社側も常磐新線などとはどこにも記載せず、案内表示はもっぱら「つくばエクスプレス」である。ロゴマークもTSUKUBA EXPRESSの略であるＴＸをデザインしたもので、実際に利用者も「つくば……」は長すぎるのでティーエックスと呼ぶ人が多い。

現在は駅名も市名も「つくば」であるが、合併でつくば市が誕生する以前は各施設などの名称も筑波研究学園都市、筑波大学のように漢字表記であった。昨今、とりわけ平成の大合併ではひらがな市町名が爆発的に増えたのだが、その大流行のハシリのような時期である（ひらがな市名としては四番目）。研究学園都市全体を一体化すべく昭和六二年（一九八七）に合併が行われたのだが、この時は大穂（おおほ）町・谷田部（やたべ）町・豊里町・桜村の四町村によるもので、このうち桜村は「村」とはいえ当時は日本最大、約四・一万人の人口を擁していた。ちなみに当時の国土地理院の所在地は筑波郡谷田部町北郷（きたさと）であった。

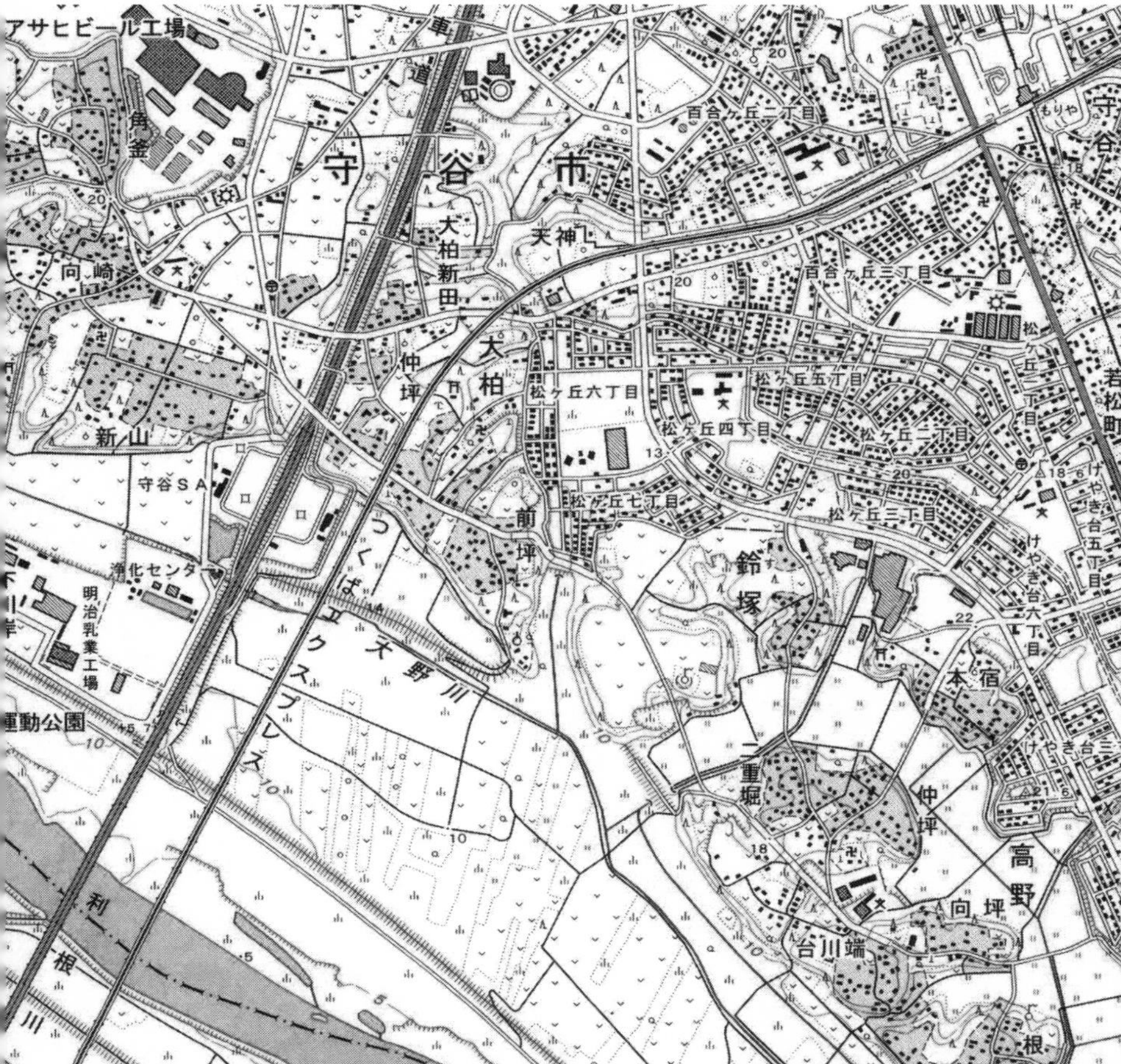

緩いカーブの高架線を最高時速 130km で快走するつくばエクスプレス。守谷市は同線の開業で都心への距離が劇的に短縮された。1 : 25,000「守谷」平成 17 年更新

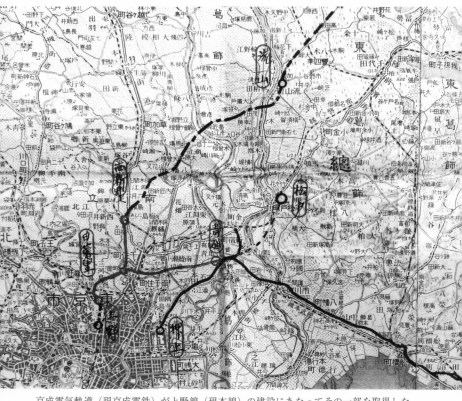

京成電気軌道（現京成電鉄）が上野線（現本線）の建設にあたってその一部を取得した「筑波高速度電気鉄道」の免許線。破線で示されたルートは、町屋から流山、守屋、谷田部を経て筑波山麓までという「つくばエクスプレス」を先取りしたようなルートだった。鉄道省文書「京成電気軌道」第10巻（昭和5・6年）国立公文書館蔵

つくば市がひらがな表記となったのは、当初は筑波町が一緒にならなかった事情もあったようである。なるほど筑波町と筑波市が隣り合っていては何かと都合が悪い。結局は翌六三年に筑波町も編入されたのだが、その旧筑波町に存在した筑波鉄道の筑波駅は、つくば市が誕生する約八か月前の昭和六二年（一九八七）四月一日をもって廃止されている。漢字からひらがなへの変遷の象徴のようだが、平成一八年（二〇〇六）には最後まで残った筑波郡も、郡内の谷和原村と伊奈町の合併で「つくばみらい市」となり、古代以来の歴史を閉じた。あとは筑波大学と筑波山などが漢字を守り続けてはいるけれど……。

奈良線——奈良県を走らない理由は

ＪＲ奈良線は京都駅から南下、宇治を経て関西本線が接続する木津駅まで（正式には木津駅が起点）の三四・七キロで、区間列車を除けばすべて奈良駅まで直通している。京都と奈良の間といえば、特急や急行が頻繁に走る複線電化路線の近鉄京都線が主役で、かつての奈良線はこれに勝負を挑む気配さえなかった。長いこと単線非電化路線で気動車がのんびり走るローカ

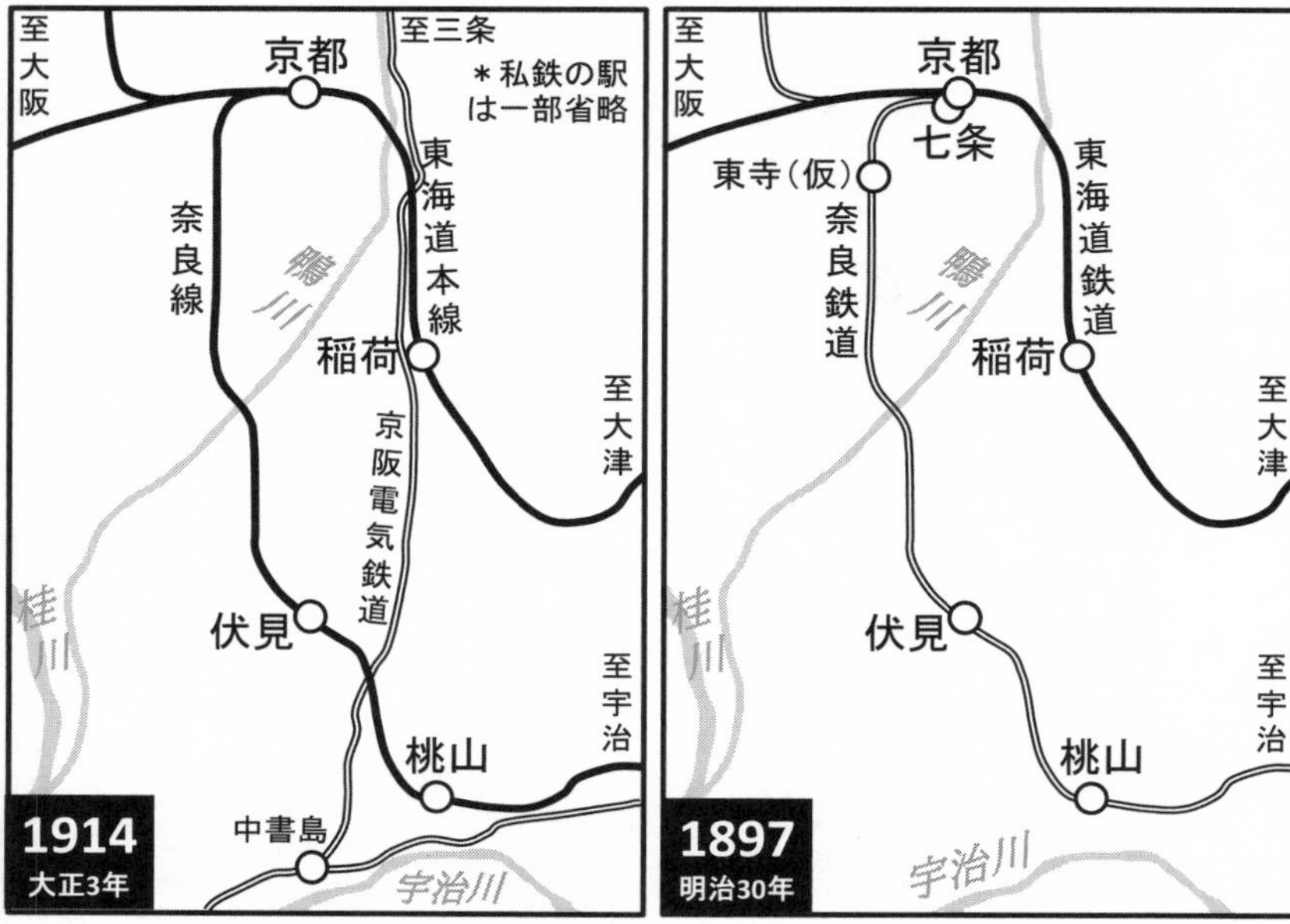

ル線の風情であったが、昭和五九年（一九八四）に遅まきながら電化している。その前年の時刻表で確かめてみると、京都～奈良間はおおむね三〇～六〇分間隔で一日二三往復、これに加えて和歌山へ行くディーゼル急行「紀ノ川」が一日一往復していた。

　これが現在では「みやこ路快速」だけでも三〇分間隔なのに加え、普通列車も奈良行きが三〇分間隔、京都～城陽間はその倍という頻繁な運転で、奈良まで完走する列車の本数だけで従前の三倍近くである。複線化は平成一三年（二〇〇一）の京都～ＪＲ藤森間と宇治～新田間に始まり、令和に入って急加速した。平成期に全体の二四パーセントに過ぎなかった複線化率は、令和五年（二〇二

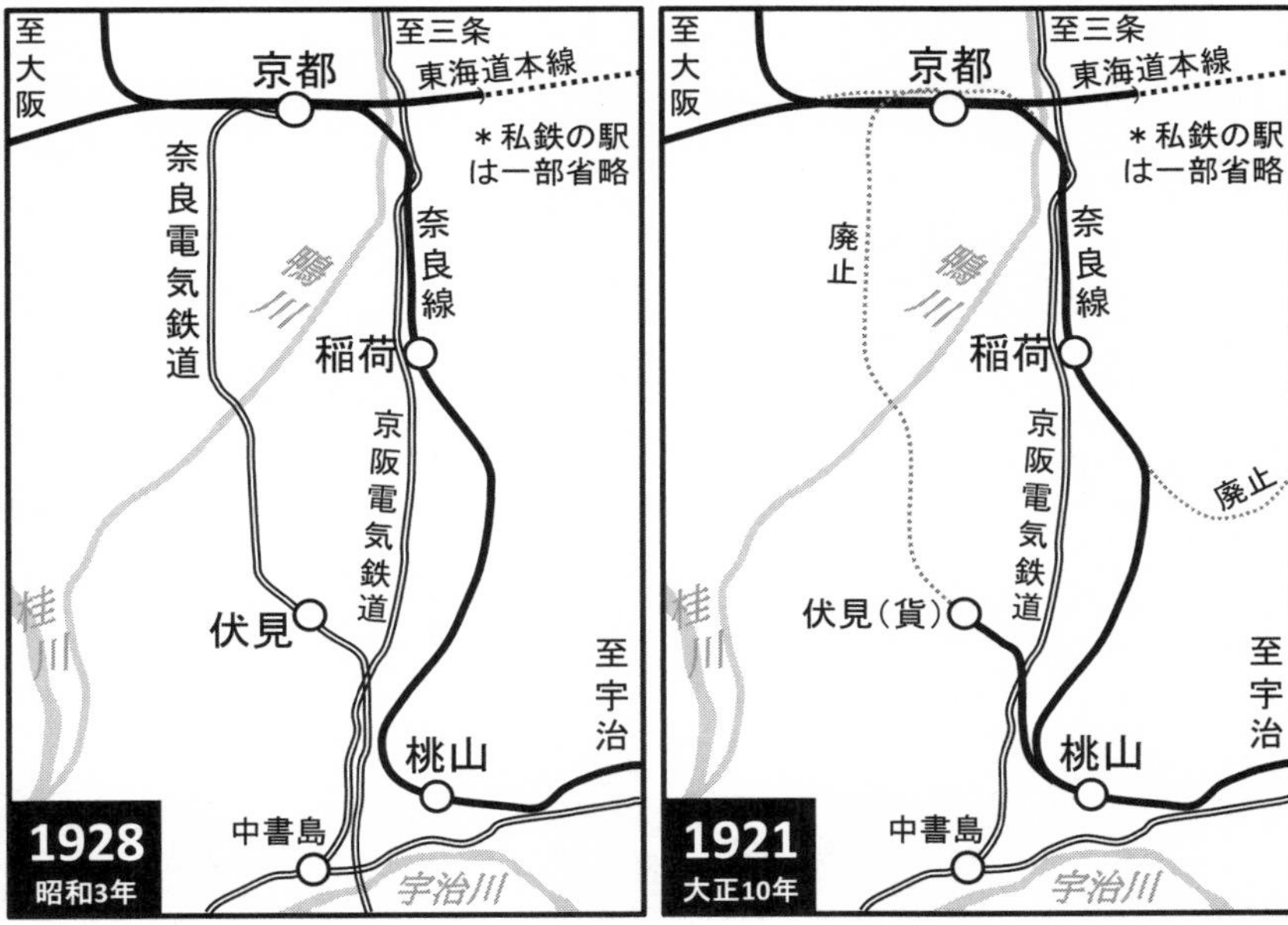

三）二月末に六四パーセントに達している。利便性はさらに上がりそうだ。

列車が奈良駅まで直通するのはともかく、路線そのものは奈良県境まであと二・六キロまで迫る木津駅までで、全区間が京都府内である。線名に反して奈良県内を走らないのは意外かもしれないが、これは歴史的経緯を見れば納得できるかもしれない。

奈良線の前身・奈良鉄道の開業は、全国の多くの幹線鉄道がまだ私鉄であった明治二八年（一八九五）。まずは京都〜伏見間五・三キロを手始めに桃山、玉水（たまみず）、木津と部分開業しながら翌二九年四月には奈良駅まで開業した。その先はさらに現ＪＲ桜井線の桜井駅まで延伸したので、要するに木津〜奈良間も奈良鉄道の路線

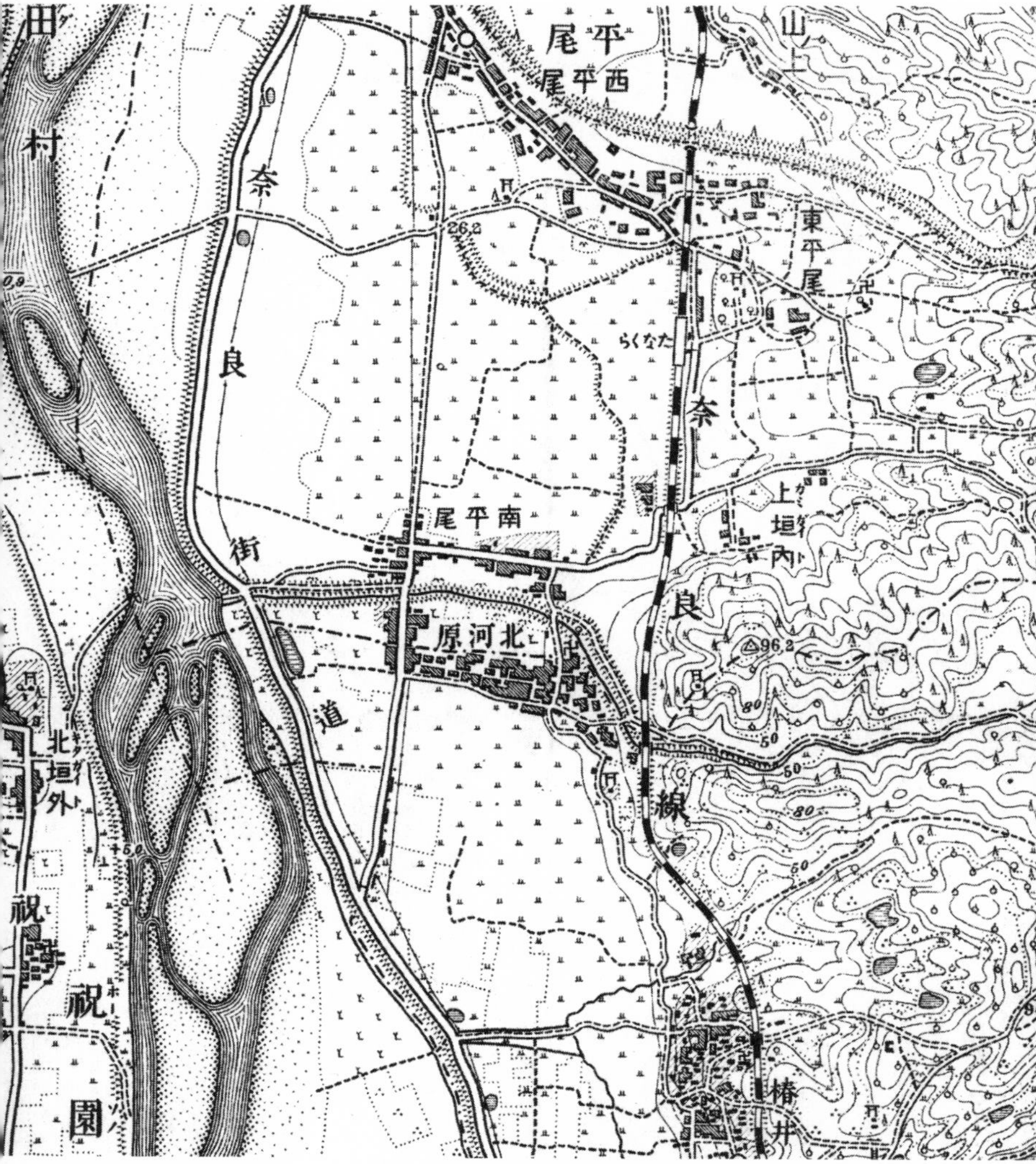

奈良鉄道が国有化された頃の奈良線。木津川に注ぐ支流には天井川が多く、棚倉駅の北寄りでこれをくぐるトンネルが見える。1:20,000「木津」明治41年測図

であった。木津付近の路線の変遷は複雑なので略すが、奈良鉄道は明治三八年（一九〇五）に関西（かんせい）鉄道に譲渡され、同四〇年には全国の幹線鉄道とともに国有化されている。同四二年には「国有鉄道線路名称制定」が行われ、その際に木津～奈良間が関西（かんさい）本線の一部とされた。これにより「奈良県を走らない奈良線」が誕生したのである。

この線は京都付近の区間でも珍しい変更があった。現在の京都～稲荷間はもともと東海道本線の一部であり、奈良鉄道の京都から伏見付近までの線路は現在近鉄京都線が走るルートを通っていた。東海道本線の京都～大津間が大正一〇年（一九二一）に東山トンネル経由の現在線に変わった際に京都～稲荷間を奈良線が引き受け、その先の桃山まで新線を建設して在来の奈良線に接続している。その結果、空いた線路跡を利用したのが昭和三年（一九二八）開業の奈良電気鉄道（現近鉄京都線）だ。

宇治川橋梁を渡る奈良線の電車（205系）

その段階で国鉄奈良線と奈良電気鉄道は競合することとなったが、戦後の昭和三八年（一九六三）に近鉄が奈良電気鉄道を合併した際には線名を「京都線」としている。これは近鉄奈良線がすでに上本町（うえほんまち）～近畿日本（にっぽん）奈良（現近鉄奈良）間を走っていたために、旧奈良電の方を「奈良線」と名付けるわけにいかなかったためだろう。

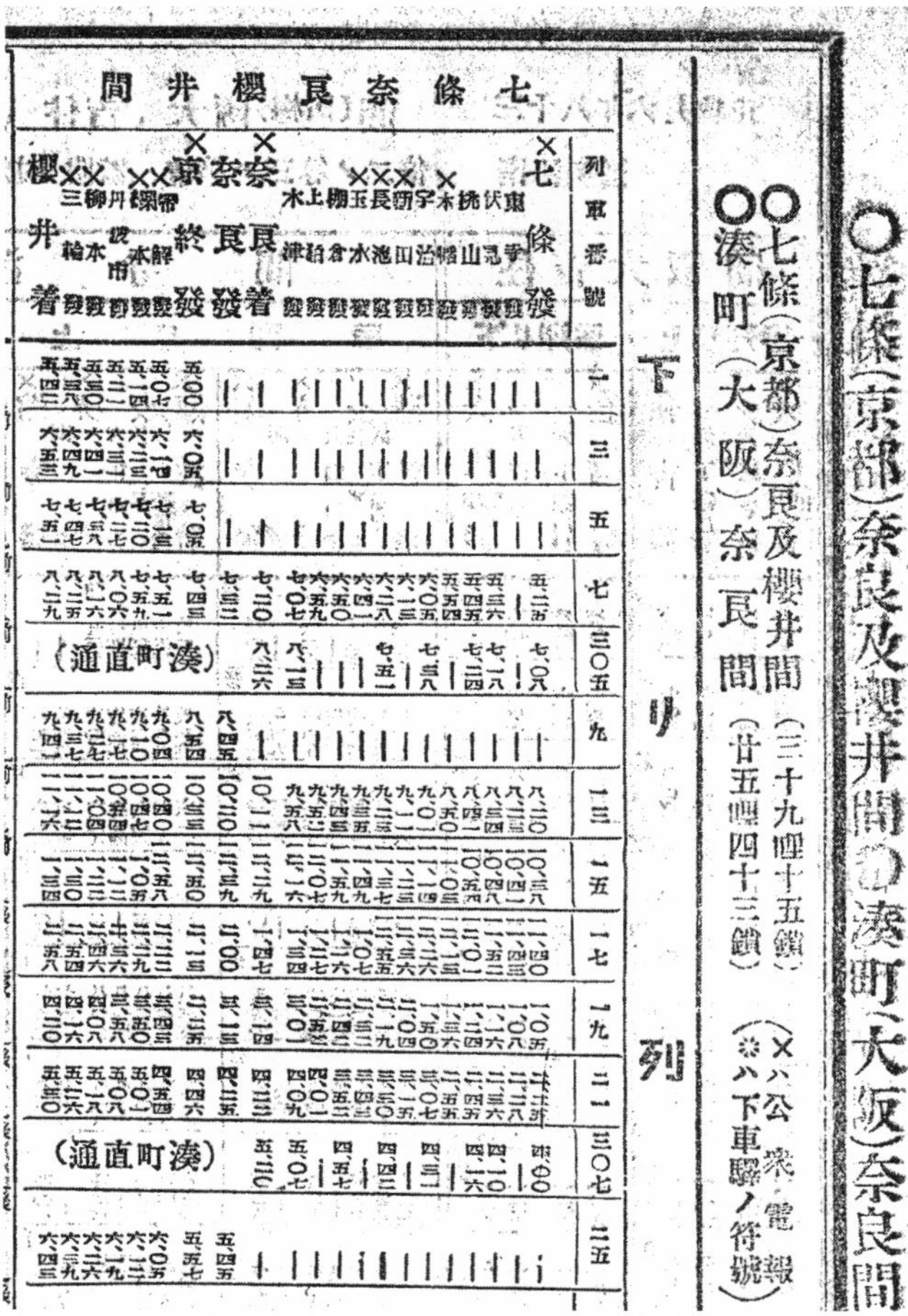

○七條(京都)奈良及櫻井間○湊町(大阪)奈良間
○七條(京都)奈良及櫻井間（三十九哩十五鎖）
○湊町(大阪)奈良間（廿五哩四十三鎖）
（×ハ公衆電報）
（※ハ下車驛ノ符號）
下リ列車
七條奈良櫻井間
（湊町直通）

奈良鉄道の起点は官営京都駅に隣接していた七条駅。ここから桃山の手前までの区間は後に路線変更され、跡地には奈良電気鉄道（現近鉄京都線）が敷設された。本表には奈良鉄道が経営していた桜井までの区間（現桜井線）も同居している。駸々堂『鉄道航路旅行案内』明治38年8月号

奈良線と似たJR線が関東にもある。こちらは「横浜駅へ行かない横浜線」で、横浜駅の隣の東神奈川駅を起点として八王子までの四二・六キロ。奈良線がすべて奈良駅に直通するのと異なり、横浜線では昼間でも三本に一本は東神奈川止まりで、朝夕のラッシュ時は京浜東北線

の線路が混み合っているのでほとんど横浜駅方面へ直通していない。横浜線も当初は横浜鉄道という私鉄で、明治四一年（一九〇八）に開業している。当時の横浜駅は初代（現桜木町駅）なので、そこまで四キロ近くを東海道本線と併走させる認可が下りなかったのかもしれない。

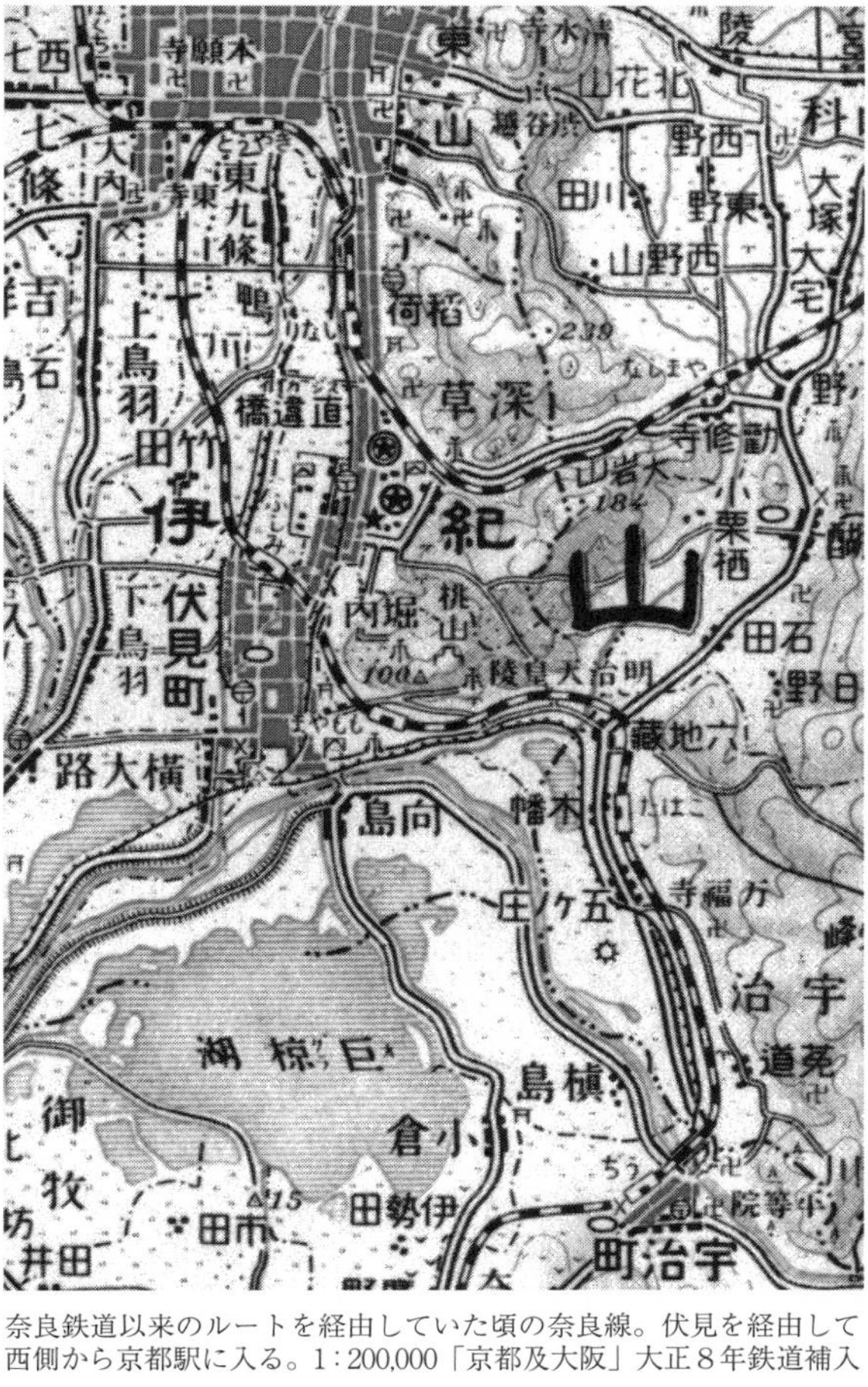

奈良鉄道以来のルートを経由していた頃の奈良線。伏見を経由して西側から京都駅に入る。1：200,000「京都及大阪」大正８年鉄道補入

最近になって東神奈川で横浜線からの乗換客増加を目論む京急が、仲木戸（なかきど）駅を「京急東神奈川」と令和二年（二〇二〇）に改称してアピールしている。

東海道本線のルート変更に伴って奈良線が稲荷を経由、旧線跡に奈良電気鉄道（現近鉄京都線）。1：200,000「京都及大阪」昭和７年部分修正

この町を通ります

——主な経由地をとった線名

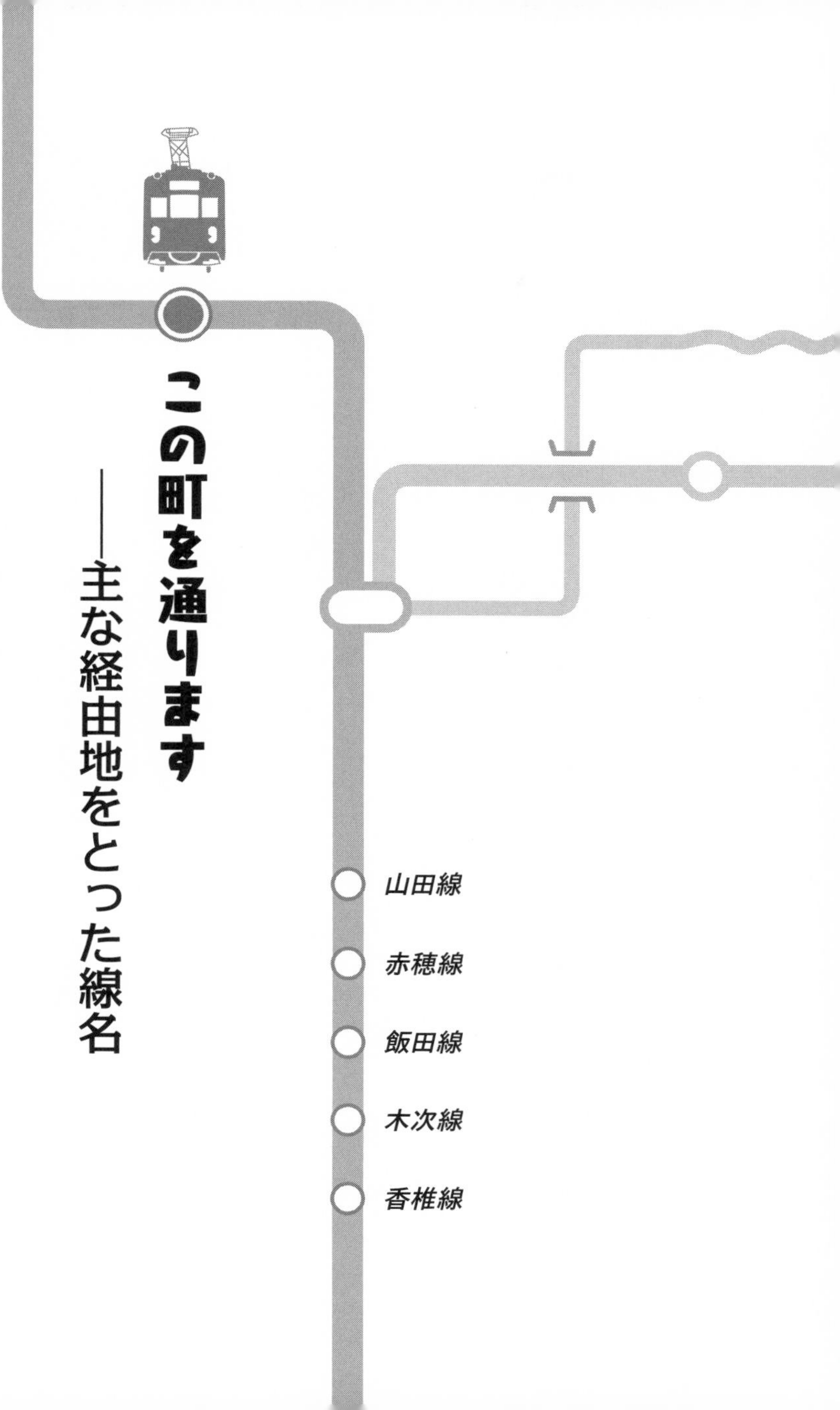

山田線――一部三陸鉄道移管で山田へは行かず

岩手県都の盛岡から北上高地を東へたどり、海辺の宮古に至る一〇二・一キロのＪＲ山田線。本数は極端に少なく、朝に盛岡市内の上米内（かみよない）止まりが二本走った後、宮古へ直通するのは一一時九分発の快速「リアス」が最初の列車だ。それでも並行する国道一〇六号には「一〇六特急・急行」と呼ばれるバスが盛岡～宮古間をほぼ一時間おきに走っているので、地元の人にとって不便はないかもしれない。

山田線が最初に開業したのは関東大震災の翌月である。大正一二年（一九二三）一〇月一〇日、盛岡から今も朝の区間列車の終点となっている上米内まで九・九キロの部分開業であった。地元・盛岡出身の原敬（はらたかし）首相が在任中だった大正九年（一九二〇）に予算化されて建設が決まったため、さっそく「我田引鉄」の疑いをかけられたようである。議会では反対する議員から「山田線は、猿が三匹も乗ればよいくらいのものだ。ただちに廃止せよ」[9]と迫ったというが、これはありがちな「都市伝説」かもしれない。いずれにせよ、広大な北上高地の一帯は本州最小の人口密度の岩手県の中でも、とりわけ人口稀薄なエリアを走るための、おそらく尾鰭が付いたエピソードだろう。

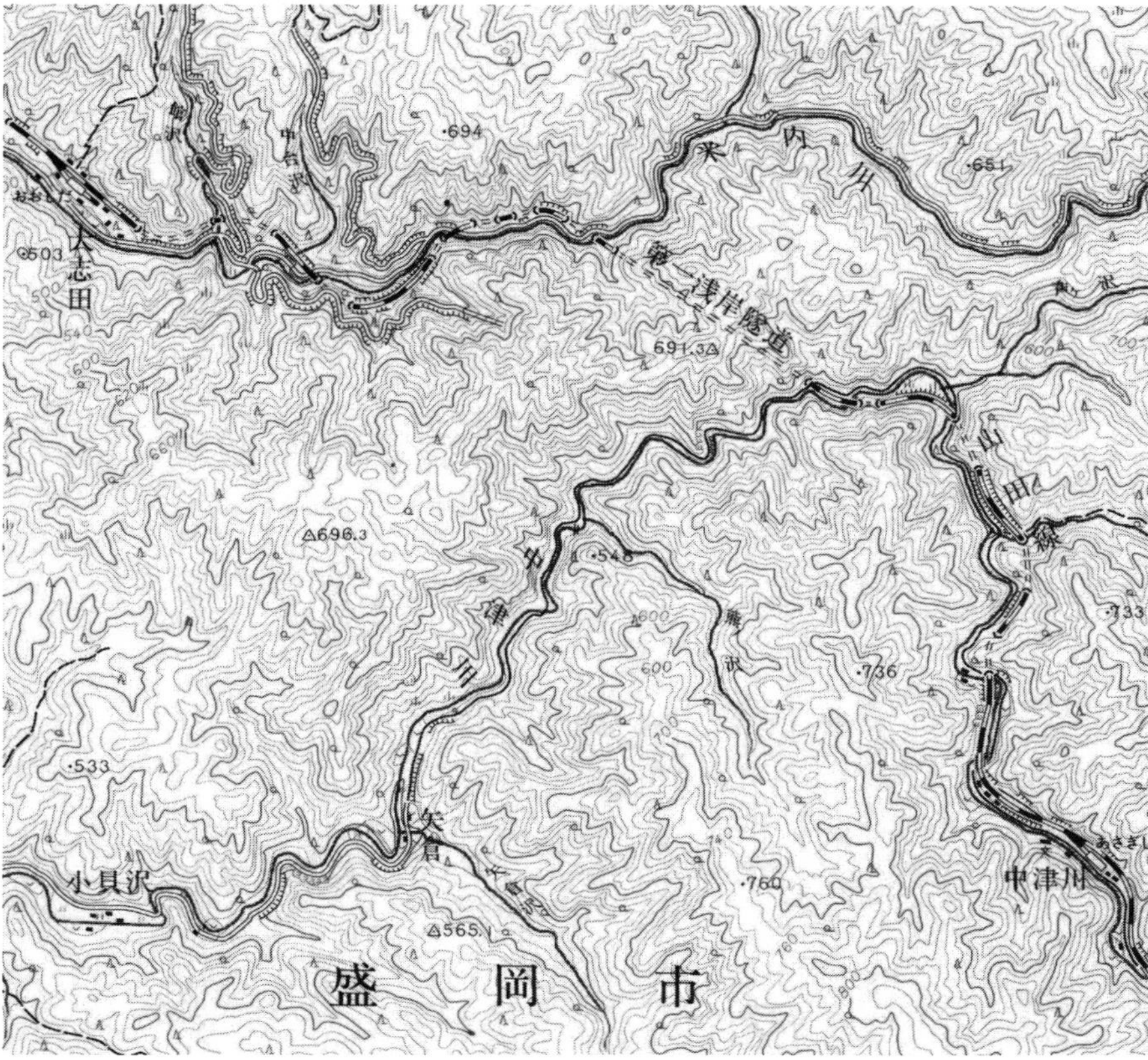

盛岡を出て文字通り分水界の区界まで延々と続く急勾配区間。図の両端に見える大志田・浅岸の両駅はスイッチバック式だった（現在は廃止）。1：50,000「外山」昭和45年編集

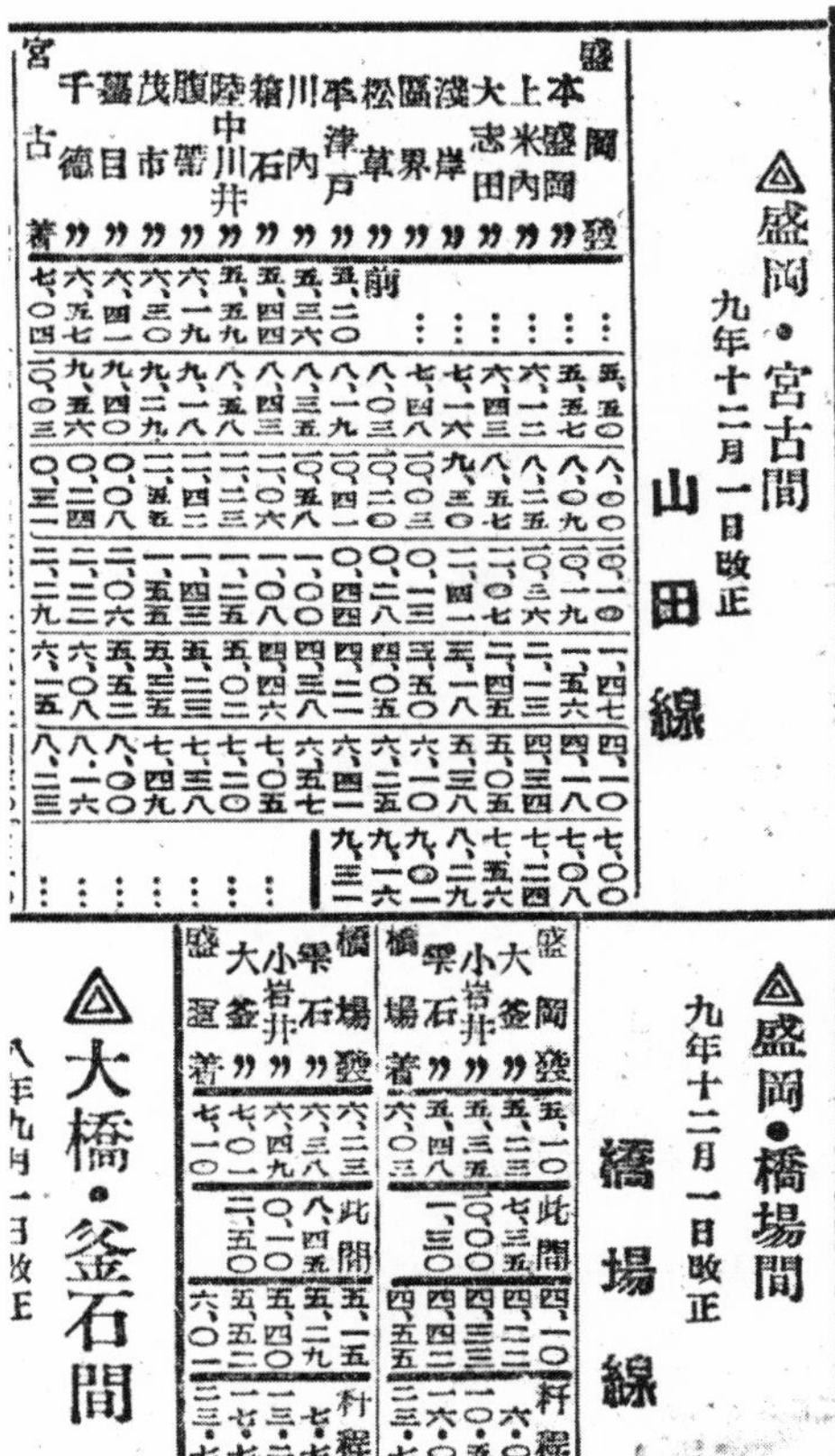

△盛岡・宮古間　九年十二月一日改正　山田線

盛岡發	…	五、五〇	八、〇〇	一〇、一〇	一、四七	四、一〇	七、〇〇
本盛岡〃	…	五、五七	八、〇九	一〇、一九	一、五六	四、一八	七、〇八
上米内〃	…	六、一二	八、二五	一〇、三六	二、一三	四、三四	七、二四
大志田〃	…	六、四三	八、五七	一一、〇七	二、四五	五、〇五	七、五六
淺岸〃	…	七、一六	九、三〇	一一、四一	三、一八	五、三八	八、二九
區界〃	…	七、四八	一〇、〇三	〇、一三	三、五〇	六、一〇	九、〇一
松草〃	前	八、〇三	一〇、二〇	〇、二八	四、〇五	六、二五	九、一六
平津戸〃	五、二〇	八、一九	一〇、四一	〇、四四	四、二一	六、四一	九、三二
川内〃	五、三六	八、三五	一〇、五八	一、〇〇	四、三八	六、五七	
箱石〃	五、四四	八、四三	一一、〇六	一、〇八	四、四六	七、〇五	…
陸中川井〃	五、五九	八、五八	一一、三三	一、二五	五、〇二	七、二〇	…
腹帶〃	六、一九	九、一八	一一、四三	一、四三	五、二三	七、三八	…
茂市〃	六、三〇	九、二九	一一、五五	一、五五	五、三五	七、四九	…
蟇目〃	六、四一	九、四〇	〇、〇八	二、〇六	五、五三	八、〇〇	…
千德〃	六、五七	九、五六	〇、二四	二、二三	六、〇八	八、一六	…
宮古着	七、〇四	一〇、〇三	〇、三一	二、二九	六、一五	八、二三	…

△盛岡・橋場間　九年十二月一日改正　橋場線

盛岡發	五、一〇	此間	四、一〇	粁程
大釜〃	五、二三	七、三五	四、二三	六・〇
小岩井〃	五、三五	一〇、〇〇	四、三三	一〇・五
雫石〃	五、四八	一、三〇	四、四三	一六・〇
橋場着	六、〇三		四、五五	二三・七

橋場發	六、二三	此間	五、一五	粁程
雫石〃	六、三八	八、四五	五、二九	七・七
小岩井〃	六、四九	一〇、一〇	五、四〇	一三・二
大釜〃	七、〇一	二、五〇	五、五三	一七・七
盛岡着	七、一〇		六、〇一	二三・七

△大橋・釜石間

盛岡～宮古間が開通した翌月の時刻表。盛岡から急勾配が続く分水界の区界までは2時間をかけていた（現在は50分程度）。それでも全区間の列車本数は現在より多い。下の橋場線は田沢湖線の前身。駸々堂旅行案内部『ポケット旅行案内』昭和9年12月号

山田線は最初の部分開業の時からそう名乗っていたが、これは三陸海岸沿いの山田町（陸中山田駅）を目的地として計画されたからである。後になって製鉄所のある釜石まで延長が決まった。開通は前述の上米内から細切れに少しずつ開業し、上米内開業から一一年後の昭和九年（一九三四）に宮古まで、翌一〇年に陸中山田まで、さらに三回の延伸で昭和一四年（一九三九）にようやく釜石までの全通を果たしている。

この路線は盛岡を出てひたすら上り急勾配が続き、東北地方では最高地点に位置する鉄道駅・区界駅（標高七四四メートル）の分水界に達するが、その後はひたすら閉伊川に沿って下っていく峡谷区間が多くを占め、ナンバリングされた橋梁ではおそらく日本で最多を誇る第一（区界～松草間）から第三四（宮古～磯鶏間）に至る閉伊川橋梁でこの川と絡むように走る。このため台風などの豪雨で橋梁や路盤が流され、破壊される被害が何度もあり、特に敗戦直後のカスリーン台風、アイオン台風の橋梁や路盤の流失による不通期間は合計七年にも及んだ。そして最大の被害が平成二三年（二〇一一）に襲った東日本大震災である。巨大な津波のために海沿いを走る宮古～釜石間では長距離にわたって線路が流失または破壊され、一時は鉄道としての復旧断念も現実味を帯びてきたが、結局は在来ルートで復旧工事が行われることとなった。ただし運行はＪＲ東日本が継続するのではなく三陸鉄道に移管されることが決まる。

震災から八年を経た平成三一年（二〇一九）三月二三日に宮古～釜石間が三陸鉄道の路線として開業、これにより盛（大船渡市）から久慈までが再び結ばれ、北リアス線、山田線、南リアス線の三線区を通して「リアス線」と新命名された。これをもって山田線は正式に宮古が終点となり、「山田へ行かない山田線」となったのである。かつての目的地であった陸中山田駅も三陸鉄道リアス線の駅となった。

三陸鉄道には若い社員も多く加わり、これから盛り上げていくところであったが、開業わずか半年の令和元年（二〇一九）一〇月一二～一三日に台風一九号による甚大な被害を受けて休止を余儀なくされた。五か月後の令和二年（二〇二〇）三月一四日にようやく復旧に漕ぎ着けたと思ったら、息もつけずに今度は新型コロナウイルスの感染拡大である。「緊急事態宣言」が出されて観光客はほとんど途絶した。なんとも気の毒なスタートであったが、世界的な疫病の蔓延がようやく落ち着いた今、ますますの発展を祈りたい。

赤穂線——山陽本線のバイパスを目指した

赤穂（あこう）という地名から喚起されるイメージはやはり「赤穂浪士」だろうか。この地には江戸初期の元和（げんな）年間に池田氏が築城し、正保（しょうほう）二年（一六四五）に常陸の笠間（かさま）（現茨城県）から浅野氏がこの地に転封（てんぽう）となった。その浅野の殿様をめぐる事件で後世に名高いのが赤穂浪士の物語であるが、浅野氏は塩田開発を奨励して「赤穂の塩」を全国ブランドに押し上げた。

ところが国鉄赤穂線がこの町に通じたのは昭和二六年（一九五一）と新しい。その開通前日までの交通を担ってきたのが赤穂鉄道（有年（うね）～播州（ばんしゅう）赤穂）という軌間七六二ミリの軽便鉄道であった。こちらは大正一〇年（一九二一）の開通だが、終着駅の名がこの頃から播州赤穂

日生まで開業した段階の赤穂線。赤穂の海沿いには塩田が広がっていたことがわかる。
北方にはかつて赤穂鉄道が結んだ山陽本線有年駅も。1 : 200,000「姫路」昭和 34 年修正

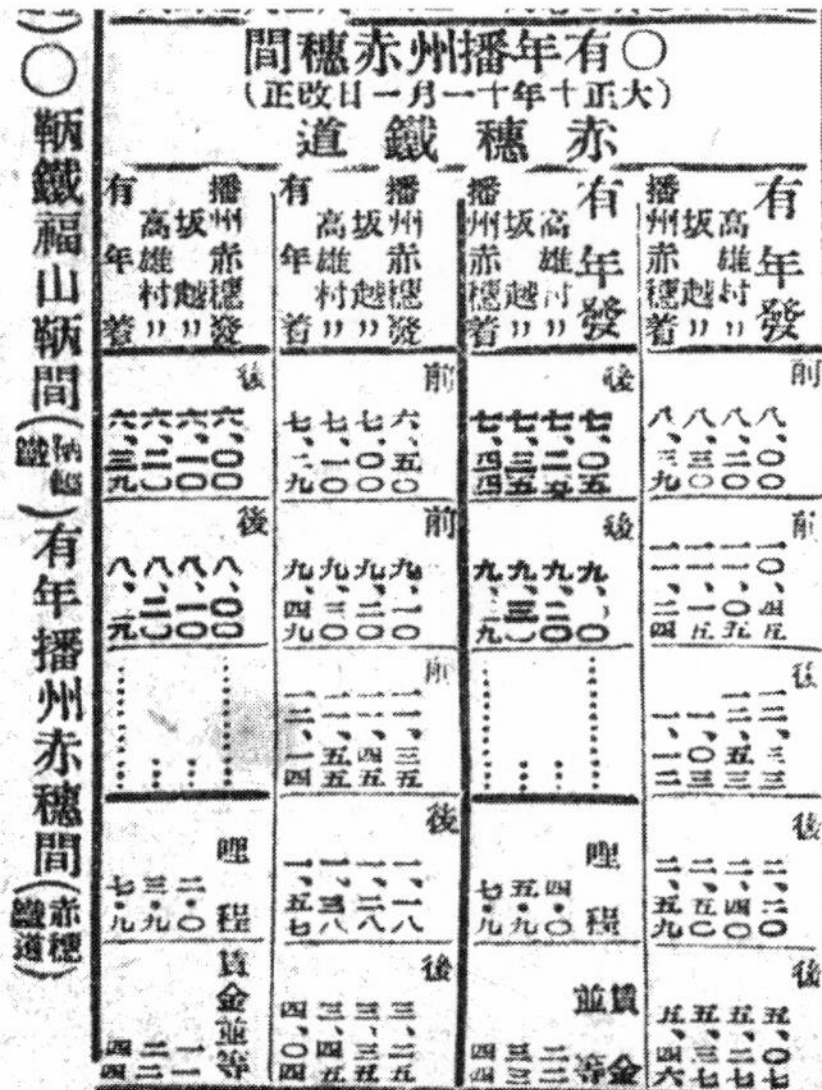

国鉄赤穂線が開通した昭和26年（1951）12月12日に廃止された赤穂鉄道は、山陽本線有年駅から南下するルートだった。旅行案内社『ポケット汽車汽船旅行案内』大正11年9月号

だったのは、飯田線の前身である伊那電車軌道（後に伊那電気鉄道）の赤穂駅の方が同三年開業と古いため、区別のため国名を冠したと思われる。赤穂鉄道は山陽本線の有年駅から千種川沿いに赤穂へ下る一二・七キロの路線であったが、これを四五分（昭和二五年現在・表定時速約一七キロ）というのんびりしたスピードで結んでいた。

国鉄赤穂線の方は大正一一年（一九二二）の改正鉄道敷設法[10]（八六号）で「兵庫県有年（山陽本線有年駅）ヨリ岡山県伊部ヲ経テ西大寺附近（山陽本線東岡山駅）ニ至ル鉄道」（（ ）内は引用者による補足）と明記されていたが着工はだいぶ遅れ、昭和一一年（一九三六）八月にようやく相生～赤穂間、同一四年三月には日生までの区間で着工、同一九年にはこの区間（全体の三八・五パーセント）の路盤を完成させたが翌二〇年一月には戦況悪化で中止に追い込まれている。

非常時にもかかわらず工事が続けられたのは、山陽本線より勾配が緩く距離も三・二キロ短いことから、バイパス路線として期待されていたからだ。ちょうど急勾配区間のある東北本線に対する平坦な常磐線といった位置づけである。曲線半径は山陽本線の最小四〇二メートル（二〇チェーン）に対して七〇〇メートル（駅構内など例外区間を除く）と高速仕様で、さらに用地買収にあたっては各駅の有効長（列車を停められる長さ）を六〇〇メートルとだいぶ長く確保するように配慮された[11]。

中断していた工事は戦後の昭和二二年（一九四七）二月にさっそく再開されたが事情のため翌年三月に休止、同二六年六月に再々着手され、同年一二月に相生～播州赤穂間が開業した。戦前と同じく蒸気機関車時代は赤穂線を勾配の緩いバイパスとして活用する意向だったのだが、昭和三五年（一九六〇）に山陽本線の電化が完成（上郡～倉敷間）したことによる電気機関車の投入で輸送のネックは解消、赤穂線は地元の輸送を担うローカル線に位置づけが変わった。全通は昭和三七年（一九六二）九月一日のことである。

緩いカーブと勾配で山陽本線より短い距離とあって両者の所要時間が気になるが、現在の普通列車で相生～東岡山間を比べると、山陽本線が五八分前後であるのに対し、赤穂線（播州赤穂で乗り換え）は八〇～八五分と、距離が短いにもかかわらずはるかに遅い。ローカル線特有の途中駅の多さや、線路の状態から来る制限速度の低さなどの事情があるのだろう。

なお全通した翌年の昭和三八年（一九六三）から、同五〇年の新幹線博多開業までの間は、急行「だいせん」や「つくし」、「鷲羽（わしう）」などが赤穂線を経由していた。手元の昭和四九年（一九七四）の時刻表を確認してみると、急行「つくし」は播州赤穂、日生、備前片上（かたかみ）、西大寺に停車していたが、大阪八時四三分発で博多終点が一八時二三分。思えば朝から夕方まで一〇時間近く列車に揺られるのが当たり前の時代だった。

飯田線――四社が手を繋いだ長い「国電」

ＪＲ貸しません、ＪＲ得しません。神戸電鉄ありません。それぞれ鹿島線、徳島線、有馬線のつもりでキーボードを打つと登場する誤変換だが、人間の頭ではなかなか思いつかないのが「言い出せん」ことＪＲ飯田線である。

最初から本書の品格を損ねて申し訳ないが、愛知県の豊橋駅を起点に北東へ向かって静岡県の縁を通過し、線名となった飯田駅を経て長野県の辰野駅に至る全長一九五・七キロの路線だ。途中駅が九二（信号場二つを除く）もあるため駅間距離は二・一キロと平均的なＪＲ線の半分ほどである。

人口密度がさほど高くない地域を走るにもかかわらず駅が多いのは、かつて私鉄であった名

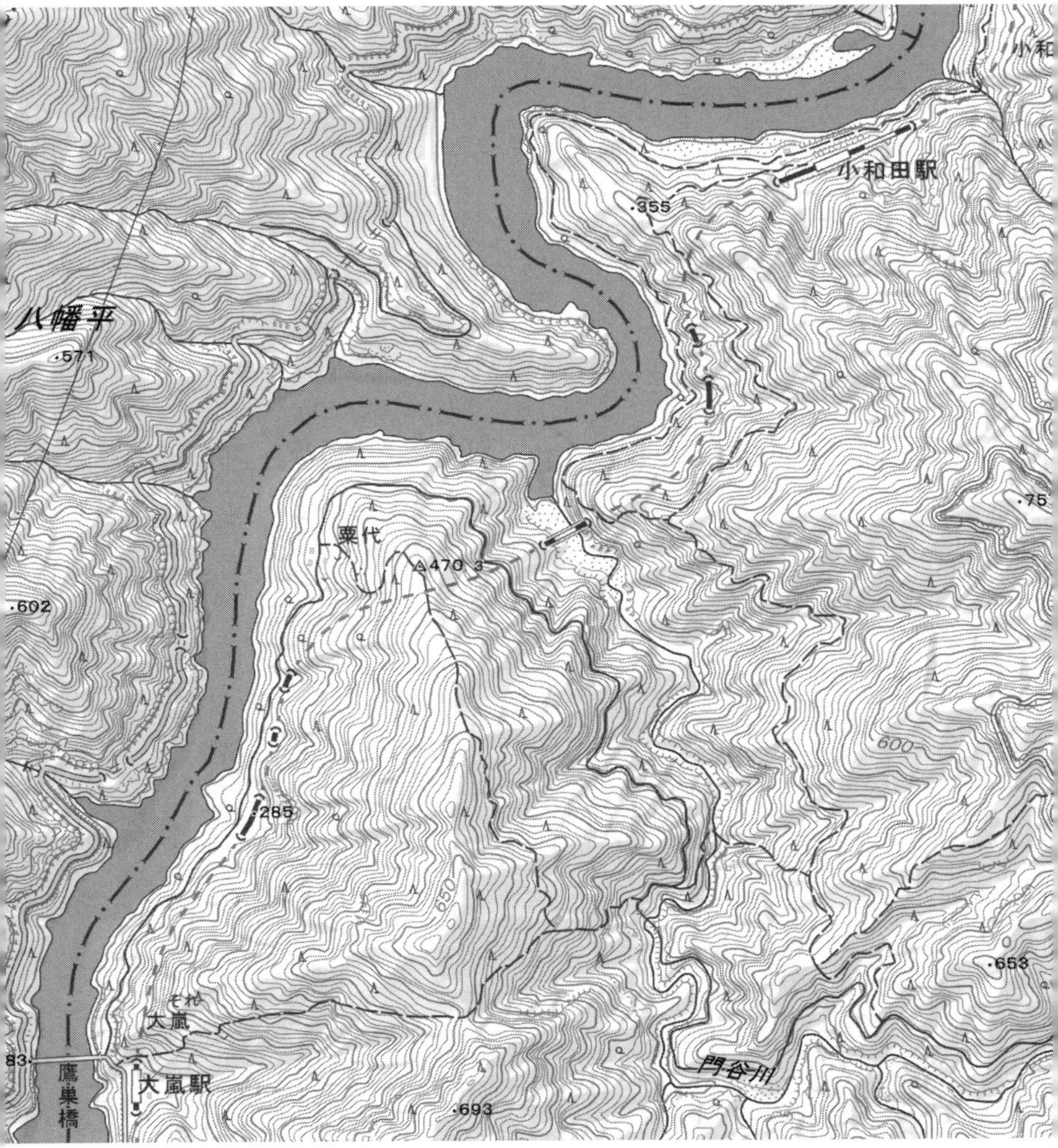

飯田線で最後に開通した大嵐（おおぞれ）〜小和田（こわだ）間。天竜川の深い峡谷に多くのトンネルを掘った区間である。「地理院地図」令和３年４月21日ダウンロード

残だ。それも四社がタテに連なっていた。路線の歴史は古く、豊川稲荷の参詣客輸送を目論んだ豊川鉄道が明治三〇年（一八九七）に豊橋～豊川間を開業したのが最初である。東海地方では官営東海道鉄道から山側に分岐する初めての鉄道となった。その後は豊川に沿って大海駅（明治三六年から昭和一八年まで長篠駅と称した）まで同三三年に延伸したが、そこから先は沿線人口が圧倒的に少なく、別会社の鳳来寺鉄道を立ち上げてやっと大正一二年（一九二三）に長篠～三河川合間を延伸している。

信州の伊那谷では伊那電車軌道（後に伊那電気鉄道）が明治四二年（一九〇九）に中央東線（現中央本線）に接続する辰野駅前から電車を走らせた。一部は三州街道の路上を併用軌道で走るチンチン電車だが、甲信越では初の電車である。その後は大正一二年（一九二三）に飯田に達し（同年に併用軌道を現在線に移設）、昭和二年（一九二七）には観光地として注目される天竜峡まで延伸した。

この天竜峡駅から前述の鳳来寺鉄道の終点・三河川合駅までが最後の開通区間で、飯田線では「車窓のハイライト」として人気が高い。人跡稀なこの区間を敷設したのは三信鉄道（三河国と信濃国の頭一文字を採用）で、大正中期から急増していた電力需要を背景に計画された天竜川の電源開発工事のために人や資材を運ぶのが主目的であった。しかし電源開発の適地は水量豊富で急勾配の河川であり、必然的に険しい地形が続く。天竜川の峡谷沿いを中心に一七一本のトンネル[12]を穿ち、九七か所に橋梁を架ける難工事であった。建設費は予定の数倍に膨張し、会社は傾いた。

線路敷設に先立つ測量も急峻な地形のため困難をきわめたが、北海道で難所の測量に実績のあったアイヌ人測量技師・川村カ子ト（ね）率いる測量隊がこれを果たし、さらに多くの朝鮮半島出身者を含む労働者の手によって難所は切り開かれ、南北から部分開業を繰り返して昭和一二年（一九三七）にようやく全通したのである。

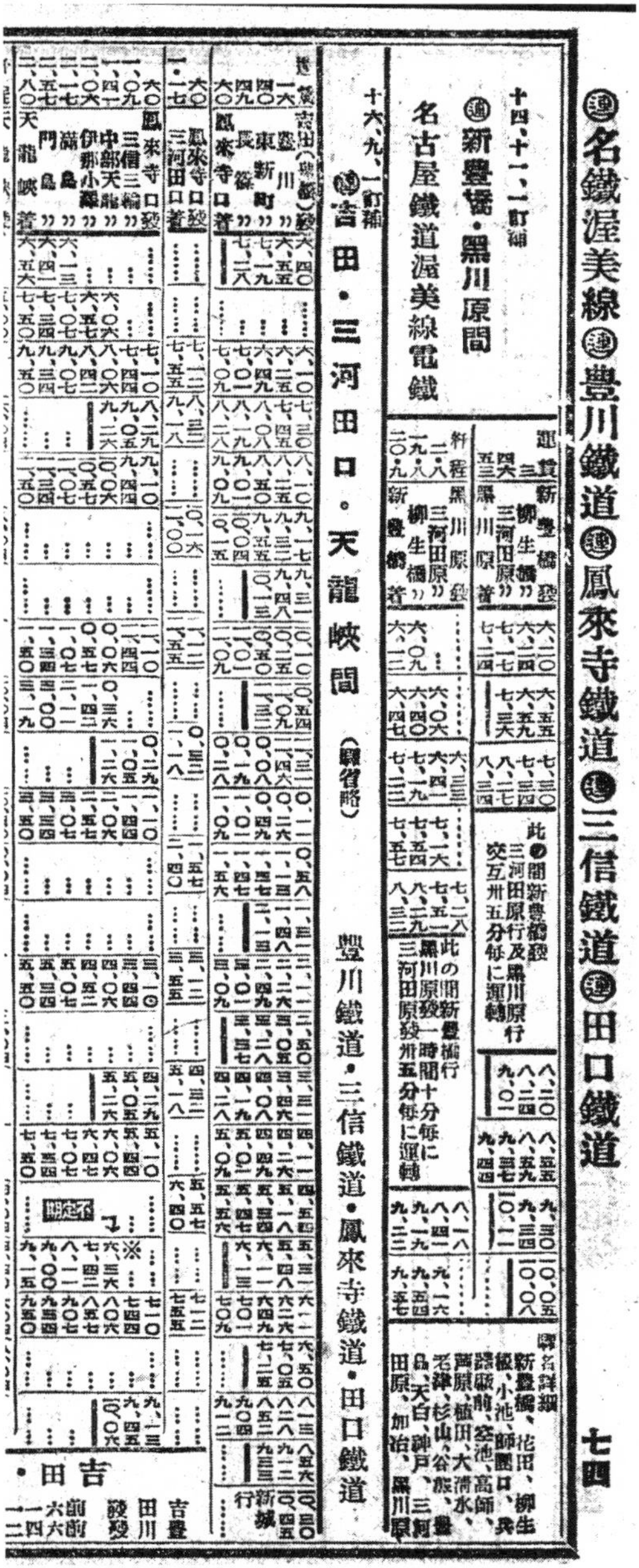

名鐵渥美線 豐川鐵道 鳳來寺鐵道 三信鐵道 田口鐵道
七四
十四、十一、一訂補 新豐橋・黑川原間
名古屋鐵道渥美線電鐵
十六、九、一訂補 吉田・三河田口・天龍峽間（驛省略）
豐川鐵道・三信鐵道・鳳來寺鐵道・田口鐵道

飯田線の前身会社である豊川鉄道、鳳来寺鉄道、三信鉄道が天竜峡までの区間を昭和12年（1937）に全通させて4年後の時刻表（主要駅のみ掲載）。天竜峡以北の伊那電気鉄道は別表に掲載されている。右隣は現豊橋鉄道渥美線の前身、名古屋鉄道渥美線（昭和15～29年）。
旅行案内社・駸々堂合同『ポケット汽車汽船旅行案内』昭和16年12月号

これによって吉田（豊橋を改称、現豊橋）～辰野間は豊川鉄道、鳳来寺鉄道、三信鉄道、伊那電気鉄道の四私鉄により七時間前後（一回乗り換え）で結ばれることになった。昭和三〇年（一九五五）には佐久間ダム建設のためルートを迂回させて四・〇キロ伸びたが、現在六時間四〇分前後かかる普通列車の所要時間とあまり変わらない。ちなみにこの時に旧ルート上の多数のトンネルを廃止、小規模な路線変更も経て現在のトンネル総数は一三八にまで減っている。

全通の六年後、太平洋戦争中の昭和一八年（一九四三）八月一日に四社の路線はまとめて国に買収され、国鉄飯田線となった。国家総動員法第八条に基づく改正陸運統制令により、他の二一社とともに強制的に行われたものである。非常時とはいえ、私鉄四社にとっては有無を言わさず、いや誰も「言い出せん」うちに資産を取り上げられた形（代価は戦後に「紙くず」となった戦時公債）だが、もし私鉄のままであったら現在まで存続していたとは思えない。

木次線――危機に瀕するスイッチバックの聖地

半世紀ほど前、中学生だった私は初めて木次（きすき）線に乗った。急行「ちどり」で松江から三次（みよし）までの区間で、たしか三両編成のディーゼルカーのまん中にはグリーン車も連結されていた記憶がある。車内は満席に近かった。木次線は山陰本線の松江にほど近い宍道湖畔の宍道（しんじ）駅から南下、線名となった木次を経て中国山地に分け入り、中央分水界を越えて広島県の備後（びんご）落合駅が終点の、いわゆる「陰陽連絡線」である。

急行「ちどり」はこの駅から芸備線に入り、私が降りた三次駅を経て広島まで直通していた。

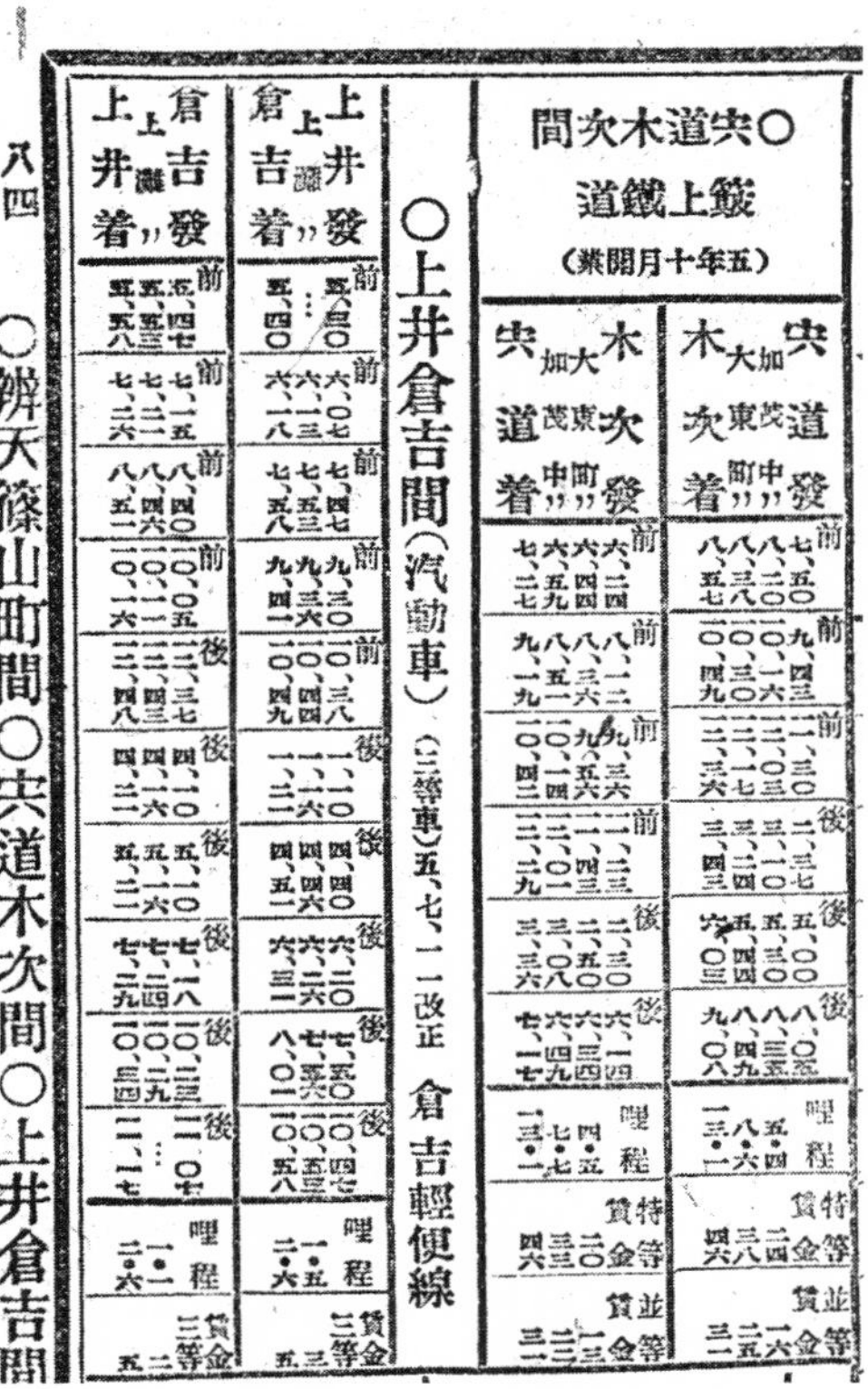
〇宍道木次間
簸上鐵道
（五年十月開業）
〇上井倉吉間（汽動車）（三等車）五、七、一一改正　倉吉軽便線
八四　〇辨天篠山町間〇宍道木次間〇上井倉吉間

木次線宍道～木次間の前身・簸上鉄道（右）は急カーブと急勾配に満ちた線形。左側は国鉄倉吉線（昭和60年廃止）の前身・倉吉軽便線で、気動車（当時は汽動車と表記）が運転されていた。
公益旅行合資会社『公益旅行案内』大正７年５月号

当時は松江方面から広島への最速コースだったこともあり、急行が一日三往復（一往復は夜行）も走っており、多客期には臨時急行も一往復あってなかなか賑やかな路線だったのである。

ところがモータリゼーションの進展がこの路線の運命を暗転させた。急行「ちどり」はＪＲになって間もない平成二年（一九九〇）に木次線への乗り入れが廃止され、現在では県境をはさむ出雲横田（現島根県奥出雲町）～備後落合（現広島県庄原市）間を走るのは三往復の普通列車のみだ。他に観光臨時列車（トロッコ列車）の「奥出雲おろち号」が日によって一往復運転される。一〇年ほど前に私が木次線に乗った際には、島根・広島県境の峠越え区間では一両編成の車両に私ともう一人、「乗り鉄」と思われる人だけという閑散ぶりであった。

私が最初に乗った昭和四八年（一九七三）の木次線には、列車が最も少ない出雲横田～備後落合間でさえ普通列車が倍の六往復と急行が三往復、これに加えて南端の油木～備後落合間に平日一往復が走っていたので、列車本数は現在の三倍。手元には約一〇年後の昭和五八年（一九八三）度の数字があるが、雲州そろばんの産地で知られる奥出雲町（当時は横田町）の出雲横田駅の乗車人数は五二一人。[13]令和元年（二〇一九）度の八七人に比べればちょうど六倍の利用者があったことがわかる。

木次線の線路はとにかく屈曲が目立つ。特に宍道～木次間に曲線半径が最小八チェーン（約一六一メートル）という急カーブが一四か所と多いのは、この区間が大正五年（一九一六）開業の簸上鉄道が軽便鉄道規格（軌間は国有鉄道と同じ一〇六七ミリ）で建設したためである。

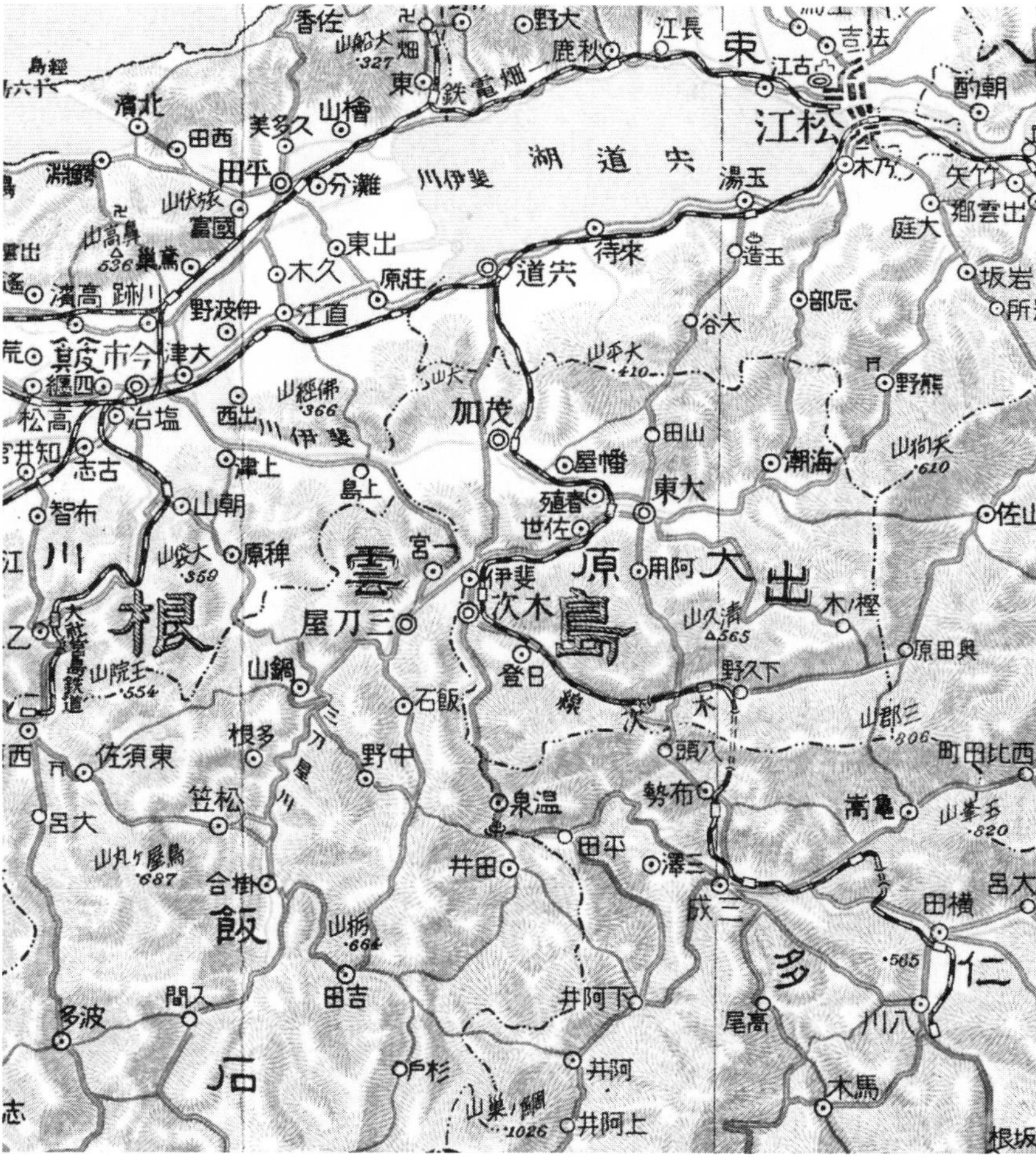

全通する直前の木次線。右下端付近に置かれた出雲坂根駅でスイッチバックして峠越えした。1:500,000 輿地図「松江」昭和 14 年修正（同 12 年全通のはずだが未修正のまま）

当初の敷設免許では宍道〜木次間の本線と、途中の幡屋村から分岐して大東への支線を建設する予定であったが、事情により二者を合体させたため迂回路となり、これも後の自動車時代に競争力を減じた要因だ。

木次以南は鉄道省が建設したが、前頁の地形図の当時は終点であった八川から先の峠越え区間に三〇パーミルの急勾配が長く続き、しかもスイッチバック式停車場となった出雲坂根駅もネックだ。このため近代化が難しく、「陰陽連絡」の機能強化として国鉄は岡山と米子を結ぶ伯備線の近代化に集中投資した。昭和四四年（一九六九）の時刻表では木次線、伯備線ともに定期急行列車が三往復ずつ運行されて両者は互角だったのだが、現在は木次線が普通列車のみに対して伯備線は定期特急列車が一三往復。利便性の差はすでに決定的だ。

鉄道開業一五〇年という節目の年である令和四年（二〇二二）四月、コロナ禍で疲弊したJR西日本はローカル線の厳しい収支状況を発表した。[14] これによれば木次線の一日あたり平均通過人員はJR発足年である昭和六二年（一九八七）の宍道〜出雲横田間が八七九人から二七七人と約三分の一（三二パーセント）、出雲横田〜備後落合間では二七九人から三五人と約八分の一（一二パーセント）にまで激減している。一日上下六本の列車で割ればわずか六人で、これだけ見ればワゴンタクシーでも運べる数だ。道路には潤沢な予算が投じられる一方、ローカル線については半世紀以上まともに投資されずに「放置」された結果でもあるが、今後の人口減少は著しく将来環境は厳しい。あるべき公共交通についての本質的な議論が求められる。

香椎線——石炭運搬線の博多湾鉄道からＪＲの近郊線へ

カタカナで書けば打楽器のシンバルと同じ新原駅。原をハル（バル）と読むのは九州の地名ではスタンダードだ。この駅のプラットホームの空が広く感じるのは架線がないからで、そこへパンタグラフを畳んだままの電車が入ってくる。白いボディにドア部分の青が軽快なアクセントになった新しいBEC819系〝DENCHA〟で、架線のあるところで充電して非電化区間ではリチウムイオン電池で走る。

ＪＲ香椎（かしい）線は今でこそ福岡市近郊の通勤電車としての性格が強いが、なぜか博多駅に向かっておらず、鹿児島本線と連絡する香椎駅でも博多とは逆の北向きに合流し、そのまま同線を跨いで「海の中道」を通って西戸崎（さいとざき）まで行ってしまう。この線形が示す通り、元は糟屋（かすや）炭田の石炭を西戸崎の港へ運ぶために敷設された博多湾鉄道である（通称・湾鉄）。明治三七年（一九〇四）に西戸崎～須恵（すえ）間、翌三八年に宇美（うみ）まで開業した。

最初の開業年はまさに日露戦争が始まった年で、新原にあった海軍炭鉱から艦船のエンジンを動かす大量の石炭を運ぶ必要に迫られた。このため会社ではとりあえず須恵～新原間二・二キロの仮線路を一か月あまりの突貫工事で完成させている。海軍は有事の際に備えた「海軍予備炭山」をいくつか持っており、そのひとつが図の左上に「炭坑」と記された新原採炭所（現新原公園）だ。他にも沿線には官民いくつもの炭坑があり、日露戦争後も運炭線として活躍した。日本の工業化の進展とともに貨物輸送量は急伸し、『西日本鉄道百年史』[15]によれば、日露戦争が終わった明治三八年（一九〇五）に年間七・一万トンだった湾鉄の石炭輸送量は第一次世界大戦が終わった翌年の大正八年（一九一九）には五四・九万トンに達している。

　その後は海軍の要請もあって汽船部門の経営も始め、西戸崎で積んだ石炭を海軍の鎮守府所在地の佐世保や朝鮮半島などに幅広く供給するようになった。社名も同九年（一九二〇年）に

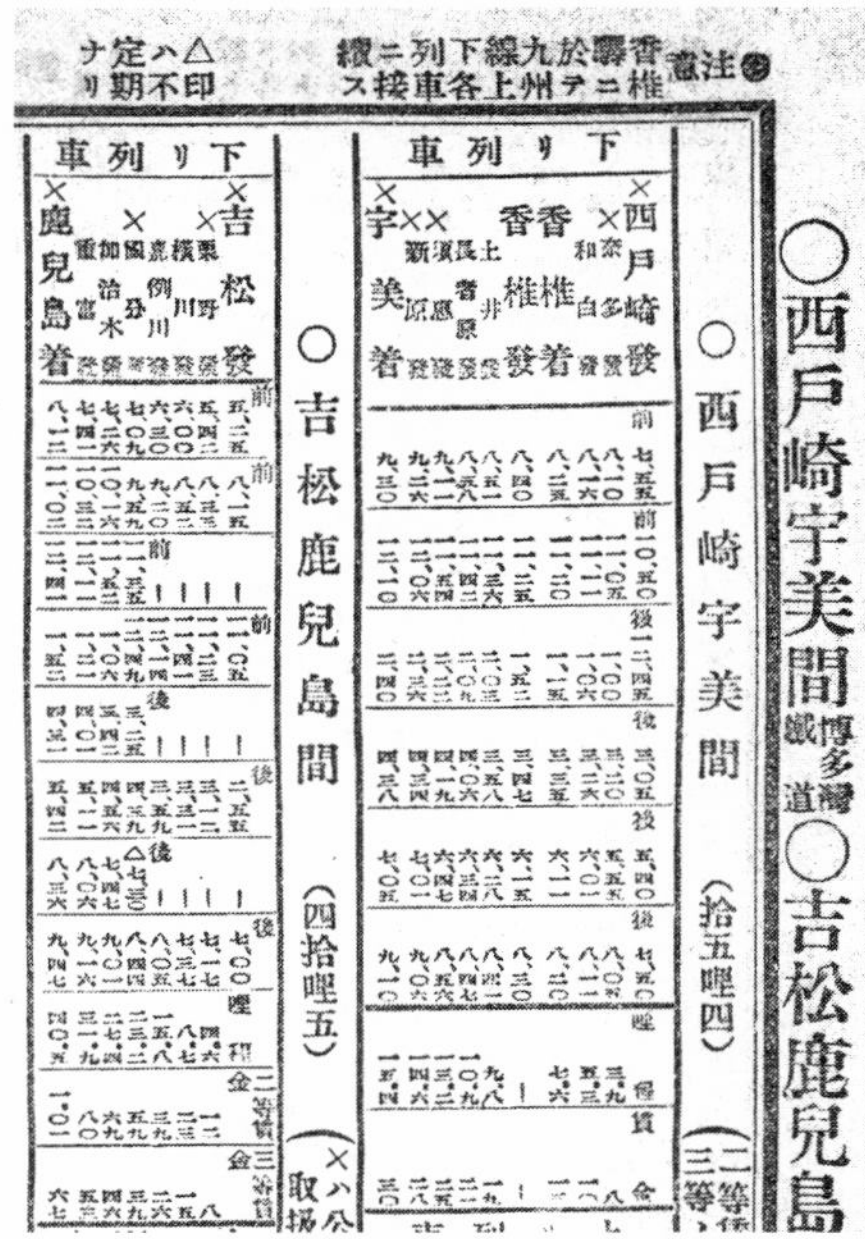

沿線の石炭を西戸崎港へ運ぶ目的で敷設された香椎線の前身、博多湾鉄道。香椎で鹿児島本線と接続している。上欄外で同線を「九州線」としているのは私鉄時代の名称・九州鉄道だが、路線名称は告示の直前。
庚寅新誌社『汽車汽船旅行案内』明治42年7月号

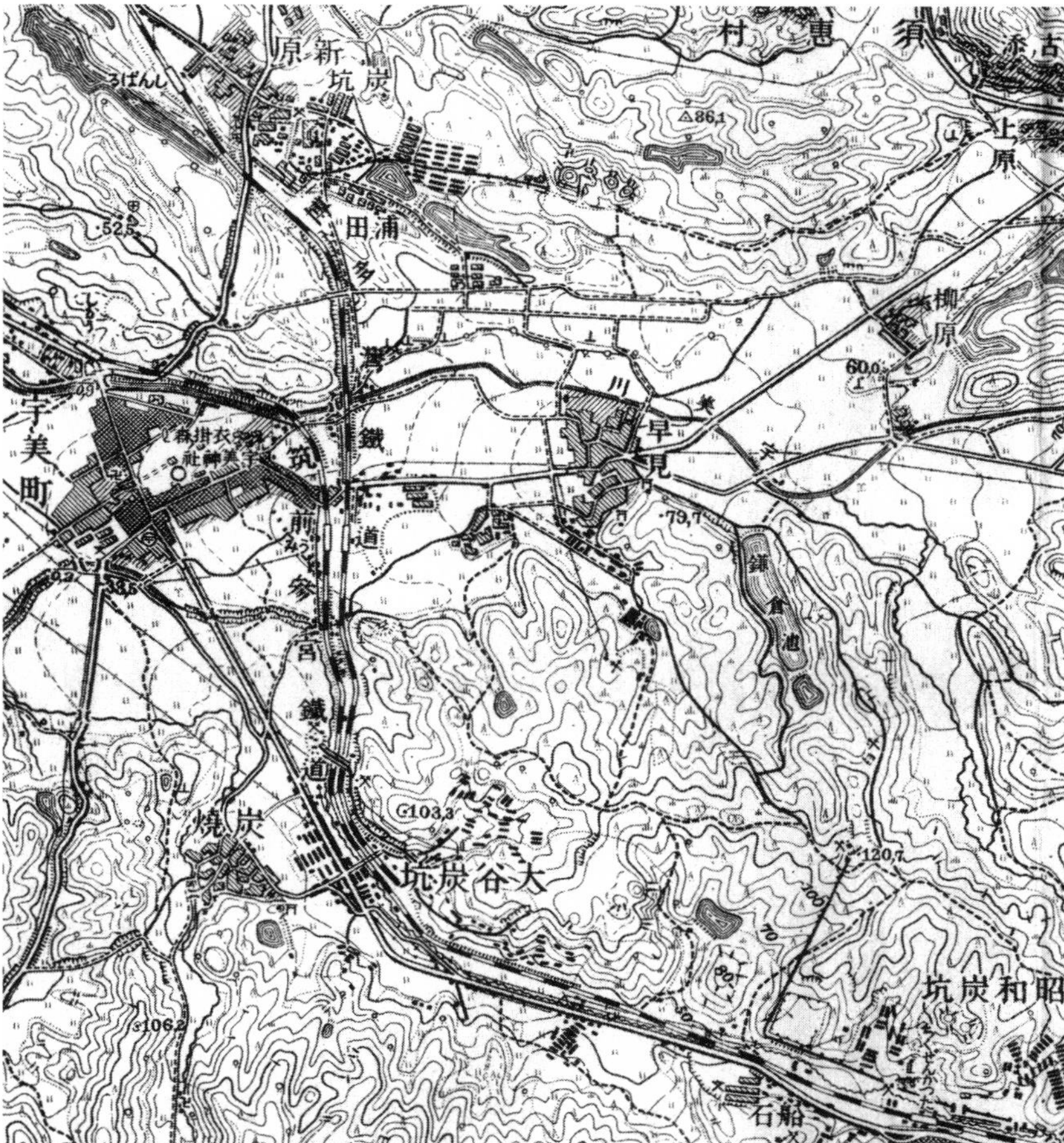

博多湾鉄道汽船（図は旧名のまま）だった頃の香椎線と、今はなき国鉄勝田線の前身・筑前参宮鉄道。戦艦の燃料を供給した新原の海軍炭坑が左上に見える。
1 : 25,000「太宰府」昭和 11 年修正

博多湾鉄道汽船と改めている。同一三年には途中駅の和白から博多旧市街東端の新博多（後の千鳥橋）までの支線を開業した（現在の西鉄貝塚線の一部）。

第二次世界大戦に入ると全国的な統制経済の中で運輸業界でも私鉄の統廃合が政府主導で行われ、東京で東京急行電鉄が誕生するのと同じ昭和一七年（一九四二）に「西日本鉄道」が発足した。九州鉄道や九州電気軌道、福博電車、博多湾鉄道汽船、それに筑前参宮鉄道の五社合併によるものである。最後の筑前参宮鉄道は前頁の地形図の中央付近に見える宇美八幡宮（地形図では宇美神社）への参詣客と石炭輸送を目的に敷設されたもので、こちらは博多の隣の吉塚駅と地形図の右欄外の筑前勝田までを結んでいた。地形図のように宇美駅で博多湾鉄道に接続しており、そこから先の大谷炭坑までは並行線であった。西鉄となった両線は旧博多湾鉄道の方が糟屋線、筑前参宮鉄道は宇美線と名付けられたが、二年後の昭和一九年（一九四四）五月には戦時国有化で糟屋線は国鉄香椎線、宇美線は終点の名をとって勝田線に改称される。

戦後は「エネルギー革命」により閉山が相次ぎ、貨物の大半を占めていた石炭輸送がなくなり、一気に業績が悪化していく。勝田線は福岡市へ向かう路線ながら浮世離れした一日六往復程度の不便なダイヤを放置したため、増えつつあった沿線住民にも利用されず、昭和六〇年（一九八五）に廃止された。宇美線はその後国鉄分割民営化に伴ってＪＲ九州の路線となるが、近代化で冒頭の最新鋭電車が頻繁に走っている。もし両線が西鉄のまま今に至っていれば、どんな現状になっていただろうか。

この地方のために
——広域地名をとった線名

東北本線
山手線
内房線・外房線
富山地方鉄道
関西本線
近鉄南大阪線
湖西線

東北本線——奥州を長駆する北の主役

早稲田大学の校歌が「都の西北　早稲田の杜(もり)に」で始まることは、卒業生に限らず広く知られている。東京市の西北側（当初は郡部）に位置する校地を形容したわけだが、方角を表わす言葉として現在一般的なのは西北ではなくて北西だろう。しかし明治一〇年（一八七七）に起きた日本最後の内戦も「西南戦争」であるし、また「東南アジア」然り、「東北地方」然りで、中国でも遼寧省や吉林省などが位置するのはやはり「東北地方」だ。

つまり中国文化圏に属してきた日本にあっては八方位を表現する時、伝統的に東西を先、南北を後にしていたのである。そこへ明治以降に西洋文明が入ってきてNorthwest（北西＝英語）やNordost（北東＝ドイツ語）といった南北を先にする表現の直訳が徐々に浸透してきたのだろう。「地理的な呼称は東西が先」と説明する人もいるが、むしろ命名の時代が下るにつれて南北が先の方が増えてきた印象がある。そんなわけで鹿児島から与那国島までの、薩南(さつなん)諸島や琉球諸島などを含む南西諸島は比較的新しい命名かと思い込んでいたのだが、実は海軍水路部（現海上保安庁海洋情報部）が明治二一年（一八八八）に刊行した海図にこの用語が初めて記載されたらしいので単純化はできない。もっとも、古くから英語併記がスタンダードで

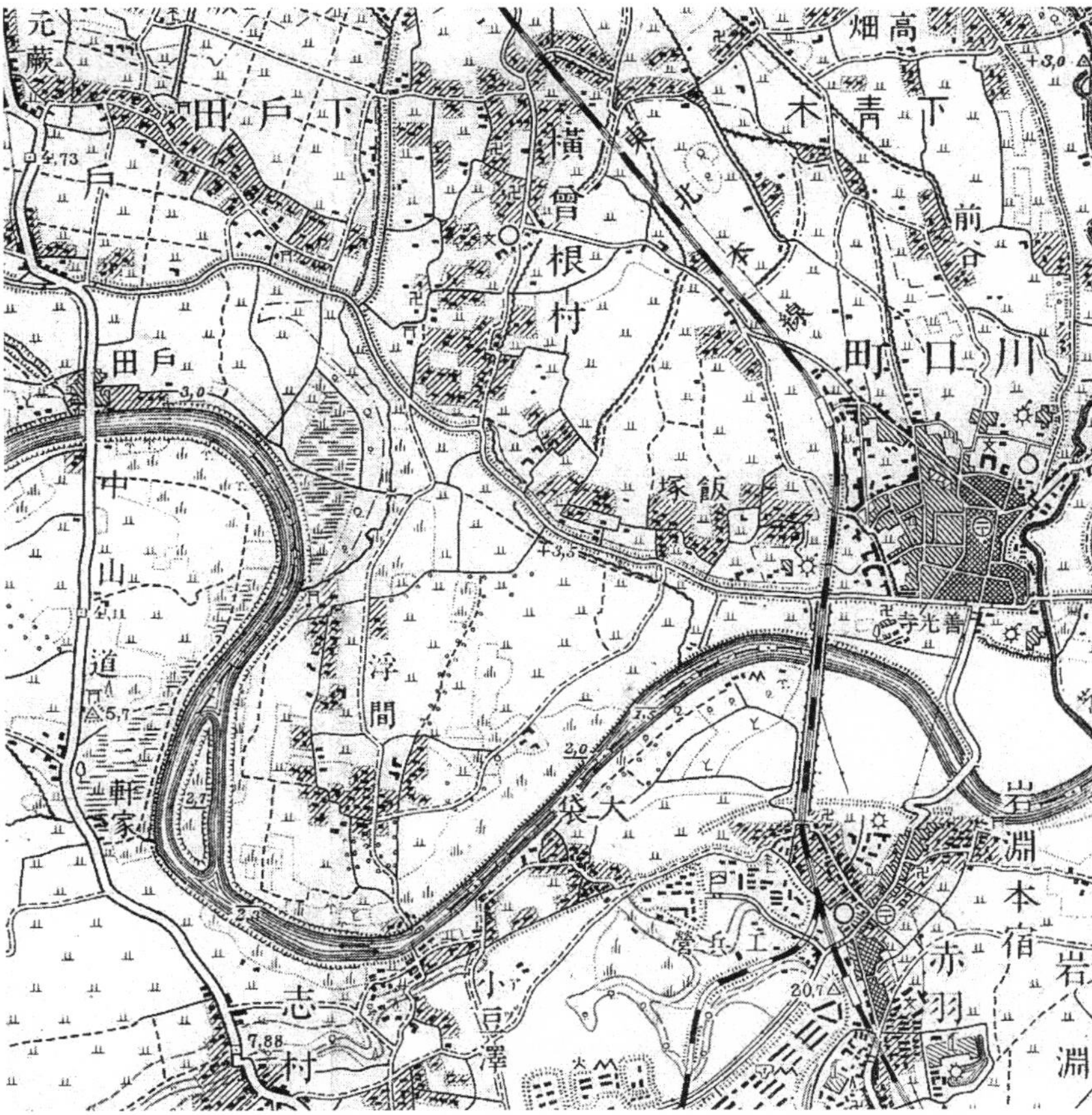

全通 28 年後の東北本線。東京付近は複線化されたが、荒川はまだ旧河道を大きく蛇行している。図名は「都の西北」と同じ語順の 1 : 50,000「東京西北部」大正８年鉄道補入

青森の駅名標。現在のJR線は奥羽本線と津軽線のみ

あった海図ならではの事情かもしれないが。

「東西が先」と「南北が先」が混在していたことが知れるのは、その後に刊行された陸地測量部（国土地理院の前身）の地形図名だ。たとえば五万分の一地形図で、範囲が広い東京や大阪は四面に分割されているのだが、明治末から大正の初めにかけて命名された図は「東京東北部」「東京西北部」……という具合に東西が先になっている。

前置きが長くなったが、東北本線は東京から東北地方を目指し、福島、仙台、盛岡を経て青森に至る同地方の最初の幹線鉄道として明治二四年（一八九一）に上野〜青森間が全通した。かつては日本一の長さで知られていたこの路線（七三九・二キロ＝JR移管時。現在は盛岡以北が第三セクターのIGRいわて銀河鉄道・青い森鉄道として分離）も、開業当初は日本鉄道という「私鉄」で、最初に開通した上野〜高崎間の中仙道線から分岐する奥州線であった。中仙道線は上野から高崎を結ぶ、当初の東京〜大阪間幹線の一端を担う区間として建設されたもので、奥州線はその途中・大宮駅で分かれて青森に至る「支線」という位置付けであった。中仙道経由で大阪へ行くことを断念した後、こちらの上野〜大宮〜青森間が本線とされる。

奥州線は文字通り陸奥国（むつのくに）へ向かうことに由来するが、江戸時代までの陸奥国は現在の福島・宮城・岩手・青森の四県エリアにほぼ重なる九州に匹敵する面積を擁しており、奥州の重要幹

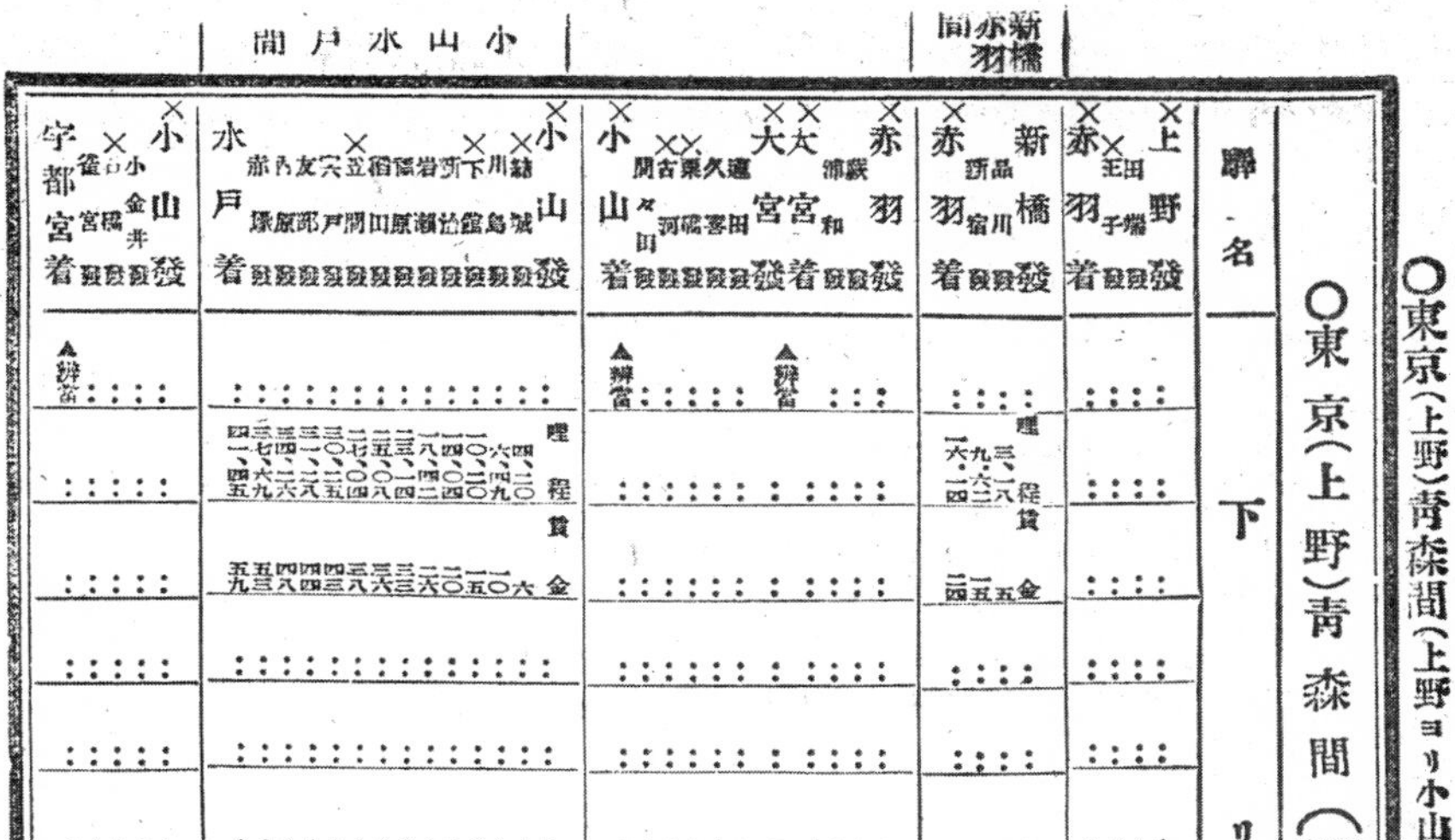
○東京(上野)青森間(上野ヨリ小山マデ)及小山水戸間(小山ヨリ水戸マデ)

○東京(上野)青森間(四百五十六哩七十一鎖)

附 小山水戸間○宇都宮日光間 仙臺塩竈間○尻内湊間

下リ列車

新橋赤羽間　小山水戸間

日本鉄道時代の東北本線。山手線（新橋～赤羽）、水戸線（小山～水戸）などの支線を同一表に掲載するのは当時の時刻表の方式。当時は上野～青森間の全通から９年、全線にちょうど24時間かけている。下から３段目の上野午前９時発の他、午後５時発の列車があった。急行列車はまだ運転されていない。

駸々堂『鉄道航路旅行案内』明治33年９月号

線の名としてはふさわしかったのだろう。現在「東北地方」と呼ぶ地方名は、これも混在していたようだが、陸奥国と出羽国（秋田県・山形県）を併せた「奥羽地方」と呼ばれていたこともある。手元の昭和八年（一九三三）、同一三年発行の学校地図帳（三省堂・冨山房）はいずれも奥羽地方だ。

奥州線が東北本線となったのは、明治三九年（一九〇六）公布の鉄道国有法によって主要幹線が国有化された後、線路名称が一斉に制定された同四二年のことである。昭和戦前期には学校で奥羽地方と教えていたにもかかわらず路線名に「東北」が選ばれた理由はわからないが、純粋に陸奥・出羽の両国を走る東北地方第二の幹線を奥羽本線（福島〜山形〜秋田〜青森）と名付ける都合から考えられたのかもしれない。

山手線――「田舎」に敷いた線路も今や都心線

「山手線一〇〇年」のラッピング電車が走ったのは平成二一年（二〇〇九）のことであった。ただし同線のルーツにあたる鉄道の開通は明治一八年（一八八五）で、当時すでに一二四年が経過している。当時は日本鉄道という私鉄で、最初に同一六年に上野～熊谷間の本線を開通させているが、山手線の前身路線は、自社の赤羽駅から官営鉄道の品川駅を結ぶための支線として建設されたものだ。江戸以来の密集市街地を避けるため、当時の「田舎」に線路を敷いた。それではラッピング電車が走った一〇〇年前に何があったかといえば、この時に「山手線」と正式に命名されている。ちなみに一般的に認識されている環状運転を行う「山手線」は系統名で、路線としては品川～田端間のみだ。

山手線に限らず当時存在した国鉄の全路線名は、明治四二年（一九〇九）一〇月一二日に当時の鉄道官庁であった鉄道院が定め、告示したものである。同日付の官報に「国有鉄道線路名称左ノ通定ム」とあり、鉄道院総裁であった後藤新平の名で告示された。この年は私鉄の手で建設された幹線鉄道を同四〇年までに国有化した直後であり、それぞれを明確に区別する必要に迫られていたのだろう。

告示された「線路名称」は本州、四国、九州、北海道の順に分けられ、各島それぞれ東海道、北陸、山陽などの本線の下に支線が所属する形で、合計七二路線が掲げられている。このうち山手線は赤羽から分岐して建設された経緯により「東北線」の部に属していた。ちなみに同線の他の支線を挙げれば常磐線、隅田川線（田端～隅田川）、高崎線、両毛線、水戸線、日光線、岩越線（現磐越西線）、塩竈線（現存せず）、八ノ戸線（現八戸線）である。

それでは開通してから制定までの二四年間、山手線はどう呼ばれていたのだろうか。開通六年後の明治二四年（一八九一）に刊行された『中仙道両毛水戸日光甲武品川線鉄道案内』[16]というガイドブックには「品川線」と記されているが、日本鉄道が同二七年一一月号の時刻表に出した広告[17]では「山ノ手線」。この間に改称したのかと思えば、同三二年に刊行された『日本鉄道案内記』[18]では再び品川線となっているから、両者は同時に使われていた可能性もあるが、実態は線名など厳密に決めておらず、品川へ通じている線というだけで「品川線」と称していたかもしれない。明治二四年に修正された二万分の一迅速測図「板橋駅」にはどちらでもない

○新橋赤羽間 ×ハ公衆電報取扱ノ符號（拾六哩拾四鎖） 三十三年五月十五日改正

	下リ列車 新橋發	品川發	×目黒發	澁谷發	新宿發	目白發	板橋發	×赤羽着	上リ列車 ×赤羽發	板橋發	目白發	新宿發	澁谷發	×目黒發	品川發	新橋着
前	五、〇五	五、一四	五、二六	五、三四	五、四七	五、五五	六、〇二	六、一〇	五、〇〇	五、〇九	五、一六	五、二四	五、三三	五、四〇	五、五二	六、〇〇
前	六、一五	六、二五	六、三七	六、四四	六、五五	七、〇三	七、一〇	七、一八	六、三一	六、四〇	六、四七	六、五六	七、〇五	七、一三	七、二五	七、三三
前	七、五〇	七、五九	八、一一	八、一八	七、二七	八、三五	八、四二	八、五〇	七、四〇	七、四九	七、五六	八、〇八	八、一七	八、二四	八、三七	八、四五
前	九、〇〇	九、一一	九、二三	九、三〇	九、四三	九、五一	一〇、〇〇	一〇、〇八	八、三四	八、四三	八、五〇	九、一〇	九、二九	九、三六	九、五〇	九、五八
前	一〇、一五	一〇、二五	一〇、三七	一〇、四四	一〇、五三	一一、〇一	一一、〇八	一一、一五	九、五三	一〇、〇三	一〇、一〇	一〇、二八	一〇、四三	一〇、五一	一一、〇四	一一、一三
前	一一、四〇	一一、五〇	一二、〇二	一二、〇九	一二、二三	一二、三一	一二、三八	一二、四五	一〇、五五	一一、〇七	一一、一四	一一、二三	一一、三三	一一、三九	一一、五三	一二、〇〇
後／正午	一二、四五	一二、五五	一、〇七	一、一四	一、二〇	一、二八	一、四五	一、五三	一二、〇〇	一二、〇九	一二、一六	一二、二八	一二、三七	一二、四四	一二、五七	一、〇五
後	一、五〇	二、〇〇	二、一二	二、一九	二、三三	二、四一	二、四八	二、五五	一、〇五	一、一四	一、二二	一、三三	一、四三	一、四九	二、〇二	二、一〇
後	二、四五	二、五四	三、〇六	三、一八	三、四〇	三、四八	三、五六	四、〇四	二、三五	二、四六	二、五四	三、〇三	三、一三	三、二〇	三、三三	三、四〇
後	三、五五	四、〇五	四、一七	四、二八	四、五〇	四、五八	五、一三	五、二〇	三、四八	三、五九	四、〇六	四、一四	四、二三	四、三〇	四、四四	四、五二
後	五、一三	五、二三	五、三四	五、四三	五、五六	六、〇四	六、一三	六、二〇	五、〇九	五、一四	五、二一	五、二九	五、四〇	五、四七	五、五九	六、〇七
後	六、二〇	六、二九	六、四一	六、四九	七、〇三	七、一〇	七、二〇	七、二八	六、〇五	六、一四	六、二一	六、三八	六、四七	六、五四	七、〇六	七、一四
後	七、二八	七、三八	七、五〇	七、五九	八、一三	八、二〇	八、二七	八、三五	七、一三	七、二一	七、二八	七、四三	七、五八	八、〇五	八、一八	八、二五
後	八、四〇	八、四九	九、〇一	九、〇八	九、一七	九、二五	九、三三	九、三九	八、一五	八、二八	八、三七	八、五三	九、〇七	九、一四	九、二七	九、三三
哩程（下リ：新橋ヨリ／上リ：赤羽ヨリ）		三・一八	五・四八	七・二四	九・六二	一一・六七	一三・五八	一六・一四		二・三六	四・二七	六・三三	八・七〇	一〇・四六	一三・五六	一六・一四

当時の日本鉄道山手線（品川線）は環状運転ではなく、新橋から品川、新宿を経て赤羽行き。この14往復は蒸気機関車が牽引していた。駸々堂『鉄道航路旅行案内』明治33年9月号

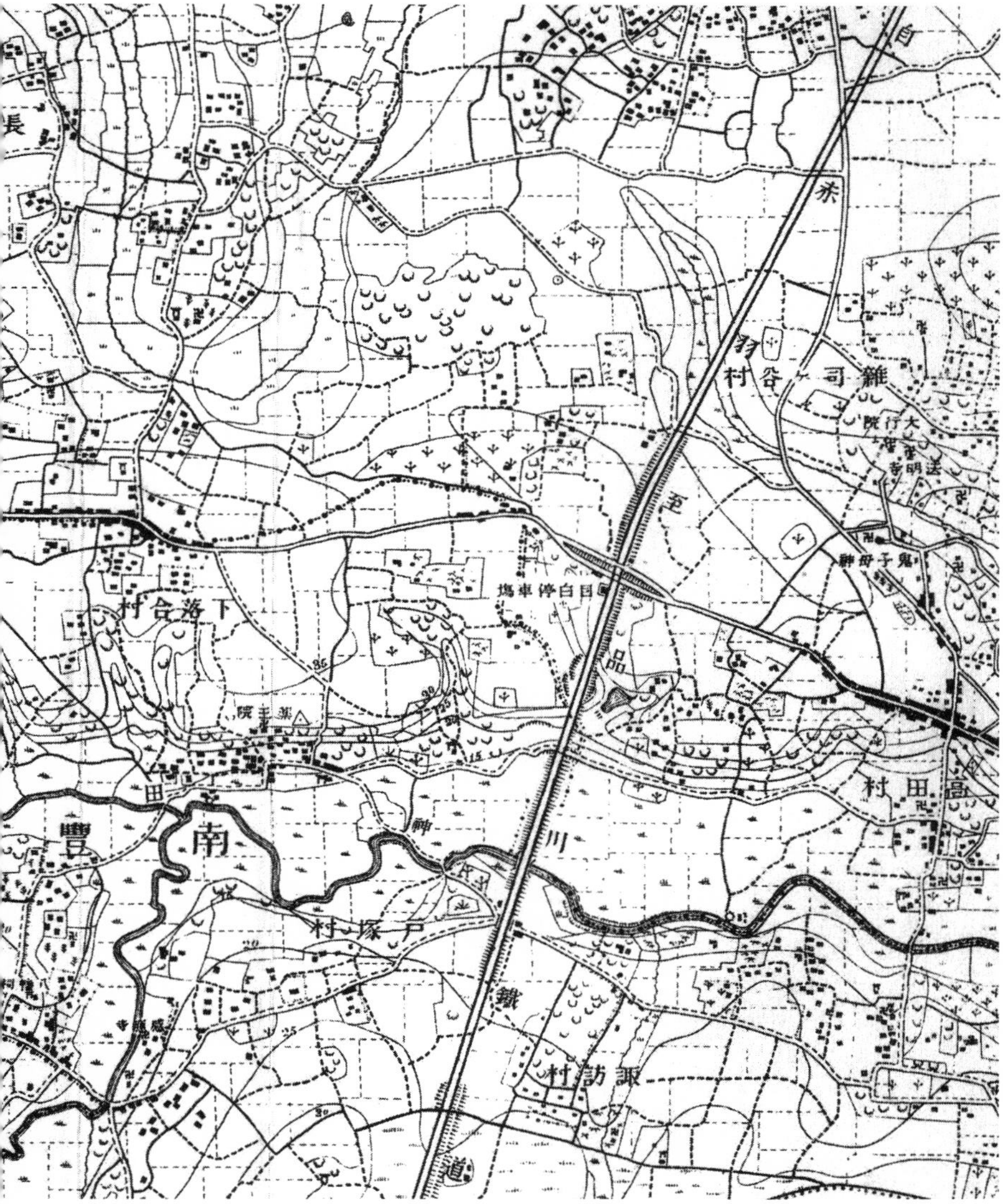

山手線の前身「自赤羽至品川鉄道」の線名が記された地図。現在は左の「赤」の付近に池袋駅、右の「鉄」に高田馬場駅がある。1：20,000 迅速測図「板橋駅」明治 24 年修正

「自赤羽至品川鉄道」という表記である。案外これが正式名称だったのだろうか。

前述の『中仙道……』の渋谷駅の説明を読めば、「東は各家の別荘并に植匠の庭園多し西は田圃等あり左望名眺共に乗客の心を喜はす初春より若葉の頃は別して景色よき所なり」などと書かれている。春など新緑まばゆく、まさに今とは別世界の田園風景が広がっていたようだ。まだ線路も単線で、同二七年の時刻表によれば旅客列車は一日九往復というローカル線ぶりである。東京の「山の手」はまさに田舎であった。

内房線・外房線——何度も線名を変えた路線

千葉駅に初めて特急が乗り入れたのは昭和四七年（一九七二）七月一五日のことだった。私にとっては鉄道時刻表を読み始めた翌年にあたる中学一年生の夏休み直前だったのでよく覚えている。この日に東京地下駅から錦糸町に至る総武快速線も運転を始め、それまで中距離列車の起点だった両国駅の比重はだいぶ低下した。同時に登場した房総特急のことを耳で聞いて「暴走」の文字を当てはめてしまった人は少なくないかもしれない。ちなみに房総とは上総・

外房線が房総線（右）、内房線が木更津線（左）と呼ばれていた頃。蘇我・浜野・八幡宿の各駅が見えるが、東京湾は今よりずっと間近だった。
1：50,000「千葉」大正２年鉄道補入

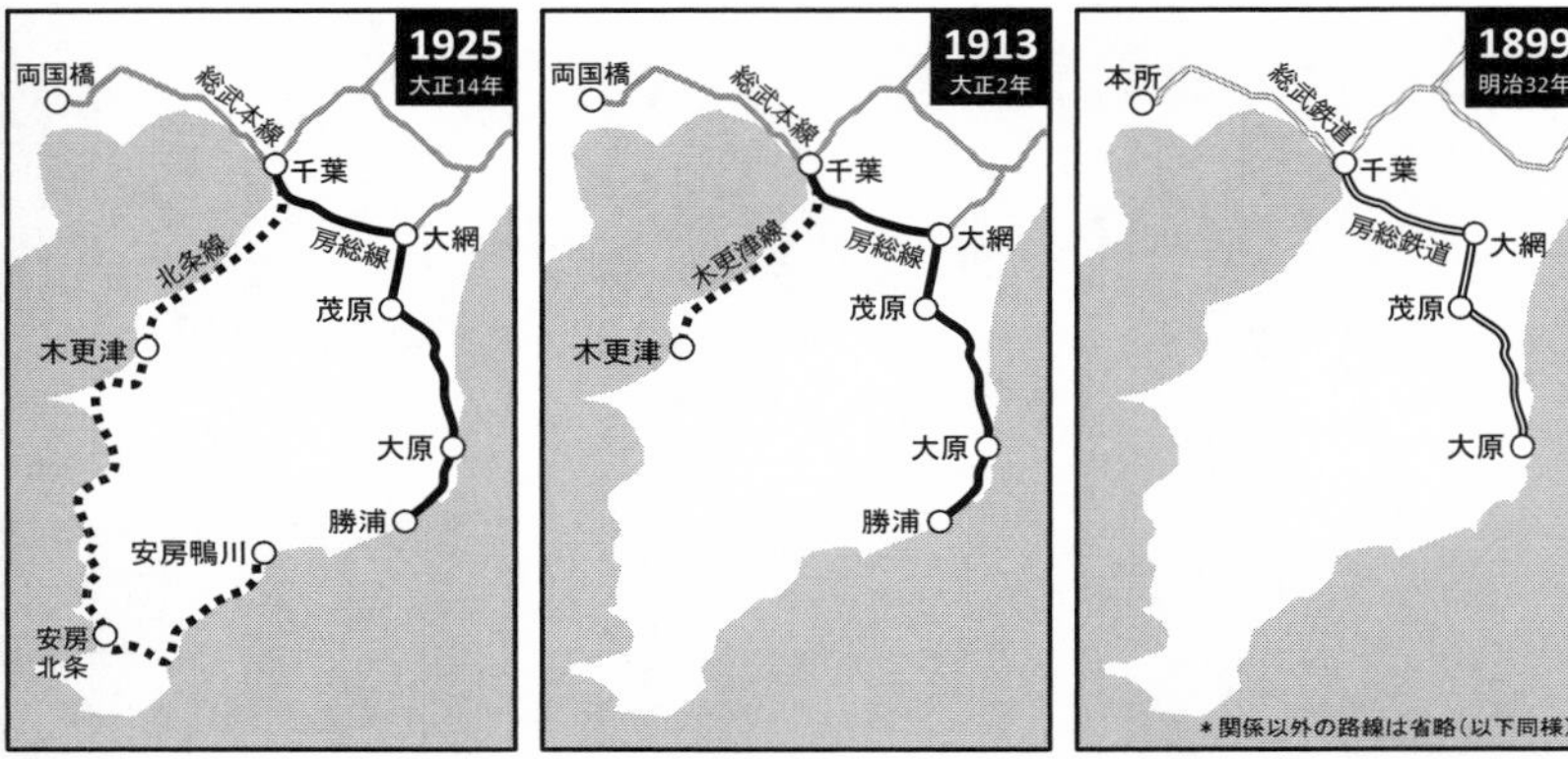

＊関係以外の路線は省略（以下同様）

下総（しもうさ）・安房（あわ）の三国の総称である。

急行が走らなくなった今のＪＲでは珍しくないが、それまで特急といえば数百キロを走破するのが当然であり、停車駅も少なく食堂車も連結される「特別」な列車だったことを考えれば、これほど短距離の特急列車が登場したことは意外だった。路線名もそれまでの房総東（とう）線・房総西（さい）線が内房線・外房線と改められてスッキリした（内房線が外房の安房鴨川まで行くのは釈然としないけれど）。

房総半島を一周するこの両線の名称は、実はだいぶ複雑な経緯で現在に至っている。まず千葉以南に鉄道を敷設したのは房総鉄道であった。明治二九年（一八九六）一月二〇日に開業した蘇我～大網（おおあみ）（旧駅）間の一一マイル四〇チェーン（一八・五キロ）で、これが現外房線の最初に開通した区間だ。翌二月二五日には千葉～蘇我間を開業して総武鉄道（現総武本線）に接続を果たしている。明治三〇年（一

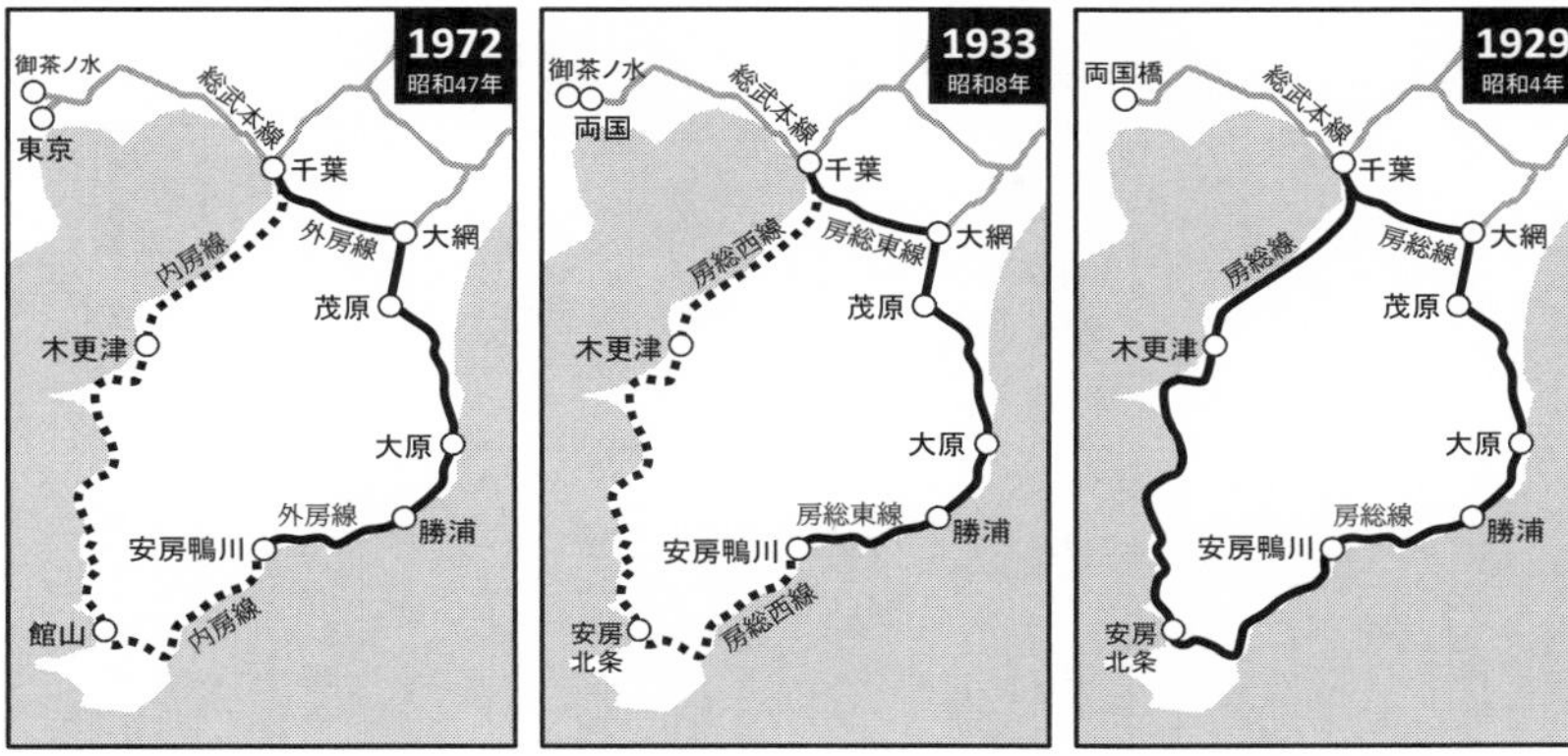

八九七）には一ノ宮（現上総一ノ宮）まで、同三二年には大原まで延伸した段階で鉄道国有法による買収で官営鉄道となった。同四二年には全国の線路名称制定によって房総線と命名されている。以前の鉄道会社名をそのまま踏襲した形だ。

現内房線が開通したのは国有化後で、明治四五年（一九一二）三月二八日にまず木更津線として蘇我〜姉ケ崎間を開業した。その後は同年八月に木更津まで延伸、大正に入ってからは四年（一九一五）から八年にかけて上総湊、浜金谷、安房勝山、那古船形と部分開業を繰り返しながら安房北条（昭和二一年に館山と改称）駅まで開業した段階で木更津線を北条線に改めている。北条線はその後も南三原、江見、太海と延伸して大正一四年（一九二五）に安房鴨川に到達した。

外房線の前身である房総線は大正二年（一九一三）に大原から勝浦まで延伸、昭和二年（一九二七）に上総興津（おきつ）まで、同四年に安房鴨川まで全通したが、これをもって北条線を編入している。要するに房総半島の外周を千葉～蘇我～大網～安房鴨川～安房北条～木更津～蘇我とぐるりと回る合計二一三・〇キロ（当時）の路線となった。「取っ手の付いた風船」のような路線形態

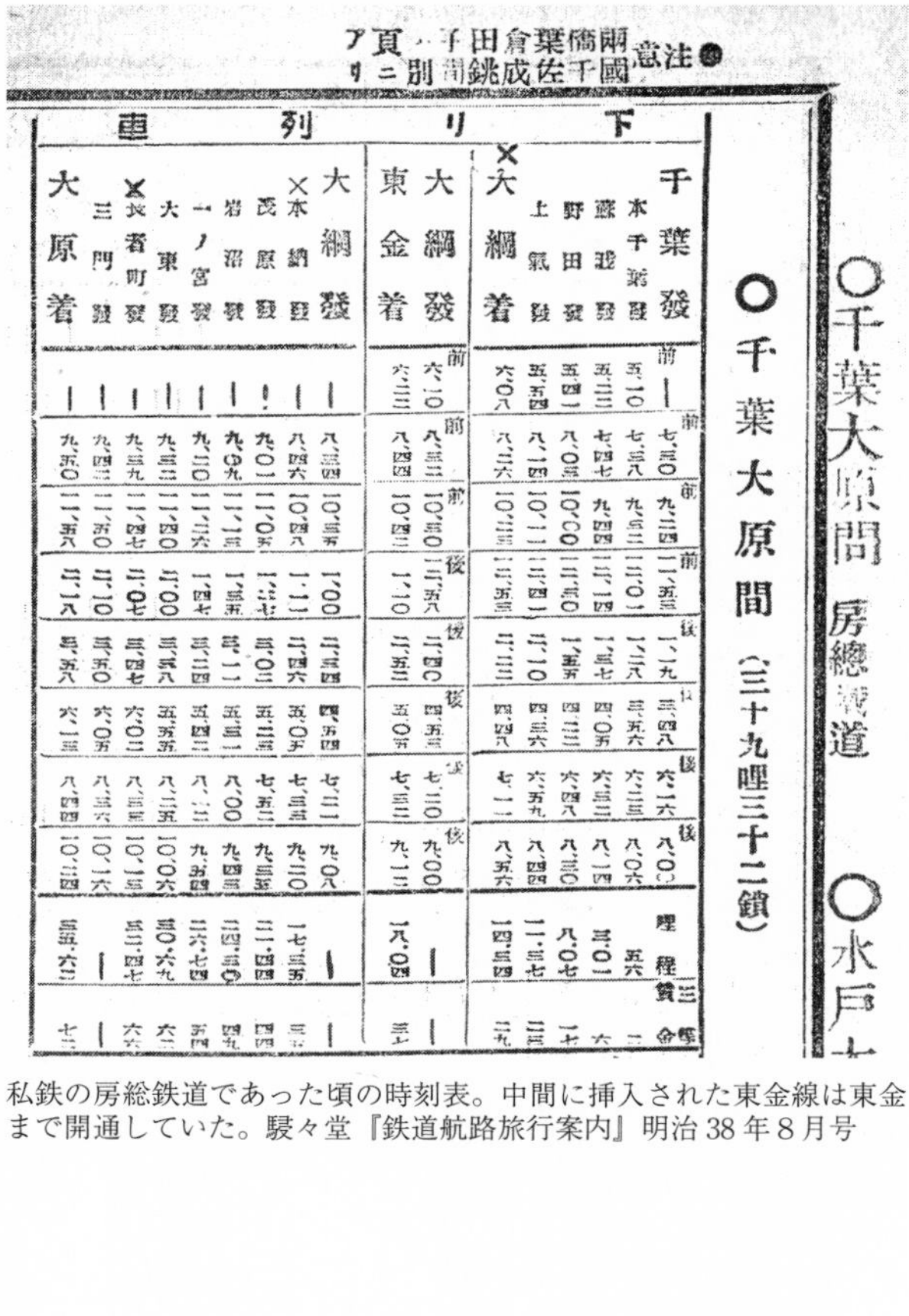

●注意 両國橋千葉佐倉成田銚子間ハ別頁ニアリ

○千葉大原間 房總鐵道 ○水戸

○千葉大原間（三十九哩三十二鎖）

下リ列車

	前	前	前	前	後	後	後	後	哩程	三等賃金
千葉發	—	七、三〇	九、二四	一一、五三	一、一九	三、四八	六、一六	八、〇〇		
本千葉發	五、一〇	七、三八	九、三二	一二、〇一	一、二八	三、五六	六、二三	八、〇六	五六	二
蘇我發	五、二三	七、四七	九、四四	一二、一四	一、三七	四、〇五	六、三三	八、一四	三・〇一	六
野田發	五、四一	八、〇五	一〇、〇〇	一二、三〇	一、五五	四、二三	六、四八	八、三〇	八・〇七	一七
上氣發	五、五四	八、一四	一〇、一一	一二、四一	二、一〇	四、三六	六、五九	八、四四	一一・三七	二三
×大網着	六、〇八	八、二六	一〇、二三	一二、五三	二、二二	四、四八	七、一一	八、五六	一四・三四	二九
大網發	六、一〇	八、三三	一〇、三〇	一二、五八	二、四〇	四、五三	七、二〇	九、〇〇	—	—
東金着	六、二三	八、四四	一〇、四三	一、一〇	二、五三	五、〇五	七、三三	九、一三	一八・〇四	三七
大網發	—	八、三四	一〇、三五	一、〇〇	二、三四	四、五四	七、二一	九、〇八	—	—
×本納發	—	八、四六	一〇、四八	一、一一	二、四六	五、〇五	七、三三	九、二〇	一七・三五	三三
茂原發	—	九、〇一	一一、〇五	一、二七	三、〇二	五、二三	七、五二	九、三五	二一・四四	四四
岩沼發	—	九、〇九	一一、一三	一、三五	三、一一	五、三一	八、〇〇	九、四三	二四・三〇	四九
一ノ宮發	—	九、二〇	一一、二六	一、四七	三、二四	五、四三	八、一三	九、五四	二六・七四	五四
大東發	—	九、三二	一一、四〇	二、〇〇	三、三八	五、五五	八、二五	一〇、〇六	三〇・六九	六二
×長者町發	—	九、三九	一一、四七	二、〇七	三、四七	六、〇三	八、三三	一〇、一三	三三・四七	六六
三門發	—	九、四三	一一、五〇	二、一〇	三、五〇	六、〇五	八、三六	一〇、一六	—	—
大原着	—	九、五〇	一一、五八	二、一八	三、五八	六、一三	八、四四	一〇、二四	三五・六三	七二

私鉄の房総鉄道であった頃の時刻表。中間に挿入された東金線は東金まで開通していた。駸々堂『鉄道航路旅行案内』明治38年8月号

は他に例を見ない（山手線は固有の路線としては品川～田端）。

ところが千葉駅を発車する同じ「安房鴨川行きの房総線の列車」であっても内房・外房のどちらを経由するかを確認する必要があったため、乗客は混乱したに違いない。わずか四年後の昭和八年（一九三三）には千葉～大網～安房鴨川間を房総東線、蘇我～木更津～安房鴨川間を房総西線と改めている。

戦後の両線はしばらく気動車が主役であったが、昭和四三年（一九六八）の千葉～蘇我～木更津間から電化が進み、同四七年の特急「わかしお」「さざなみ」の運転開始と同時に房総半島一周路線の電化が完成、前述のように外房線・内房線への改称も行われたのだが、それに先立って大網駅のスイッチバックも解消されている。かつて両国から外房方面への列車は千葉駅と大網駅で二回も方向転換していたが、それが不要となり、スピードアップも実現した。

富山地方鉄道――戦時体制が生んだ「地鉄」

富山県内に合計一〇八・四キロの鉄道・軌道網を張り巡らせているのが富山地方鉄道である。

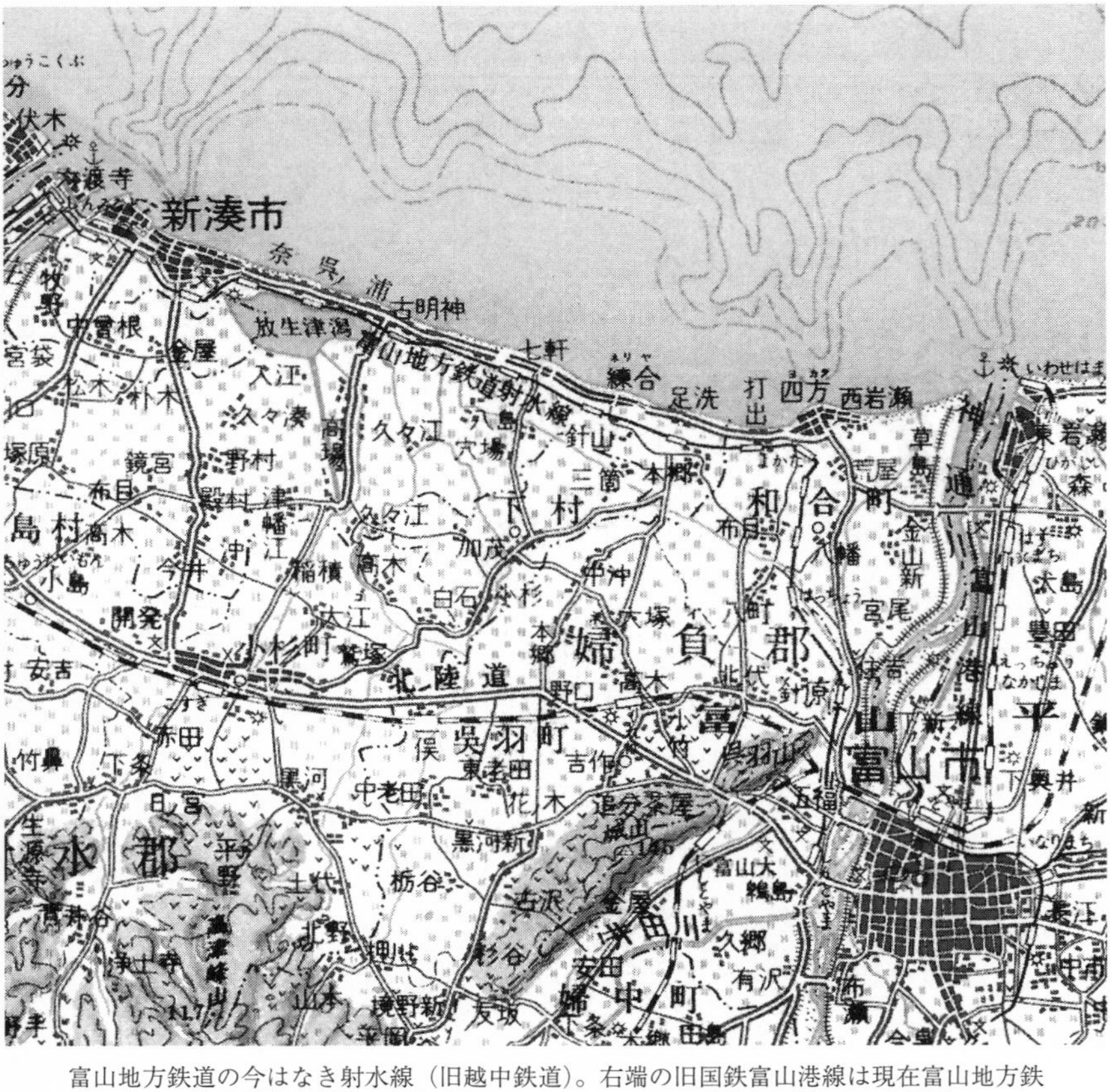

富山地方鉄道の今はなき射水線（旧越中鉄道）。右端の旧国鉄富山港線は現在富山地方鉄道となり、低床電車が頻繁に運転されている。1：200,000「富山」昭和 34 年修正

鉄道線は九九・七キロで、電鉄富山～宇奈月温泉間を結ぶ本線五三・三キロの他に立山線二四・二キロ、不二越線三・三キロ、上滝線一二・四キロ、富山港線六・五キロ（鉄道線区間）、軌道線の八・七キロは富山旧市街の路面電車である。この中には富山港線の軌道区間（路面を走る部分）一・二キロが含まれており、その区間と富山都心線〇・九キロ、富山駅南北接続線〇・二キロについては最近各地で見られる公設民営、つまり線路を富山市が保有して富山地方鉄道が運営するいわゆる「上下分離方式」だ。

地方を名乗る鉄道会社は全国でもここだけだが、現代語で地方といえば関東地方、北信地方といった一定の地域、または首都圏以外などを漠然と指す他に、地方公共団体のように中央政府の対義語としての意味もある。戦前の軍隊内では軍以外の一般社会（民間）を地方と呼んだが、地方鉄道もこれに似ているかもしれない。東京を走っていても国鉄でなければ「地方鉄道」であった。

富山電気鉄道時代から変わらない西魚津駅

ＪＲが発足した昭和六二年（一九八七）四月一日に鉄道事業法に引き継がれる前の法律が地方鉄道法で、大正八年（一九一九）に施行されている。それ以前の私設鉄道法は認可の敷居が高すぎて地方小資本による鉄道建設がなかなか進まなかったため、これを促進すべく要件を大幅に緩和したのが軽便鉄道法だ。一方で私設鉄道法も生きていたため、この二法を統合したのが地方鉄道法である。

富山地方鉄道のルーツは大正二年（一九一三）に開業した立山軽便鉄道（滑川〜五百石

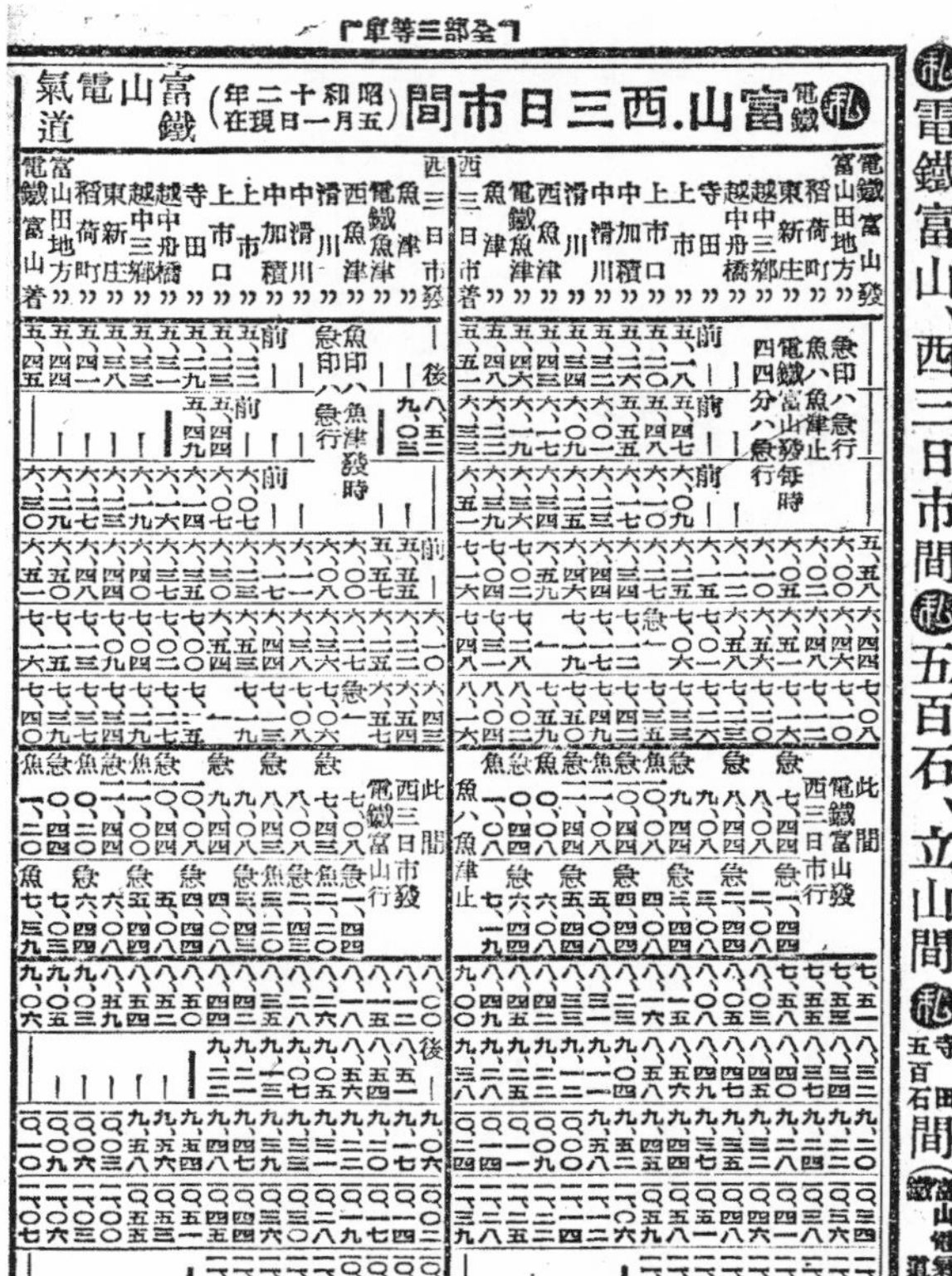
『全部三等車』

私電鐵富山、西三日市間 私 五百石、立山間 私 寺田五百石間（富山電氣鐵道）西長岡、

私 電鐵 富山．西三日市間 （昭和十二年五月一日現在） 富山電氣鐵道

電鐵富山發、稻荷町、東新庄、越中三郷、越中舟橋、寺田、上市口、上市、中加積、中滑川、滑川、西魚津、電鐵魚津、魚津、西三日市著

西三日市發、魚津、電鐵魚津、西魚津、滑川、中滑川、中加積、上市、上市口、寺田、越中舟橋、越中三郷、東新庄、稻荷町、富山田地方、電鐵富山著

急印ハ急行 魚印ハ魚津止 電鐵富山發毎時四四分ハ急行

魚印ハ魚津發時

此間電鐵富山發西三日市行

此間西三日市發電鐵富山行

運賃

富山地方鉄道のルーツは立山軽便鉄道（滑川〜五百石）だが、その後は富山電気鉄道として富山に直結、県内東部に路線を伸ばしていった。この時刻表は西三日市（現電鉄黒部）まで開業して黒部鉄道（現本線の一部）の宇奈月（現宇奈月温泉）まで線路がつながった翌年。急行も頻繁に運転されていた。東京旅行社『汽車汽船ポケット旅行案内』昭和12年6月号

間）で、佐伯宗義が率いる富山電気鉄道がこの軽便鉄道を、富山平野の要所を便利に結ぶ高速電鉄構想の一部に位置づけて合併した。昭和一六年（一九四一）には富南鉄道（現不二越線・旧笹津線）と富岩鉄道（現富山港線）も吸収している。ちなみに電鉄富山や電鉄魚津、電鉄黒部という「電鉄」つきの駅名は富山電気鉄道時代の名残だ。

富山平野東部での高速電鉄構想に追い風となったのが昭和一三年（一九三八）施行の陸上交通事業調整法である。この法律は当時の鉄道と軌道、乗合バス業界で会社乱立による共倒れなどが問題視され、公共交通の機能を高めるためのものであったが、戦時体制が強まるにつれて「挙国一致」の気運でこれによる合併が目立つようになる。

富山電気鉄道にとってこの法律はかねてからの構想実現への好機で、戦争中の昭和一八年（一九四三）一月には同法の適用で富山地方鉄道が誕生する。新会社名について社長の佐伯宗義は「国有鉄道と地方鉄道のちがいを明らかにし、『地方鉄道』と名づけることによってこの会社の特質を明確に打ちだすこと、（中略）富山を中心とする全体の意味で富山を冒頭につければ良い」とした（『富山地方鉄道五十年史』[19]）。この時（正確には富山電気鉄道時代の昭和一八年一月一日）に合併・事業譲渡されたのは黒部鉄道（三日市〔現黒部〕～宇奈月〔現宇奈月温泉〕間）、越中鉄道（後の射水線＝廃止）、加越鉄道（後の加越能鉄道加越線＝廃止）の各社の他に、富山市営の軌道線（現富山市内軌道線）および富山県営鉄道（現上滝線・立山線岩峅寺～千垣間）、日本発送電（千垣～粟巣野＝廃止）も含まれた。

富山県内ではこれにより広域電気鉄道会社が誕生したが、このうち旧富岩鉄道線は工業地帯を結ぶ戦略的に重要な路線であるとして昭和一八年六月一日に国が戦時買収、国鉄富山港線となった。しかし時代は移り、国鉄からＪＲ西日本を経て富山ライトレールによるＬＲＴ化が実現した後、富山市内軌道線との直通が始まる令和二年（二〇二〇）二月二二日、実に七六年八か月ぶりに再び富山地方鉄道の路線に戻ってきたのである。

関西本線——私鉄の社名をそのまま国有化

関西弁や関西風、関西大学などでお馴染みの関西という広域地名。この呼び方が広まったのはいつ頃からだろう。試しに『角川日本地名大辞典』を引いてみると、「大阪府・京都府などを中心とする地域称。歴史的に呼称される範囲には変動がある。大化改新のとき、伊勢鈴鹿関、美濃不破関、越前愛発関（あらちのせき）のいわゆる三関が置かれたが、これらの関より西方を関西、東方を関東と呼んだ」とある。

その続きを簡単にまとめれば、江戸が行政の中心地となった江戸期からは箱根関の東を関東

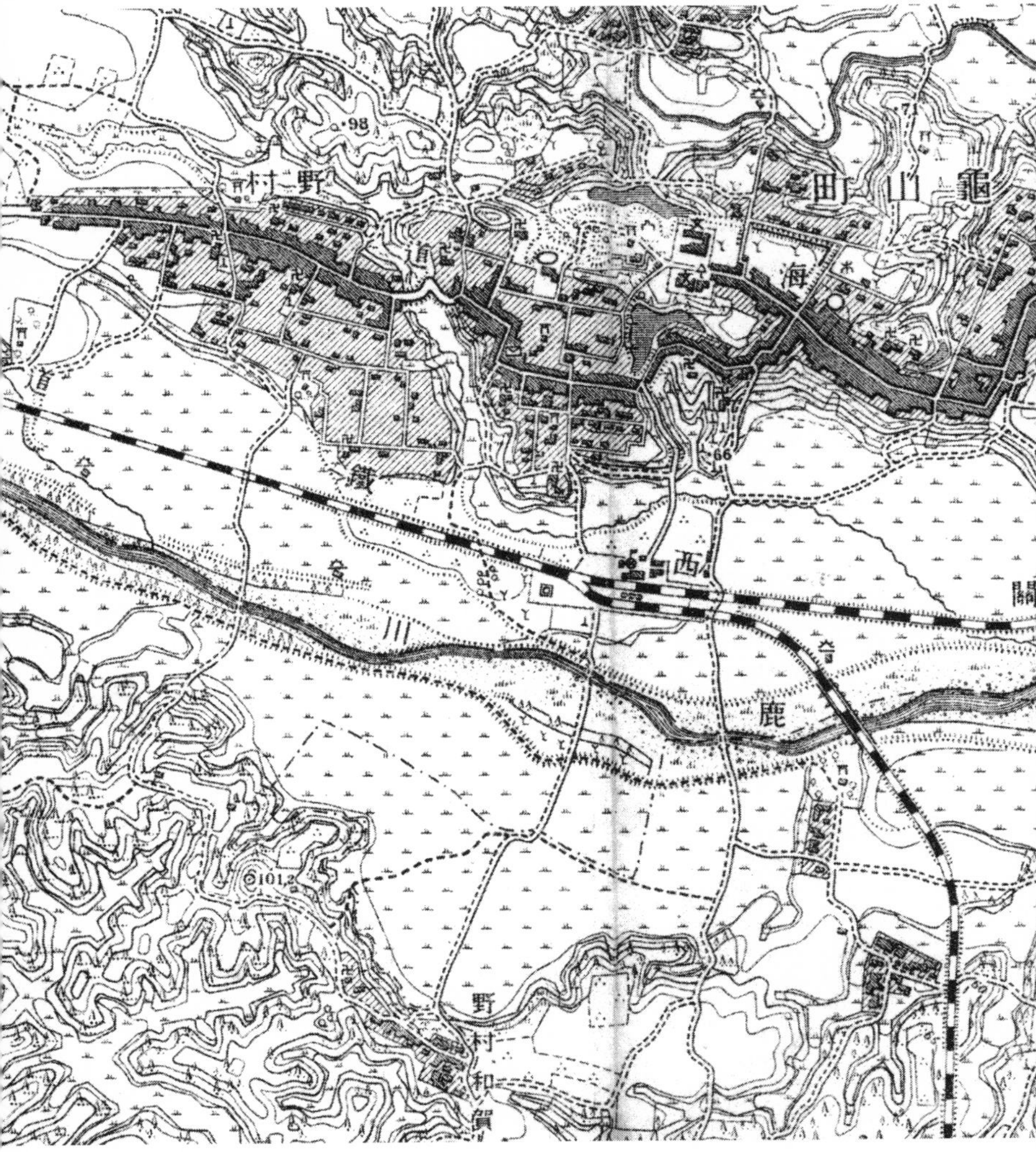

城下町であり東海道の宿場町である亀山に関西鉄道（現関西本線）が開通して２年後の亀山停車場付近。駅は津方面への線路の分岐点にある。1 : 20,000「亀山」明治 25 年測図

とし、京都と大津の間に位置する逢坂関(おうさかのせき)以西(いせい)の畿内(きない)（山城・大和・摂津・河内・和泉の五畿）を指すように変化していったという。しかし今では滋賀県や和歌山県、三重県、それに兵庫県や京都府の畿内以外（播磨、丹波、丹後など）を含めて広く近畿地方を関西と呼ぶのが一般的のようだ。ちなみに近畿とは畿内とその周辺を意味している。

関西の名を冠した鉄道─関西鉄道が開通したのは明治二二年（一八八九）、滋賀県の草津から東海道沿いに東進した三雲(みくも)（湖南市）までの短い区間であった。さて鉄道会社の読み方がカンサイかカンセイかは実ははっきりしていない。そもそも難読ではないのでルビが振られなかったためだろうか。手がかりがないこともないが、機関車に取り付けられたプレートに「KANSEI RAILWAY COMPANY」と明記されている一方で、同鉄道のポストカードには「KANSAI」というローマ字表記もあって一定しない。これは日本がニホン、ニッポンのどちらも正解というのと似ているが、そのあたりは関西(かんさい)大学と関西(かんせい)学院大学の読みの違いとして今も後を引いている。ついでながら、関西学院のローマ字表記はKWANSEIとWが入っている。

さて、その関西鉄道は最初の区間が開通した翌年の明治二三年（一八九〇）には三重県の亀山（前頁の地形図を参照）を経て四日市(よっかいち)まで達した。そして同二四年には亀山から南へ分岐して県都の津までを延伸、四日市から東へは桑名の先で揖斐(いび)川、長良川、木曽川の大鉄橋を架け、同二八年に名古屋まで通じている。西へは柘植(つげ)で分岐して伊賀上野を経由、山の中のルートをたどって奈良方面を目指すのだが、ここから先はさらに複雑で、浪速(なにわ)鉄道（片町～四条畷(しじょうなわて)）

を合併して奈良の北方にあたる新木津（木津駅北方・廃止）を経由して名古屋〜大阪（ターミナルは網島駅・後に廃止）を全通させた。その後は明治三三年（一九〇〇）に大阪鉄道（湊町〜奈良など）を合併して現在の関西本線ルートを完成させ、これが東海道本線の名古屋〜大阪間と競争するライバルとなった。

運賃の値下げ競争や弁当のサービスなど、官営東海道鉄道と関西鉄道の熾烈な戦いは有名な語り草になっているが、明治三六年（一九〇三）一月の時刻表（庚寅新誌社『汽車汽船旅行案

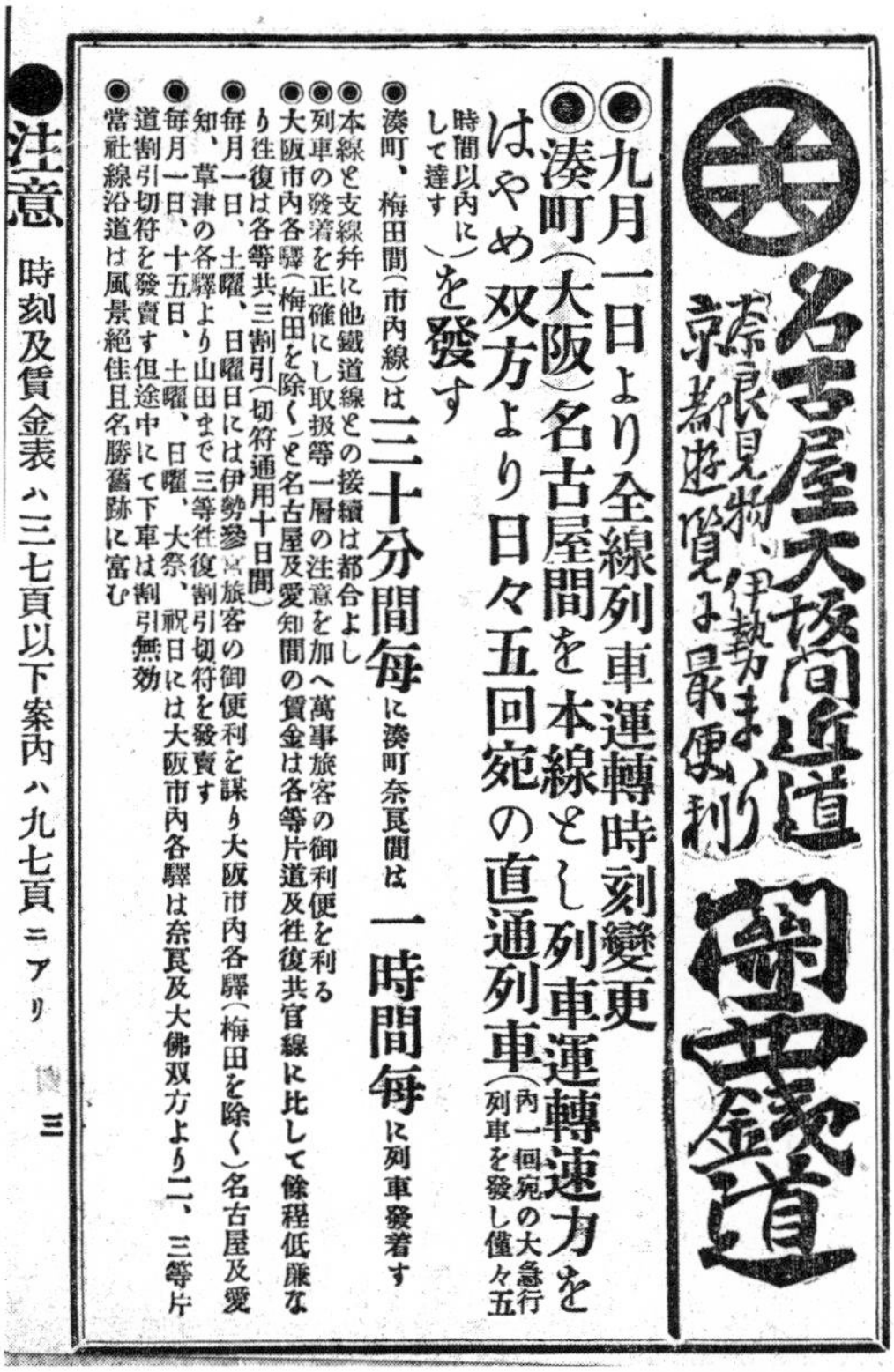

名古屋大阪間近道
奈良見物、伊勢まゐり
京都遊覧ニ最便利
關西鐵道
◎九月一日より全線列車運轉時刻變更
◎湊町（大阪）名古屋間を本線とし列車運轉速力をはやめ双方より日々五回宛の直通列車（内一回宛の大急行列車を發し僅々五時間以内にして達す）を發す
◎湊町、梅田間（市内線）は三十分間毎に湊町奈良間は一時間毎に列車發着す
◎本線と支線幷に他鐵道線との接續は都合よし
◎列車の發着を正確にし取扱等一層の注意を加へ萬事旅客の御利便を利る
◎大阪市内各驛（梅田を除く）と名古屋及愛知間の賃金は各等片道及往復共官線に比して餘程低廉なり往復は各等共三割引（切符通用十日間）
◎毎月一日、土曜、日曜日には伊勢參宮旅客の御便利を謀り大阪市内各驛（梅田を除く）名古屋及愛知、草津の各驛より山田まで三等往復割引切符を發賣す
◎毎月一日、十五日、土曜、日曜、大祭、祝日には大阪市内各驛は奈良及大佛双方より二、三等片道割引切符を發賣す但途中にて下車は割引無効
◎當社線沿道は風景絶佳且名勝舊跡に富む
●注意 時刻及賃金表ハ三七頁以下案内ハ九七頁ニアリ
三

東海道本線と名古屋〜大阪間で競った私鉄・関西鉄道の広告。運賃は官営線に較べて安いことを強調し、さらに往復切符は３割引と大サービスに努めていた。駸々堂『鉄道航路旅行案内』明治33年９月号

内』）に掲載された関西鉄道の広告（掲載した広告の約二年半後）には「毎日双方より五回宛直行汽車差立、官線との接続宜く内双方二回の急行列車は僅五時間内にて達す」と宣伝している。この時刻表で調べると東海道本線も急行はわずか二本で、名古屋を早朝に出る便は五時間五四分、夕方の便は五時間二〇分（下り）と、関西鉄道最速の昼前発の急行の所要時間四時間五八分の後塵を拝している。ただし関西の早朝発の「急行」はなぜか通過駅がほとんどなく、六時間八分とこちらは官線より遅い。

広告では「通り抜自在」「三等室も蒲団張にて疲労を覚へず」「冬季は蒸汽暖房の設けあり」「毎列車給仕、行商人を乗込ませあり夜間はピンチ式瓦斯を点火す光輝電灯に優る」と、ガス灯を除けば今では当たり前となったサービスが列挙されているが、この競争は明治四〇年（一九〇七）の関西鉄道国有化（現関西本線）で幕を閉じた。

近鉄南大阪線

——河陽→河南→大阪鉄道→関西急行→近鉄

近鉄南大阪線といえば、日本一の超高層ビルで知られる「あべのハルカス」の直下のターミ

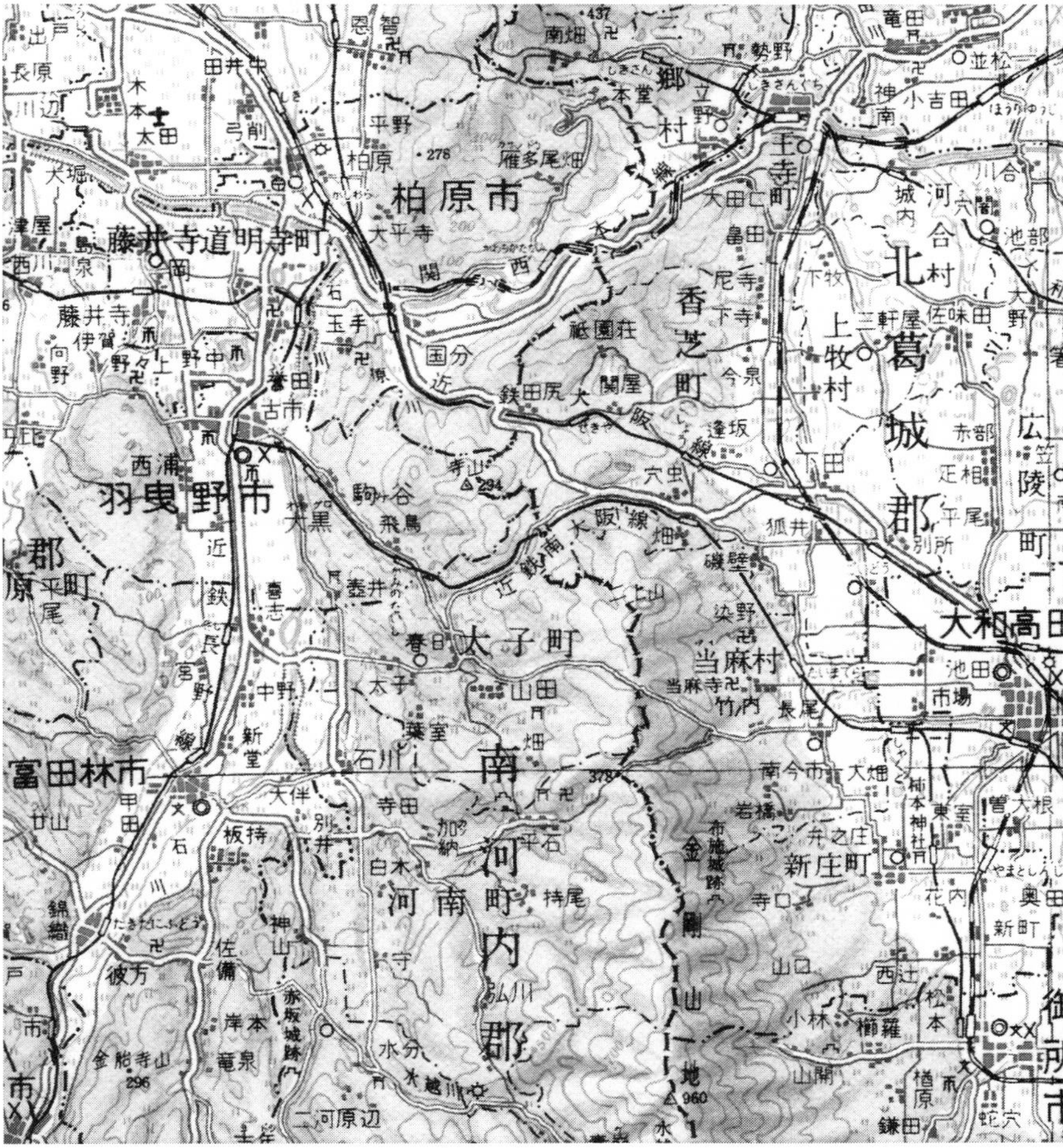

図の左上、道明寺～古市間で大きく屈曲した近鉄南大阪線の線形はその歴史を反映している。８か月少々だけ存在した長名の自治体「藤井寺道明寺町」が見える。
1：200,000「和歌山」昭和 34 年修正

近鉄南大阪線 道明寺駅にて

ナル・大阪阿部野橋駅を起点に奈良県の橿原神宮前駅までを結ぶ路線で、終点では近鉄吉野線に接続することから、関西随一の桜の名所である吉野へ行く特急「さくらライナー」もこの路線を走る。

しかし近鉄南大阪線が最初から大阪と橿原や吉野を結ぶことを目指したわけではない。それが最も表われているのが前頁の地形図の右下のあたりだ。地形図の左上の大阪阿部野橋駅からほぼ南下してきた線路は布忍駅（大阪府松原市）の先で東へ向きを変えるが、柏原から来た近鉄道明寺線と急カーブで無理やり合流、道明寺〜古市間では目的地の橿原神宮のある奈良県には向かわずひとまず南西へと走っていく。そして長野線を分けた古市駅の先で再び思い出したように急カーブ、東の二上山へ向かうという線形が印象的である。

ご想像通りかもしれないが、実は柏原から南下するルートが最も歴史が

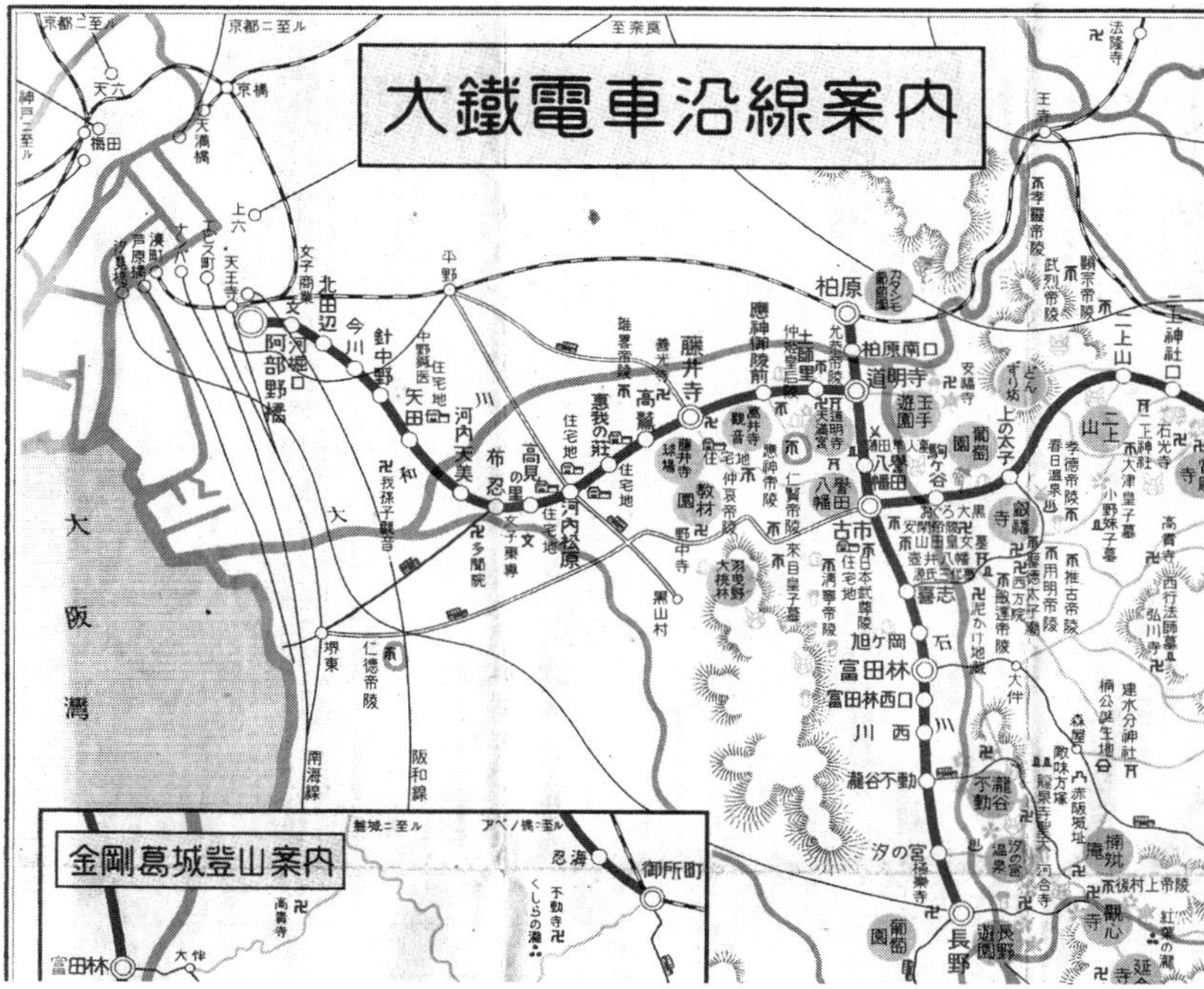

近鉄南大阪線の前身・大阪鉄道（大鉄電車）の沿線案内。駅から行ける名勝旧跡などがびっしり描かれている。終点の橿原神宮から大阪電気軌道（旧吉野鉄道）の吉野駅まで乗り入れていた。大阪鉄道「大鉄電車沿線案内」昭和８年（1933）

古い。関西本線の前身である大阪鉄道（初代）が柏原を経て奈良方面から大阪の湊町（現ＪＲ難波）を結んで開業した後、その柏原駅から南下して東高野街道に沿って富田林を経て長野（現河内長野）に至るルートで鉄道を敷設しようという気運が持ち上がり、地元の

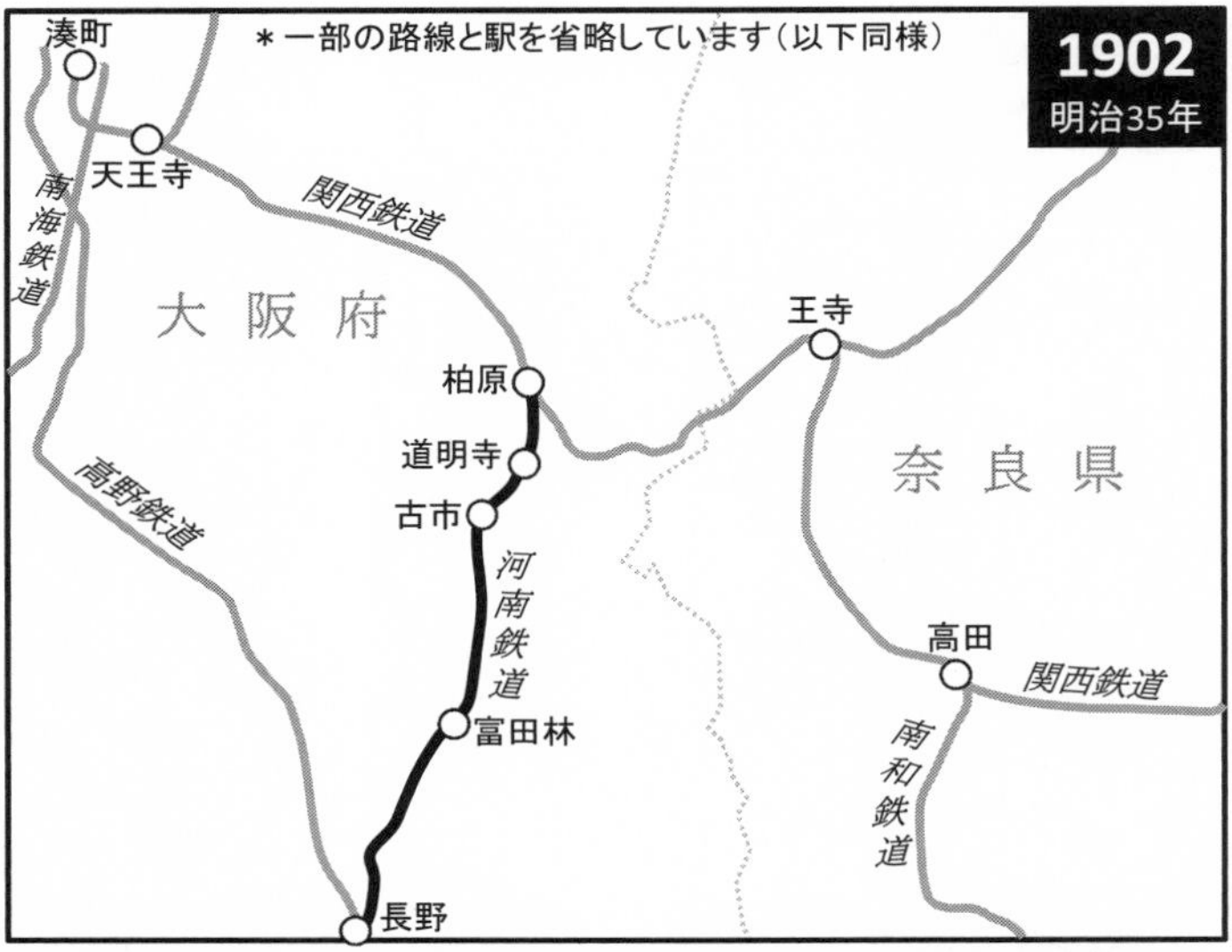
＊一部の路線と駅を省略しています（以下同様）
1902
明治35年
湊町
天王寺
南海鉄道
関西鉄道
大阪府
柏原
道明寺
古市
河南鉄道
富田林
長野
高野鉄道
王寺
奈良県
高田
関西鉄道
南和鉄道

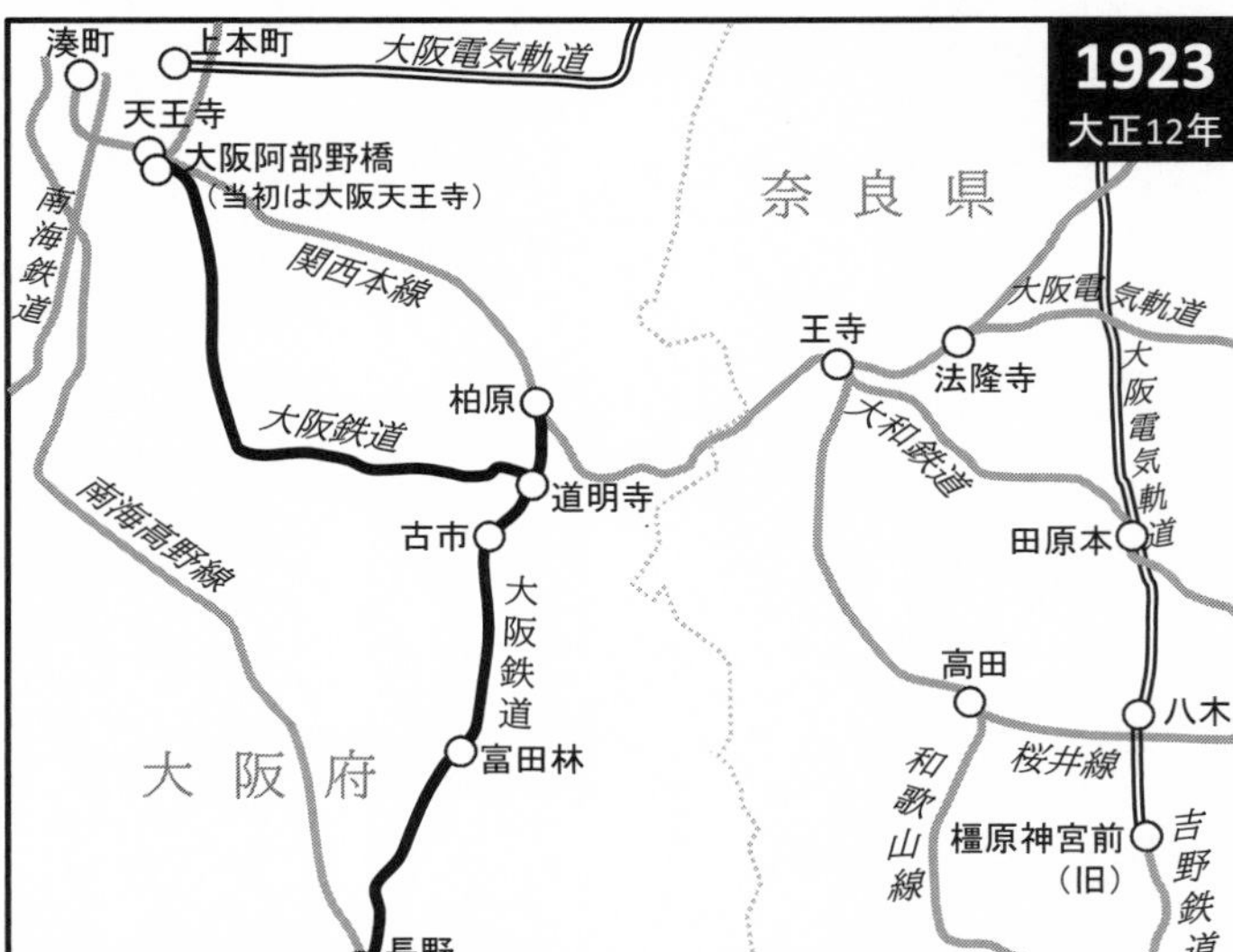
1923
大正12年
湊町
上本町
大阪電気軌道
天王寺
大阪阿部野橋
（当初は大阪天王寺）
南海鉄道
関西本線
奈良県
大阪鉄道
柏原
道明寺
古市
大阪鉄道
富田林
長野
南海高野線
大阪府
王寺
法隆寺
大阪電気軌道
大和鉄道
大阪電気軌道
田原本
高田
八木
桜井線
和歌山線
橿原神宮前
（旧）
吉野鉄道

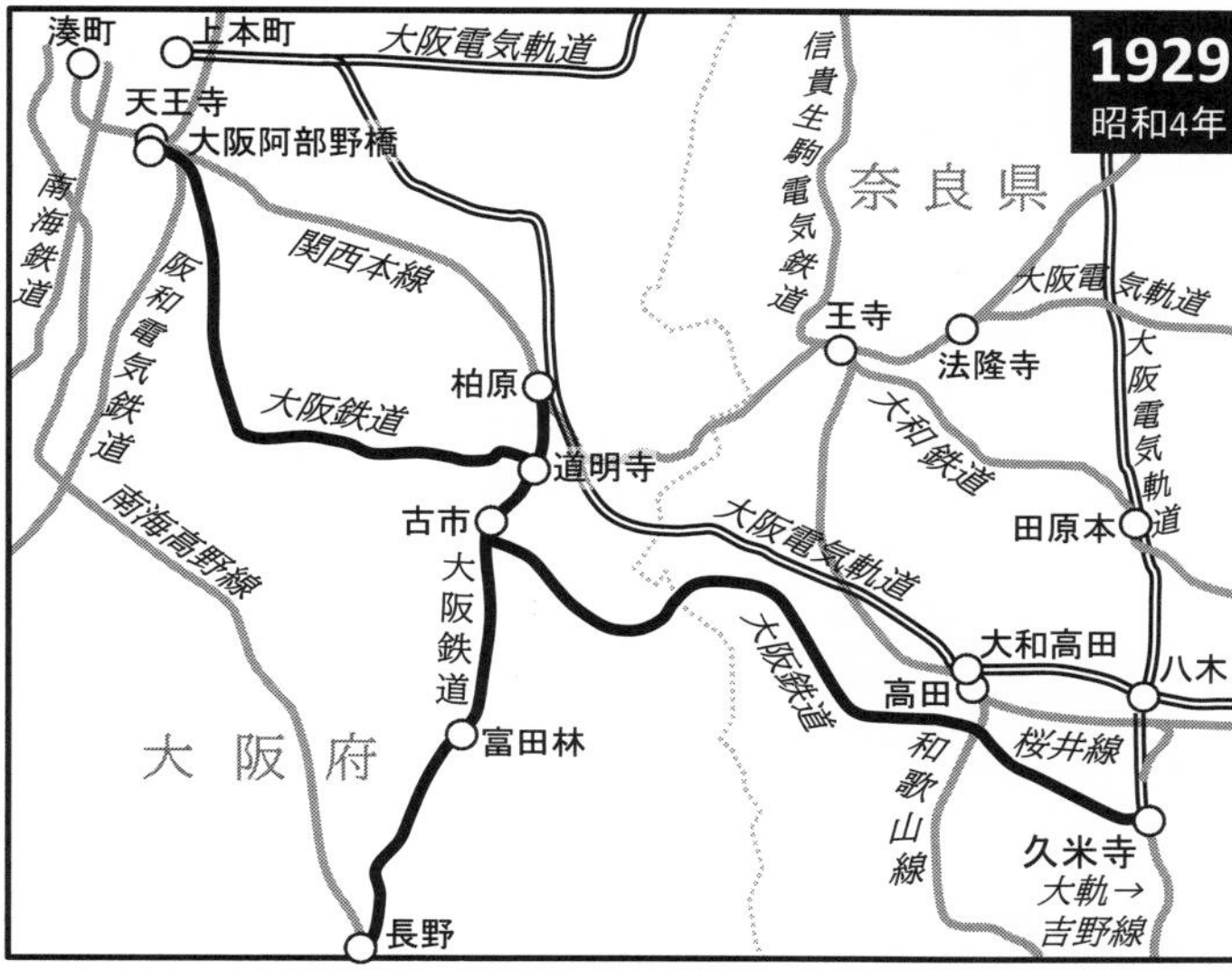
1929
昭和4年
湊町
上本町
大阪電気軌道
天王寺
大阪阿部野橋
南海鉄道
阪和電気鉄道
関西本線
信貴生駒電気鉄道
奈良県
王寺
法隆寺
大阪電気軌道
大阪電気軌道
大和鉄道
柏原
大阪鉄道
道明寺
古市
南海高野線
大阪鉄道
大阪電気軌道
田原本
大和高田
高田
八木
大阪鉄道
大阪府
富田林
和歌山線
桜井線
久米寺
大軌→
吉野線
長野

2023
令和5年
JR難波
上本町
近鉄奈良線
天王寺
大阪阿部野橋
南海本線
阪和線
関西本線
近鉄生駒線
奈良県
信貴山口
近鉄大阪線
平端
天理線
王寺
法隆寺
近鉄道明寺線
柏原
和歌山線
近鉄田原本線
近鉄橿原線
道明寺
近鉄南大阪線
古市
南海高野線
田原本
近鉄大阪線
大阪府
近鉄南大阪線
大和高田
高田
大和八木
近鉄長野線
富田林
桜井線
泉北高速鉄道
近鉄御所線
橿原神宮前
近鉄御所
御所
近鉄吉野線
河内長野

素封家たちが建設したのが前身の河陽鉄道である。

最初は蒸気機関車による運転で、富田林までは明治三一年（一八九八）、長野（現河内長野）まで延伸したのは同三五年のことであった。後に経営権を河南鉄道に譲渡、同鉄道はやがて大阪直結を目論み、道明寺駅から大阪天王寺（現大阪阿部野橋）までの路線を計画する。第一次世界大戦後の大正期後半になると大都市周辺の鉄道は利便性の高い「電気鉄道」へ次々と転身していくが、大阪直通を視野に河南鉄道から改称した大阪鉄道（二代目）は、部分開業を経て大正一二年（一九二三）四月一三日に大阪天王寺駅までの支線を建設、待望の大阪直結を実現させた。

ちょっと解せないのは、そのターミナル駅の名を翌月の五月一〇日に大阪阿部野橋と改称したことだ。私の監修した『日本鉄道旅行地図帳・関西二』（新潮社・二〇一八）では近鉄の社史に記載されたとおり、改称を翌一三年六月（日は不明）としたが、大阪鉄道に関する鉄道省文書を国立公文書館で閲覧しているうち、開業からわずか二七日後の五月一〇日に改称したことがわかった。大正一二年（一九二三）五月一四日付の「官報」でもそうなっている。

改称理由は官報にも鉄道省文書にも見当たらないので想像するしかないが、国鉄関西本線・城東線（現大阪環状線）の駅名である天王寺とするより、同駅で連絡している大阪市電の停留場が「阿倍野橋」（阿部野橋ではない）であり、そちらを意識した可能性はないだろうか。当時の城東線はまだ蒸気機関車が牽引する列車が三〇分程度の間隔で運転される段階であったため（電化は昭和八年）多くの人が「待たずに乗れる市電」に乗り換えて都心部へ向かった現実を重視したのかもしれない。

昭和四年（一九二九）三月二九日には久米寺（くめでら）（現橿原神宮前）まで一気に延伸、吉野鉄道（現近鉄吉野線）との直通運転を行うが、その分岐駅が古市駅となった。現在の屈曲した線形はこれによって誕生したものである。昭和一六年（一九四一）にライバルの大阪電気軌道（大軌）は同系列の参宮急行電鉄（参急）と合併して関西急行鉄道（関急）となり、戦時中の同一八年に大阪鉄道を吸収合併した。これがほぼ現在の近鉄の路線に近いが、同一九年にはさらに南海鉄道（現南海電気鉄道）と大合併して近畿日本鉄道が誕生、現在のルートで「南大阪線」となった。旧大阪電気軌道の「大阪線」より南側を並行することからの命名なのだろう。南海鉄道は戦後の昭和二二年（一九四七）に分離して南海電気鉄道となった。

湖西線——江若鉄道の廃線跡をたどる高速線

近江（おうみ）という国名は、遠江（とおとうみ）国（静岡県西部）と対になっている。遠州の淡水湖―浜名湖が

「遠つ淡江（海）」であるのに対して、「近つ淡江（海）」もしくは単に「淡江」といえば琵琶湖を指した。古くは鳰の海などとも呼ばれた琵琶湖に面する大津市が、今なら京都駅から電車に乗って約九分という地理的な近さを考えれば当然の感覚だろう。だからトホツアハウミ→トホトウミと転訛した遠江国とは異なり、近江の方は「近つ」を省略したアハウミ→アフミである。それでも国名は二字に限られていた当時の決まりに従って漢字表記に「近」の字を入れた。

琵琶湖西岸の地方をかつては淡江の西ということから「江西」と呼んだそうだが、今では湖西である。この地方の湖岸線に沿って京都市の山科駅から琵琶湖の北端に位置する近江塩津駅（長浜市）を結ぶのがJR湖西線だ。開通は昭和四九年（一九七四）七月二〇日である。

大阪・京都から北陸を結ぶルートには長らく米原経由が用いられてきたが、戦後の昭和三七年（一九六二）に湖西を通る路線が建設を検討する「調査線」として挙げられ、関西方面から北陸への短絡線の機能に加え、米原〜京都間の東海道本線の輸送逼迫の緩和を目的に建設が決まった。山科〜近江塩津間は東海道本線＋北陸本線が九三・六キロであるのに対して、湖西線は七四・一キロと約二割減である。京都〜敦賀間の特急の所要時間も、開通直前の八〇分から六二分に短縮された（いずれも平均的なもの。現在は五一分）。

そのルートの三分の二にあたる距離、具体的には大津市街から近江今津までの間でぴったり重なっていたのが江若鉄道である。こちらは非電化単線の私鉄で、本来はその社名の通り近江国の大津から若狭国の小浜の東約一〇キロに位置する三宅村（現若狭町・JR小浜線上中駅

湖西線の「先任者」として地元の輸送を担っていた江若鉄道。天井川をくぐるトンネルが見える。湖西線は比良〜近江舞子間を短絡化。1：50,000「北小松」昭和７年鉄道補入

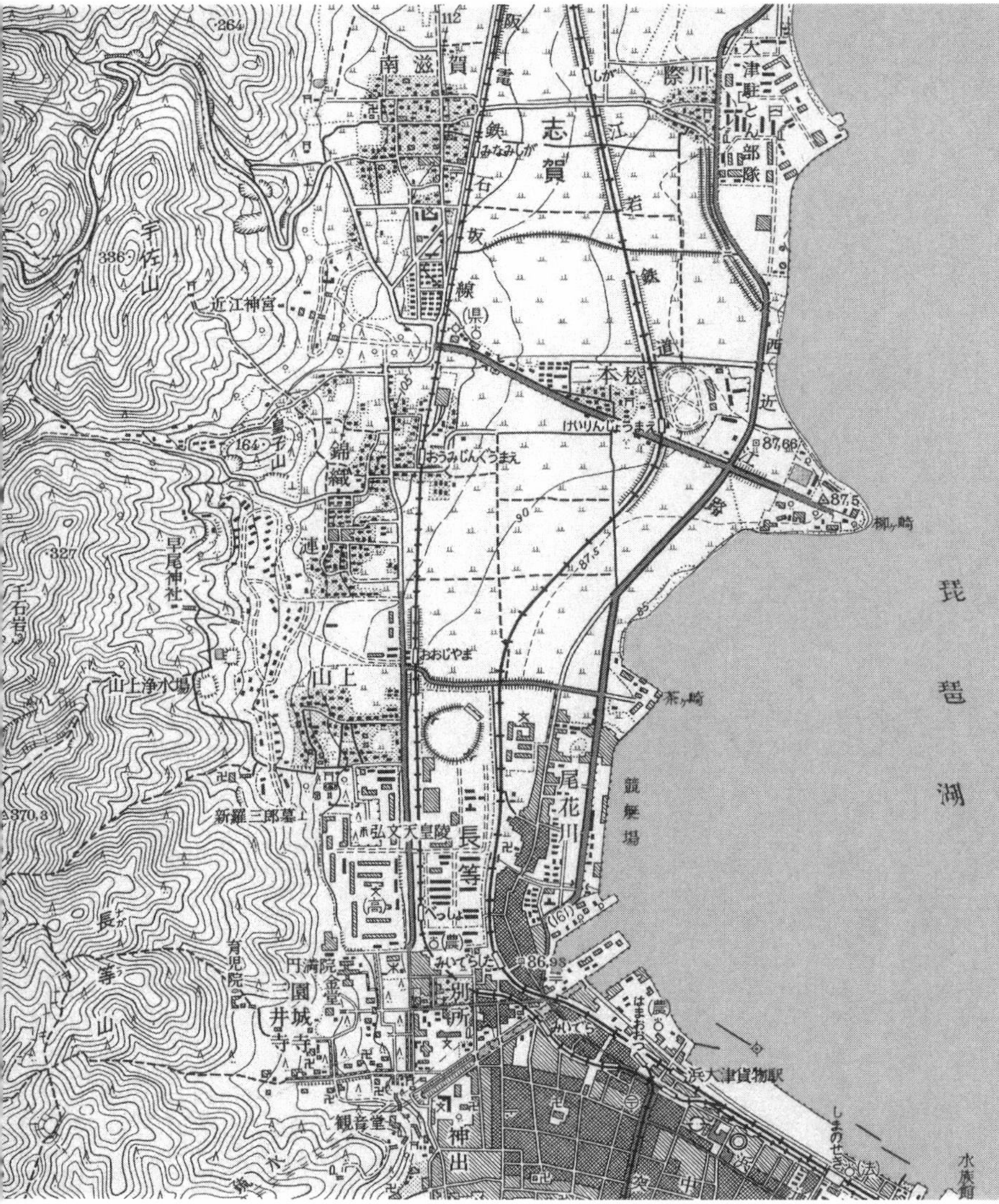

琵琶湖岸近くを北上していた江若鉄道の線路。京阪石山坂本線と並行していた。
1 : 25,000「京都東北部」昭和 36 年修正

付近）に達する計画であった。四六マイル六〇チェーン（七五・二キロ）のルートで大正八年（一九一九）八月に敷設免許[20]を得たが、結局は分水界の水坂峠を越えられず、浜大津（現びわこ浜大津）～近江今津間の五一・〇キロにとどまっている。

この江若鉄道はユニークな鉄道だった。西に迫る比良山地は特に東麓が花崗岩質[21]であるため、

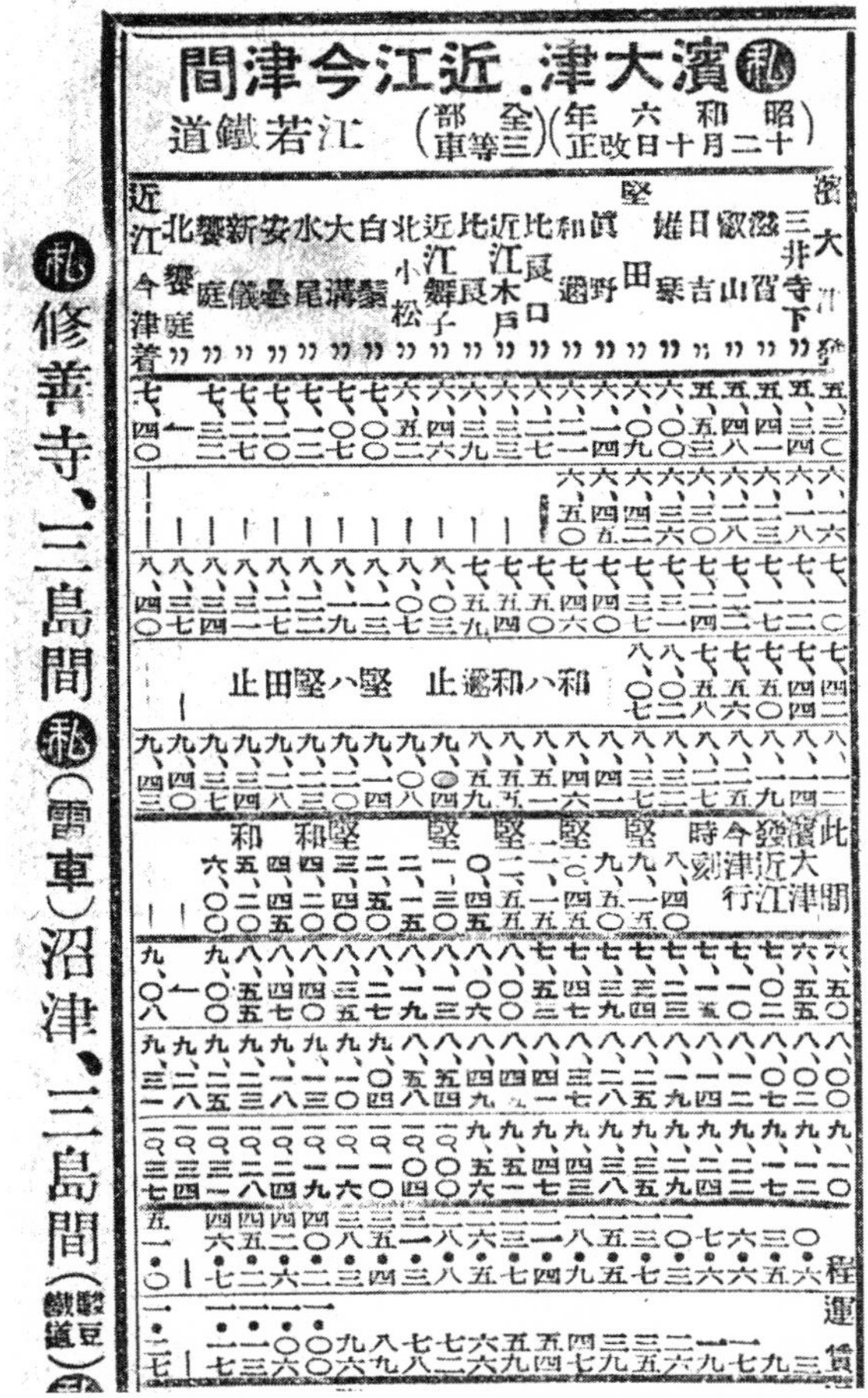

㊙濱大津.近江今津間　江若鐵道（全部三等車）（昭和六年十二月十日改正）

駅									程	運賃
濱大津發	五、三〇	六、一六	七、一〇	七、四二	八、一二	六、五〇	八、〇〇	九、一〇		
三井寺下〃	五、三四	六、一八	七、一二	七、四四	八、一四	六、五五	八、〇二	九、一二	〇・六	三
滋賀〃	五、四一	六、二三	七、一七	七、五〇	八、一九	七、〇二	八、〇七	九、一七	三・五	九
叡山〃	五、四八	六、二八	七、二三	七、五六	八、二五	七、一〇	八、一二	九、二二	六・六	一七
日吉〃	五、五三	六、三〇	七、二四	七、五八	八、二七	七、一三	八、一四	九、二四	七・六	一九
雄琴〃	六、〇〇	六、三六	七、三一	八、〇二	八、三二	七、二三	八、一九	九、二九	一〇・三	二六
堅田〃	六、〇九	六、四二	七、三七	八、〇七	八、三七	七、三四	八、二五	九、三五	一三・七	三五
眞野〃	六、一四	六、四五	七、四〇		八、四一	七、三九	八、二八	九、三八	一五・五	三九
和邇〃	六、二一	六、五〇	七、四六		八、四六	七、四七	八、三七	九、四三	一八・九	四七
比良口〃	六、二七	｜	七、五〇		八、五一	七、五三	八、四一	九、四七	二一・四	五四
近江木戸〃	六、三三	｜	七、五四		八、五[illegible]	八、〇〇	八、四[illegible]	九、五一	二三・七	五九
比良〃	六、三九	｜	七、五九		八、五九	八、〇六	八、四九	九、五六	二六・五	六六
近江舞子〃	六、四六	｜	八、〇三		九、〇四	八、一三	八、五四	一〇、〇〇	二八・八	七二
北小松〃	六、五二	｜	八、〇七		九、〇八	八、一九	八、五八	一〇、〇四	三一・三	七八
白鬚〃	七、〇〇	｜	八、一三		九、一四	八、二七	九、〇四	一〇、一〇	三五・四	八九
大溝〃	七、〇七	｜	八、一九		九、二〇	八、三五	九、一〇	一〇、一六	三八・三	九六
水尾〃	七、一三	｜	八、二三		九、二三	八、四〇	九、一三	一〇、一九	四〇・二	一・〇〇
安曇〃	七、二〇	｜	八、二七		九、二八	八、四七	九、一八	一〇、二四	四二・六	一・〇六
新儀〃	七、二七	｜	八、三一		九、三四	八、五五	九、二三	一〇、二八	四五・二	一・一三
饗庭〃	七、三三	｜	八、三四		九、三七	九、〇〇	九、二五	一〇、三一	四六・七	一・一七
北饗庭〃	—	｜	八、三七	｜	九、四〇	—	九、二八	一〇、三四	｜	｜
近江今津着	七、四〇	｜	八、四〇		九、四三	九、〇八	九、三一	一〇、三七	五一・〇	一・二七

和ハ和邇止　堅ハ堅田止

此間濱大津近江今津行發時刻　八、四〇　堅九、一五　九、五〇　堅〇、四五　一一、一五　堅二、五五　〇、四五　堅一、三〇　二、一五　二、五〇　堅三、四〇　和四、二〇　四、四五　和五、二〇　六、〇〇

㊙修善寺、三島間　㊙（電車）沼津、三島間（駿豆鐵道）

湖西線がその線路敷の一部を利用した江若鉄道は２年前に近江今津まで開通したばかり。
東京旅行社『汽車汽船ポケット旅行案内』昭和８年１月号

その急傾斜を流れ下るいくつもの川が大量の土砂を堆積させて「天井川」となっている。このため複数の河底トンネルが建設された。比叡山麓あたりは平地が広いので河床が比較的低い湖岸側を迂回しているが、近江舞子付近はその余地がないのでトンネルを穿った。もっとも現在の湖西線は多くが高架線で通過するため、この「名物」は継承されていない。もうひとつの特徴としては、この鉄道が夏には沿線の湖水浴場、冬は比良山地にあるスキー場への旅客を運んだことである。日本広しといえども、他にそんな鉄道があっただろうか。

その江若鉄道は湖西線の建設のため昭和四四年（一九六九）一一月に廃止され、線路敷の多くは湖西線のために用いられた。ただし浜大津の起点付近および急カーブの存在する区間、おごと温泉駅付近、それに高島トンネル付近などは新規に建設している。最初から高速運転を目指して敷設されたため、カーブの最小半径はほとんどが一四〇〇メートル以上[22]で、現在では最高時速一三〇キロで運転されている。もちろん踏切はない。この線を頻繁に通過する「サンダーバード」など北陸行きの特急は北陸新幹線が敦賀～京都間を開業したら姿を消すようだが、新幹線のルートは議論の末に小浜経由が決まった。一〇〇年以上前に江若鉄道が思い描いた路線の成就とも言えるが、琵琶湖岸など一瞥もせず、それどころか滋賀県も通らずにひたすらトンネル内を急ぐ。

信濃と越後で信越本線

――国名またはその合成による線名

- 石勝線「夕張支線」
- 磐越西線
- 羽越本線
- 両毛線
- 南武線
- 紀勢本線
- 予讃線
- 伊予鉄道
- 日豊本線

石勝線「夕張支線」

——平成最後に廃止された路線

新しい元号が令和に決まった頃、世の中が改元をめぐっていささか過熱気味だったのを思い出す。崩御を伴わない改元でタナボタのような「特需」に喜んだ人もあったのだろう。日が迫ってくると「平成最後の〇〇」も流行語のようになったが、平成最後の鉄道の廃線となったのが北海道の石勝（せきしょう）線のうち、新夕張で分岐して夕張に至る通称夕張支線である。平成三一年（二〇一九）三月三一日に最後の列車が走り、翌四月一日付で廃止された。

開通は明治二五年（一八九二）一一月一日だから、まる一二六年と四か月の長い歴史を閉じたことになる。当初は北海道炭礦鉄道という私鉄で、その名の通り夕張の石炭を積み出す目的で敷設された。同年八月に開通した室蘭（むろらん）（現輪西（わにし）付近）〜岩見沢間の本線から分岐する支線であり、その分岐駅は本州の街道分岐点を表わす伝統的な用語を採用、「追分」と名づけられた。明治三九年（一九〇六）には鉄道国有法に基づいて国により買収され、同四二年に夕張線となる。

優良で埋蔵量の豊富な炭鉱であったため、山奥にもかかわらず人が集まり、谷間の市街地は拡大していく。それでも足りずに斜面をひな壇にならして炭鉱住宅がびっしり建設され、人口

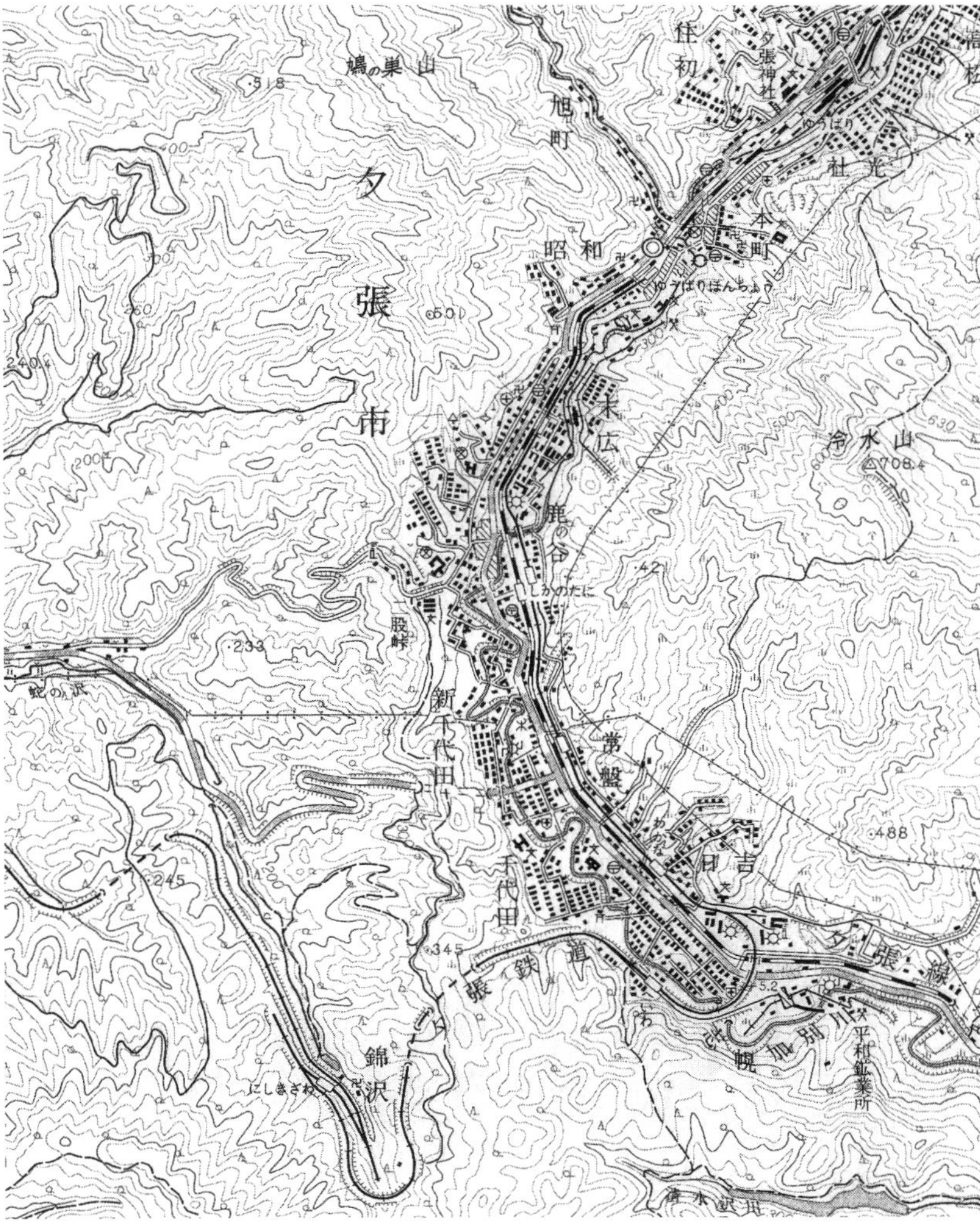

夕張駅とその周辺。エネルギー革命に伴う閉山が始まったとはいえ、まだ市の人口は現在の10倍を超える6.8万人を擁していた。夕張鉄道はこの3年後に廃止される。
1 : 50,000「夕張」昭和47年修正

は凹凸を伴いながらも増加した。大正年間には出炭量の増加に対応すべく夕張線の複線化も行われている（後に単線化）。戦後は戦地からの引き揚げなどが加わって人口が急増、昭和三五年（一九六〇）には約一一・七万人のピークに達している。

ところがその後はエネルギー革命の影響で閉山が相次ぎ、急坂を転がり落ちるように人口は減少した。手をこまねいていたわけでもなく、起死回生のスキーリゾート開発に手をつけたが、それらが重い負債となって結局は財政破綻を招いてしまう。そうこうするうち平成二五年（二〇一五）には明治以来初めて一万人を切り、令和五年三月末現在で六七三三人であるから、この六三年で実に人口は九四パーセント減少したことになる。

『夕張市史』によれば、人口がピークを記録した六年後の昭和四〇年（一九六五）度の市内各駅の貨物発送量の合計は年間約二二四万トン。このうち二一一万トンが鉱産物（大半が石炭）であったから、各駅の貨物ヤードには石炭を満載した貨車がひしめき合っていたことだろう。夕張線には紅葉山（現新夕張）駅から登川支線、沼ノ沢駅からは北炭真谷地専用鉄道、清水沢駅からは三菱石炭鉱業大夕張鉄道が分岐し、それぞれの炭鉱から膨大な石炭がこれら支線（後にいずれも廃止）に集まった。

当時は旅客輸送も繁盛しており、昭和三六年（一九六一）度の夕張駅の乗車人数は七〇万九三六〇人。[23] 一日あたりに直せば一九四三人である。当時の同駅発の列車本数は準急を含む一四本だから、一列車あたり約一三九人が乗っていた。これが平成一〇年（一九九八）には一日あ

○追分夕張間、紅葉山登川間（七年五月訂補）
（夕張線）（登川線）（◎ハ三等車其他ハ二三等車）、

追分發	川端〃	瀧ノ上〃	紅葉山着
…	…	…	…
前 一〇、一〇	一〇、三四	一〇、五七	一一、一四
後 一二、三五	一二、五九	一、二二	一、三九
後 四、〇〇	四、二四	四、四七	五、〇四
後 六、五五	七、一九	七、四二	七、五九
賃金三等	一〇	一九	二六

紅葉山發	楓〃	登川着
前◎ 八、三〇	八、五五	九、〇六
…	…	…
後◎ 二、〇五	二、三〇	二、四一
…	…	…
後◎ 八、二五	八、五〇	九、〇一
…	三一	三四

紅葉山發	沼ノ澤〃	清水澤〃	鹿ノ谷〃	夕張着
後◎ 六、三〇	六、四二	六、五一	七、一四	七、二六
前 一一、二六	一一、三七	一一、五四	一二、一五	一二、二七
後 一、五五	二、〇六	二、二三	二、四四	二、五六
後 五、二〇	五、三一	五、四八	六、〇九	六、二一
後 八、一四	八、二五	八、四二	九、〇三	九、一五
…	二九	三五	四二	四五

夕張發	鹿ノ谷〃	清水澤〃	沼ノ澤〃	紅葉山着
前 七、一〇	七、二〇	七、三八	七、五三	八、〇一
前 九、五五	一〇、〇五	一〇、二三	一〇、三八	一〇、四六
後 一二、五五	一、〇五	一、二二	一、三七	一、四五
後 四、二〇	四、三〇	四、四八	五、〇三	五、一一
後◎ 七、三〇	七、四〇	七、五二	八、〇八	八、一八
賃金三等	四	一一	一六	一九

登川發	楓〃	紅葉山着
前◎ 七、二五	七、四三	七、五五
…	…	…
後◎ 一、〇〇	一、一八	一、三〇
後◎ 四、三〇	四、四八	五、〇〇
…	…	…
…	三	八

紅葉山發	瀧ノ上〃	川端〃	追分着
前 八、一五	八、三三	八、五二	九、一二
前 一一、〇〇	一一、一七	一一、三七	一一、五六
後 一、五三	二、一〇	二、三〇	二、四九
後 五、二五	五、四三	六、〇三	六、二一
…	…	…	…
…	二七	三六	四五

（紅）葉山登川間（東北、北海道方面ノ三九）七、四

夕張線とその支線、通称「登川線」の時刻表。当時の追分～夕張間は大半が複線で石炭列車が多く行き交っていたが、旅客列車はこれだけ。
公益旅行合資会社『公益旅行案内』大正７年５月号

たり六二人。一列車あたりに直せばわずか三・四人（当時は九往復）に過ぎないから、最晩年に五往復に減った頃の水準は推して知るべしである。もっとも廃止直前は「葬式テツ」と呼ばれる人が殺到して大混雑だったそうだが。

　その夕張線は昭和五六年（一九八一）に石勝線と名を変えている。道央の札幌・千歳方面から道東の帯広・釧路方面への近道として幹線規格で建設された新線で、石狩と十勝を結ぶことから名付けられた。道東

への所要時間は大幅に短縮されたが、たまたま追分～新夕張（旧紅葉山）間が夕張線の区間を利用したため、こちらを石勝線に組み込んだついでに新夕張～夕張間も同線の「夕張支線」という扱いにしたのである。本来ならこの区間を夕張線にすべきところ、特急の走るドル箱線の支線にして路線の安泰を図った「知恵者」がいたらしく、それで延命できたようだ。

磐越西線——磐城国から越後国へ

新潟県の新津第一小学校に静態保存されていたＣ57形蒸気機関車を、ＪＲ東日本が大宮工場で再び走れるよう改修し、平成一一年（一九九九）から運転が始まった「ＳＬばんえつ物語」は、春から秋までの土日を中心に運行される人気列車だ。列車名は走行する磐越西線からとったものだが、その歴史は古い。前身は郡山から会津若松を目指して建設が進められていた私鉄の岩越鉄道で、その名の通り岩代国（福島県西部）と越後国（佐渡を除く新潟県）を結ぶことを意図していた。[24]

渋沢栄一ほか三三六人による岩越鉄道の出願は明治二八年（一八九五）で、日本鉄道（現東

「岩越線」を名乗り、喜多方まで通じていた頃の現磐越西線。磐梯山麓の翁島駅（現猪苗代町）付近。猪苗代湖畔の三城潟は野口英世の生地。1：50,000「磐梯山」明治 41 年測図

北本線）として上野から通じていた郡山を起点に新津を経て酒屋までの一〇五マイル（約一六九キロ）。免許は郡山～新津間となったが、当初の終点とされた酒屋は新津駅の北西約六キロの信濃川と小阿賀野川の合流点に位置する。当時は水上交通の要衝で、会津藩の陣屋も置かれた町である。結局は鉄道が来ずに衰微するが、新津はその後北越鉄道（現信越本線）との結節点として大いに発展した。同様の盛衰は河川から鉄道への交替により各地で起きたことである。

工事は郡山方から始まり、明治三一年（一八九八）七月二六日に中山宿、翌三二年三月一〇日に山潟（現上戸）と部分開通を経て、同三二年七月一五日に若松（現会津若松）まで開通した。ところが以西のルート選びが紛糾する。喜多方（現喜多方市）と坂下（現会津坂下町）がどちらも経由地を譲らない。会社は資金不足で困っていたところ、未払込株券の競売に関して喜多方の住民がその損失額を負担する申し出があったため喜多方経由が決まった経緯がある。敗れた坂下の方は大正一五年（一九二六）に開通した会津線（現ＪＲ只見線）で会津若松と結ばれているが、そもそも磐越西線と並行する越後街道―国道四九号は坂下を通り、磐越自動車道も会津坂下インターチェンジを経由している。

延伸に際しては南側の若松市街を向いた若松駅から喜多方へはまったく逆方向の文字通り「北方」になるため（喜多方という地名は会津藩領の北方を佳字に変更）、明治三七年（一九〇四）に喜多方まで開通した新区間へ入るには当初からスイッチバックの線形となって現在に至る。

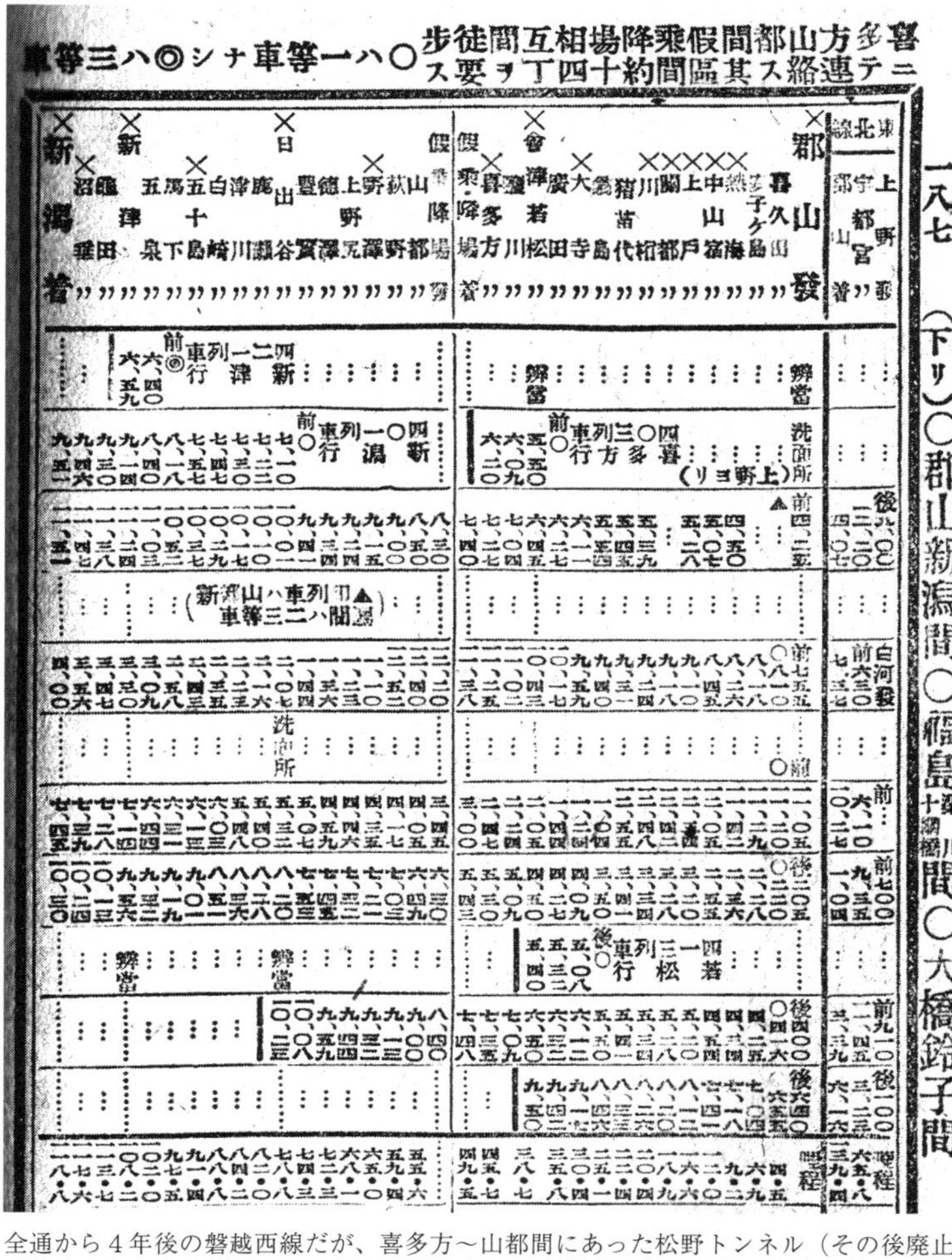

全通から４年後の磐越西線だが、喜多方～山都間にあった松野トンネル（その後廃止）が地すべりのため崩壊、１年以上不通となる。上欄外にあるように仮乗降場の間 14 丁（約 1.5km）を徒歩連絡していた。公益旅行合資会社『公益旅行案内』大正７年５月号

その年に始まった日露戦争の影響もあって従前からあった鉄道国有化の議論が再燃、同三九年には鉄道国有法が成立した。これにより岩越鉄道も国有化され、岩越線となっている。終点の新津方面からは国有化後の明治四三年（一九一〇）に信越線（支線）として馬下（まおろし）まで開通、その後大正三年（一九一四）に全通した。当時の鉄道院総裁・後藤新平らが鉄道の広軌化（標準軌への改築）を主張し、実現が近い状況もあったことから、線内最長となる平瀬（ひょうせ）トンネル（二〇〇六メートル）は出入口を除いて建築限界を大きくとり、広軌化対応が可能な設計とされた。ちなみに清水トンネル経由の上越線が全通する以前の上野〜新潟間は岩越線経由が四一六・三キロで信越本線経由の四三〇・三キロ（距離はいずれも昭和九年当時）より短く、直通列車の所要時間もこちらの方が短かった。

その後、平（現いわき）〜郡山間を結ぶ平郡（へいぐん）線の建設が始まり、大正三年（一九一四）に平郡西（さい）線、同四年に平郡東線のそれぞれ部分開業を経て同六年に全通したところで、この路線と岩越線を併せて「磐越線」という部（路線グループ）に改め、岩越線を磐越西線に改称、また、平郡東線・西線が接続された路線を磐越東線に改称して現在に至っている。磐越は磐城国（ほぼ福島県東部）と越後国を結ぶ意で、両者を直通する列車が走ったという話は聞いたことがないが、いずれにせよ両線と併走する磐越自動車道は多くの自動車で賑わっている。

羽越本線——酒田線と信越線がルーツ

山形県の庄内平野。見渡す限りの水田を快走する羽越(うえつ)本線の列車は、余目(あまるめ)駅を過ぎて数分で最上(もがみ)川を渡る。ところがその名は「第二最上川橋梁」。初めてこの川を渡るというのに、なぜ「第二」なのだろうか。

ある鉄道路線が同じ川を何度か渡る場合、橋梁に番号を振ることは多い。おおむね下り方向へ順に振っていくが、たとえば両側から延伸してまん中でつながった過程をたどる場合はそれぞれ方面で別々に振られることもあり、完成してみれば数字の順番が途中で逆になることも珍しくない。木曽谷(だに)の南北から延伸が行われた中央本線（西線）などが代表例だ。路線改良などの都合で橋梁が増減した場合も番号は乱れることがある。

羽越本線は新潟県の新津（新潟市秋葉(あきは)区）から秋田までを結ぶＪＲ線であるが、余目〜酒田間はかつて酒田線という別の路線だった。この線の起点は最上川を遡った奥羽本線の新庄駅で、大正三年（一九一四）に酒田まで開業している（図2）。庄内平野に鉄道が通じたのはこれが最初であった。その線の津谷(つや)〜古口(ふるくち)間で渡るのが「第一最上川橋梁」というわけである。現在この区間は陸羽西(りくうさい)線になっているが、酒田線の時代に二番目に建設されたのがたまたま余目駅の北側であったから「第二」なので、歴史をたどれば不思議はない。

さて、現在の羽越本線の始まりはここではなく、二年前の大正元年（一九一二）に開業した新津～新発田間であった。線名はなんと信越線（図1）。高崎～長野～新津～新潟を結ぶ幹線だが、その新津駅で分岐する支線としての開業である。同様の例は他にもあり、同じく新津から同二年に津川まで開業した後の磐越西線も、翌三年の全通までは信越線の支線だったし、北陸本線

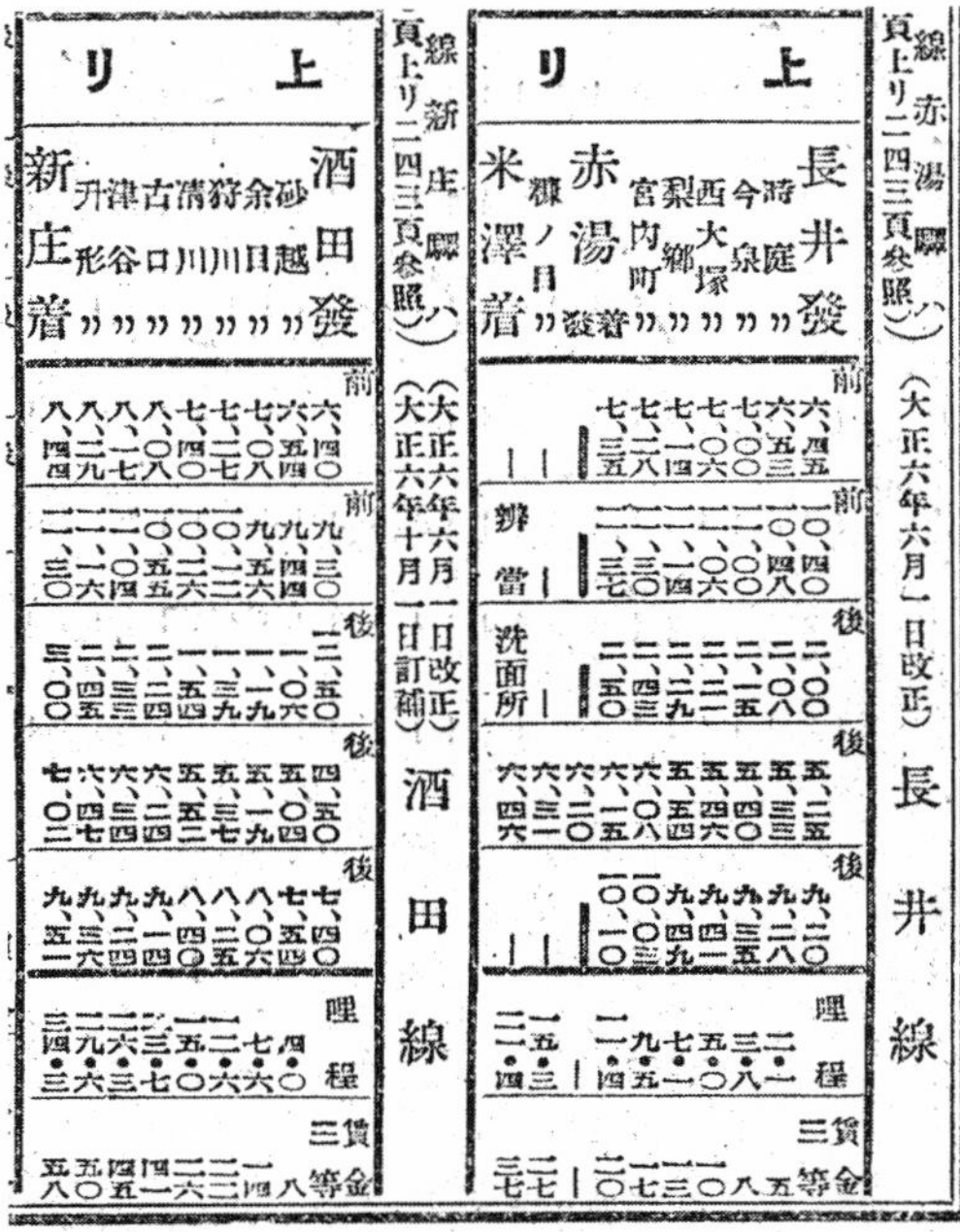

線 赤湯驛（八頁上リ二四三頁參照）（大正六年六月一日改正）長井線

上リ	前	前	後	後	後	哩程	三等賃金
長井發	六、四五	一〇、四〇	二、〇〇	五、二五	九、二〇		
時庭 〃	六、五三	一〇、四八	二、〇八	五、三三	九、二八	二・一	五
今泉 〃	七、〇〇	一一、〇〇	二、一五	五、四〇	九、三五	三・八	八
西大塚 〃	七、〇六	一一、〇六	二、二一	五、四六	九、四一	五・〇	一〇
梨郷 〃	七、一四	一一、一四	二、二九	五、五四	九、四九	七・一	一三
宮内町 〃	七、二八	一一、三〇	二、四三	六、〇八	一〇、〇三	九・五	一七
赤湯着	七、三五	一一、三七	二、五〇	六、一五	一〇、一〇	一二・四	二〇
赤湯發	｜	｜	｜	六、二〇	｜	｜	｜
糠ノ目 〃	｜	｜	｜	六、三一	｜	一五・三	二七
米澤着	｜	辨當	洗面所	六、四六	｜	二二・四	三七

線 新庄驛（八頁上リ二四三頁參照）（大正六年六月一日改正）（大正六年十月一日訂補）酒田線

上リ	前	前	後	後	後	哩程	三等賃金
酒田發	六、四〇	九、三〇	一二、五〇	四、五〇	七、四〇		
砂越 〃	六、五四	九、四四	一、〇六	五、〇四	七、五四	四・〇	八
余目 〃	七、〇八	九、五六	一、一九	五、一九	八、〇六	七・六	一四
狩川 〃	七、二七	一〇、一二	一、三九	五、三七	八、二五	一二・六	二三
清川 〃	七、四〇	一〇、二六	一、五四	五、五二	八、四〇	一五・〇	二六
古口 〃	八、〇八	一〇、五五	二、二四	六、二四	九、一四	二三・七	四一
津谷 〃	八、一七	一一、〇四	二、三三	六、三四	九、二四	二六・三	四五
升形 〃	八、二九	一一、一六	二、四五	六、四七	九、三六	二九・六	五〇
新庄着	八、四四	一一、三〇	三、〇〇	七、〇二	九、五一	三四・三	五八

最初に庄内平野に到達したのは新庄からの酒田線（左側）。その後は陸羽西線と名を変え、やがて余目以西は現在の羽越本線になった。酒田線としては最終時期の時刻表である。右は長井線（現山形鉄道フラワー長井線）。
東京旅行社『汽車汽船ポケット旅行案内』大正6年11月号

の糸魚川~直江津間も、全通する大正二年（一九一三）までは信越線の支線だった。

現羽越本線の話に戻るが、大正三年（一九一四）に新発田から中条（胎内市）まで伸びた際に信越線から独立、新たに村上線と命名された。一方で庄内平野では同六年に酒田線が「陸羽西線」と改称されている（図3）。同線は酒田から秋田県方面へ北上、余目からは鶴岡方面へ南下した。要するに余目で二手に分かれる路線になったのである。陸羽西線は同一二年時点で北は羽後本荘を過ぎて羽後岩谷まで、南は新潟県境に接する鼠ケ関（現山形県鶴岡市）までずいぶん長く延伸した（図4）。

その少し前の大正九年（一九二〇）には秋田から新たに「羽越北線」が羽後亀田まで南下してくる。まとめると、大正一二年の時点では南から村上線（新津~村上）、陸羽西線（鼠ケ関~羽後岩谷）、羽越北線（羽後亀田~秋田）がそれぞれ未成区間を挟んで存在していた（図4）。そして翌一三年四月二〇日には羽後岩谷~羽後亀田（松本清張『砂の器』の舞台のひとつで有名）間が日本で初めてシールド工法が用いられた折渡トンネルの完成によって開通、鼠ケ関~秋田間が晴れて羽越線となった（図5）。そして同じ年の七月三一日、断崖絶壁の続く難所「笹川流れ」の区間が開通したのを機に、村上線区間を含む新津~秋田間および貨物支線である酒田~最上川（現酒田港）間のすべてが羽越線として全通を迎えたのである。この全通は大阪方面から東北、北海道への大動脈「日本海縦貫線」の完成を意味し、人や貨物の流れに大きなインパクトを与えたのは言うまでもない。

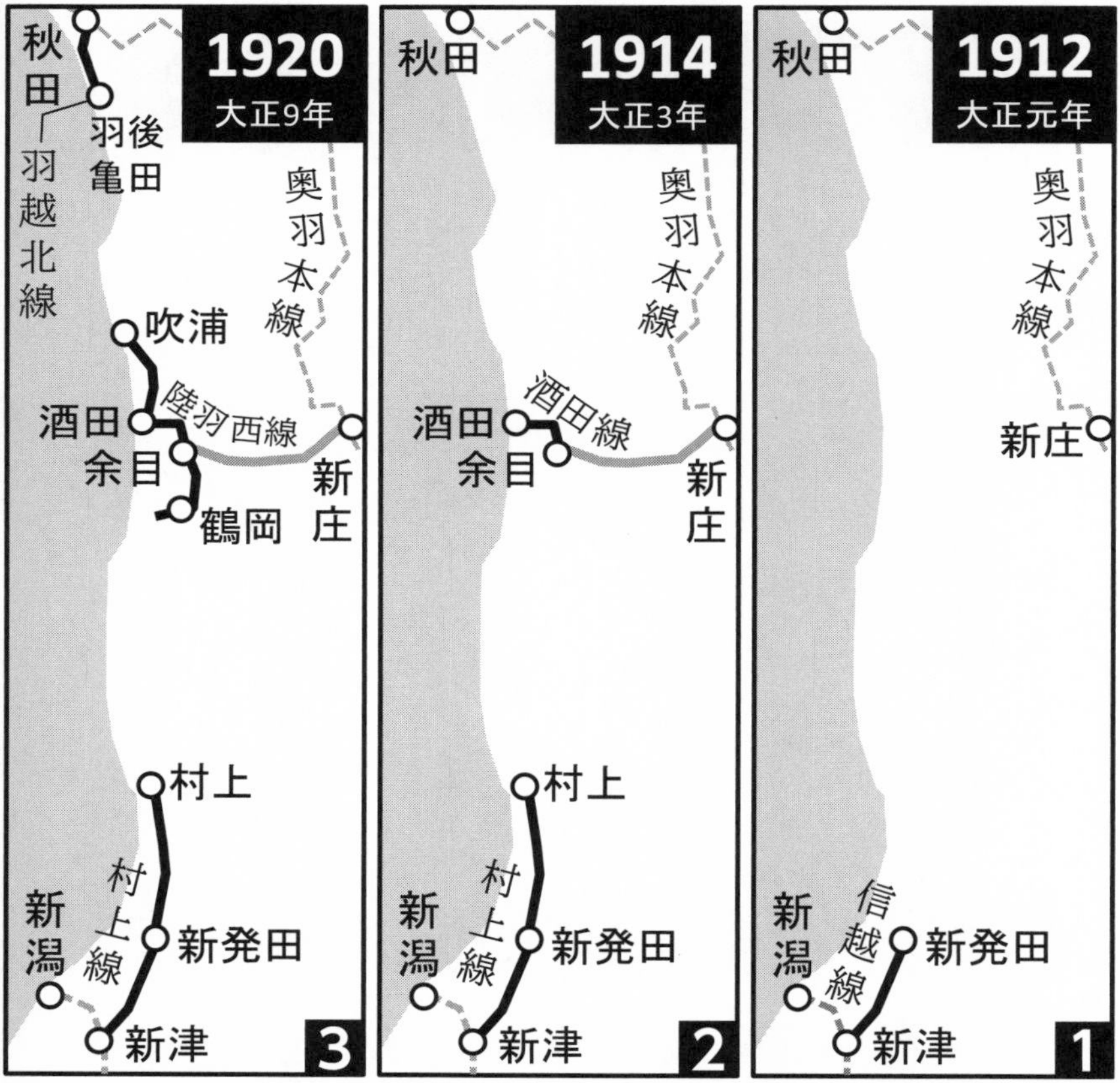

1 まず信越線の支線として大正元年（1912）9月2日に新津～新発田間が開業。

2 大正３年（1914）11月１日に信越線が村上まで延伸、村上線として分離。12月24日には奥羽本線の新庄から西進してきた酒田線が酒田に到達。

3 大正７年（1918）9月21日に余目～鶴岡（仮駅）間を開業と同時に酒田線が陸羽西線と改称、同９年７月20日には吹浦まで北上、30日に秋田側から羽越北線が羽後亀田まで南下。

＊大正４年（1915）に酒田～最上川（貨物。後の酒田港駅）間が酒田線の支線として開業、後に所属が陸羽西線、羽越線、羽越本線と変遷して現在に至る。図中では省略した。

4 大正11年（1922）10月16日に陸羽西線が羽後岩谷まで北上、同12年11月23日には同線が鼠ケ関まで南下。

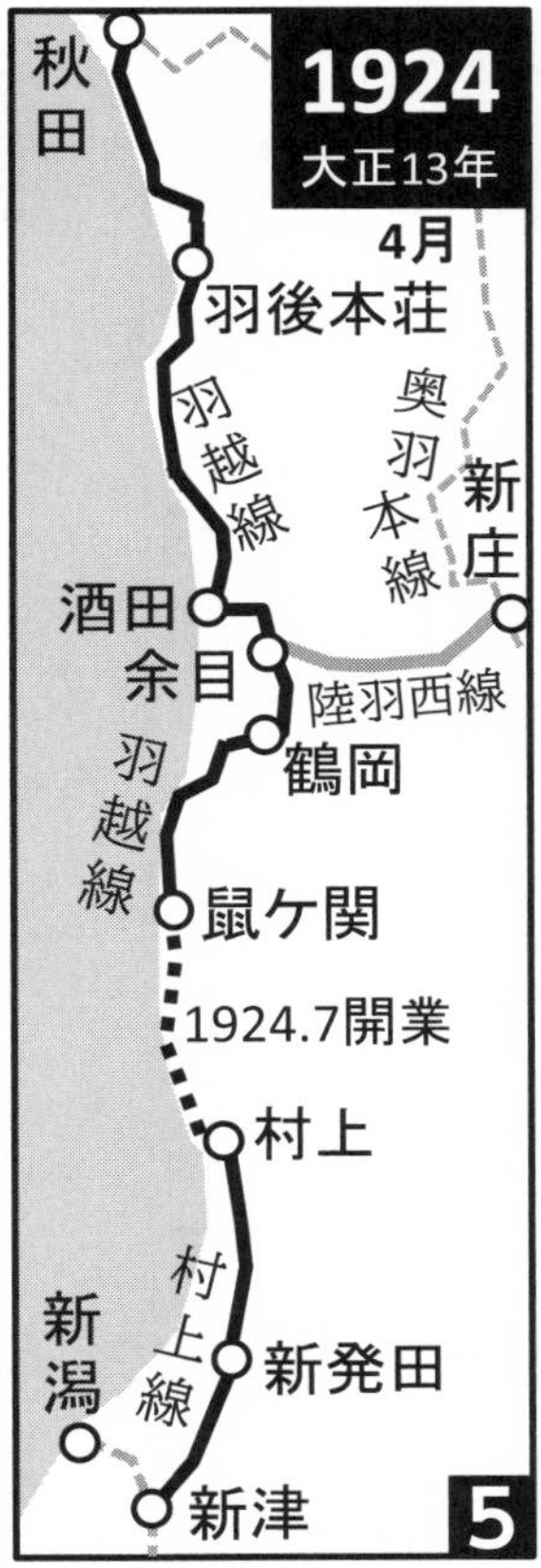

5 大正13年（1924）4月20日に羽後岩谷～羽後亀田間が開通、鼠ケ関～秋田間を陸羽西線から分離して羽越線と改称。

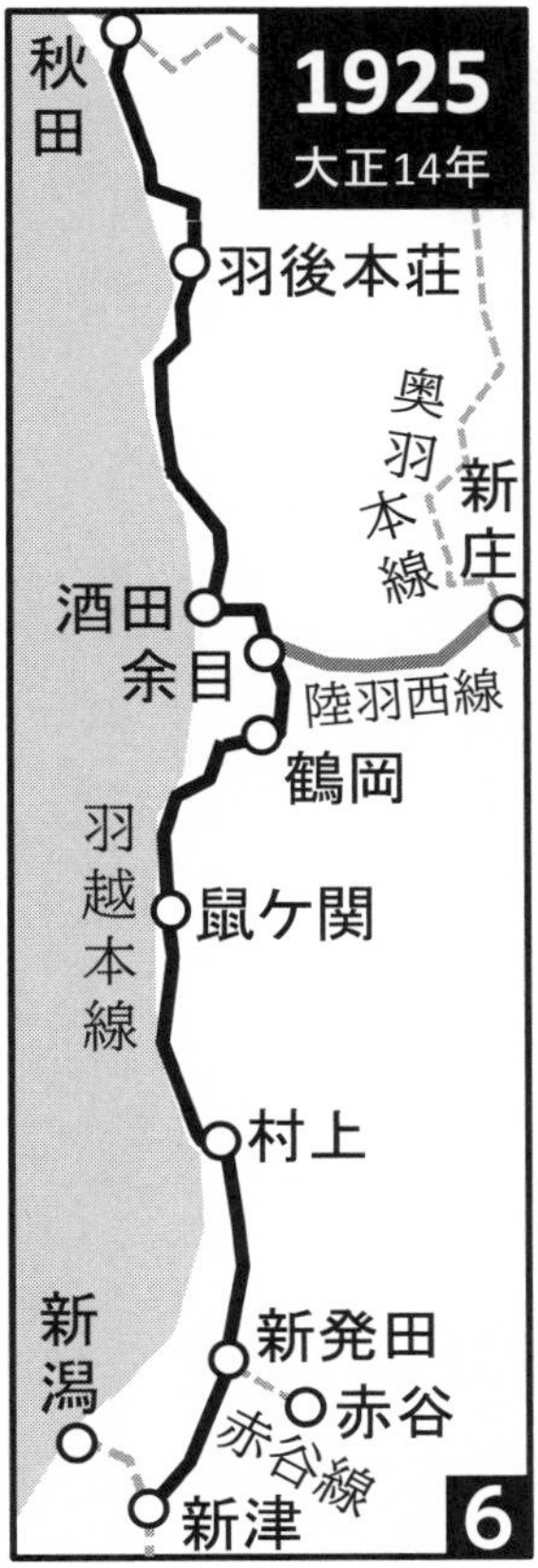

6 大正13年（1924）7月31日に村上～鼠ケ関間が開通、村上線を合わせた新津～秋田間が羽越線となる。同14年11月20日に商工省製鉄所線（新発田～赤谷間）を譲受、支線としての赤谷線の開業に伴って羽越線は羽越本線となる。

大正一四年（一九二五）には新発田～赤谷間の商工省製鉄所専用線（赤谷鉄山）を国有化して赤谷線（昭和五九年廃止）という支線が初めてできて「本線」となり、ここに羽越本線が完成した（図❻）。戦後には白新線（新発田～新潟）という支線も登場したが、新潟と直結する利便性から、今ではすべての特急が同線を通る。

両毛線――上野＋下野でなぜ「両毛」なのか

群馬県から栃木県を経て茨城県まで、北関東を横断して結ぶ幹線道路といえば国道五〇号や北関東自動車道である。関東平野の北縁を結ぶ大動脈だが、その鉄道版がＪＲの両毛線（新前橋～小山間）と水戸線（小山～友部間）だ。両者の接続点は東北本線の小山駅である。このうち東側の水戸線は半分の列車が常磐線の水戸駅まで直通しているが、路線としては水戸より一六・五キロ手前にある常磐線との合流点である友部が終点だ。

　この路線は常磐線より古く、私鉄の水戸鉄道が明治二二年（一八八九）に小山～水戸間を先に開業、水戸鉄道が同二五年に日本鉄道に譲渡された後、同二八～二九年にかけて東京方面へ向かう日本鉄道海岸線（現常磐線）が後に開通した際に友部〜水戸間を同線に編入したものである。

さて両毛線の名前であるが、こちらは機業地での輸送を目的に敷設された両毛鉄道にちなむ。開業の順番から言えば高崎〜前橋（当初は利根川の西岸。新前橋駅は大正一〇年に上越南線開業時に設置）間は日本鉄道が明治一七年（一八八四）に開業、両毛鉄道は足利〜小山間を同二一年に開業して翌二二年に前橋まで全通した。

両毛とは上野国と下野国を併せた表現であるが、なぜ「両野」ではないのだろうか。この疑問を解くには古代の国名まで遡らなければならない。現在の群馬（上野）、栃木（下野）の両県に相当する領域は古くは毛野国と称した。なぜ毛野かといえば「紀国出身の氏族が移住して紀（城）国と称した」、もしくは「作物（毛）がよく穫れる」など諸説あるという。当時は「那須国」もあり、毛野国には含まれなかったが、那須国は鬼怒川の東側であったとされる。ちなみにかつての毛野川がケヌ→キヌと転訛したのがこの鬼怒川らしい。

毛野国が上下に分かれたのは五世紀前半とされ、上毛野国・下毛野国と称したが、後に「国・郡・郷の名は良い字を二文字で表記せよ」との命令が下り、ここで毛の字が脱落して上野国・下野国となった。ついでながらこの時にもともと一文字の国は一字を加えて無理やり二字にしたので木国が紀伊国のように「音引き」のような伊の字を加え、泉国は「黙字」の和を加えて和泉国と表記を改めた。しかし読み方はいずれも従前通りで、上野国は上毛野国の読み

上野国と下野国の主要都市を東西に結ぶ両毛線（84.4km）。機業地の諸都市を結んで建設された。三省堂『最新鉄道旅行図』昭和10年（1935）発行

通りの「かみつ・けぬの・くに」が転じて「こうづけの・くに」となり、下野国は「しもつ・けぬの・くに」が転じた。結果的にずいぶんと難読な国名になったものである。それでも上野・下野の両者を併せて呼ぶ場合は隠された毛の字が顕われて「両毛」とする慣例が残って明治以降も継続したところで、このエリアを東西に結ぶ鉄道名に採用された次第だ。

鉄道の駅はおおむね明治後半から大正にかけて急増するが、必然的に同名の駅が各地に発生したことから区別の必要が生じ、国名を冠して区別する方式が長いこと行われてきた。たとえば全国に三か所あった境駅を「武蔵境」「羽後境」「境港」として区別したような事例である。

しかし不思議なことに群馬県内に上野の付く駅名はない（県名（郡名）「群馬」の冠称はあり）。その代わりに上信電鉄（高崎〜下仁田間）に上州新屋、上州福島、上州富岡、上州七日市、上州一ノ宮という上野国の通称を冠した五駅がある。その理由として巷間語られるのは、群馬県の駅名に上野が付いていると東京の上野駅と紛らわしい、というものだ。ついでながら下野国の通称は「下州」ではなく野州で、東武伊勢崎線の野州山辺、同宇都宮線の野州平川、野州大塚があり、下野はＪＲ烏山線の下野花岡、同日光線の下野大沢の両駅のみとなっている。

○小山前橋間（五拾哩七拾五鎖）

下リ列車

小山發	トツ木發	富山發	岩舟發	佐野發	富田發	足利發	山前發	小俣發	桐生着	桐生發	大間々發	國定發	伊勢崎發	駒形發	前橋着
…	…	…	…	…	…	…	…	…	…	前六、〇〇	六、一〇	六、二三	六、三五	六、四六	七、〇〇
前六、二〇	六、四二	六、五四	七、〇三	七、二五	七、三四	七、五五	八、〇五	八、一五	八、二五	八、五〇	九、〇二	九、一五	九、二七	九、三八	九、五二
前八、〇〇	八、二〇	八、二九	八、三九	八、五七	九、〇六	九、二五	九、三四	九、四五	九、五五	一〇、一〇	一〇、二〇	一〇、三三	一〇、四五	一〇、五六	一一、一〇
前一〇、〇〇	一〇、二〇	一〇、二九	一〇、三九	一〇、五七	一一、〇六	一一、二五	一一、三四	一一、四五	一一、五五	一二、一〇	一二、二〇	一二、三三	一二、四五	一二、五六	一、一〇
午一二、〇〇	一二、二〇	一二、二九	一二、三九	一二、五七	一、〇六	一、二五	一、三四	一、四五	一、五五	二、一〇	二、二〇	二、三三	二、四五	二、五六	三、一〇
後二、〇〇	二、二〇	二、二九	二、三九	二、五七	三、〇六	三、二五	三、三四	三、四五	三、五五	四、一〇	四、二〇	四、三三	四、四五	四、五六	五、一〇
後四、〇〇	四、二〇	四、二九	四、三九	四、五七	五、〇六	五、二五	五、三四	五、四五	五、五五	六、一五	六、二八	六、四一	六、五五	七、〇八	七、二〇
後六、〇〇	六、二〇	六、二九	六、三九	六、五七	七、〇六	七、二二	七、三一	七、四〇	七、五〇	八、〇〇	八、一〇	八、二三	八、三五	八、四六	九、〇〇
後七、五〇	八、一〇	八、二〇	八、二九	八、四三	八、五三	九、〇七	九、一六	九、二五	九、三五	…	…	…	…	…	…
小山ヨリ哩程	六・六〇	九・四四	一三・四三	一六・四六	一九・三〇	二三・六三	二六・五二	二九・三四	三三・七四	…	三五・三三	三九・三〇	四三・〇〇	四六・四八	五〇・七五
小山ヨリ三等	一〇	一四	一七	二四	二六	三四	三八	四三	四七	…	五〇	五六	六一	六六	七三

接續時間

×上野發	×赤羽發	浦和發	×大宮發	×小山着
…	…	…	…	…
…	…	…	…	…
前五、〇〇	五、二七	五、四七	六、一〇	七、三七
前七、〇〇	七、二七	七、四七	八、一〇	九、三七
前九、〇〇	九、二七	九、四七	一〇、〇五	一一、三五
前一一、〇〇	一一、二七	一一、四七	一二、一〇	一、三七
後一、〇〇	一、二七	一、四七	二、一〇	三、三七
後二、五〇	三、一七	三、三七	四、〇〇	五、三〇
後五、〇〇	五、二七	五、四七	六、〇五	七、三五
上野ヨリ哩程	六・二四	一三・六六	一六・五三	四七・七三
上野ヨリ三等	九	二六	三四	六七

×ハ公衆電報取扱ノ符

○小山前橋間前橋小山間　日本鐵道　○越名葛生

両毛鉄道から日本鉄道に譲渡されて３年後の時刻表。栃木の「栃」の活字がなかったのか、「トツ木」と表記されている。その次の富山駅は現大平下駅。

駸々堂『鉄道航路旅行案内』明治33年9月号

南武線――「多摩川砂利鉄道」は今、タワマンの街を走る

ＪＲ南武線。東海道本線の川崎駅から多摩川に沿って北西へ進み、中央本線の立川駅に至る三五・五キロに加え、川崎の隣に位置する尻手（しって）駅から浜川崎までの四・一キロの南武支線、そして短い貨物支線から成っている。

今ではタワーマンションが林立する武蔵小杉を通る路線で、おしゃれな雰囲気さえ漂っているが、神奈川県民だった私が子供の頃はどちらかといえば「場末感」の漂う庶民的な電車であった。大学生の頃は矢向（やこう）駅で降り、工場労働者に混じってスーパーでのバイトに通ったものである。

南武線はかつて南武鉄道という私鉄であった。ルーツをたどれば大正九年（一九二〇）一月に免許を取得した「多摩川砂利鉄道」で、その名の通り多摩川の砂利を運ぶ目論見であったが、社名は結局のところ武蔵国の南部を走ることから南武鉄道と改められた。会社設立時の資金不足を助けたのが浅野セメントの総帥・浅野総一郎である。この鉄道が五日市（現あきる野市）方面の石灰石を浜川崎のセメント工場まで結ぶ最短輸送路の一部であったためだ。

石灰石輸送の他に、首都圏で最も有力な砂利産地であった多摩川沿いを走るメリットは大き

く、当初の敷設目的に沿って、川原へ伸びるいくつかの専用線を通じて砂利の輸送も行われた。鉄筋コンクリートの普及と重なり、成長著しい東京の骨材供給のため砂利需要が飛躍的に伸びを見せ始めていた時代である。多摩川の砂利をめぐっては玉川電気鉄道（後の東急玉川線、昭和四四年廃止）や下河原貨物線（国分寺〜下河原、東京砂利鉄道→国鉄）、京王電気軌道の多摩川原（現京王多摩川）への支線、多摩鉄道（現西武多摩川線）などが明治末からこの時期までに相次いで開通している。ついでながら、東京近郊の「砂利鉄」が多摩川に集中しているのは、この川の勾配が急で、手近な地域で砂利を採取できるからだ。東京付近ではるかに勾配の緩い荒川や江戸川では砂や泥しか採れない。

南武鉄道の開通は昭和二年（一九二七）三月の川崎〜登戸間で、同四年には立川まで全通した。全通翌年にあたる同五年の時刻表によれば所要時間は七〇分、日中は三〇分間隔で運転されている（現在は普通五六分、快速四二分程度）。当時の沿線人口は今よりはるかに少なかったが、昭和一〇年代に入ると特に軍需産業として電気や通信関連を中心に大規模工場が沿線に増え、従業員輸送線としての性格が強まった。

武蔵小杉駅の隣の向河原駅前には昭和一一年（一九三六）に日本電気（ＮＥＣ）が進出、駅名は同一五年に日本電気前と改められている（国有化時に向河原に戻った）。同一二年には東洋通信機、同一三年に富士通信機（現富士通）、同一五年に日立工作機（後の日立精機）などが相次いで沿線に大工場を建設したため、それまで旅客輸送では低迷していた南武鉄道も通

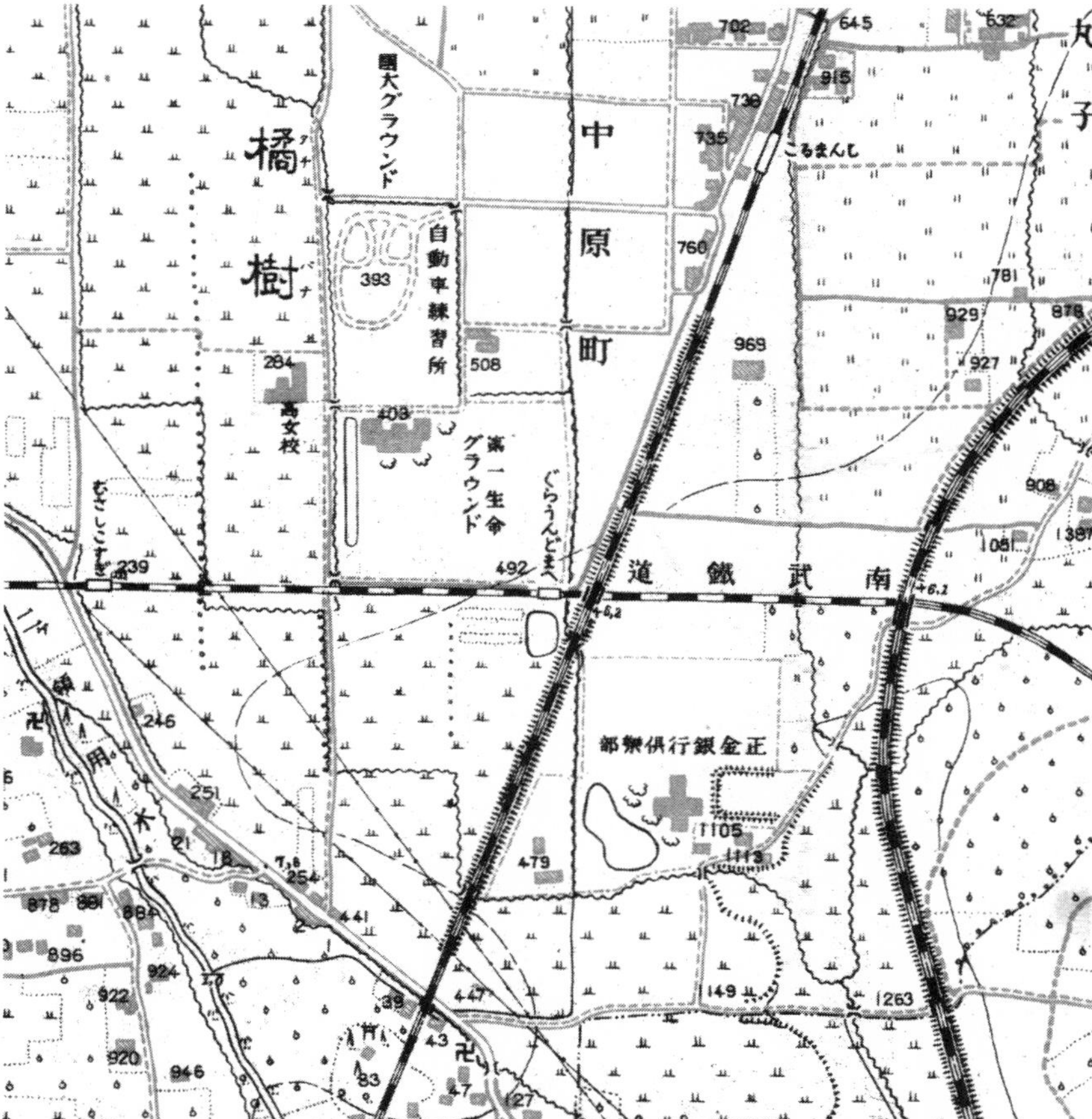

南武鉄道の開通当初の武蔵小杉駅はその後廃止、グラウンド前が現武蔵小杉駅。東横線に連絡駅はなく、新丸子駅と徒歩連絡だった。1：10,000「田園調布」昭和４年測図

勤客で賑わうようになった。同一六年には工場の進出に伴って日本ヒューム管前（現津田山）駅も新設されている。

　セメントだけでなく製鉄にも用いられる石灰石の輸送に加え、これらの工場進出で[25]戦略的な重要性を高めていた南武鉄道は、太平洋戦争中の昭和一九年（一九四四）に国が強制的に買収、国鉄南武線となった。

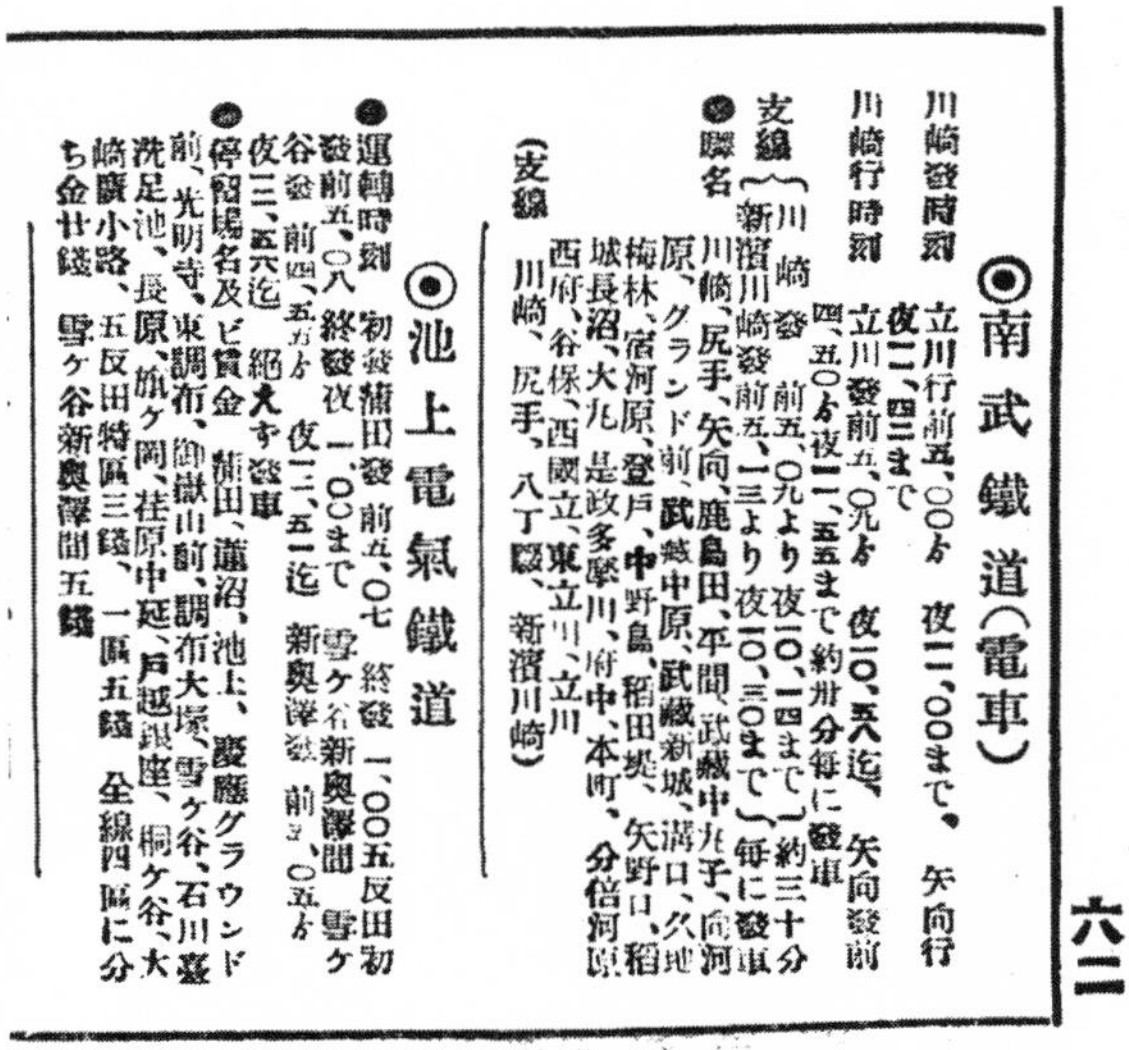

六二

◉南武鐵道（電車）

川崎發時刻 立川行前五、〇〇ゟ 夜一一、〇〇まで、●矢向行 夜一一、四三まで

川崎行時刻 立川發前五、〇九ゟ 夜一〇、五八迄、矢向發前四、五〇ゟ夜一一、五五まで約卅分毎に發車

支線｛川崎發 前五、〇九より夜一〇、一四まで／新濱川崎發前五、一三より夜一〇、三〇まで｝約三十分毎に發車

●驛名 川崎、尻手、矢向、鹿島田、平間、武藏中丸子、向河原、グランド前、武藏中原、武藏新城、溝口、久地梅林、宿河原、登戸、中野島、稲田堤、矢野口、稲城長沼、大丸、是政多摩川、府中本町、分倍河原西府、谷保、西國立、東立川、立川

（支線 川崎、尻手、八丁畷、新濱川崎）

◉池上電氣鐵道

●運轉時刻 初發蒲田發 前五、〇七 終發 一、〇〇五反田初發前五、〇八 終發夜一、〇〇まで 雪ヶ谷新奥澤間 雪ヶ谷發 前四、五九ゟ 夜一一、五一迄 新奥澤發 前五、〇五ゟ 夜一二、五六迄 絶えず發車

●停留場名及ビ賃金 蒲田、蓮沼、池上、慶應グラウンド前、光明寺、東調布、御嶽山前、調布大塚、雪ヶ谷、石川臺洗足池、長原、旗ケ岡、荏原中延、戸越銀座、桐ケ谷、大崎廣小路、五反田特區三錢、一區五錢 全線四區に分ち金廿錢 雪ヶ谷新奥澤間五錢

南武鉄道が昭和４年（1929）に立川まで全通した翌年の時刻表。日中30分ごとに発車していたことが記されている。当時の時刻表では電車運転区間はしばしばこのような形式。左隣には池上電気鉄道（現東急池上線）も見える。
旅行案内社『ポケット汽車汽船旅行案内』昭和５年10月号

　戦後は高度成長を支える工業地帯の通勤線として、大半が赤字線だった国鉄の中では数少ない黒字線であったにもかかわらず、サービス面では私鉄に比べて見劣りしていたものである。

　しかし戦後も半世紀を過ぎると産業構造の変化も起き、首都圏の工場は地方や外国へ移転するケースが増加した。広大な工場跡地が京浜間の一等地としてタワーマンションやショッピングセンターに変貌していくのは必然で、それに呼応するかのように快速の運行や車両の更新、駅の改築、高架化と、路線も見違えるようになっている。

紀勢本線——日本で最後に全通した「本線」

東海道本線や山陽本線といった「本線」は、現在必ずしもフルネームで呼ばれない。時刻表などでは「〇〇本線」と「〇〇線」は明確に区別されているものの、現場ではしばしば東海道線や山陽線などと「本」抜きで案内板に表記されることもある。また国土交通省鉄道局が監修する『鉄道要覧』によれば、ＪＲ各社の路線は東海道線、中央線、函館線などと記されており、「本線」の表記はない。余計なお世話かもしれないが、どちらが本当なのだろう。

そんなわけで現在では本線と支線の区別は曖昧であるが、本支線のシステムが始まった明治四二年（一九〇九）の時点でははっきりしていた。全国の路線は本線を頭にそれに属する支線とともにグループ分けされ、たとえば東海道線の部（本線は東海道本線）には横須賀線や御殿場線などの支線が入るという構造であった。このため「支線のない本線」はなく、また支線がさらに枝分かれした支線を持つと「分家」させることも珍しくなかったのである。

たとえば九州の「鹿児島線の部」の支線・久大（きゅうだい）線が、「日豊（にっぽう）線の部」の支線・大湯（だいとう）線と接続を果たして久留米〜大分間が昭和九年（一九三四）に全通したのを機に、新たに「久大線の部」を創設した。当初はさしあたって支線がなかったので「久大線」と称していたが、その三年後の同一二年には宮原（みやのはる）線（昭和五九年に廃止）という支線が誕生、晴れて「久大本線」を名乗るようになる。

北海道の留萌（るもい）本線もかつては「留萌線の部」で独り身の留萌線であったが、昭和六年（一九三一）には留萌（現留萌）以北の線路が羽幌（はぼろ）線として分離独立したため、留萌本線となっている。ところがJRが発足する直前の昭和六二年（一九八七）三月三〇日に羽幌線は廃止、また独身に戻ってしまった。この頃はすでに「〇〇線の部」は機能しておらず、今に至るも留萌本線を名乗っている。

さて、三重県の亀山駅から紀伊半島をぐるりと回って和歌山市駅に至る紀勢本線は、関西（かんせい）鉄道が亀山駅から県都の津までを明治二四年（一八九一）に延伸したのが最初で、その後は伊勢参りの乗客を見込んだ参宮（さんぐう）鉄道がその先を同二六年に相可（おうか）（現多気（たき））を経て伊勢神宮直前の宮川（みやがわ）まで開業している。国有化後の明治四二年（一九〇九）の線路名称制定ではここまでが「関西（かんさい）線の部」の参宮線とされた。その後は紀勢東（とう）線として紀伊長島方面へ順次南側に延伸が行われていく。

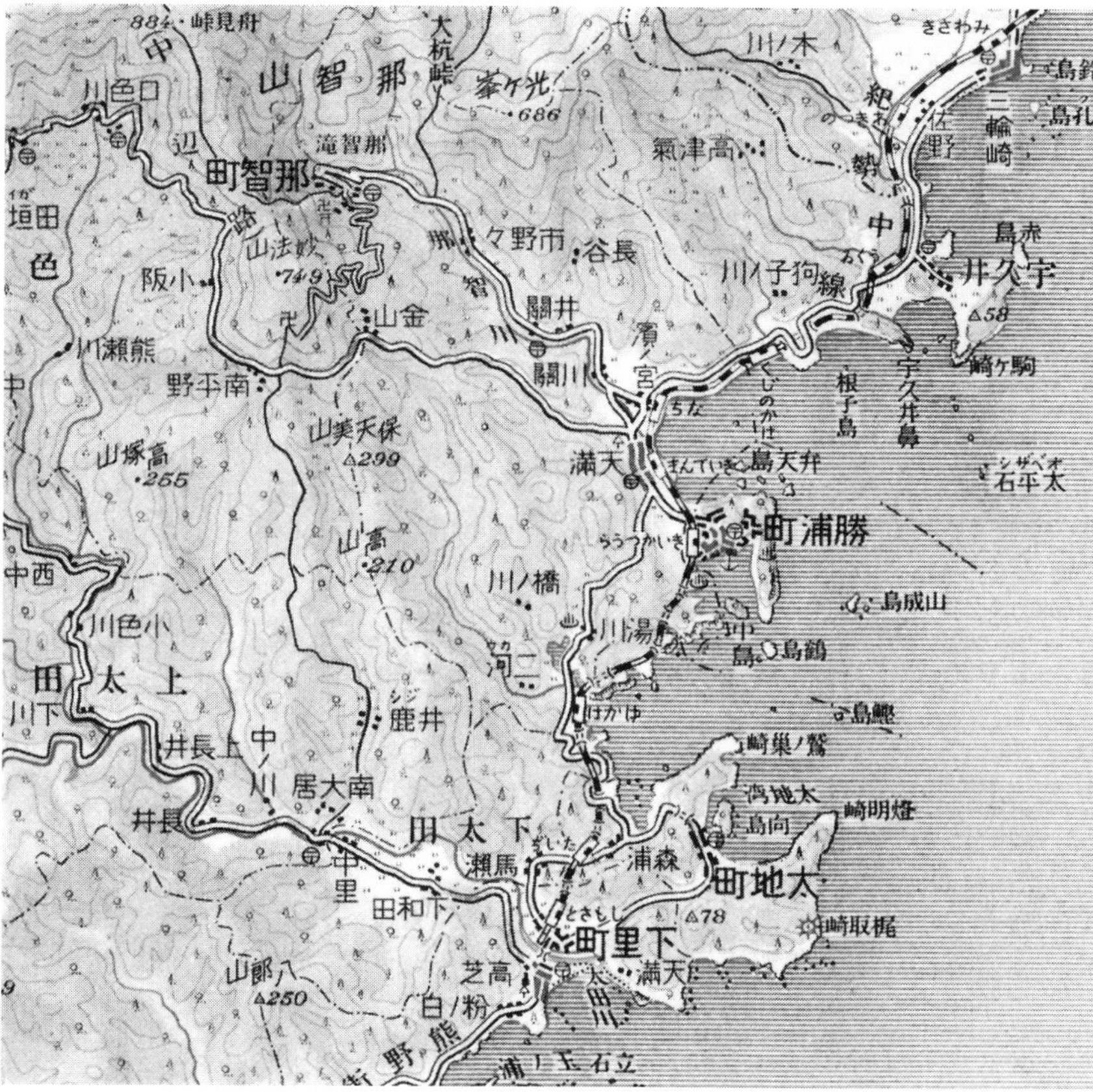

他のどの鉄道とも接続していない「離れ小島」だった新宮鉄道が国有化された紀勢中線。昭和 15 年（1949）に西から紀勢西線が接続、同線の一部となった。同 34 年（1959）に全通して紀勢本線となる。1 : 200,000「田辺」昭和 12 年修正

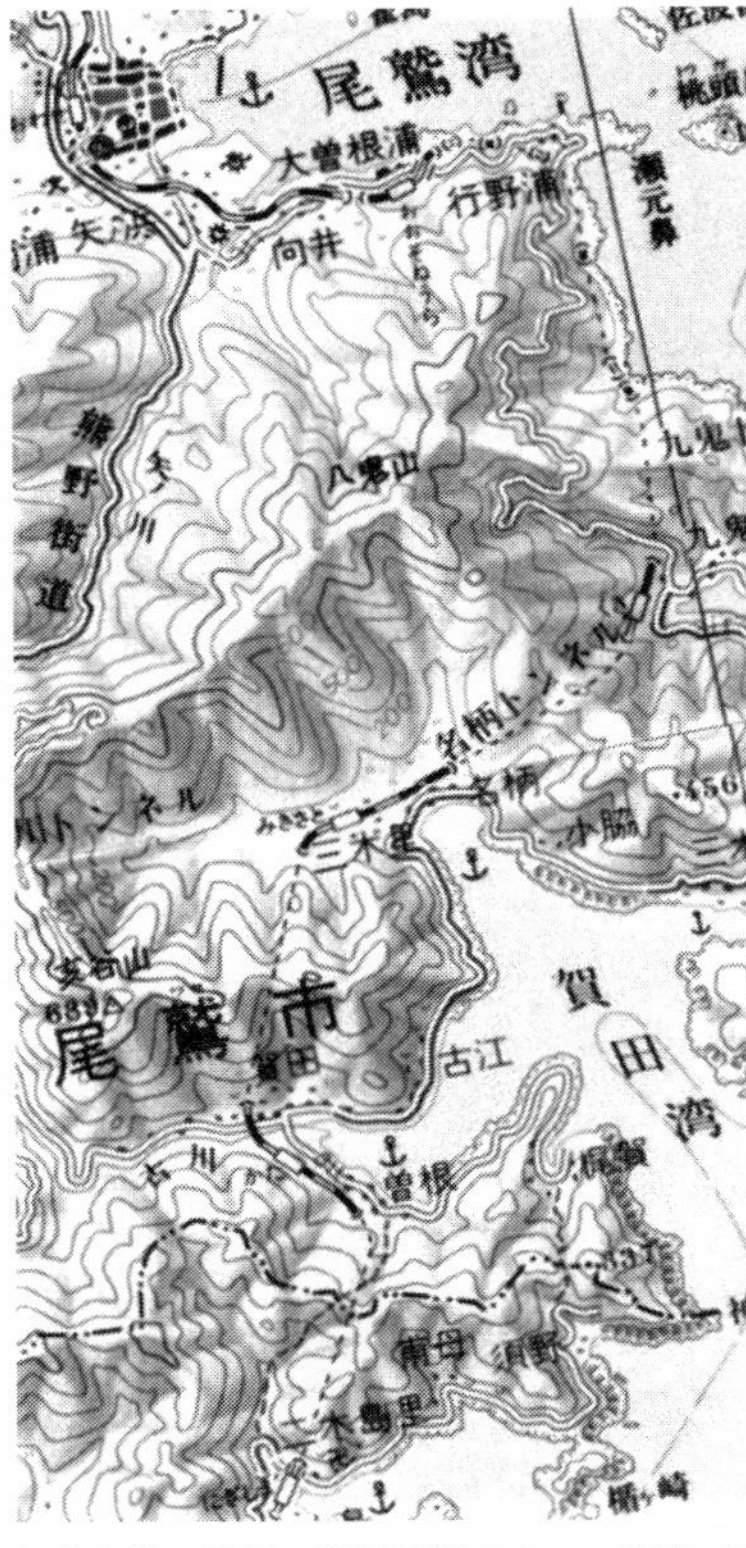

紀勢本線の最後の開通区間はリアス海岸の険しい地形であった。1：200,000「伊勢」昭和56年編集＋「木本」昭和58年編集

西側からの建設はだいぶ遅れたが、大正一三年（一九二四）の和歌山（現紀和）～箕島間を始め、南下しつつ細かい部分開業を繰り返していった。大正元年（一九一二）から二年にかけて「離れ小島」としてひと足先に開業した新宮鉄道（新宮～勝浦〔現紀伊勝浦〕）は昭和九年（一九三四）に国有化して紀勢中線となり、同一一年には本州最南端の串本に達する。その後は同一五年に紀勢西線が紀勢中線と接続、和歌山～紀伊木本（現熊野市）間がまとめて紀勢西線となった。

最後の難工事区間であったリアス海岸の尾鷲～紀伊木本間は戦後に工事再開、少しずつ開業してようやく昭和三四年（一九五九）七月一五日に関西線の部から「紀勢線の部」が分離・新設されて紀勢本線がめでたく完成したというわけだ。本線というからには支線の存在が必須で、これが名松(めいしょう)線と参宮線である。後者はそれまで亀山～鳥羽間であったが、亀山～多気間は関西本線に代わって「新たな親」となった紀勢本線に割譲している。人や物の流れの変化なども反映して本線―支線の区別に意味が薄くなったこともあり、その後は国鉄・JRで「本線」のつく路線は新たに出現していない。

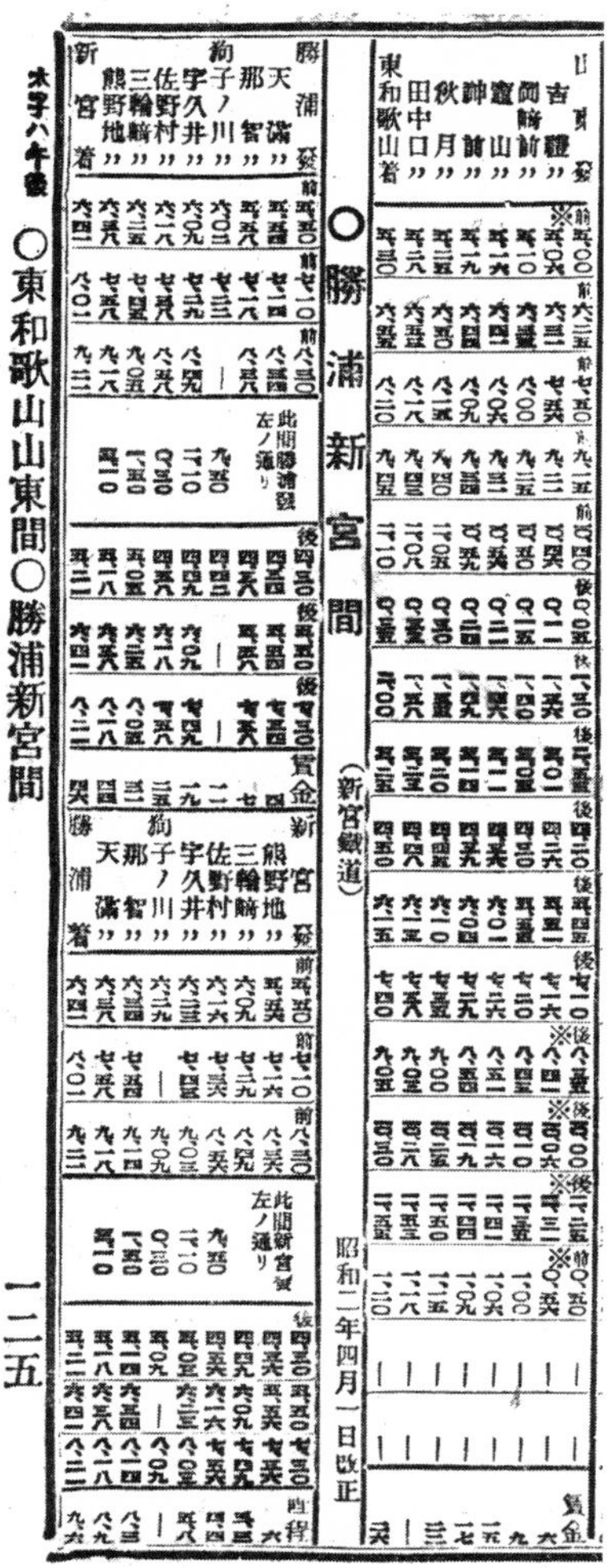

南紀で初めて通じた鉄道は、他線と連絡しない「離れ小島」の新宮鉄道、勝浦（現紀伊勝浦）～新宮間。昭和9年（1934）には国が買収して紀勢中線となった。後に紀勢西線と接続されて紀勢西線となり、戦後の昭和34年（1959）に全線がつながって紀勢本線となった。日下和楽路屋『袖珍旅行案内』昭和3年3月号

予讃線——讃予線をひっくり返して

上州すなわち上野国の高崎と越後国の宮内（長岡のひとつ手前）を結ぶのが上越線で、これは起点と終点の国名をつないだ路線名だ。この類の命名はかなり多い。つなぐのは必ずしも起終点の国名とは限らず経由国名をとったものも多い。たとえば陸奥国の福島から出羽国の山形・秋田を経由して再び陸奥国の青森に至る奥羽本線、兵庫県の姫路（播磨国）から北上して同県北部の和田山（但馬国）を結ぶ播但線、豊前国の小倉（北九州市）から豊後国の大分、日向国の宮崎を経て薩摩国の鹿児島に至る日豊本線などが思い浮かぶ。これらの「国名合成」路線のうち、その国の順番をひっくり返した例がある。これがＪＲ四国の予讃線である。大正一二年（一九二三）に命名された讃予線が昭和五年（一九三〇）に予讃線と改められたのだ。

予讃線は香川県都である高松から瀬戸内海に沿って新居浜、今治、愛媛県都の松山を経て宇和島に至る二九七・六キロ、四国では最長かつ乗客数も最多の路線である。名前の予は伊予国（愛媛県）、讃は讃岐（香川県）だ。最初に開通した区間は丸亀～多度津（旧駅＝現ＪＲ多度津工場付近）間で、当時は讃岐国のみを走る讃岐鉄道という私鉄であった。明治二二年（一八八九）五月二三日の開業だから、四国では二番目に古い。ちなみに最古は伊予鉄道で、松山の町

讃岐鉄道改め讃岐線。大正 12 年（1923）に讃予線と改称、山陽線と紛らわしいと昭和 5 年（1930）に予讃線と再改称した。現在の多度津駅は「多度津町」の津の字の右下あたり。1 : 20,000「丸亀及多度津」明治 43 年改版

と江戸期からその外港であった三津を結んだのが讃岐鉄道の七か月ほど前の同二一年一〇月である。夏目漱石の小説『坊っちゃん』に登場する汽車として有名だ。

さて讃岐鉄道は丸亀～多度津間だけでなく、そこから南下して琴平まで（現土讃線）を最初に開業している。言うまでもなく「こんぴらさん」こと金刀比羅宮への参詣者を運ぶためのもので、明治期に敷設された鉄道にはよくあるタイプだ。丸亀や多度津は本州側の下津井（現岡

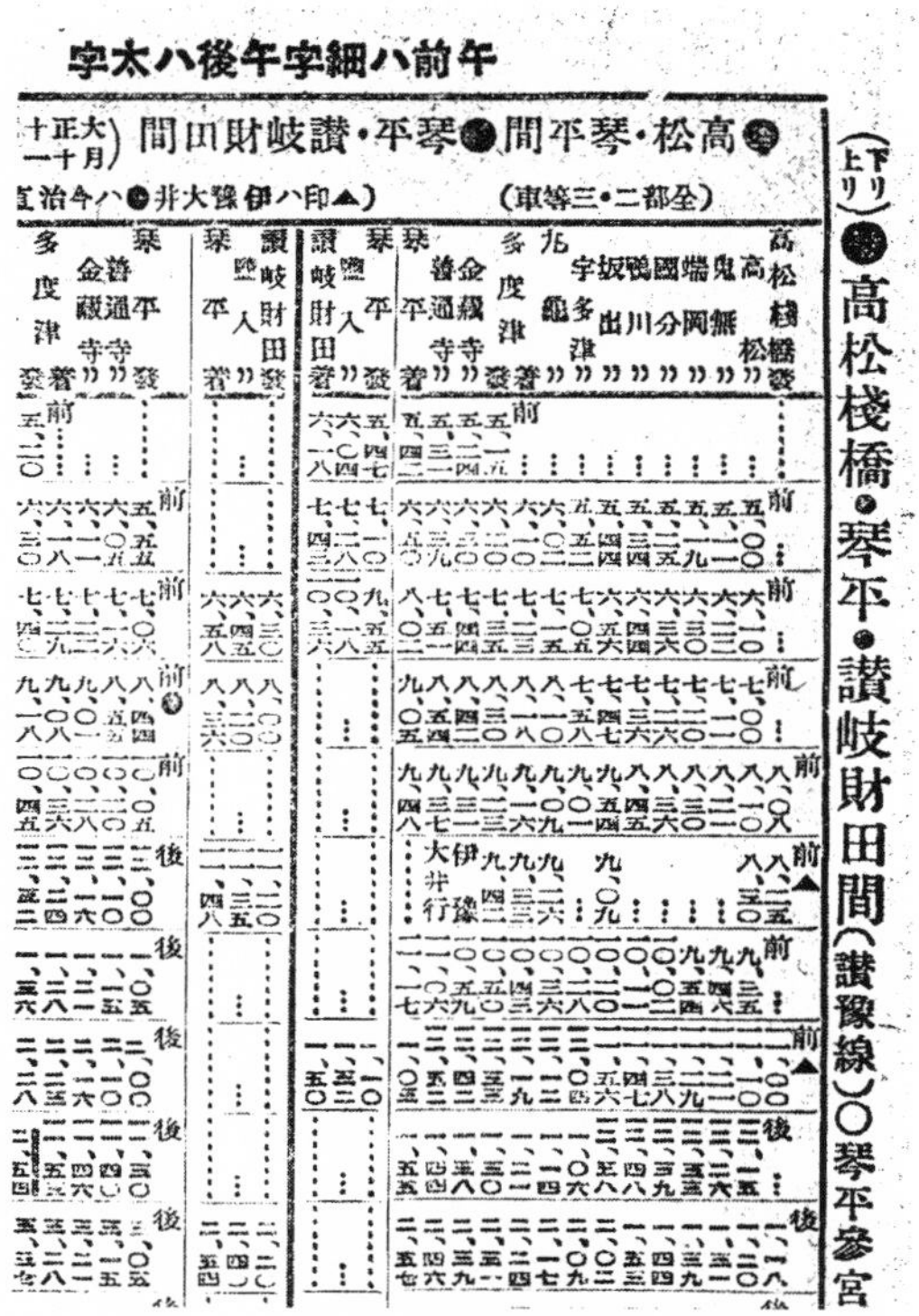

現在とは逆順の「讃予線」だった頃。掲載されているのは現土讃線の区間を含むが、多度津から西条、今治方面も同じ讃予線だった。本表の大正 14 年 3 月ダイヤ改正当時は今治の先の伊予大井（現大西）まで開通している。
旅行案内社『ポケット汽車汽船旅行案内』大正 14 年 4 月号

山県倉敷市）などを結ぶ船が出る港町である。明治三〇年（一八九七）に高松駅（現在とは異なる）まで延伸した後、同三七年には対岸の山陽鉄道（現山陽本線など）に買収され、同鉄道の讃岐線となった。

日露戦争が終わった直後の明治三九年（一九〇六）、それまで幹線鉄道の大半を私鉄が担っていた日本でもプロイセン（ドイツ）などに倣って鉄道の国有化を進めるべく「鉄道国有法」を成立させた。日清・日露の二回の戦争を経て陸上輸送の国家統制強化が求められた結果であるが、平時にあっても外国資本による幹線鉄道の支配への懸念もあったとされる。四国では本州側と比べて鉄道の発達が遅れていたが、この山陽鉄道讃岐線も将来は四国の大動脈となるべき幹線として明治三九年（一九〇六）に国有化された。

国有化が一段落した同四二年、全国の路線に固有の線路名称が与えられることとなり、高松～多度津～琴平間を結んでいた山陽鉄道讃岐線は讃岐線となる。ちなみにこの時に四国で国有化されたのは他に旧徳島鉄道の徳島線のみで、線路幅も車両も小さかった伊予鉄道はその対象外であった。多度津から西へ延伸が始まったのは大正に入ってからで、同六年に伊予三島、一〇年に伊予西条、一二年一〇月一日に今治の手前の伊予三芳（みよし）駅まで開業した時点で伊予側の距離が長くなったことも影響してか、讃予線と改称した。松山まで伸びたのは昭和二年（一九二七）のことであるが、同五年四月一日には突如ひっくり返して予讃線と改称される。山陽線と紛らわしいのが理由という。当たり前だ。そんなことは発音してみればわかる。この間六年半、各地で瀬戸内海のあちらとこちらを取り違える混乱が多く生じたに違いない。

伊予鉄道
——最古の七六二ミリ狭軌を走った坊っちゃん列車

国名を付けた鉄道はいくつかある。大手私鉄では国を名乗る唯一の例である相模鉄道（神奈川県）、滋賀県に路線を伸ばす近江鉄道、三重県の伊勢鉄道（旧国鉄伊勢線）、州を付けた呼び方では静岡県西部の遠江国を走る遠州（えんしゅう）鉄道、和歌山県の紀州鉄道（御坊市）などが挙げられるが、最近では新幹線が開通した際の並行在来線などの第三セクター線に、しなの鉄道（長野県）、のと鉄道（石川県）、えちぜん鉄道（福井県）などと平仮名表記が目立つ。余談ながら本書で「旧国名」としていないのは、武蔵や相模といった令制国は行政文書や住所の表記から姿を消したとはいえ、今も正式に「廃止」はされていないからだ。

それはともかく、単独の国名を名乗る最古の鉄道が、伊予鉄道である。松山（現松山市）とその外港である三津（みつ）の間を開業した明治二一年（一八八八）一〇月二八日といえば、官営の東海道本線もまだ全通しておらず、山陽鉄道（現ＪＲ山陽本線）は四日後の一一月一日にようや

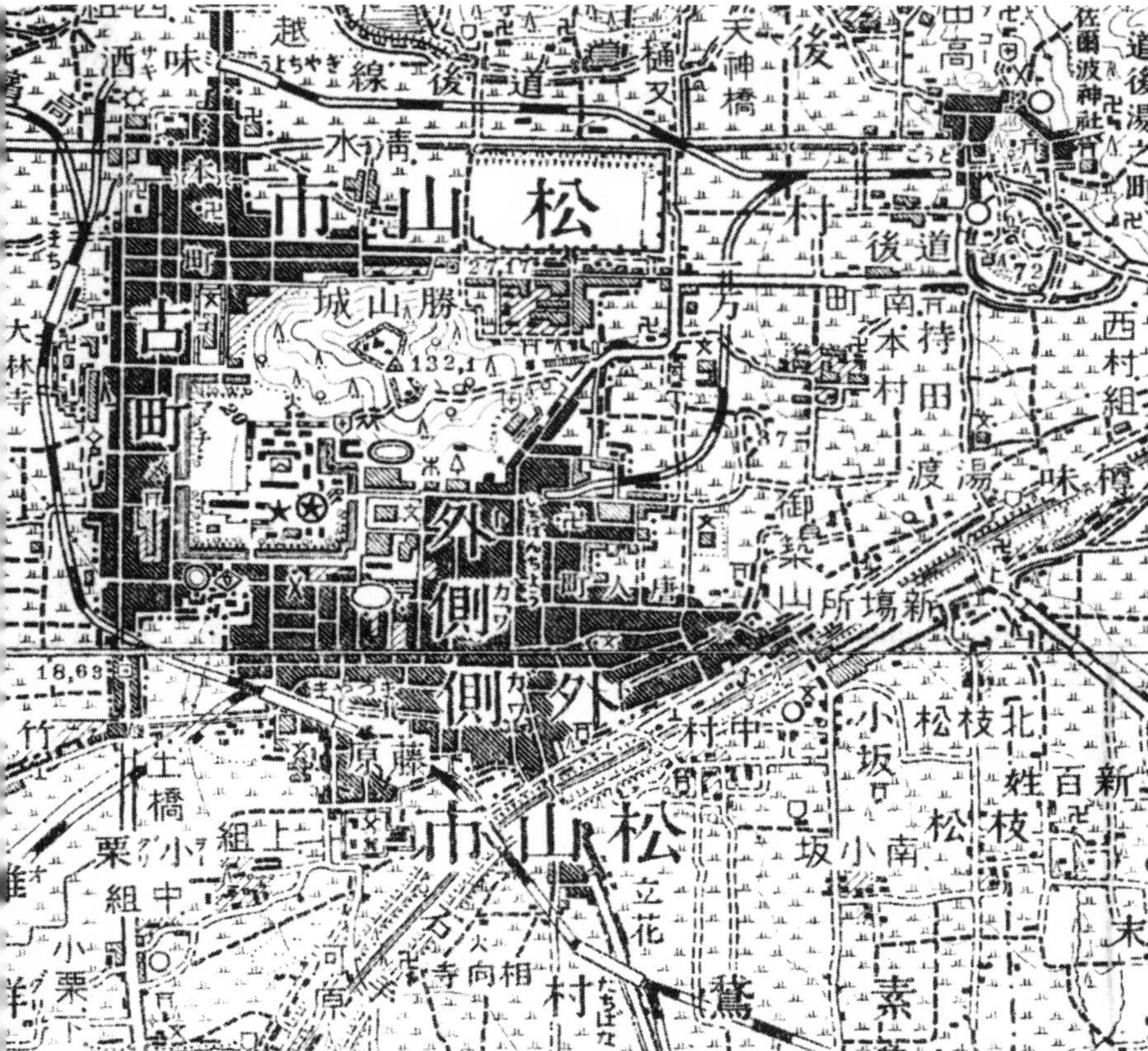

明治期の伊予鉄道。右上の道後温泉へ向かう路線は明治 33 年（1900）に道後鉄道を買収したもの。「まつやま」駅は現松山市駅。
1 : 50,000「松山」明治 36 年測図 +「川上」明治 36 年測図

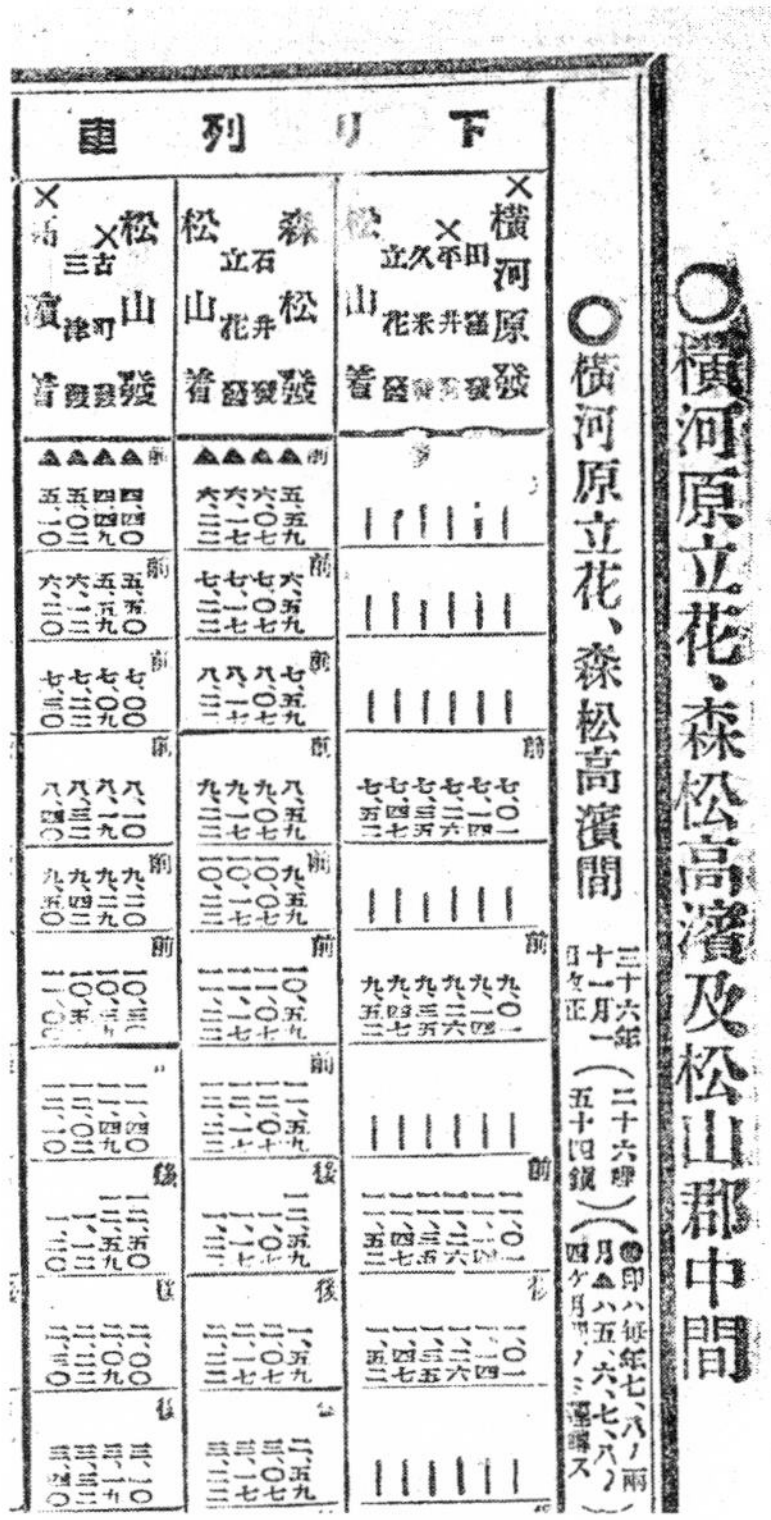

夏目漱石が小説『坊っちゃん』を発表する前年の時刻表。伊予鉄道らしき鉄道も小説内には登場する。当時は軌間 762mm の軽便鉄道ながら、けっこうな頻度で列車が運転されていた。駸々堂『鉄道航路旅行案内』明治 38 年 8 月号

く最初の営業区間となる兵庫～明石間の開業を控えていた。すでに開通していた鉄道も、北海道の官営幌内（ほろない）鉄道（明治一三年手宮（てみや）～札幌間開業。現函館本線他）、日本鉄道（明治一六年に上野～熊谷間開業。現JR東北・常磐・高崎線など）や阪堺（はんかい）鉄道（明治一八年難波～大和川間を開業。現南海電鉄）に加え、両毛（りょうもう）鉄道が伊予鉄道の五か月前に小山～足利間を開業していた程度である。九州にはまだ鉄道はなく、もちろん四国では最初の鉄道であった。それだけ早い開業にもかかわらず、松山に国鉄が登場するのは伊予鉄道の開業から三九年も経った昭和二年（一九二七）と遅かった。このことからも四国は長らく「政府から冷遇されている」という感覚があったらしい。

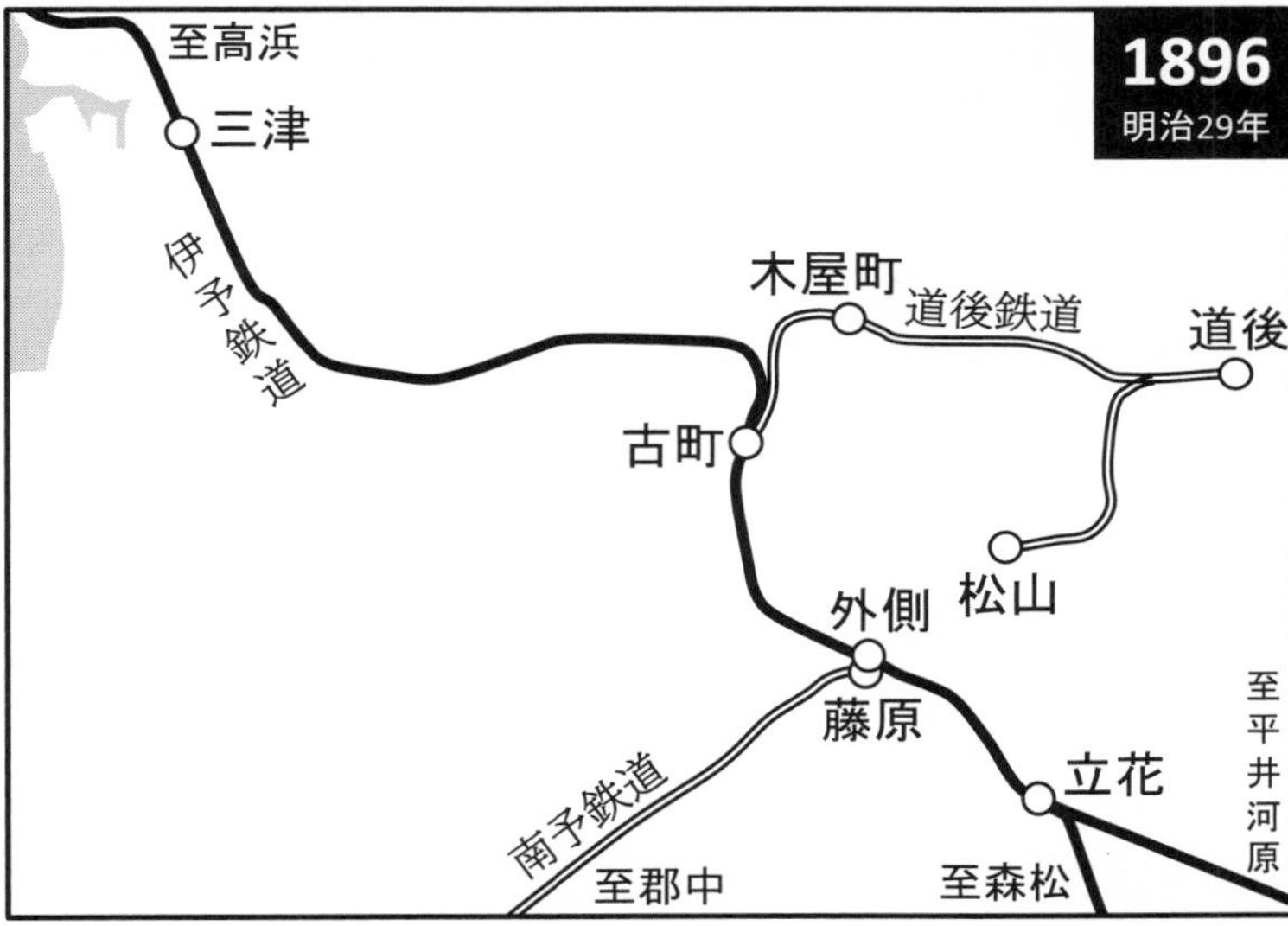
1896
明治29年
至高浜
三津
伊予鉄道
木屋町
道後鉄道
道後
古町
松山
外側
藤原
至平井河原
立花
南予鉄道
至郡中
至森松

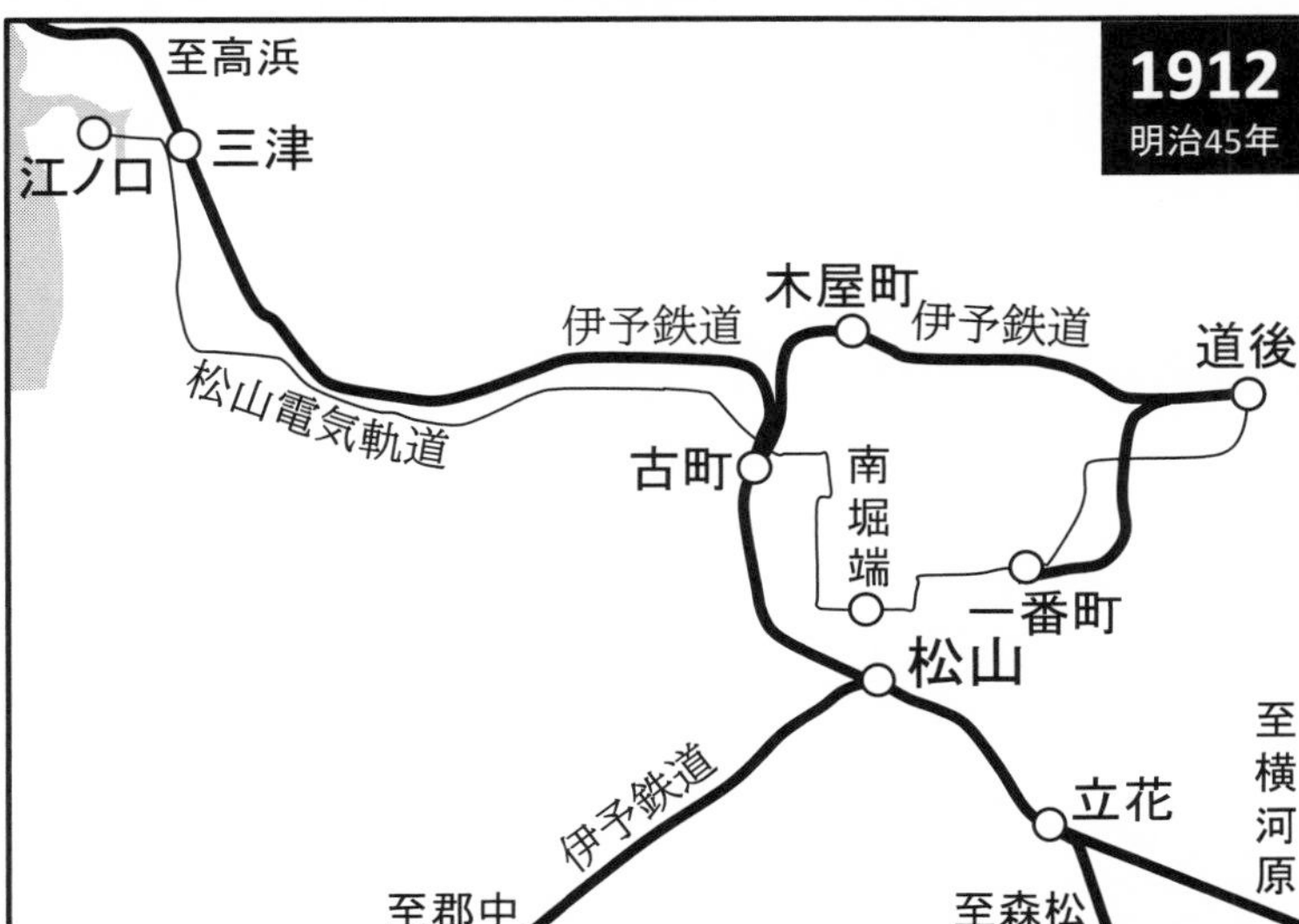
1912
明治45年
至高浜
江ノ口
三津
木屋町
伊予鉄道
伊予鉄道
道後
松山電気軌道
古町
南堀端
一番町
松山
伊予鉄道
至横河原
立花
至郡中
至森松

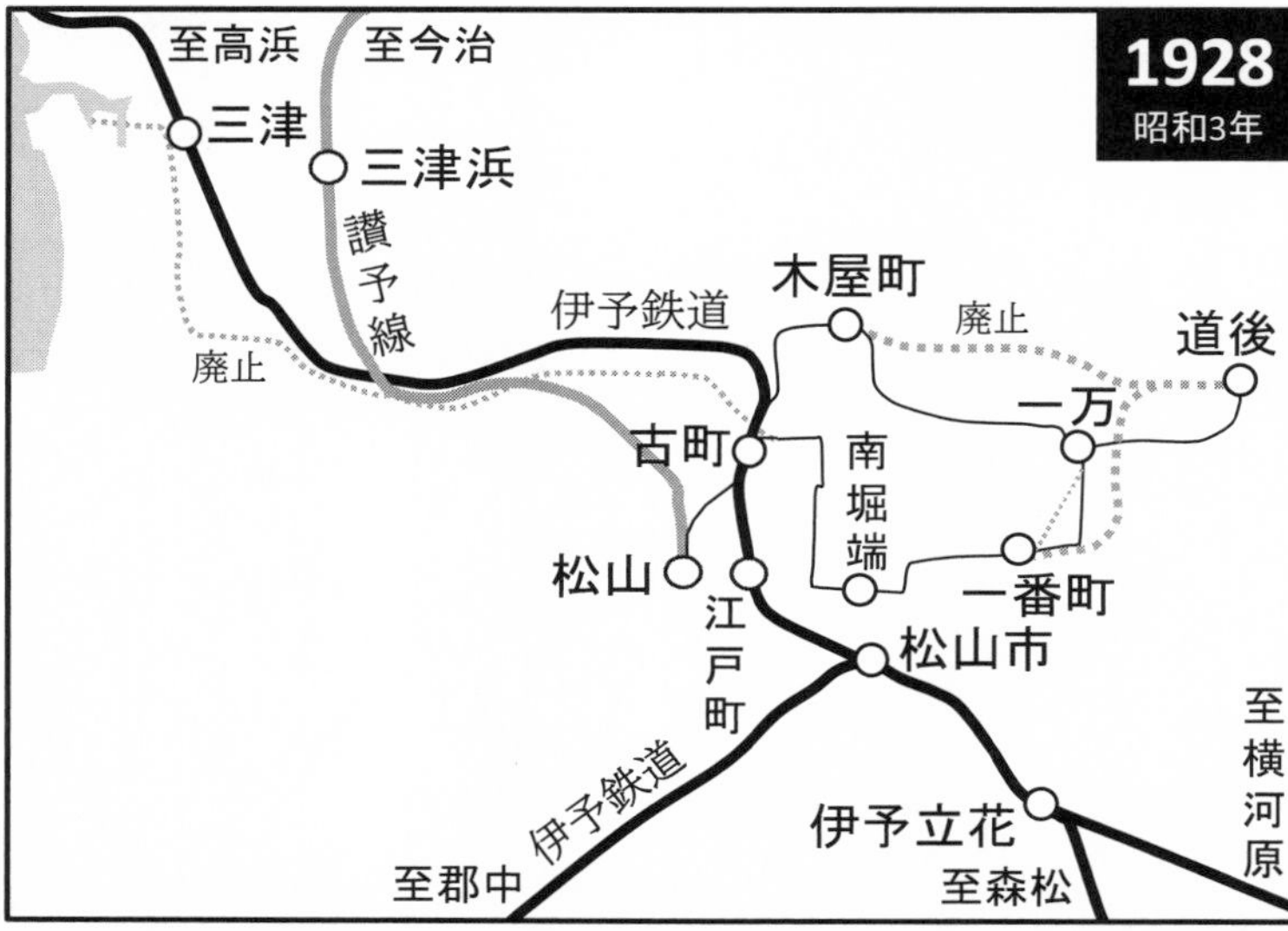
1928
昭和3年
至高浜
至今治
三津
三津浜
讃予線
伊予鉄道
木屋町
廃止
道後
廃止
一万
古町
南堀端
松山
江戸町
一番町
松山市
至横河原
伊予鉄道
伊予立花
至郡中
至森松

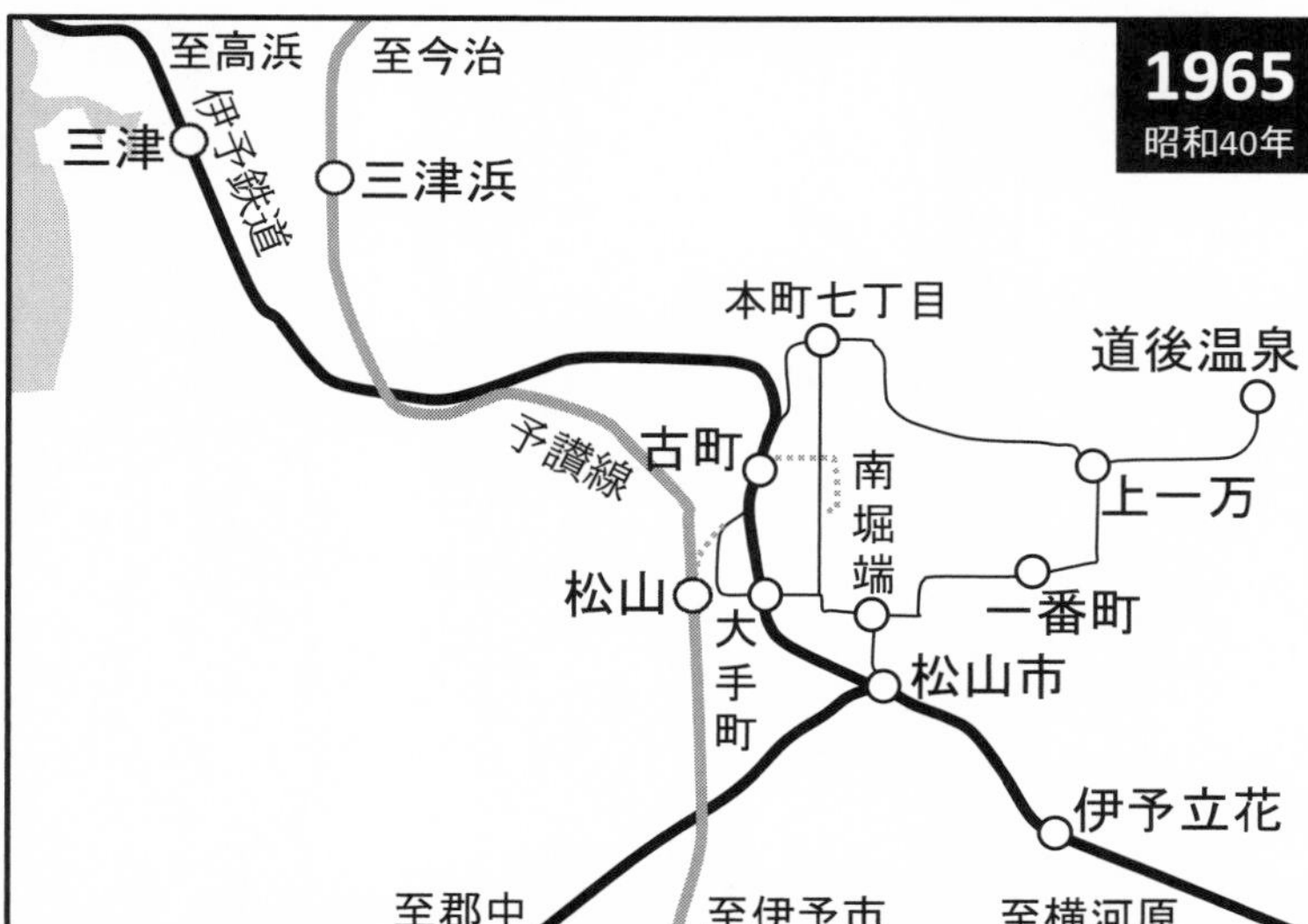
1965
昭和40年
至高浜
至今治
伊予鉄道
三津
三津浜
本町七丁目
道後温泉
予讃線
古町
南堀端
上一万
松山
大手町
一番町
松山市
伊予立花
至郡中
至伊予市
至横河原

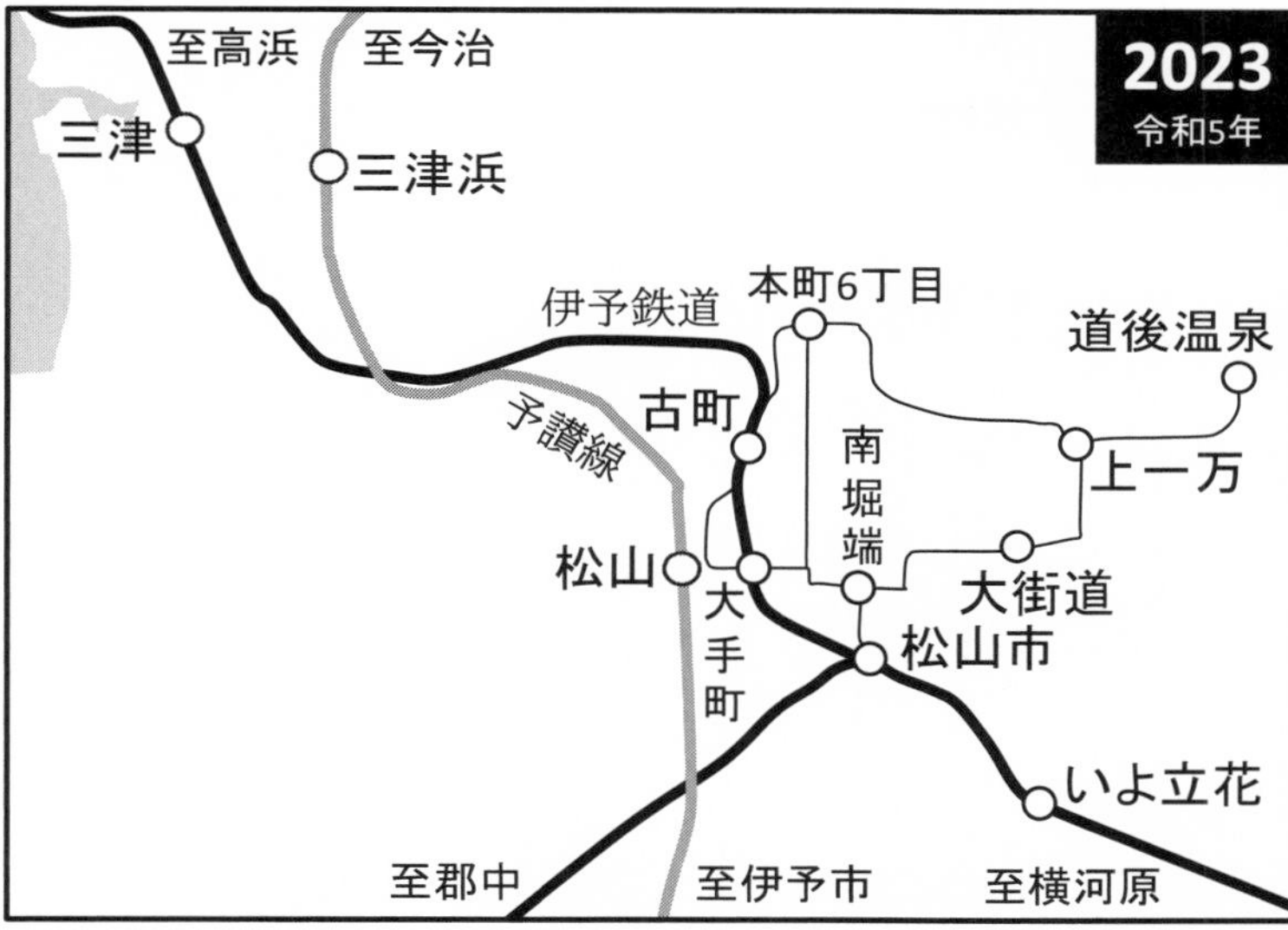

伊予鉄道が描かれて有名になったのが夏目漱石の小説『坊っちゃん』で、明治三九年（一九〇六）に発表された。この小説の舞台となる松山（作中で街の名はひと言も書いていないが）の尋常中学校（後の松山中学）で漱石が英語教師をしていたのは同二八年度だから、伊予鉄道が開通してまだ六～七年しか経っていない。鉄道とはいえ機関車も客車も小ぶりの軽便鉄道規格であった。レール幅はJR在来線の七割ほどの七六二ミリで、その後はこの軌間が軽便鉄道や森林鉄道などの標準となっていくが、それを日本で初めて採用したのである。小さな機関車が客車を牽く「坊っちゃん列車」は伊予鉄道の路面電車に今は観光用として走っているが、作中では赴任した新任数学教師の目を通してこれが描かれている。

「乗り込んで見るとマッチ箱のような汽車だ。

ごろごろと五分ばかり動いたと思ったら、もう降りなければならない。道理で切符が安いと思った。たった三銭である。」という汽車の描写だが、三津から松山市駅までは今でも一五分はかかるから、このあたりは創作だが、松山とはどこにも書いていないから問題ない。この区間の実際の列車本数は意外に多く、明治二七年一一月号の時刻表『汽車汽船旅行案内』（庚寅新誌社）によれば、松山〜三津間は一日一六往復、ちょうど一時間の間隔で運転されていた。当時わずか九往復であった山手線の沿線と比べれば、松山の方がはるかに都会だったのである。

その後は大正から昭和戦前期にかけて電力会社との合併に伴って「伊予鉄道電気」を名乗っていたこともあるが、今日も伊予鉄道は松山都市圏の公共交通を路面電車と郊外電車で支え続けている。

日豊本線——ルートと線名が何度も変わった

日豊（にっぽう）本線は北九州市の小倉駅から九州の東海岸を南下、大分、宮崎を経て鹿児島駅を結ぶ幹線である。全長四六二・六キロと九州では最長だ。東京駅から東海道本線でこの距離をたどれば、名古屋も米原も通り越して滋賀県の安土駅近くに至るし、東北本線なら東京駅から岩手県の水沢駅までの距離に近い。

「日豊」とは現在の宮崎県にほぼ相当する日向国と、福岡県の東側と大分県の北側にあたる豊前国、同県南側の豊後国の頭文字を並べたもので、全国各地にある信越本線（信濃・越後）や伯備線（伯耆・備中）などと同様の命名法だ。これらの国名の並べ方には「起点を先にする」といった原則はなく、主に語呂で選んでいるらしい。

日豊本線で最も開業が早いのは北の方で、私鉄の九州鉄道が明治二八年（一八九五）に開業した小倉～行事（現行橋）間である。その先は同三一年に豊州鉄道が長洲（後に宇佐と改称、現柳ケ浦）まで開業した。大分県で初めての鉄道であるが、県都の大分駅に達したのは明治四四年（一九一一）とだいぶ遅れている。同四〇年に鉄道国有法により全国の幹線私鉄とともに国有化された後、同四二年に小倉～柳ケ浦間が豊州本線と命名された。

汽車が大分にたどり着く前に、別府～大分間には九州初の電車、というより京都以西で初めての電車である豊州電気鉄道が街道を走り始めている。この電車は別府～大分間の都市間連絡輸送を長らく担う路面電車であったが、後身の大分交通別大線は惜しくも昭和四七年（一九七二）に廃止された。

南側は明治三四年（一九〇一）の国分（現隼人）～鹿児島間が最初の開通だ。ただしこちらは後に鹿児島本線となるルートの一部で、八代から球磨川を遡って人吉から南へ山越えする現

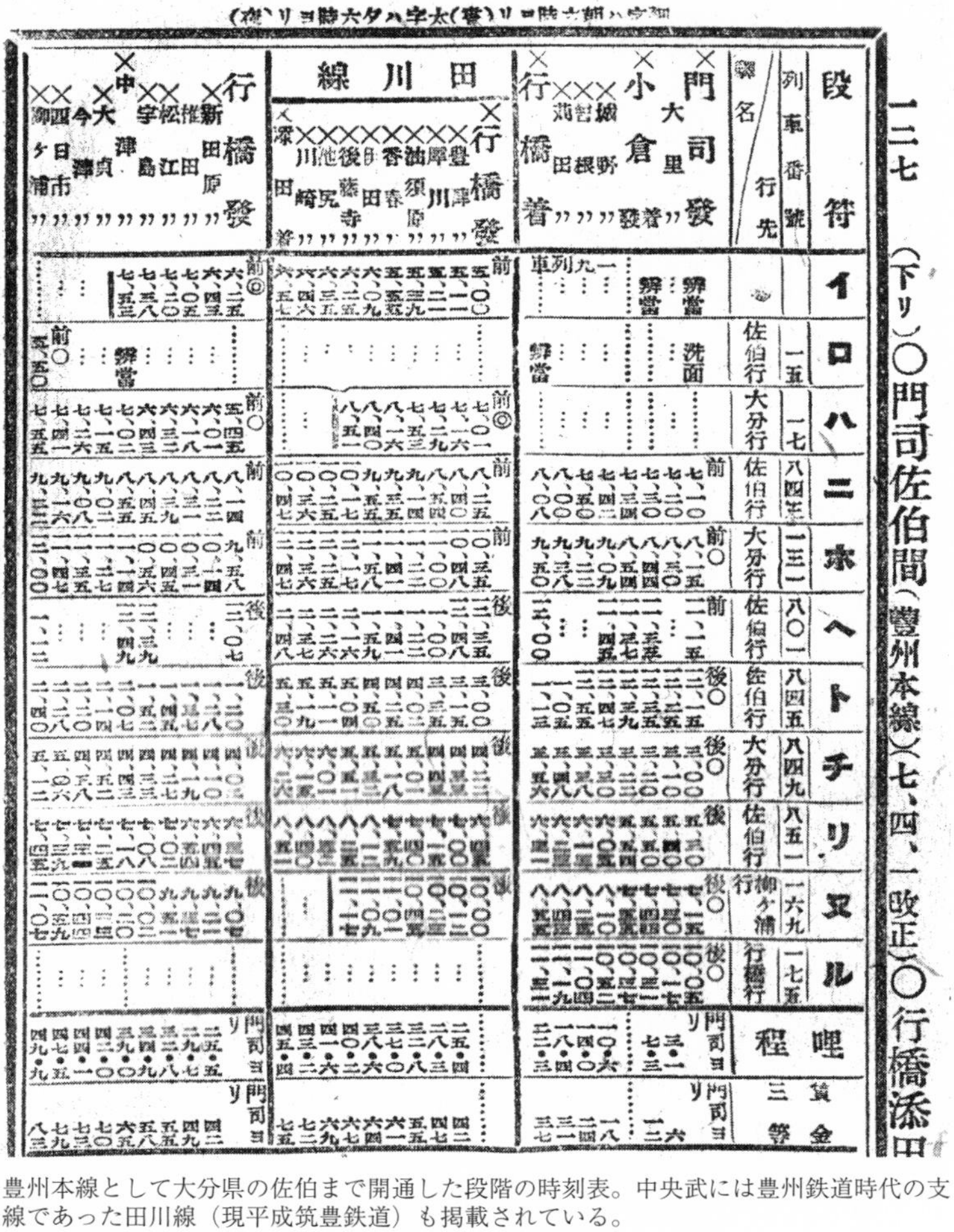
一三七　(下リ)○門司佐伯間(豊州本線)(七、四、一改正)○行橋添田

田川線

門司發、大里〃、小倉着、〃發、城野〃、曽根〃、苅田〃、行橋着

行橋發、豊津〃、新田原〃、築城〃、椎田〃、宇島〃、中津〃、今津〃、大貞〃、宇佐〃、四日市〃、豊前善光寺〃、西屋敷〃、立石〃、中山香〃、杵築〃、日出〃、豊岡〃、亀川〃、別府〃、大分〃、御ヶ浦

行橋發、豊津〃、油須原〃、勾金〃、伊田〃、後藤寺〃、池尻〃、川崎〃、添田着

豊州本線として大分県の佐伯まで開通した段階の時刻表。中央武には豊州鉄道時代の支線であった田川線（現平成筑豊鉄道）も掲載されている。

公益旅行合資会社『公益旅行案内』大正７年５月号

在の肥薩線を経由するものであった。ちなみに八代〜人吉間で球磨川を渡っていた由緒ある二つのトラス橋、第一・第二球磨川橋梁が令和二年（二〇二〇）七月の豪雨で流されたのは記憶に新しい。明治四一年（一九〇八）に開通して一一二年間無事であったこの橋梁の流失は、近年の大雨のスケールが常軌を逸している証拠ではないだろうか。

その旧鹿児島本線の吉松駅（鹿児島県湧水町）から分岐して宮崎へ向かったのが現在の吉都線で、まずは大正元年（一九一二）に吉松〜小林間、翌二年に都城まで線路を延ばし、大正五年（一九一六）には宮崎側からの区間と接続する。この吉松〜宮崎間が当初は宮崎線と称し、

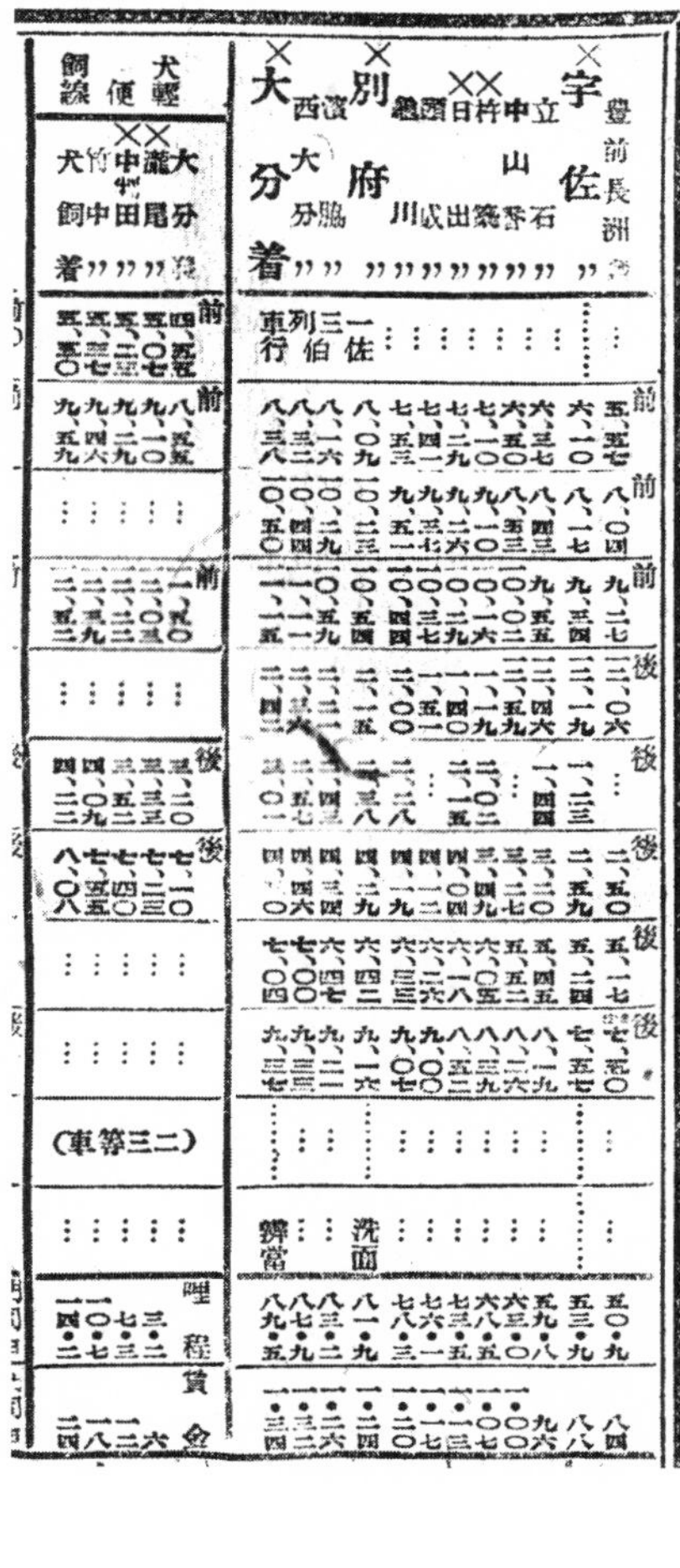

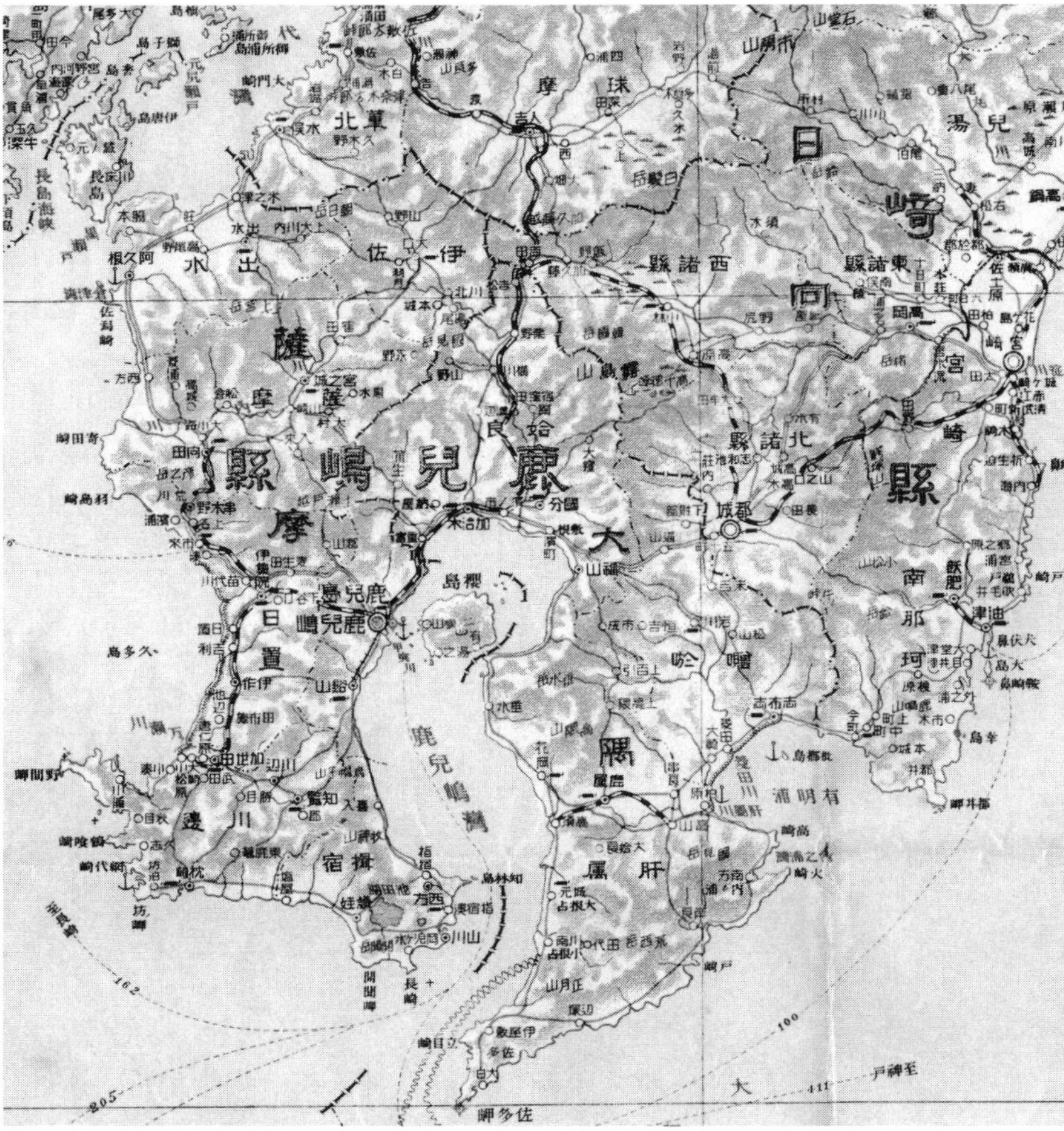

図の上端・人吉から南下する鹿児島本線（現肥薩線）の吉松駅から東へ分岐しているのが宮崎本線。大分方面は未開通。1：100 万東亜輿地図「鹿児島」大正９年鉄道補入

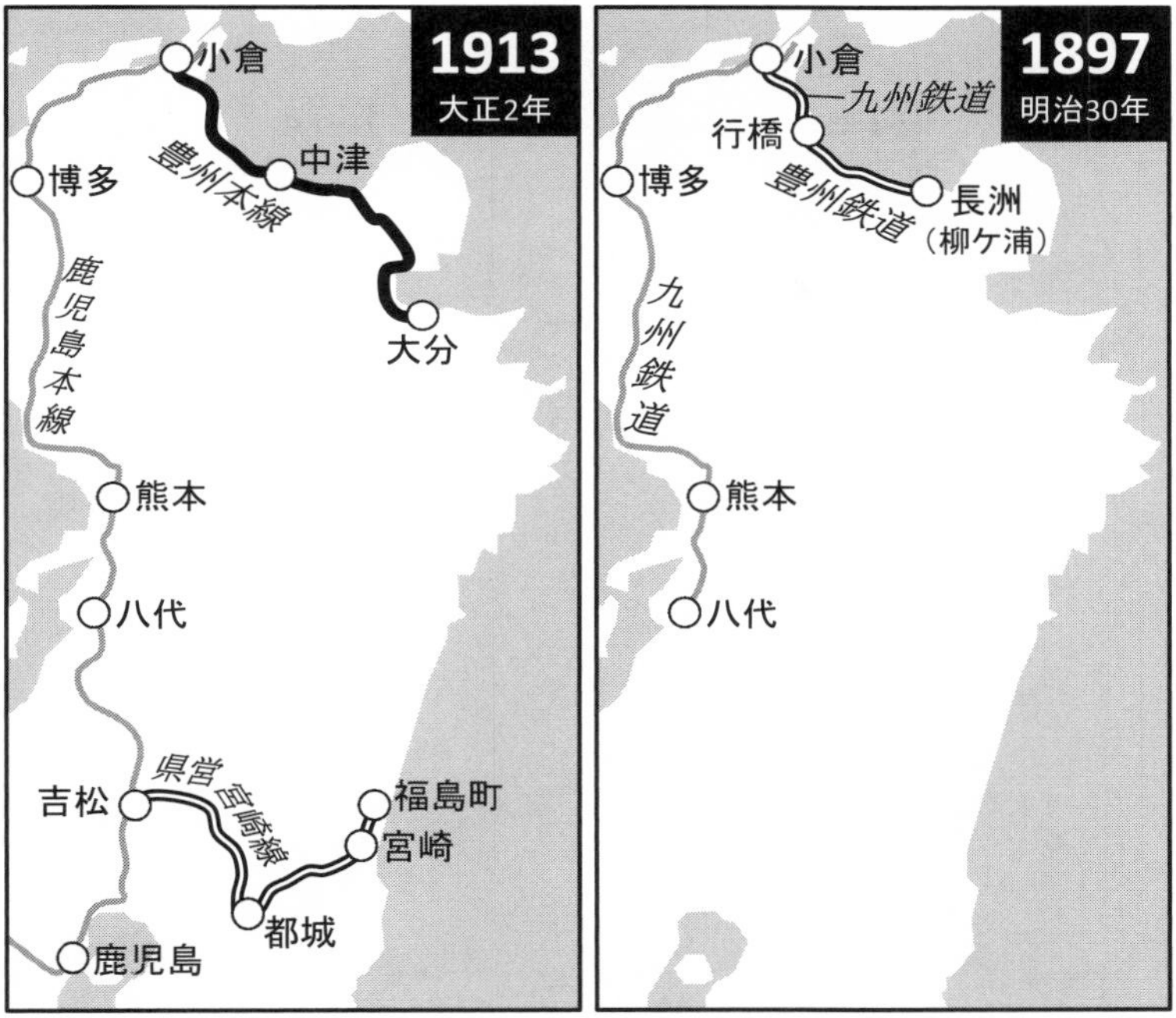

同六年から宮崎本線になった。これにより博多方面から宮崎へは、熊本、人吉、都城を経由する、ちょうど現在の九州自動車道から宮崎自動車道のルートで到達できるようになったのである。この経路をかつてはディーゼル急行「えびの」が博多〜宮崎間を六時間少々で結んでいたが、安くて速い高速バス（約四時間半）の進出で敗退した。それもずいぶん前の話だ。

　大分と宮崎の間は豊後水道を望むリアス海岸沿いの区間もあり、少しずつ部分開業を繰り返し、大分・宮崎県境の山深い重岡（しげおか）〜市棚（いちたな）間が開通して大分〜宮崎間が結ばれたのが大正一二年（一九二三）のことである。

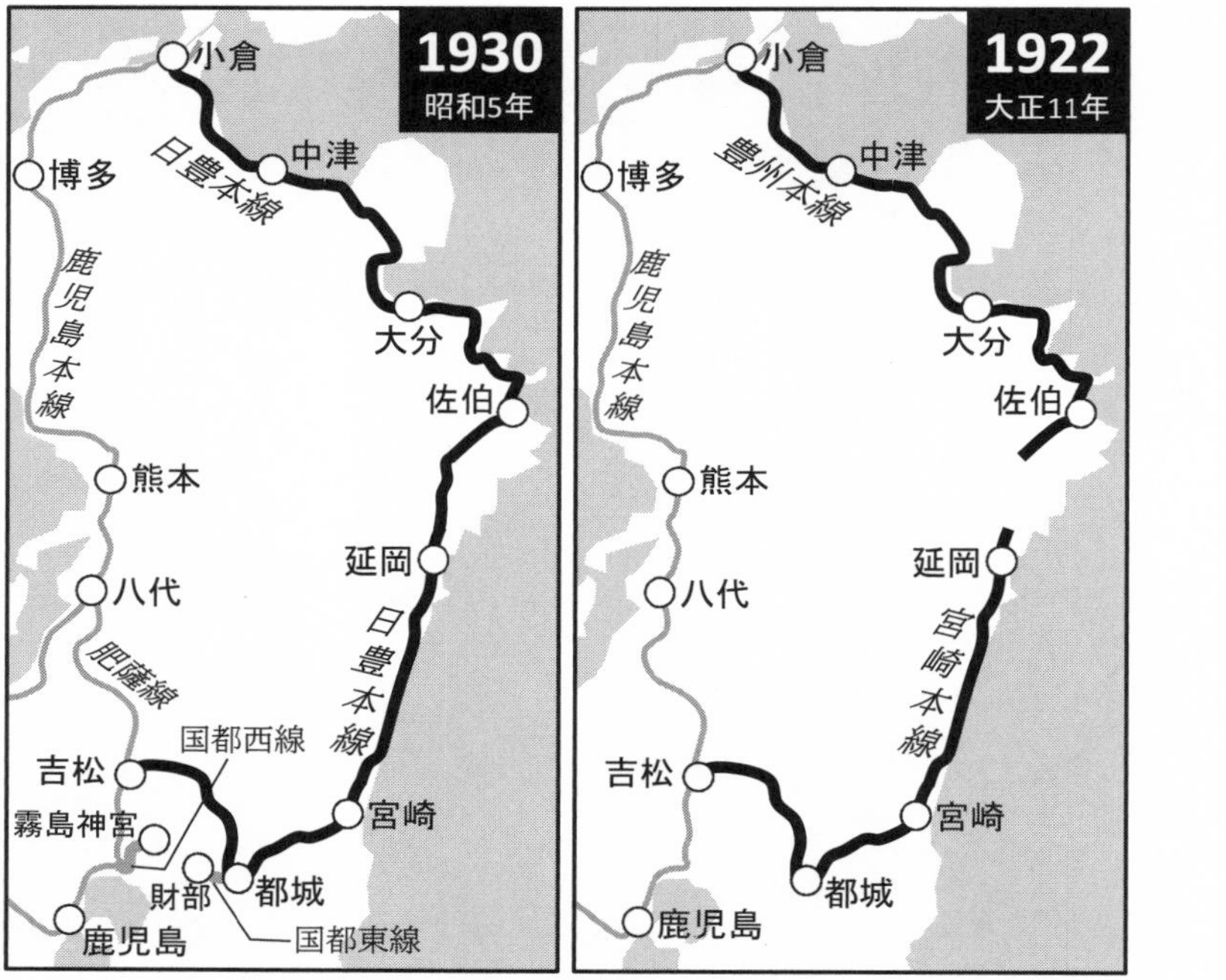

その開通直前までは小倉～重岡間が豊州本線、市棚～吉松間が宮崎本線であったが、この全通で新たに日豊本線と命名された。

その後は都城～国分（現隼人）間の遠回りを解消するために霧島神宮を経由する短絡線が建設されることになる。これが両端の名をつないだ国都東線と国都西線であるが、両側から部分開業を繰り返し、昭和七年（一九三二）に全通した際には「国都線」ではなく日豊本線となった。これに伴って西都城～吉松間は吉都線として切り離されて現在の形になる。肥薩線もこの時に隼人～鹿児島間を日豊本線に譲り渡して短くなった。しかも隼人は大隅国であるから

宮崎町（現宮崎市）南方の宮崎本線。大正12年（1923）に日豊本線となった。1：50,000「宮崎」大正6年鉄道補入

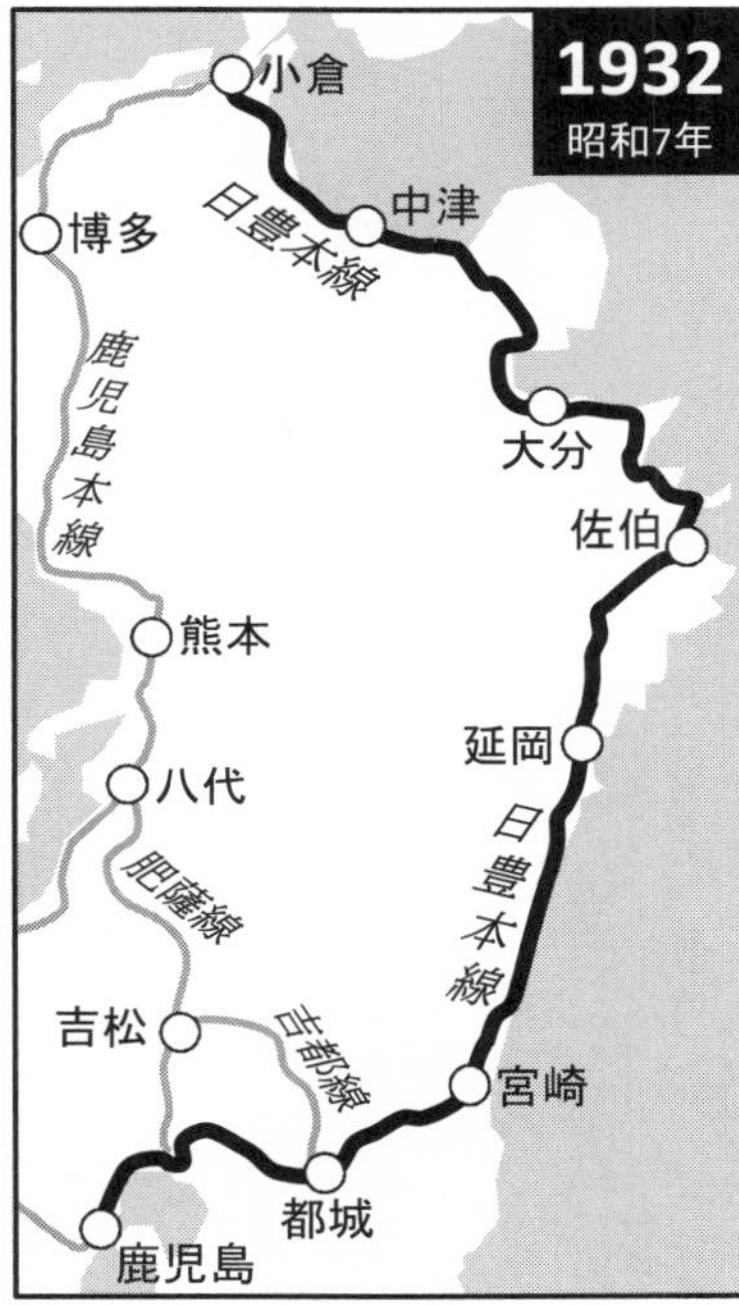

肥薩という看板も「偽りあり」になってしまった。なかなか複雑な経緯だ。日豊本線になる直前の線名を小倉から順に挙げると、豊州本線・宮崎本線・国都東線・国都西線・肥薩線となる。

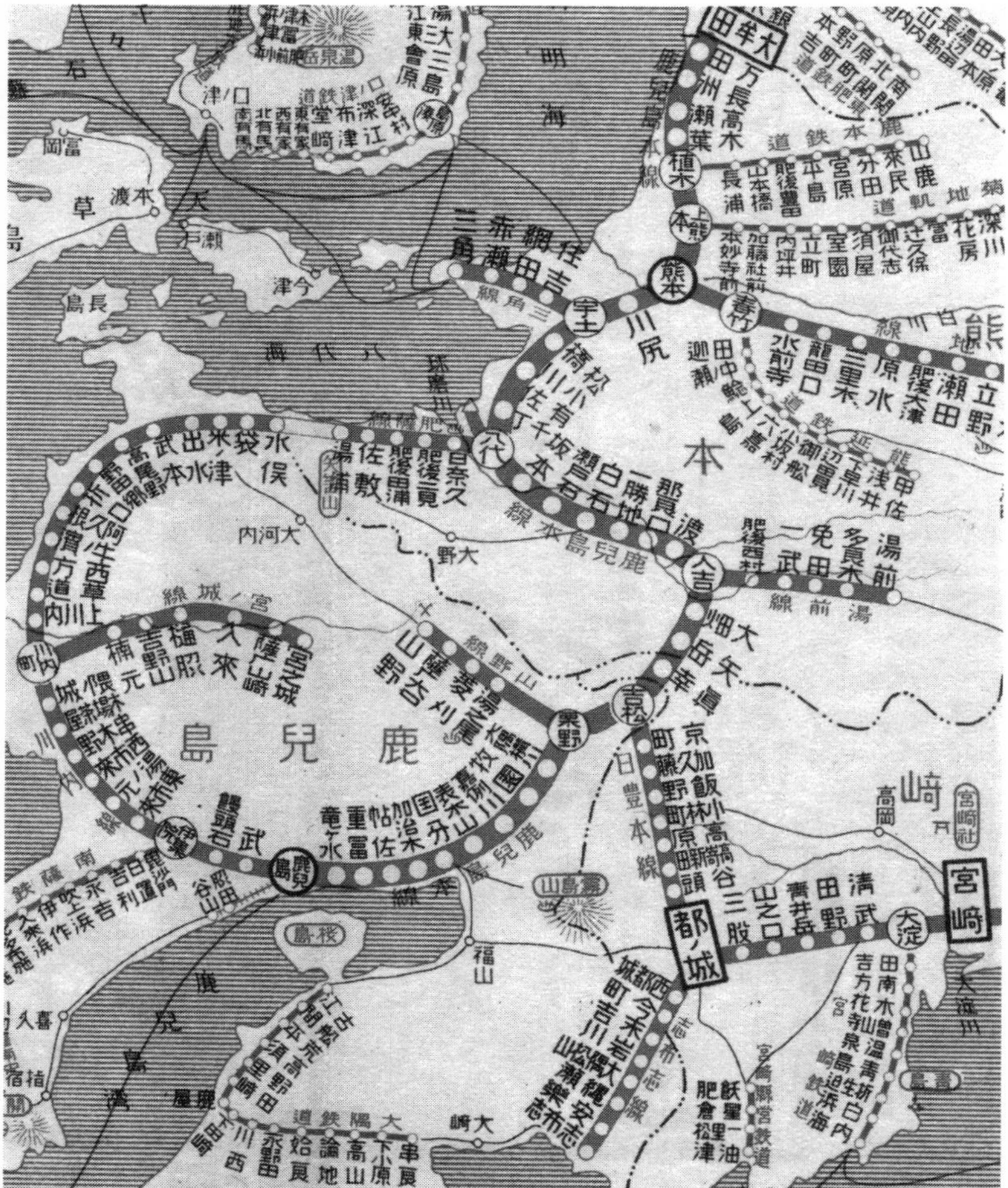

昭和２年（1927）の南九州の鉄道路線図。鹿児島本線は人吉経由で、日豊本線は吉松が終点であった。駸々堂旅行案内部『最新鉄道旅行図』昭和２年発行

東京と横浜で東横線

――地名を合成した線名

- 五能線
- 八高線
- 京浜東北線
- 東武東上線
- 北陸鉄道金名線
- 阪和線
- 福塩線
- 高徳線

五能線——「途中駅」を合成した？

車窓風景の人気ランキングでは常にトップクラスを占めるのが五能線である。秋田県の東能代駅（能代市）から日本海側を北上、まさにへばり付くように海岸線を地道にたどって深浦や五所川原を経由し、弘前にほど近い奥羽本線の川部駅（田舎館村）に至る一四七・二キロを結んでいる。奥羽本線ならこの区間は九八・〇キロだから、ちょうど五割増しの遠回りだ。五能線という名称から五所川原と能代が含まれるのは容易に想像がつくものの、なぜ途中駅どうしを結びつけたのだろうか。これを納得するために、まず路線の成り立ちをたどってみよう。

五能線で最初に開業したのは明治四一年（一九〇八）七月一日、現在の東能代～能代間の四・〇キロであった（現在の営業キロは三・九キロ）。当時の駅名はどちらも今とは異なり、現奥羽本線東能代駅の方が「能代」、現在の能代駅は「能代町」という貨物駅であった。同年一〇月一五日からは能代町駅で旅客扱いを始め、翌年一一月一日にはそちらを能代（二代目）と改称している。本線上の初代能代駅より市街に近いので自然な改称だ。これに伴って初代能代駅は所在地の明治二二年までの村名を採用して機織駅となった。

能代駅が改称される前月に全国の「国有鉄道線路名称」が定められ、ここで奥羽本線の短い

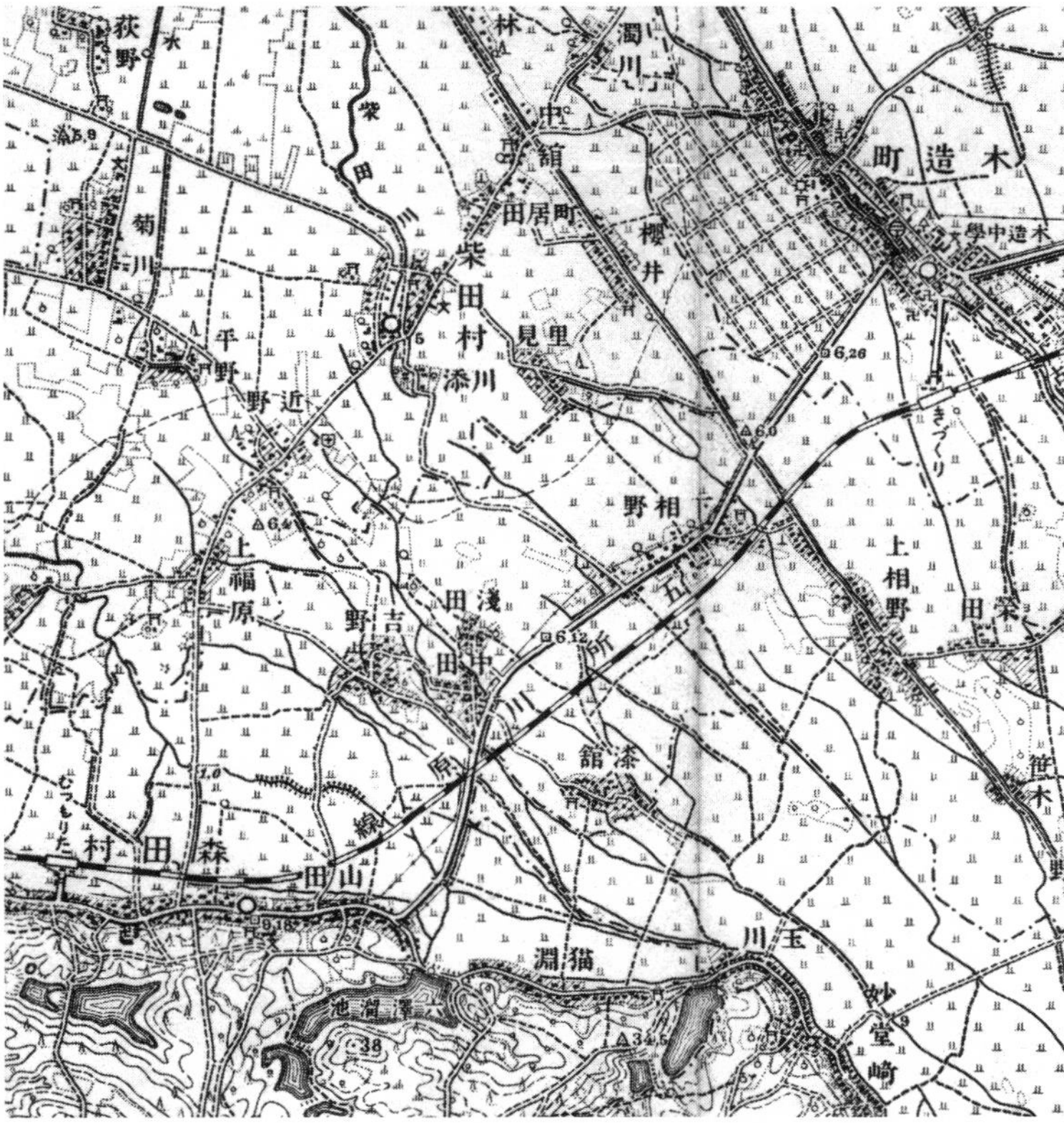

五所川原線と称した頃の五能線。場所は現青森県つがる市付近で、右上の旧制木造中学の後身・木造高校は元大相撲力士の舞の海関の出身校。
1：50,000「五所川原」昭和５年鉄道補入

支線は正式に能代線と命名されている。能代線はしばらく一駅区間だけのミニ路線として能代の町と奥羽本線を結ぶ役割を果たしてきたが、大正一五年（一九二六）四月には北上して椿駅（現八森）まで、同年一一月には秋田県最北端の駅・岩館まで延伸している。

青森県側からは第一次世界大戦が終結する直前の大正七年（一九一八）九月二五日、川部～五所川原間を陸奥鉄道が開業した。その先は西へ向きを変えて鰺ケ沢方面へ向かうが、明治二五年（一八九二）の旧鉄道敷設法で建設すべき路線にほぼ現五能線ルートが指定されていたことから、五所川原以西は鉄道省が建設を進める。線名は「五所川原線」で、大正一三年（一九二四）の五所川原～陸奥森田間を皮切りに部分開業を繰り返し、昭和九年（一九三四）には深浦に達した。この間の同二年（一九二七）に陸奥鉄道は国有化、五所川原線に組み込まれている。秋田県側の能代線はその後県境を越えて同七年（一九三二）に陸奥岩崎駅まで北上、同一一年七月三〇日には深浦と結ばれてめでたく全通した。線名が五能線として統合されたのはこの日である。結果的に五所川原と能代の頭文字を繋いだ形にはなったものの、以上の経緯を見れば五所川原線・能代線という「線名」を繋いだと見る方が自然だろう。

全線開通の直前にあたる昭和一〇年（一九三五）には五所川原線でガソリンカーの運転が始まった。運行コストの安さから都市圏の旅客需要増に応えるべく大正末期から全国で導入され始めたが、津軽平野の弘前市周辺でもガソリンカーの運転が決まり、奥羽本線の弘前の前後（大鰐～川部間）に六か所、五所川原線には五所川原～川部間に津軽湊、陸奥亀田、掛落林、林崎の四か所、合計一〇か所の気動車専用駅が同年四月一五日に一斉開業している。川部～五所川原間では従前の七往復が一二往復と大幅に増発された。

ところが長引く日中戦争の影響で日米関係が徐々に悪化し、段階的に対日石油禁輸が発動される。昭和一五年（一九四〇）にはガソリンカーの運転も全国的に中止され、せっかくの新駅も一〇駅のうち八駅は営業停止（事実上廃止）の憂き目を見た。五能線でも四つの新駅のうち現存するのは林崎駅のみである。

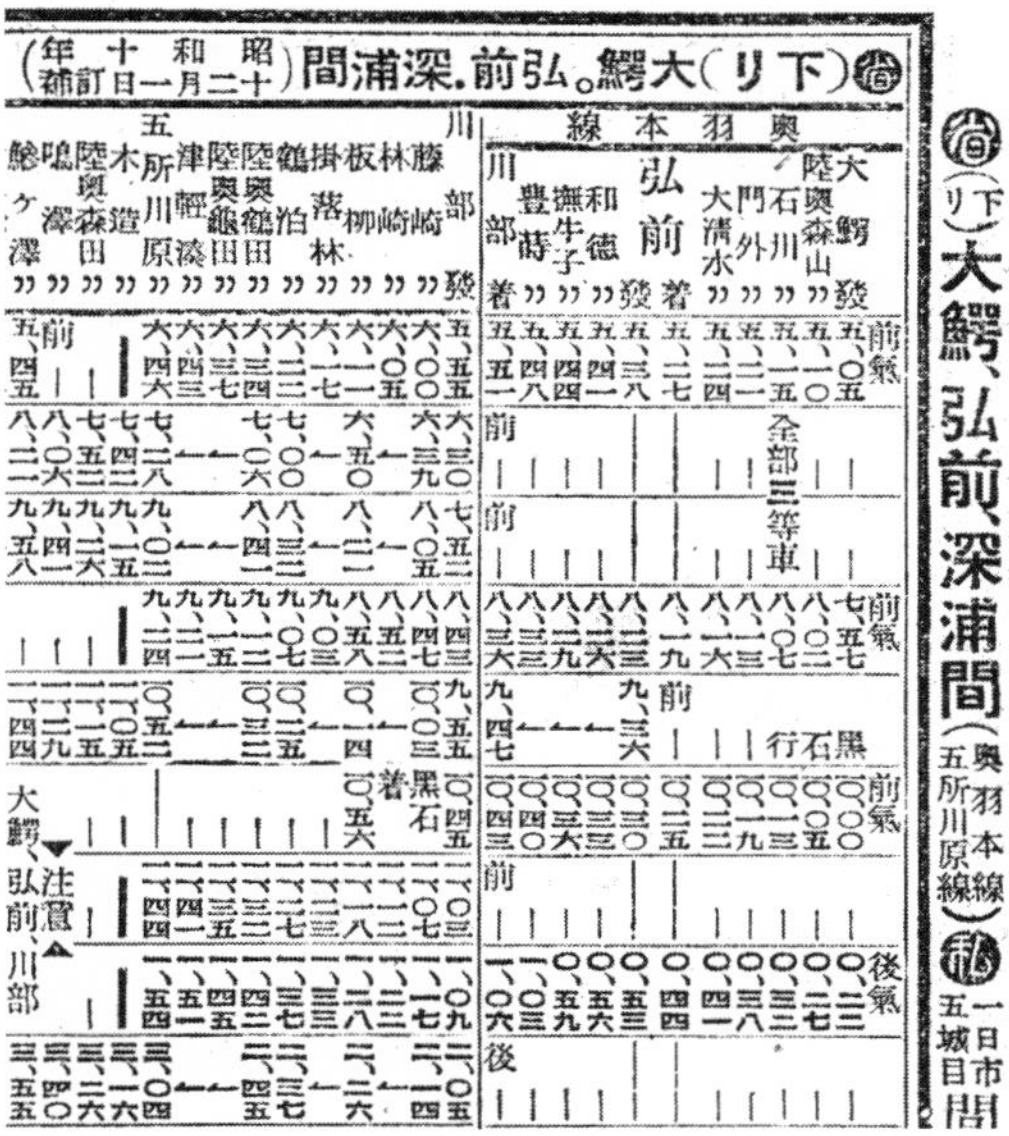
省（下リ）大鰐、弘前、深浦間（昭和十年十一月二十日訂補）

奥羽本線

五所川

奥羽本線と五所川原線（現五能線）には利便性向上のため気動車が導入され、昭和 10 年（1935）には専用の停留場が多数設けられた。蒸気機関車牽引の列車はこれらの駅を通過している。しかし昭和 15 年（1940）からのアメリカによる対日石油輸出制限強化の影響で全国的に気動車の運転が大幅削減されて※これらの駅の多くは休止、戦後も一部を除いて復活していない。
東京旅行社『汽車汽船ポケット旅行案内』昭和 11 年 4 月号

※『日本国有鉄道百年史』第 11 巻 109 頁

八高線——起点と終点の頭文字をつなぐ

八高線といえば、東京都内では最後まで気動車（ディーゼルカー）が走っていた路線である。線名の由来は起点の八王子と高崎（正式にはひとつ手前の倉賀野駅まで）の頭文字をつないだものだ。全長九二・〇キロのうち、起点の八王子から全線の三分の一地点にあたる高麗川駅までは平成八年（一九九六）に電化され、八王子発の列車はそこから川越線に入るようになった。川越駅が終点なので、現在の運転系統からすれば「八川線」と言った方が実状に合っているかもしれない。残りの三分の二、高麗川駅から北へ高崎までの区間は今も気動車による運行が続いている。

地名を合成するタイプの路線名としては、上越線（上野＋越後）、羽越本線（羽後＋越後）、豊肥本線（豊後＋肥後）など国名の頭文字を繋いだものが多いが、八高線のように両端の都市名や駅名を繋いだものも少なくない。たとえば水戸と郡山を結ぶ水郡線、仙台（現在の起点はあおば通駅）と石巻を結ぶ仙石線、高松と徳島を結ぶ高徳線、大阪の天王寺と和歌山を結ぶ阪和線、久留米と大分を結ぶ久大本線などである。

中には松本から糸魚川を結ぶにもかかわらず途中駅の信濃大町と糸魚川にちなむ大糸線のよ

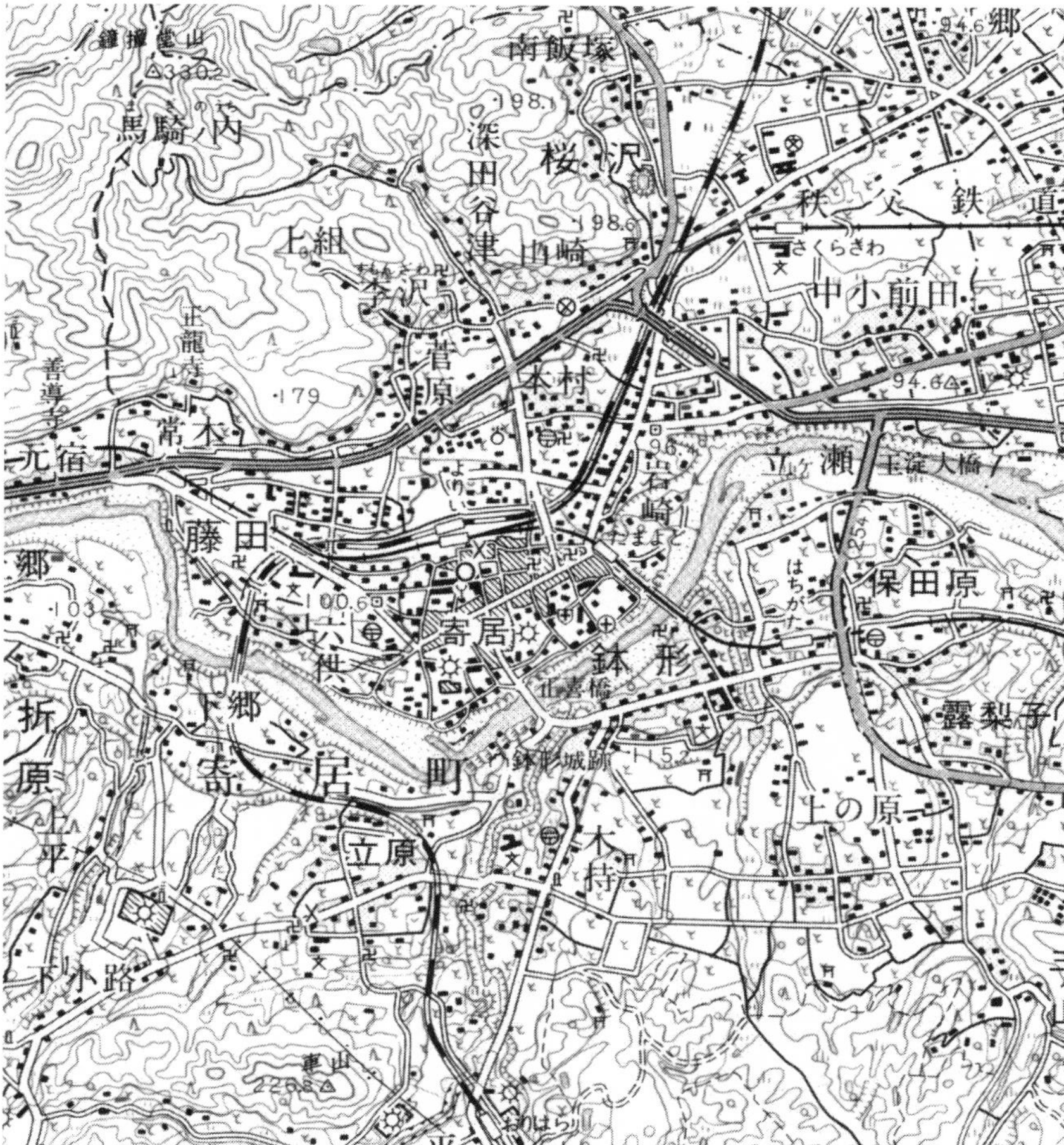

荒川が山峡から関東平野へ出ていく地点—埼玉県北部の寄居。東西方向の秩父鉄道、荒川を渡る東武東上線と比べて最も新しいのが八高線。1:50,000「寄居」平成４年修正

うに、松本～信濃大町間が元は私鉄（信濃鉄道）であったため一見不可解となったものも出現した。秋田県の東能代から青森県の川部（弘前市近郊）を結ぶ五能線も同様だ（一五八頁参照）。

八高線は首都圏の西側を南北に結ぶ路線であるが、関東山地の東麓に位置する箱根ケ崎、飯能、越生、小川、寄居、藤岡などの小都市を経由して八王子と高崎を結ぶものだ。中央本線方面から信越本線、上越線、両毛線方面へ東京を経由せずに連絡できるバイパス線という性格もあり、大正一一年（一九二二）の鉄道敷設法別表に「東京府八王子ヨリ埼玉県飯能ヲ経テ群馬県高崎ニ至ル鉄道」と明記され、国が建設すべき路線に挙げられていた。

地元からは待望久しい路線として歓迎され、『日本鉄道請負業史』[26]大正・昭和（前期）篇によれば「建設に当って終始地元民が協力的であり、工事は順調に進」んだという。北の高崎方面からは昭和三年（一九二八）三月に、八王子方面からは同年一〇月にそれぞれ着工し、八高北線・八高南線という名の路線が少しずつ区間を伸ばし、同九年一〇月に最後の小川町～寄居間がつながって「八高線」となった。

南北または東西から少しずつ延伸していった路線には南線と北線、東線と西線の呼び名が暫定的に付けられることは多い。現在全通している路線でも、たとえば上越線は上越南線と上越北線が昭和六年（一九三一）に清水トンネルの区間（水上～越後湯沢間）で全通しているし、紀勢西線と紀勢東線は昭和三四年（一九五九）に三木里～新鹿間がつながって紀勢本線と命名されている。

八高線の全通時は両都市を結ぶ文句なしの短絡線であったが、その後は新幹線が登場したことにより、八王子から高崎へ行くなら大宮や新宿を経由して上越新幹線を使う方が早く、八高線に全線乗り通す場合（高麗川で乗り換え）が二時間五～二〇分かかるのに対して、新幹線経由なら距離が三〇キロ近く長いのに約一時間四五分程度。ただし、里山を間近に眺めながら農村風景や入間川、荒川、神流川などの風景を楽しむのであれば、言うまでもなく八高線がお薦めである。

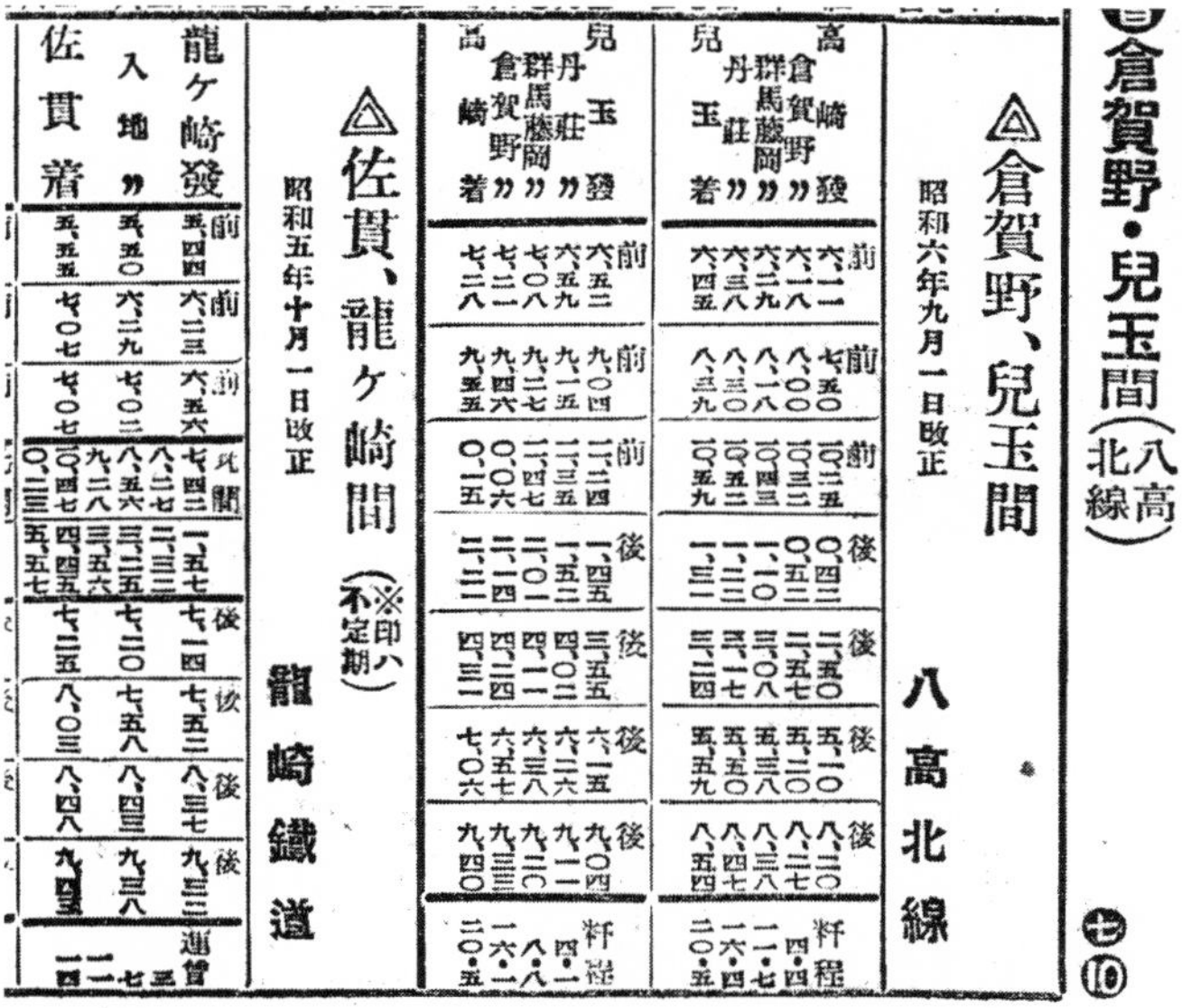

倉賀野・兒玉間（八高北線）

△倉賀野、兒玉間　昭和六年九月一日改正　八高北線

高崎發	倉賀野〃	群馬藤岡〃	丹荘〃	兒玉着
前六、一一	六、一八	六、二九	六、三八	六、四五
前七、五〇	八、〇〇	八、一八	八、三〇	八、三九
前一〇、二五	一〇、三三	一〇、四三	一〇、五二	一〇、五九
後〇、四三	〇、五二	一、一〇	一、二三	一、三一
後二、五〇	二、五七	三、〇八	三、一七	三、二四
後五、一〇	五、二〇	五、三八	五、五〇	五、五九
後八、二〇	八、二七	八、三八	八、四七	八、五四
粁程	四・四	一一・七	一六・四	二〇・五

兒玉發	丹荘〃	群馬藤岡〃	倉賀野〃	高崎着
前六、五二	六、五九	七、〇八	七、二一	七、二八
前九、〇四	九、一五	九、二七	九、四六	九、五五
前一一、二四	一一、三五	一一、四七	〇、〇六	〇、一五
後一、四五	一、五二	二、〇一	二、一四	二、二二
後三、五五	四、〇三	四、一一	四、二四	四、三一
後六、一五	六、二六	六、三八	六、五七	七、〇六
後九、〇四	九、一一	九、二〇	九、三三	九、四〇
粁程	四・一	八・八	一六・一	二〇・五

△佐貫、龍ケ崎間（※印ハ不定期）　昭和五年十月一日改正　龍崎鐵道

龍ケ崎發	入地〃	佐貫着
前五、四四	五、五〇	五、五五
前六、二三	六、二九	七、〇七
前六、五六	七、〇二	七、〇七
此間 七、四三　八、二七　八、五六　九、二八　一〇、四七　〇、三三	一、五七　二、三三　三、二五　三、五六　四、四五　五、五七	
後七、一四	七、二〇	七、二五
後七、五三	七、五八	八、〇三
後八、三七	八、四三	八、四八
後九、三三	九、三八	九、四三
運賃 五　七	一一	一四

八高線は高崎・八王子の両方面から八高北線・八高南線として延伸が重ねられ、昭和９年（1934）に全通した。本表は同７年の北線の時刻である。左は龍崎鉄道（現関東鉄道竜ヶ崎線）。
駸々堂旅行案内部『ポケット旅行案内』昭和７年11月号

京浜東北線——首都圏を南北に縦断する「系統名」

京浜東北線とは、埼玉県の大宮駅から東京都心部を縦断して神奈川県の大船駅に至る五九・一キロの距離を各駅停車で走る系統名である（山手線電車との並走区間は昼間に快速運転）。あくまでスカイブルーの帯を巻いた電車が走る「系統名」なので、実際に走る線名を挙げれば東北本線（東京〜大宮）、東海道本線（東京〜横浜）、そして根岸線（横浜〜桜木町〜大船）ということになる。

この系統の前身が走り始めたのは大正三年（一九一四）一二月二〇日と古い。まさに東京駅が開業した日で、同駅を起点として横浜市の高島町駅までの運転であった。終点の高島町は翌四年に開業する二代目横浜駅付近に仮駅として設けられ、従来とりわけ乗客数が多かった京浜間を便利に結ぶ電車として、「京浜線」の系統名で颯爽と登場するはずだった。

ところが準備不足がたたってか初日からトラブルが連続、わずか六日後の二六日から運休の憂き目に遭ってしまう。その後は約半年後の翌四年五月一〇日に満を持して運転再開した。前年のがメンツ丸つぶれの「試運転」とすれば、この日が実質的なスタートであろう。当時の東京〜横浜（二代目）間の所要時間は大正七年（一九一八）の時刻表によれば五〇分（現在は約

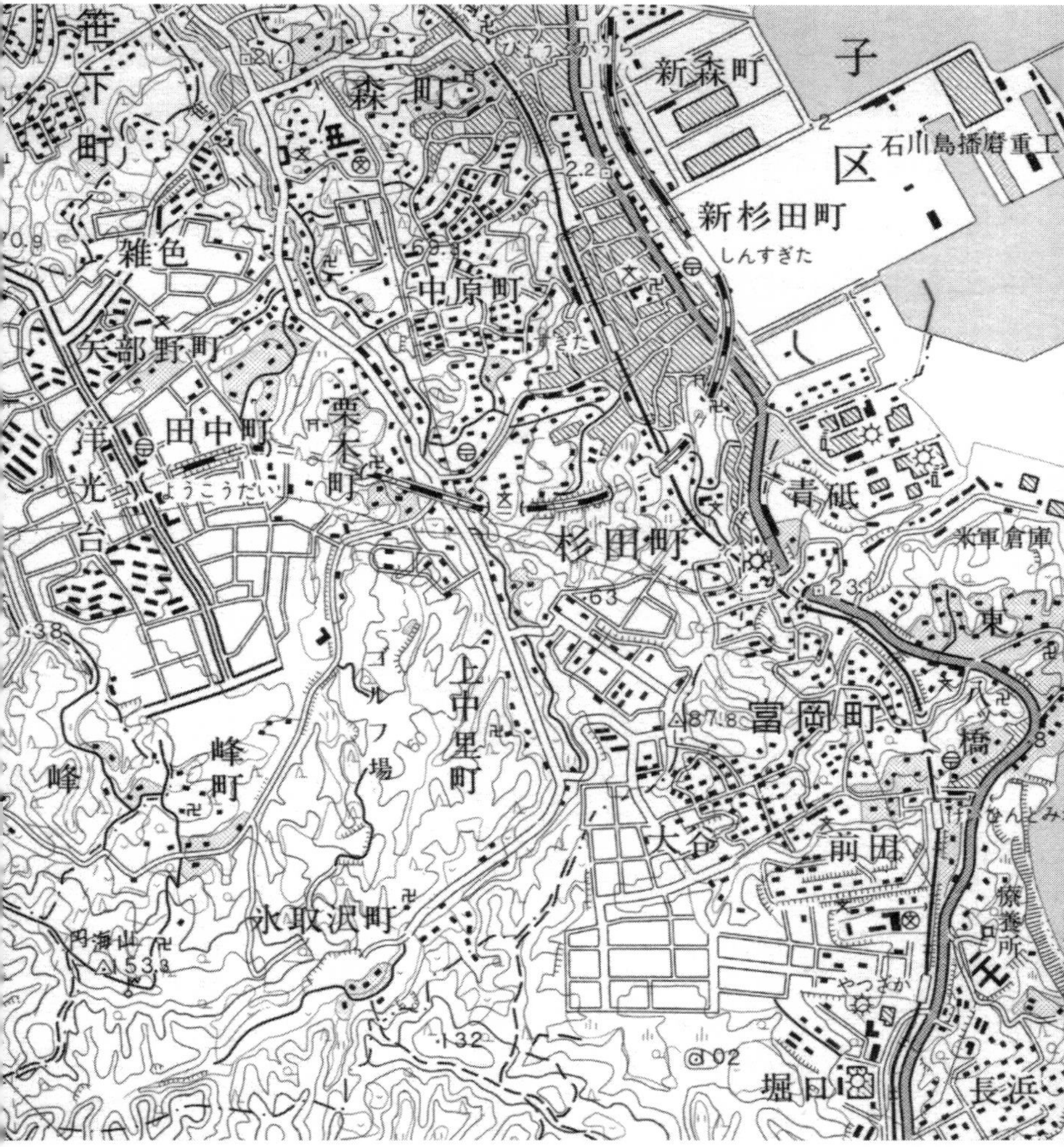

京浜東北線の最南端区間は根岸線。図は昭和45年（1970）に洋光台まで伸びた時点のもの。宅地開発は佳境を迎えている。1：50,000「横浜」昭和46年修正

四〇分）と意外に速く、運転再開直前の蒸気機関車による普通列車が東京〜横浜（初代・現桜木町）間に七五分（現横浜駅近くの神奈川駅までは七〇分）かけたのに比べれば大幅なスピードアップであった。

この電車の登場で、横浜以遠へ向かう汽車は蒲田、川崎、鶴見、東神奈川、神奈川（現横浜駅開業時に廃止）の各駅を通過することになったため、東京〜横浜間は途中新橋、品川、大森の三駅停車で四〇分に短縮された。[27] ちなみに浜松町と田町の両駅は明治四二年（一九〇九）の開業当初から山手線の電車が停まっている。京浜線のみ停車する駅は「電車駅」と呼ばれ、これに新設の大井町駅も加わっている。

京浜線の登場で最も影響を受けたのが併行する京浜電気鉄道（現京急）で、大正三年（一九一四）に年間約一〇四一万人あった乗客数が同四年には約九三七万人と一〇パーセント減少した。[28] それでも当時は大都市圏の輸送自体が活発化している時期であり、翌年からすぐにそれ以上の増加に転じたのは、京浜間の移動総数の急増をうかがわせる。もし鉄道院の京浜線がなければ到底旅客需要をまかなえなかったに違いない。

大正一四年（一九二五）一一月一日には東京〜上野間の高架線が開通、山手線の電車が環状運転するようになるのだが、その時に同じ線路を走る京浜線の電車も東京〜上野間を延伸した。昭和三年（一九二八）二月一日には京浜線の電車は運転区間を赤羽駅まで延長、それまで汽車が停まっていた王子駅は電車専用となり、翌四年から汽車の方は尾久駅経由の現在線を走るよ

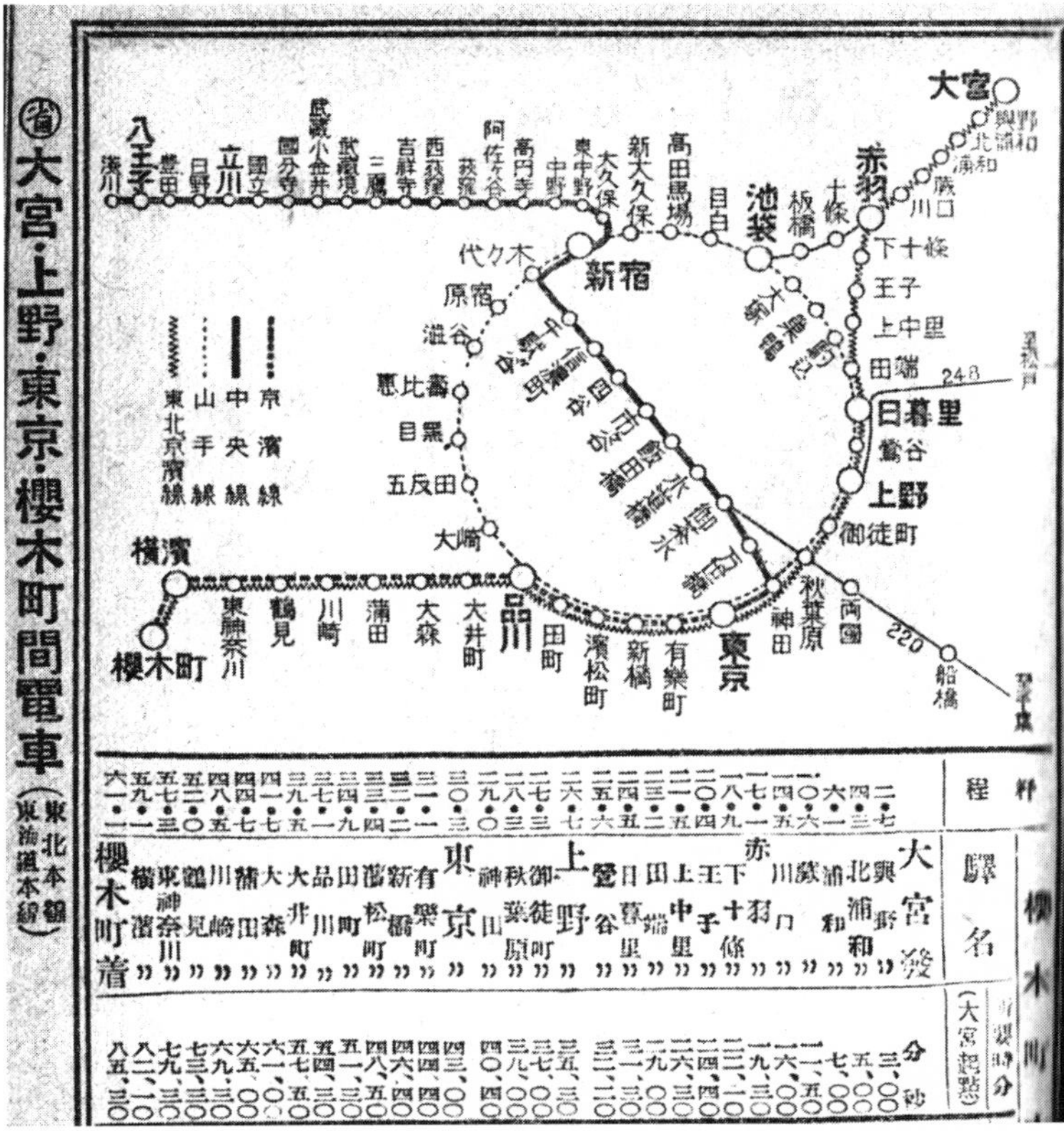

省線電車（後の国電）の基本的な構造が完成した頃の系統図。当時は大宮～東京～桜木町の系統を「東北京浜線」と呼んでいた。
旅行案内社『ポケット汽車汽船旅行案内』昭和13年5月号

うになる。同七年には電化区間の延伸に伴って大宮駅まで乗り入れたが、さすがに実態が「京浜」だけでなくなったため「東北・京浜線（東北京浜線）」の呼び名となった。現在とは逆順だが、翌八年の時刻表にも確かにその名称で紹介されている。

京浜東北線という現呼称に変わるのは戦後の昭和三一年（一九五六）一一月一九日、従来同じ線路を走っていた山手線と分離運転が始まった時だ。ちなみにこの日に東海道本線の全線電化も完成し、「つばめ」などの特急も電気機関車牽引で戦前の記録を初めて塗り替える七時間三〇分で東京～大阪間を走破する。経済白書で「もはや戦後ではない」と名文句が記されたのはまさにこの年度版であった。その後は同四〇年から京浜東北線にも一〇三系の新しい電車が登場、全身スカイブルーの装いで高度成長期の首都圏を走り始めたのである。

東武東上線——たどり着けなかった上州

天気予報で「台風の北上に伴って波やうねりが高くなるでしょう」とか「前線が南下して雨」といった言い回しは誰も疑問に思わないけれど、思えばこれは北が上の地図を見た時の視

東京と上州を結ぶ計画の東上鉄道が開通して２年後の下板橋駅付近。池袋より都会だった板橋の町並みが見える。右端は現埼京線十条駅。1 : 10,000「王子」大正５年修正

点である。本来は丸い地球に上下があるはずもないが、南上や北下と言わないのは、北半球に先進国が集中した歴史的経緯を反映している。

さて、東武鉄道に東上線という路線がある（正式には東上本線）。東京都豊島区の池袋駅を起点とし、川越駅を経て埼玉県寄居町の寄居駅に至る七五・〇キロ。「東上」を辞書で調べれば、一般に西の地方から東方にある都へ上ることを指す。これを当てはめれば、東京の北西に位置する寄居や川越あたりから東京の池袋へ向かうことになるだろうが、種を明かせばこの意味の「東上」とは関係なく、当初の構想では東京と上野国（上州）を結ぶことを目指したため、両者の頭文字を合わせた東上鉄道をルーツとしている。

東上鉄道の敷設本免許は、大正元年（一九一二）一一月二〇日付官報によれば同月一六日に下付された。東京市小石川区小石川大塚辻町（現文京区大塚五丁目付近）を起点とし、群馬県群馬郡渋川町（現渋川市）に至る七六マイル一六チェーン（一二二・六キロ）である。起点は現在の地下鉄丸ノ内線新大塚駅付近で、終点は現上越線渋川駅の少し北西方に予定されていた。もちろん上越線が影も形もない頃である。

ルートは計画段階で何度か変更されているが、当初計画の起点であった大塚辻町は当時の東京市の北西端にあたり、明治四四年（一九一一）には東京市電がここまで開通していたから、都心部への便はこれに頼る算段だったのだろう。池袋は今でこそ立派なターミナルの地位を確立しているが、山手線では同四二年に電車が走り始めて間もない段階で、駅の周辺にはまだ農

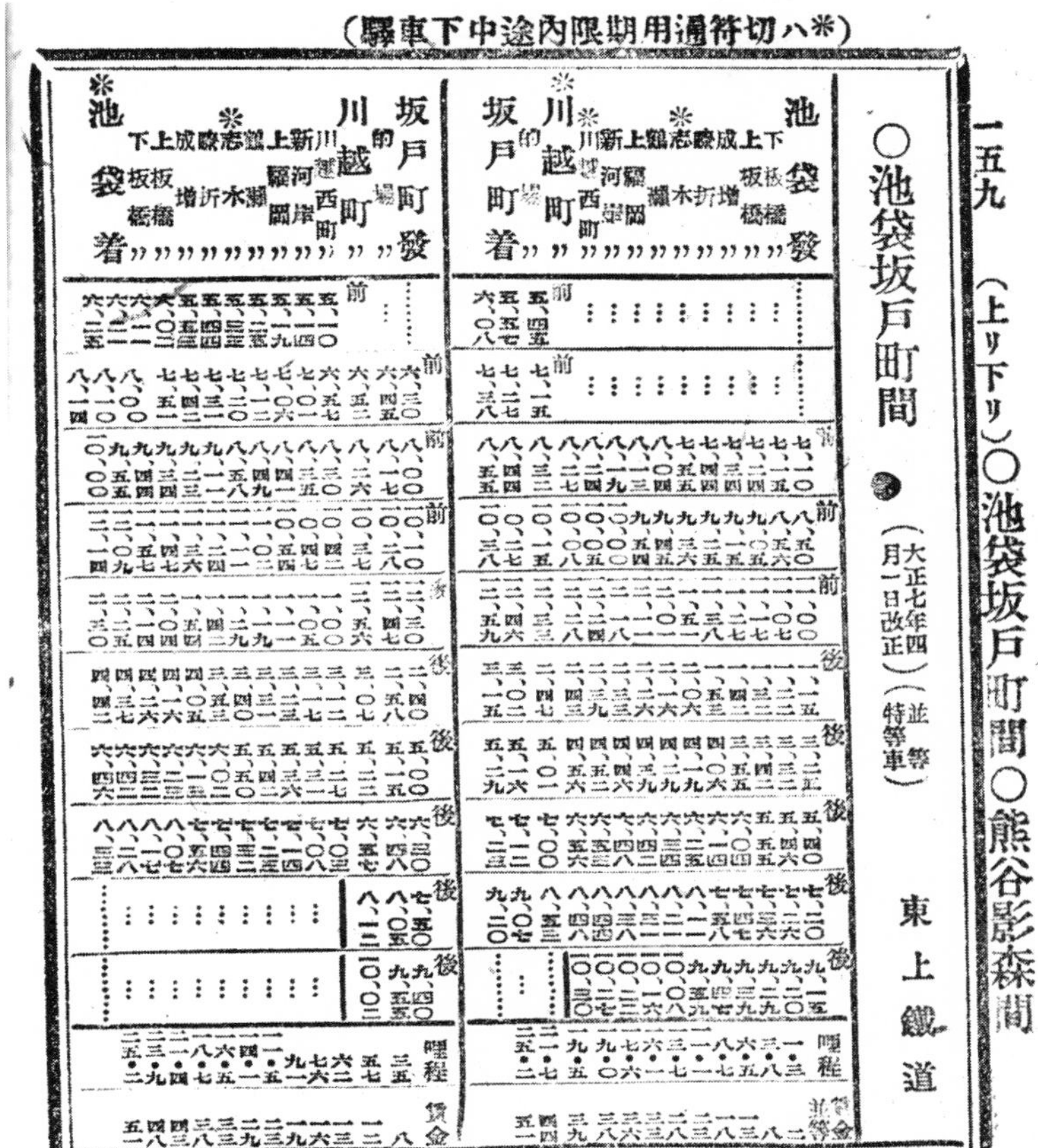

大正３年（1914）に池袋～田面沢間（廃止）で開業した東上鉄道（現東武東上線）が同５年に坂戸町まで延伸した後の時刻表。池袋発の列車は１日わずか８往復のみだった。池袋～成増間で現在は８つある途中駅も２つのみ。
公益旅行合資会社『公益旅行案内』大正７年５月号

村風景が広がっていた。池袋駅を経由しながらターミナルを大塚辻町に予定したのは当然のことであろう。幻のルートは池袋を南向きに発車してすぐ左カーブ、雑司ヶ谷を経由して護国寺の北側から辻町に至るものであった。

それはともかく、起点と終点を国名で揃えれば武蔵と上野で武上鉄道または上武鉄道になりそうなものだが、そうはならなかった。すでに上武鉄道が存在していたからである。現在の秩父鉄道で、明治三四年（一九〇一）に熊谷から東上鉄道の経由予定地である寄居までを開通させていた。秩父鉄道に改称したのは大正五年（一九一六）だが、もしこの改称が明治のうちであれば、今では東武「上武線」になっていたかもしれない。ついでながら東武鉄道の方は「東京と武蔵」ではなく、武蔵国の東端を走るからだろう。

東上鉄道は大正九年（一九二〇）に東武鉄道と合併、東武東上線となった。同一四年には現在の終点である寄居駅まで開業するが、そこから先は現在のＪＲ八高線が引き継ぐ形で高崎を目指すことになった。その根拠となったのが大正一一年（一九二二）に改正された鉄道敷設法で、その別表に掲げられた「建設すべき路線」に八王子から飯能を経て高崎までの区間が明記されていた。高崎〜渋川間も後に上越線として実現している。東武鉄道として「未完成」となったのは間違いないが、現在も非電化のローカル線であるＪＲ八高線のこの区間を東武が自前で建設しなかったのは、経営面から見ても幸運だった。

八高線が全通したのは昭和九年（一九三四）のことであるが、東京から高崎（東上鉄道は飯塚駅〔現北高崎駅〕経由を予定していた）へ行くのに、わざわざ東上線から八高線を乗り継ぐ物好きは当時もおそらくいなかっただろう。

北陸鉄道金名線――あまりに遠かった目的地

北陸には戦後しばらくまで多くの私鉄路線がひしめいていた。大袈裟な言い回しかもしれないが、石川県内だけをとっても、北陸本線各駅のうち大聖寺（山中線）、動橋（山代線・片山津線）、粟津（粟津線）、小松（小松線、尾小屋鉄道）、寺井（現能美根上、能美線）、松任（松金線）、西金沢（石川線）、金沢（金石線、浅野川線、金沢市内線）、東金沢（金沢市内線）の各駅で鉄道・軌道が接続していた（カッコ内で社名のない線名は北陸鉄道）。現在も存続しているのはこのうち西金沢駅の北陸鉄道石川線、金沢駅の同浅野川線だけであるから、ずいぶんと寂しくなったものである。

このうち現存する石川線の終点・鶴来駅のひとつ先にあった加賀一の宮駅から南へ延びていたのが金名線だ。手取川に沿って峡谷を遡り、白山下駅に至る一六・八キロの短い路線であっ

北陸鉄道金名線が健在だった頃。当時は野町駅からの急行電車も走っていた。かつては左手に見える服部・河合の鉱山からの鉱石輸送も担う。1：50,000「鶴来」昭和45年編集

たが、沿線人口の少なさもあって自動車の普及とともに乗客を減らしていったのは他のローカル線と共通している。昭和五八年（一九八三）一〇月三一日には支流の大日川(だいにち)を渡る橋梁が豪雨の影響で橋脚に支障が生じて運休、後に部分的に運転再開したが同六二年に全線廃止された。

金名線が健在な頃、白山への登山者は同線終点の白山下駅からバスに乗り換え、登山口である市ノ瀬や別当出合(べっとうであい)へ向かうのが定番コースであった。昭和五三年（一九七八）一〇月号の時刻表によれば、新西金沢駅（北陸本線西金沢駅に接続）六時三二分発の白山下行きの電車で白山下着が七時四四分、駅前からすぐ接続する五〇分発の北陸鉄道バスで別当出合着が九時三〇分というダイヤである。もちろん夏山シーズンの登山者や観光客だけで支えられるほど甘いものではないが、昭和五〇年代末まで運行されたのは県内では比較的「長命」の部類だろう。

さて、この路線名の「金名」だが、当初の計画が金沢と名古屋を結ぶ目的で設立された金名鉄道に由来する。設立者は鶴来（現白山市）の実業家・小堀定信で、地域の発展のためには鉄道敷設が必要だとする信念のもと、実際に白山下までの建設で私財を使い果たしたという。水力発電の資材運搬や木材・鉱産資源の輸送などの可能性も視野に入れているから、あながち無謀な企てとも言えない。

最終的な目的地こそ名古屋と掲げはしたが、実際には建設が南側から進んでいた鉄道省の越美南線(えつみなんせん)（現長良川鉄道）の美濃白鳥(しろとり)までの予定であった。そこまで到達させればその大目的は達せられるとはいえ、距離は長くなくても、実際の地形の険しさを考えれば国家が敷設するのでなければきわめて困難なルートであったことも間違いない。

それでも会社が設立された大正時代にあっては、遠方の輝かしい目的地（ここでは名古屋）を名乗ることで、投資家に会社の大きな将来性を感じさせる効果はあっただろう。他にもこの

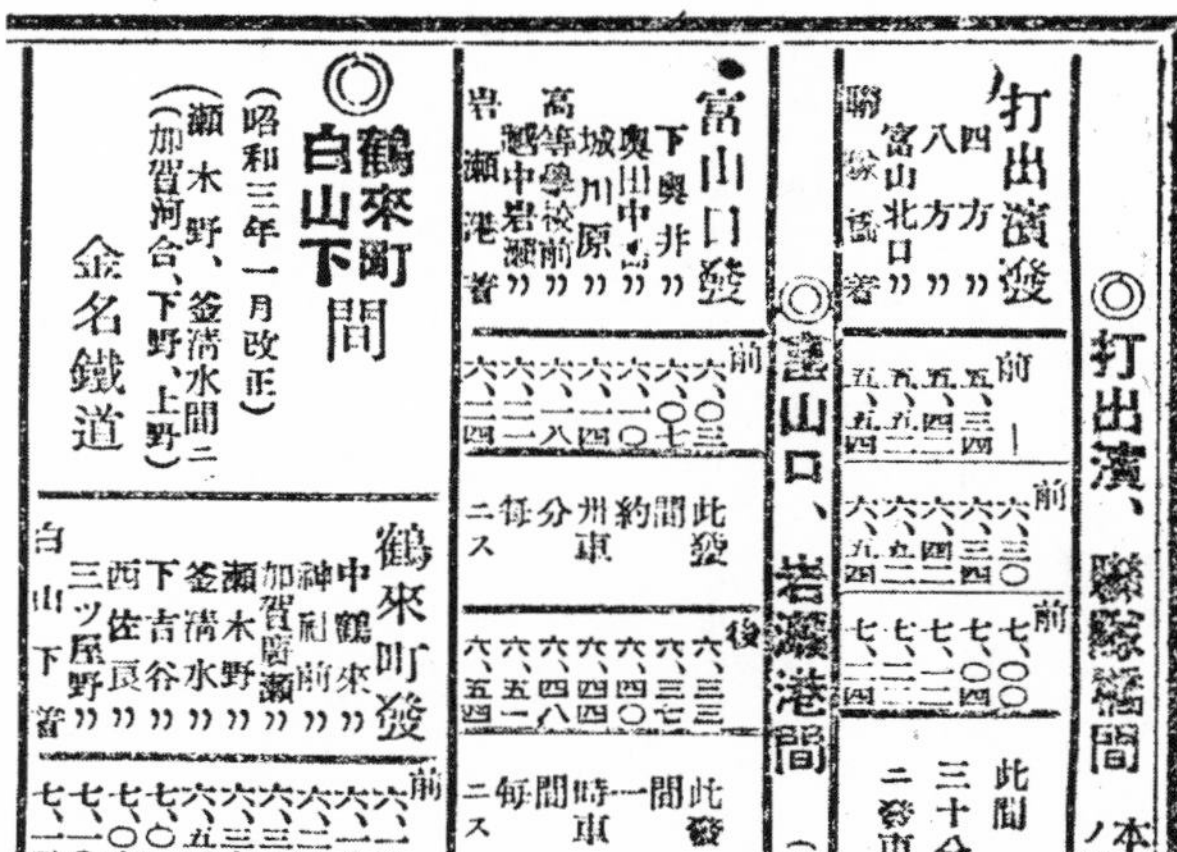

鶴来町（現鶴来）駅～白山下間を大正15年（1926）に全通した２年後の金名鉄道（左端・後の北陸鉄道金名線）。中央は岩瀬港（現岩瀬浜）へ向かう富岩鉄道（後に富山電気鉄道、富山地方鉄道、国鉄富山港線、富山ライトレールを経て現富山地方鉄道富山港線）。右端は途中まで開業した越中鉄道（旧越中電気軌道、後の富山地方鉄道射水線）。東京旅行社『汽車汽船ポケット旅行案内』昭和３年５月号

種の鉄道会社名はあって、たとえば島根県のローカル私鉄であった「大社宮島鉄道」。島根県の出雲大社から中国山地を横切って広島県の安芸の宮島までという壮大な構想（広島〜三次（現西三次）間は芸備鉄道が開通しているので残り九一・七キロ）であったが、出雲市から神戸川沿いに一八・七キロ遡った山中の出雲須佐駅で止まったまま免許が失効して出雲鉄道と改称、後に一畑電気鉄道立久恵線として生き延びはしたが昭和三九年（一九六四）七月の豪雨で路盤を流され、復旧できずに翌四〇年に廃止という末路は金名線に似ている。

山の中へ登っていく鉄道路線は一般に麓が起点なので「下り」が上り勾配であるのがふつうだが、金名鉄道は下り列車が下り勾配であった。なぜなら起点が名古屋に近い白山下であったからである。「夢の片鱗」であろうか。

阪和線——戦前に日本一速い「超特急」を運行

大阪の天王寺駅と和歌山駅を結ぶＪＲ阪和線。全長六一・三キロの本線に加え、途中の鳳から東羽衣に至る一・七キロの支線からなっている。現在では紀勢本線方面への特急「くろ

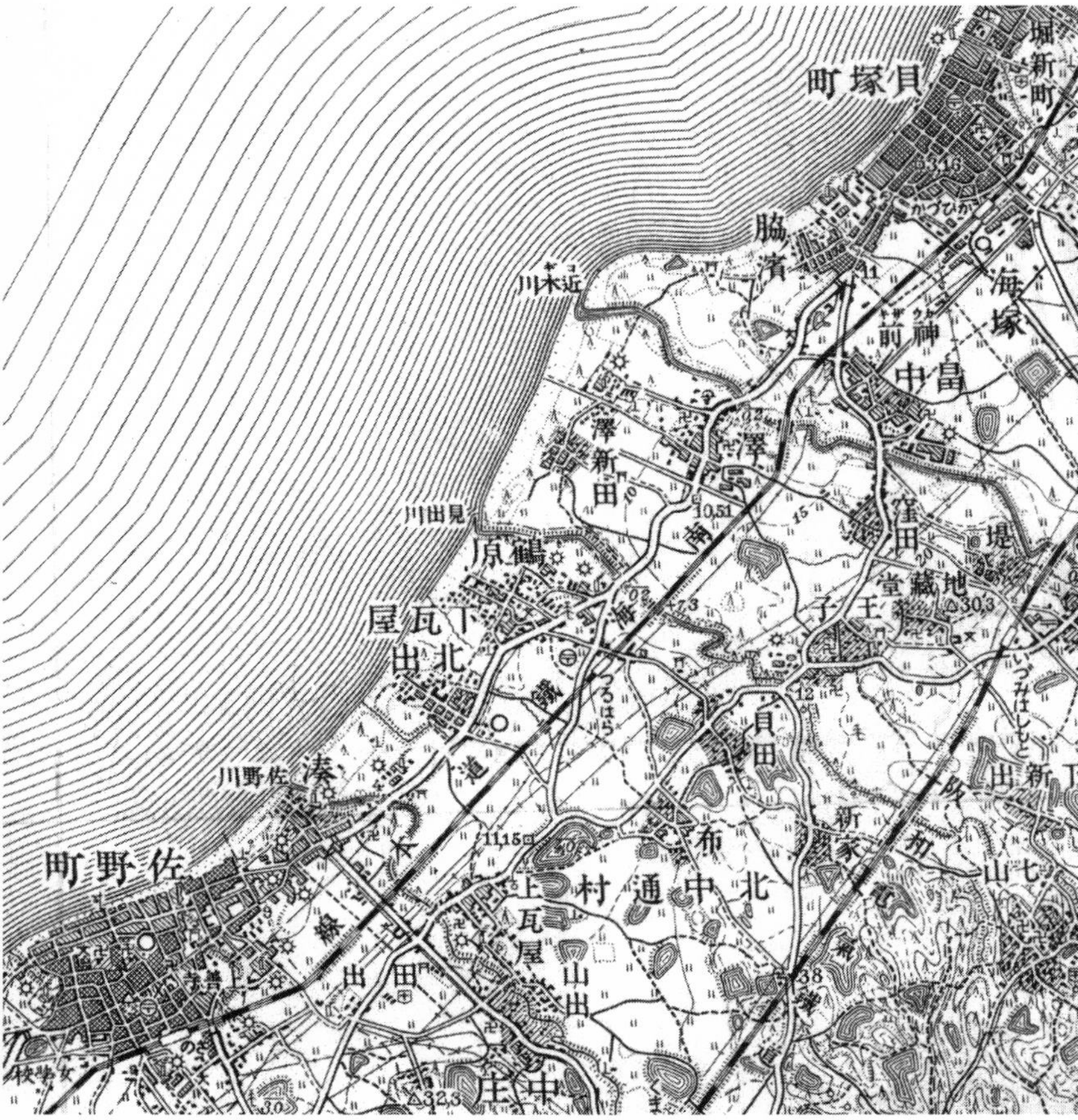

各都市を結ぶ南海鉄道（現南海電気鉄道）と、内陸側に並行する阪和電気鉄道（現 JR 阪和線）。後者は街外れを直線的に通過する。1∶50,000「岸和田」昭和 10 年修正

しお」や、関西国際空港アクセス特急「はるか」が走る路線で、また堺や岸和田など泉州方面の各都市への通勤線としても毎日多くの列車が運転される重要幹線だ。線名は大阪と和歌山の両都市から一文字ずつとったもので、開通当初は阪和電気鉄道という私鉄であった。全通したのは昭和五年（一九三〇）のことである。

もともと大阪から和歌山に至る区間には南海鉄道（現南海電気鉄道）がすでに難波〜和歌山市間を明治三六年（一九〇三）に全通させており、阪和電気鉄道のルートはその東側を延々と並行するものとなった。大阪府と和歌山県の間にある紀泉国境の山越え区間を除けば両線はおおむね二〜三キロの間隔であり、ずいぶんあからさまな競合路線を建設したものである。

戦前期に鉄道の敷設免許は鉄道省（それ以前は鉄道院など）が行っていたが、原則として「並行線」は認めなかった。私鉄とはいえ国の交通を担う公共インフラであり、結果的に無駄な投資で共倒れとなるリスクなどを考慮したものである。しかし「並行線」の定義は難しい。各地方の交通状況を総合的に判断するしかないため政治決着の余地を残してしまい、結果的に時の政権や経済状態などで認可の基準が微妙に変化したことは否めない。

日露戦争後の鉄道政策として幹線鉄道の国有化（明治三九年公布の鉄道国有法）が大きな「事件」であったが、南海鉄道はこの時に一旦は国有化が決まりながら、政治の都合により除外されている。このため国鉄で大阪から和歌山へ出るには関西本線の王寺から和歌山線で南下、紀ノ川沿いに下っていく迂回路をとらざるを得ず、徐々に進んでいた和歌山以南へ向かう紀勢

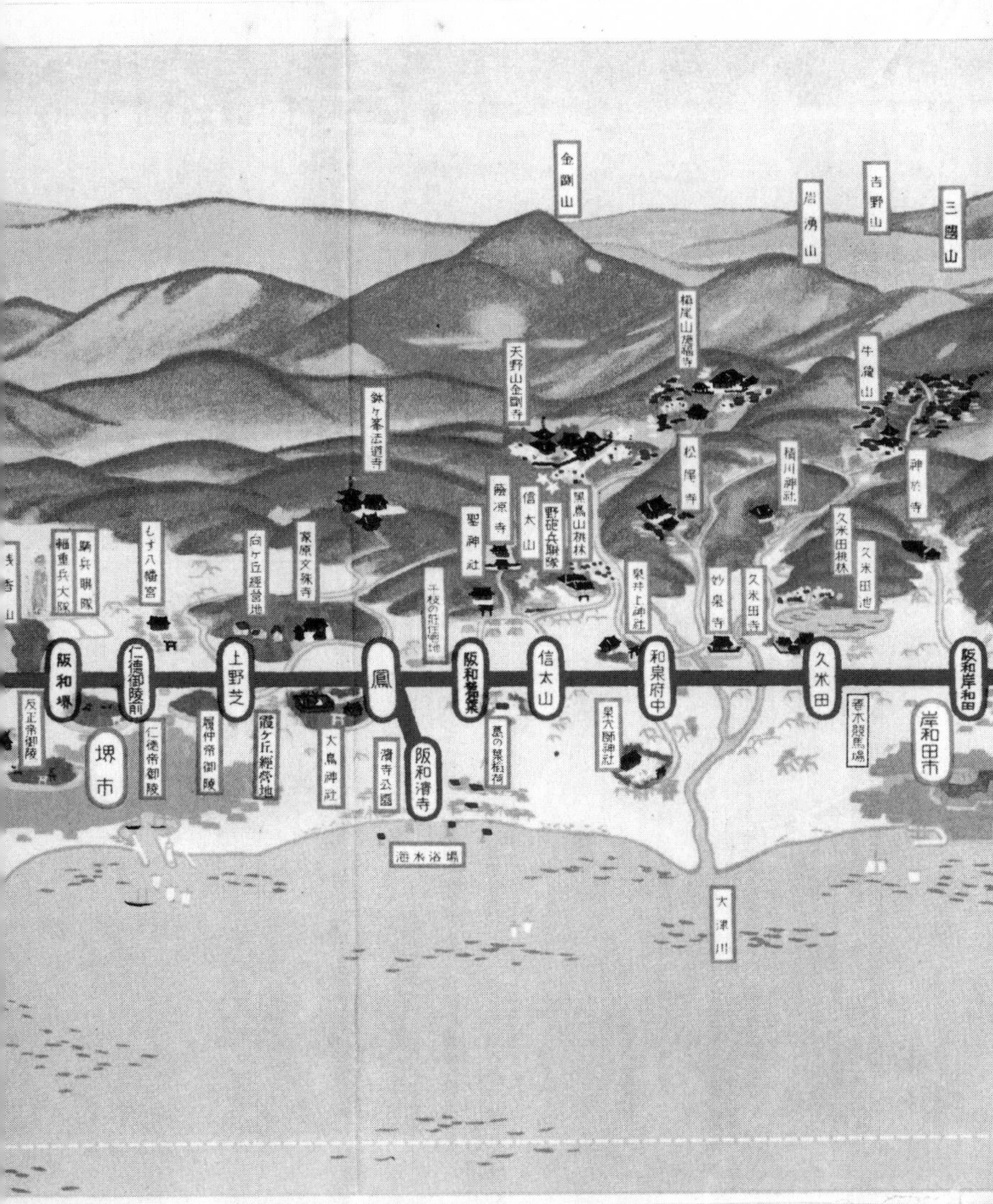

阪和電気鉄道の沿線案内には、同じく大阪～和歌山間のライバルである南海鉄道（現南海電気鉄道）はまったく描かれていない。
阪和電気鉄道『阪和電鉄沿線名所案内図』昭和５年（1930）

阪和電鐵沿線名所案內圖

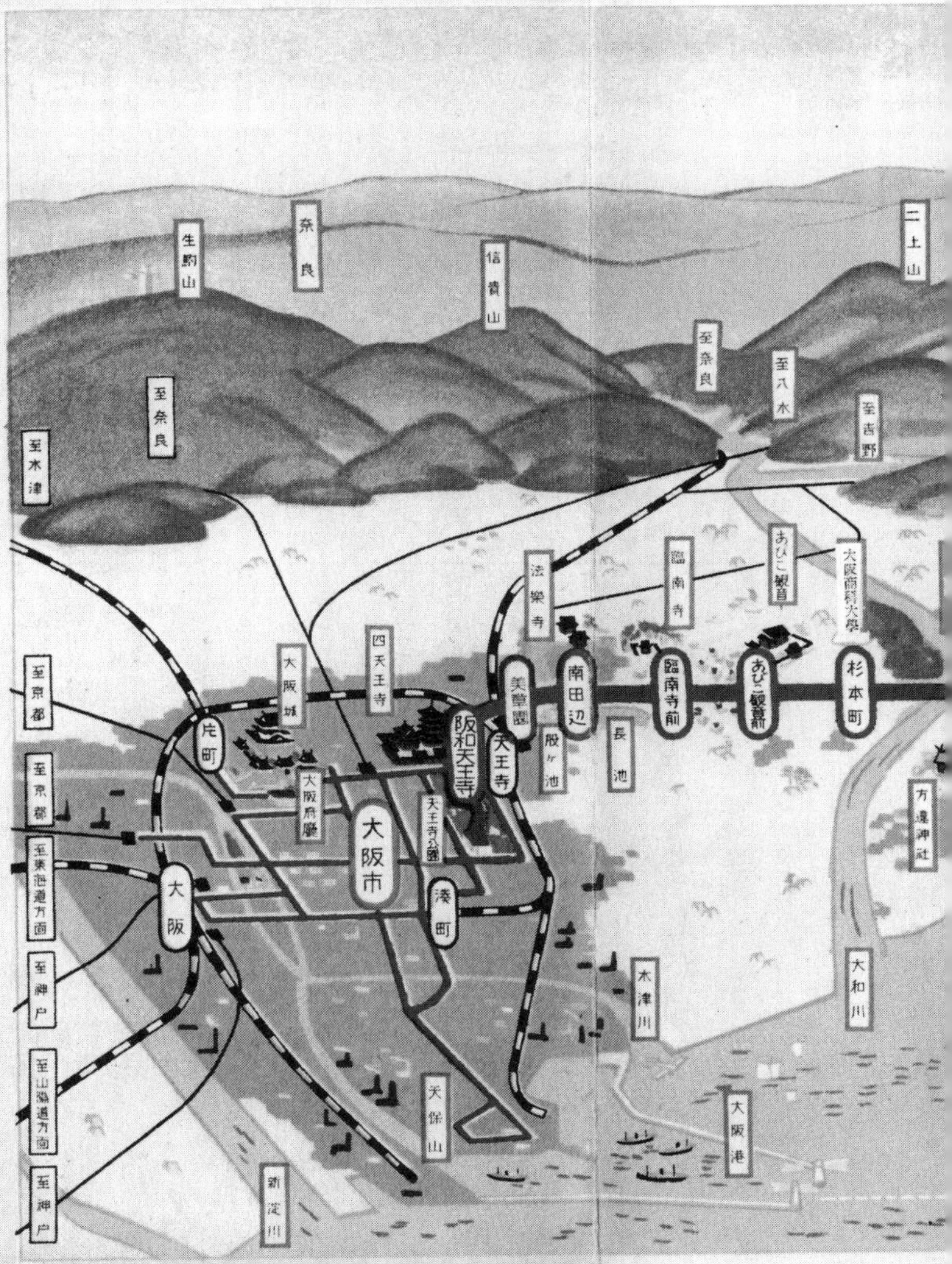

昭和五年五月拾日 由良要塞司令部許可濟

線との関係からも、国鉄での阪和間の連絡が待たれていたのである。そこへうまい具合に入ったのが阪和電気鉄道の免許申請で、これだけの並行線にもかかわらず認められたのは、やはり政治的な決断が行われたとしても不思議はない。

ただし大きな問題があった。南海鉄道が紀州街道に沿った都市をいくつも結び、それぞれに駅を設けていたのに対して、阪和電気鉄道のルートは少し内陸側であったため大半が街外れで、沿線住民の利便性という点では南海の方が勝っていた。阪和電気鉄道がとるべき道は高速走行による阪和間の短絡をおいて他になかったのである。これを想定した線形は優良で、カーブの半径は天王寺付近と山越え区間を除けば大半が一〇〇〇メートル以上という時代離れしたもので、また当時きわめて珍しい重量級の一〇〇ポンドレール（一ヤードあたりの重量。五〇キロレールに相当）を使うなど、高速走行への構えは万全であった。阪和はここに高性能の最新式電車で「超特急」を走らせ、昭和八年（一九三三）からは阪和天王寺〜阪和東和歌山（現天王寺〜和歌山）間を最速四五分で結んだ。表定時速八一・六キロは定期列車としての戦前のスピード記録で、これは戦後の昭和三四年（一九五九）に電車特急「こだま」が抜くまで四半世紀の間、破られることはなかった。

スピードでは南海を圧倒したものの沿線人口の少なさは致命的で、日中戦争が始まる頃からの国家総動員態勢下で、結局は鉄道省による行政指導により昭和一五年（一九四〇）に南海鉄道が阪和を買収することとなった。一旦は「南海山手線」となるが、太平洋戦争中の戦時強制買収により昭和一九年（一九四四）に国鉄阪和線となった。国の関与が圧倒的に強かった「非常時」ならではの話である。

福塩線の「塩」ってどこ？
——福山から「無名の終点」を目指す

ＪＲの路線には起点と終点の駅名を合成したものがいくつかある。北海道の釧路（東釧路駅）と網走を結ぶ釧網本線、仙台（あおば通駅）と石巻を結ぶ仙石線、八王子と高崎のひとつ手前の倉賀野駅を結ぶ八高線といった具合であるが、広島県を走る福塩線もその「起終点合成」の仲間だ。

どこを結んでいるかといえば、福山駅と塩町駅である。起点の福山駅は山陽新幹線の駅でもあり、広島県東部に位置する備後の中心都市として、駅のすぐ目の前にそびえる福山城とともに知名度も高い。その一方で塩町駅は三次市内にある人口二五〇人足らずの集落だ。ＪＲ芸備線との接続駅ではあるが、全部の列車が三次駅までの七・一キロを芸備線経由で直通しているので、最初から「三次線」とか「三福線」にしておけばよかっただろうに、ずいぶん生真面目

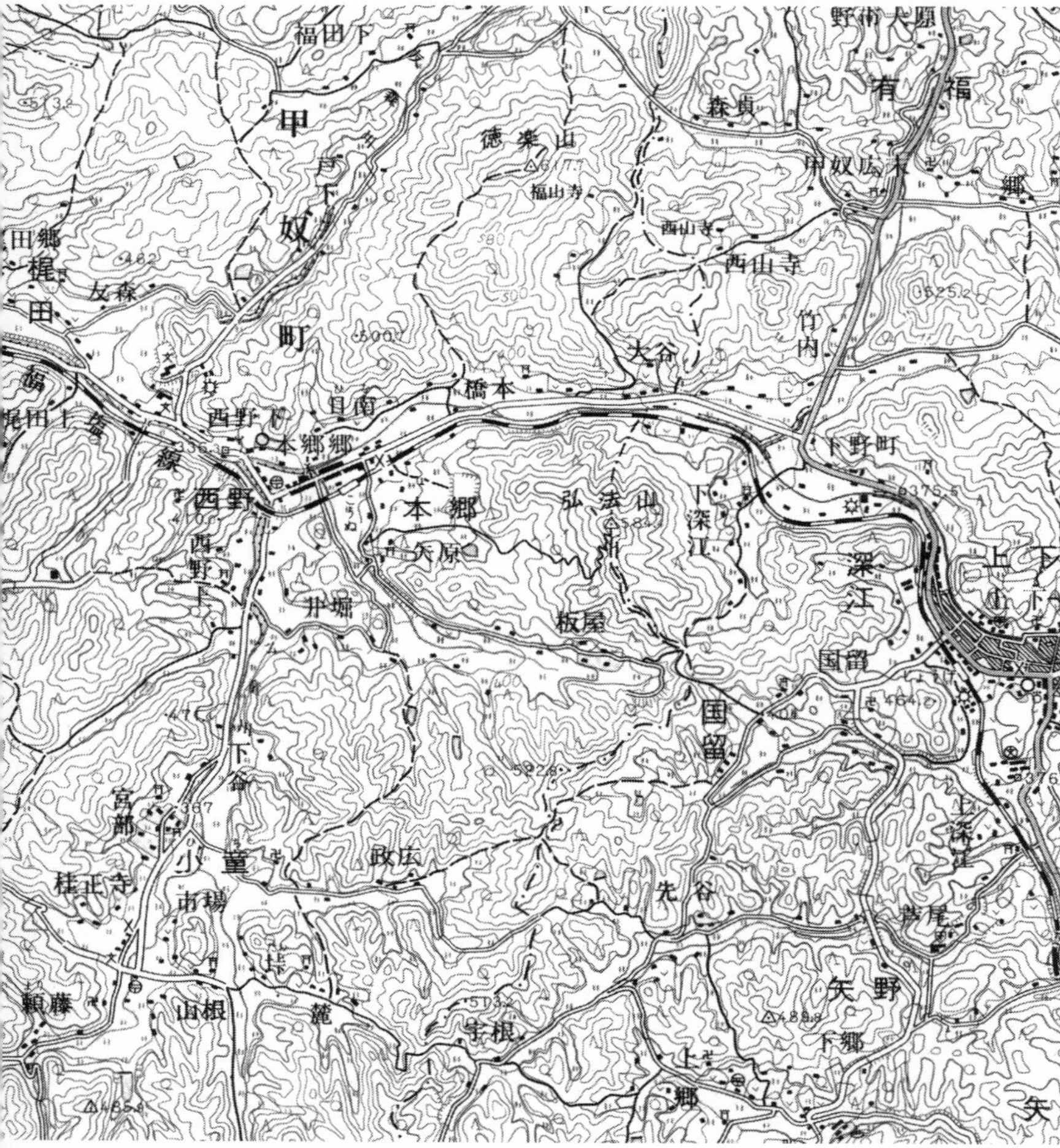

広島県の福山と塩町を結ぶことから頭文字をつないだJR 福塩線。本州の中央分水界が通る上下駅（標高 383.7m）が線内の最高地点。1 : 50,000「上下」平成５年修正

な命名をしたものだ。

福塩線はなかなか興味深い路線で、そのひとつが電車と気動車（ディーゼル車）が途中の府中駅を境に棲み分けていることである。全長七八・〇キロのうち三割にあたる福山〜府中間の二三・六キロで電車が運転されており、それ以北が気動車の担当だ。電車の運転区間は駅間距離が平均約一・七キロと短く、運転回数も一時間に一〜三本と比較的多いのに対して、府中〜塩町間の五四・四キロの非電化区間は一日わずか五往復で、昼間は上下線それぞれ八時間ほど列車が来ない時間帯がある純然たるローカル線だ。駅間距離も平均四・五キロと長い。

このアンバランスには歴史的な経緯が影響している。電車区間の福山〜府中（当初の駅名は府中町（まち））間はかつて両備（りょうび）鉄道、大正三年（一九一四）の開業当初は両備軽便鉄道と称する私鉄であった。軌間も国鉄の一〇六七ミリに対して両備は七六二ミリと狭く、地元の需要にきめ細かく応えるために駅をこまめに設置したのである。ちなみに両備という呼称は路線が備中と備後の両国にまたがっていたためだろう。東の目的地が備中の高屋（たかや）（現岡山県井原（いばら）市。こちらは後に廃止）、西の目的地が備後の府中町（現広島県府中市）であった。

昭和二年（一九二七）に両備鉄道は電化、電車を走らせている。その先の区間は鉄道省が三次方面を結ぶ路線の一部と位置づけたため木に竹を接いだ印象もあるが、三次方面へ行くために芸備線との接続点に選ばれたのが塩町（田幸（たこう）駅を改称。旧塩町駅は神杉（かみすぎ）に改称。時期はいずれも昭和九年）である。

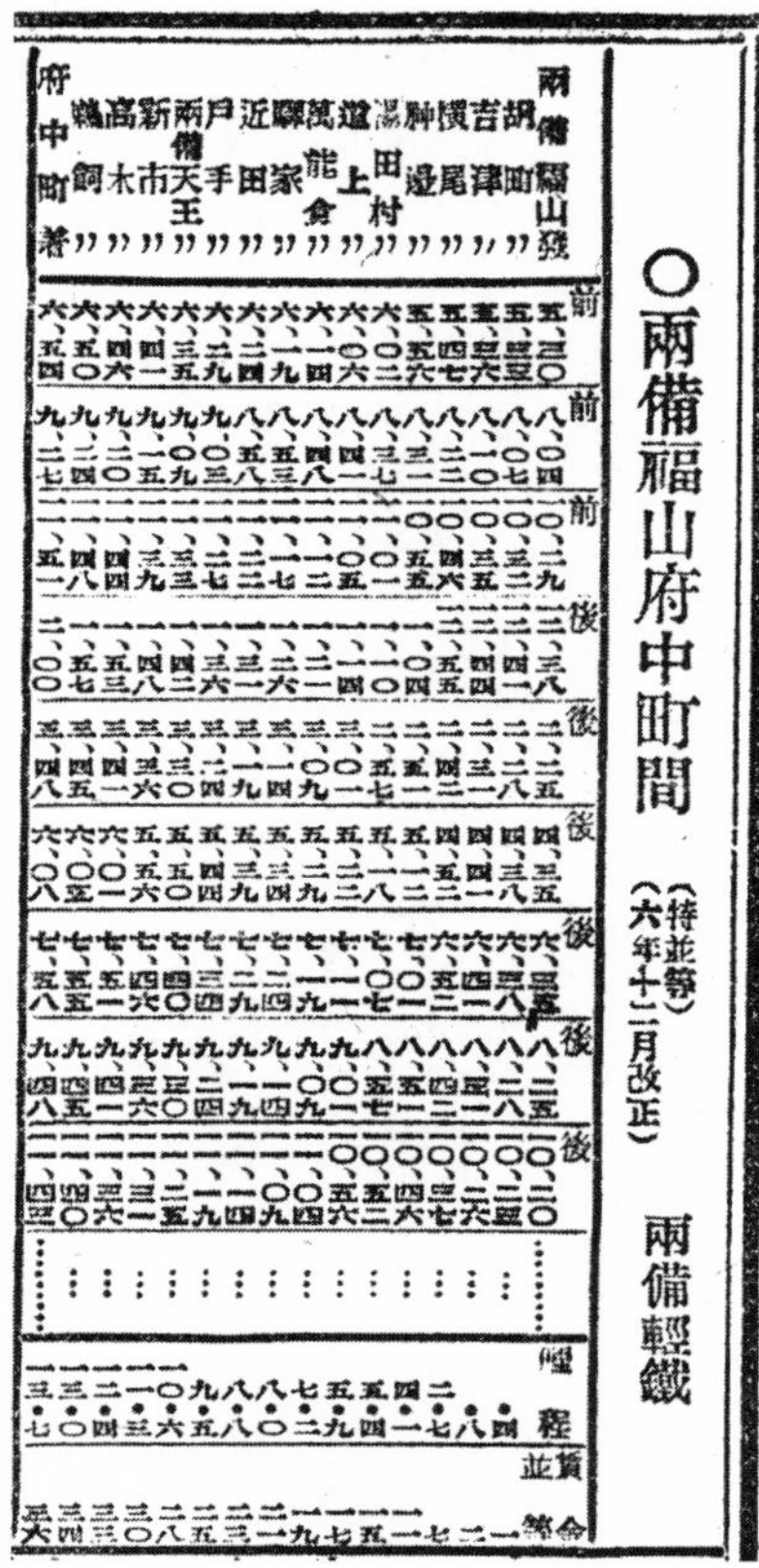

○兩備福山府中町間（特並等）（六年十二月改正）兩備輕鐵

驛	前	前	前	後	後	後	後	後	後		哩程	賃金並等
兩備福山發	五、三〇	八、〇四	一〇、二九	一二、三八	二、二五	四、三五	六、三五	八、二五	一〇、二〇	…		
胡町〃	五、三五	八、〇七	一〇、三二	一二、四一	二、二八	四、三八	六、三八	八、二八	一〇、二五	…	・四	一
吉津〃	五、三六	八、一〇	一〇、三五	一二、四四	二、三一	四、四一	六、四一	八、三一	一〇、二六	…	・八	二
横尾〃	五、四七	八、二三	一〇、四六	一二、五五	二、四二	四、五二	六、五二	八、四二	一〇、三七	…	二・七	七
神邊〃	五、五六	八、三一	一〇、五五	一、〇四	二、五一	五、一二	七、〇一	八、五一	一〇、四六	…	四・一	一一
湯田村〃	六、〇二	八、三七	一一、〇一	一、一〇	二、五七	五、一八	七、〇七	八、五七	一〇、五二	…	五・四	一五
道上〃	六、〇六	八、四一	一一、〇五	一、一四	三、〇一	五、二二	七、一一	九、〇一	一〇、五六	…	五・九	一七
萬能倉〃	六、一四	八、四八	一一、一二	一、二一	三、〇九	五、二九	七、一九	九、〇九	一一、〇四	…	七・二	一九
驛家〃	六、一九	八、五三	一一、一七	一、二六	三、一四	五、三四	七、二四	九、一四	一一、〇九	…	八・〇	二一
近田〃	六、二四	八、五八	一一、二二	一、三一	三、一九	五、三九	七、二九	九、一九	一一、一四	…	八・八	二三
戸手〃	六、二九	九、〇三	一一、二七	一、三六	三、二四	五、四四	七、三四	九、二四	一一、一九	…	九・五	二五
兩備天王〃	六、三五	九、〇九	一一、三三	一、四二	三、三〇	五、五〇	七、四〇	九、三〇	一一、二五	…	一〇・六	二八
新市〃	六、四一	九、一五	一一、三九	一、四八	三、三六	五、五六	七、四六	九、三六	一一、三一	…	一一・三	三〇
高木〃	六、四六	九、二〇	一一、四四	一、五三	三、四一	六、〇一	七、五一	九、四一	一一、三六	…	一二・四	三三
鵜飼〃	六、五〇	九、二四	一一、四八	一、五七	三、四五	六、〇五	七、五五	九、四五	一一、四〇	…	一三・〇	三四
府中町着	六、五四	九、二七	一一、五一	二、〇〇	三、四八	六、〇八	七、五八	九、四八	一一、四四	…	一三・七	三六

福塩線のルーツは私鉄の両備軽便鉄道。昭和8年（1933）に国有化されて福塩南線となる。両備福山～横尾間は現在とは別ルートであった。公益旅行合資会社『公益旅行案内』大正7年5月号

田幸駅から線路が最初に伸びたのは昭和八年（一九三三）で、最初は吉舎（きさ）までの二駅のみ。同一〇年には上下（じょうげ）まで延伸された。ここまでの暫定的な線名は「福塩北（ほく）線」であった。これに対して歴史の古い福山から府中までの両備鉄道は同年に鉄道省が買収、国鉄の「福塩南線」に変わっている。

それでも両備時代の電車がそのまま使われ、線路の幅も軽便時代の七六二ミリであった。それを昭和一〇年（一九三五）末に国鉄の線路幅への改軌とルート変更を行い、線路が接続していなかった福山で山陽本線の線路への接続を果たしている。ちなみに福山のターミナルは国鉄

になっても二年ほど会社線時代のまま「両備福山」を名乗っていた。未完成だった府中町〜上下間が竣工して南北の両線がつながり、福塩線になったのは同一三年のことである。

さて、三次盆地は日本海へ注ぐ江の川流域に属しているが、少しずつ標高を上げて上下駅まで上ったところがちょうど「文字通り」の分水界だ。ここから府中・福山方面へ芦田川水系を下っていくので、以南の水は瀬戸内海に注ぐ。地味な路線で、せっかく福山と三次という備後の二都市を結ぶのだが輸送量は少なく、今では高速バスの後塵を拝するばかりである。

高徳線——幻の「電気軌道」がルーツのＪＲ

四国の高松と徳島を結ぶのがＪＲ高徳線である。起終点の頭文字を繋いだもので、ＪＲ四国になった翌年の昭和六三年（一九八八）に高徳本線から「本」を外した。もともと「本線」とは、それぞれの本線の下にいくつかの支線を擁するという国鉄の整理方式の名残だが四国はもともと路線数が少なく、ＪＲに引き継がれた段階で高徳本線の支線は鳴門線のみ、徳島本線の支線は牟岐線のみといった状態では本支線を区別する意味もなく、早々に「本線」を全廃した

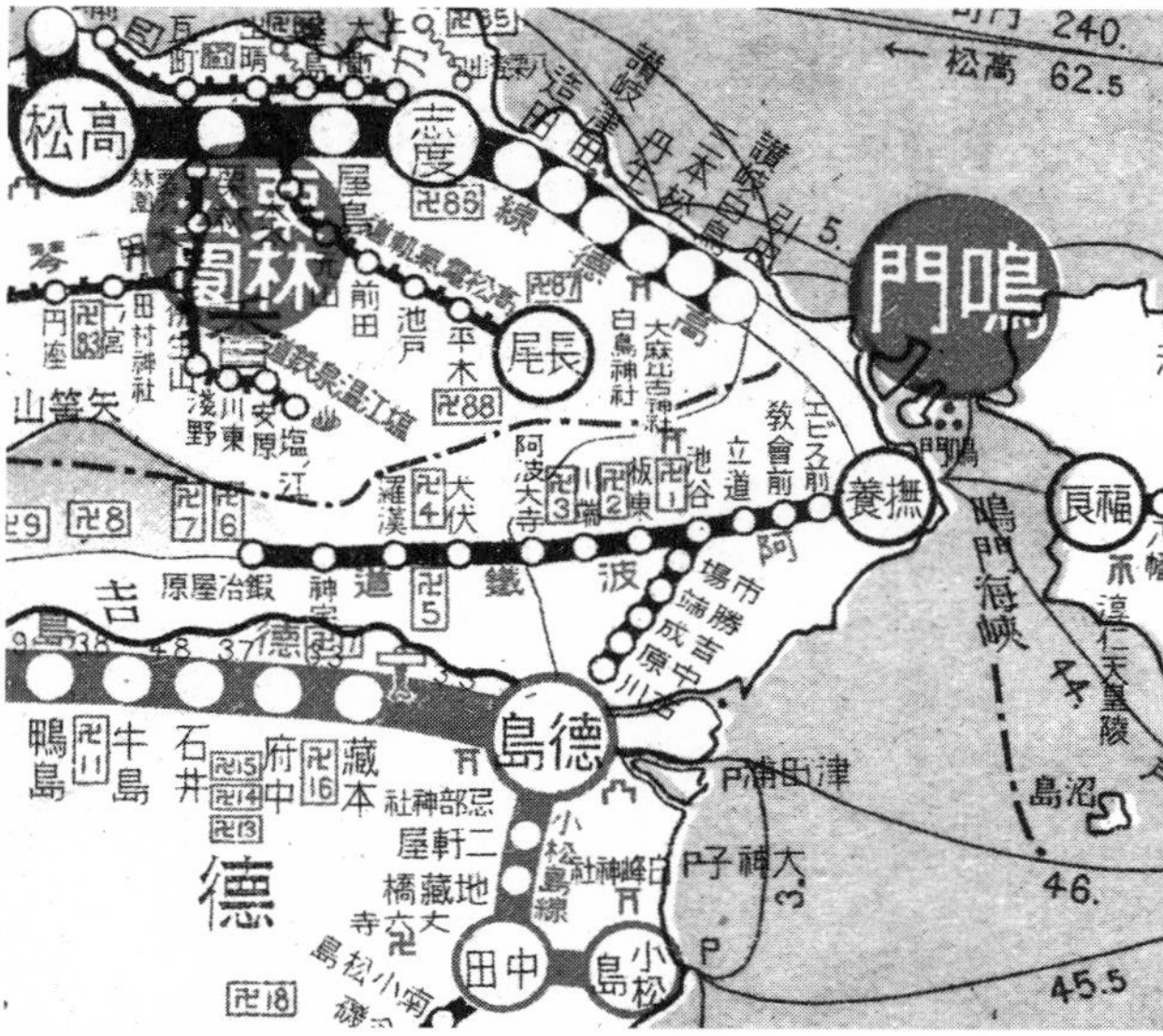

高徳線は高松～引田間が開通、徳島県内は阿波鉄道であった昭和８年(1933) の『新鉄道地図』

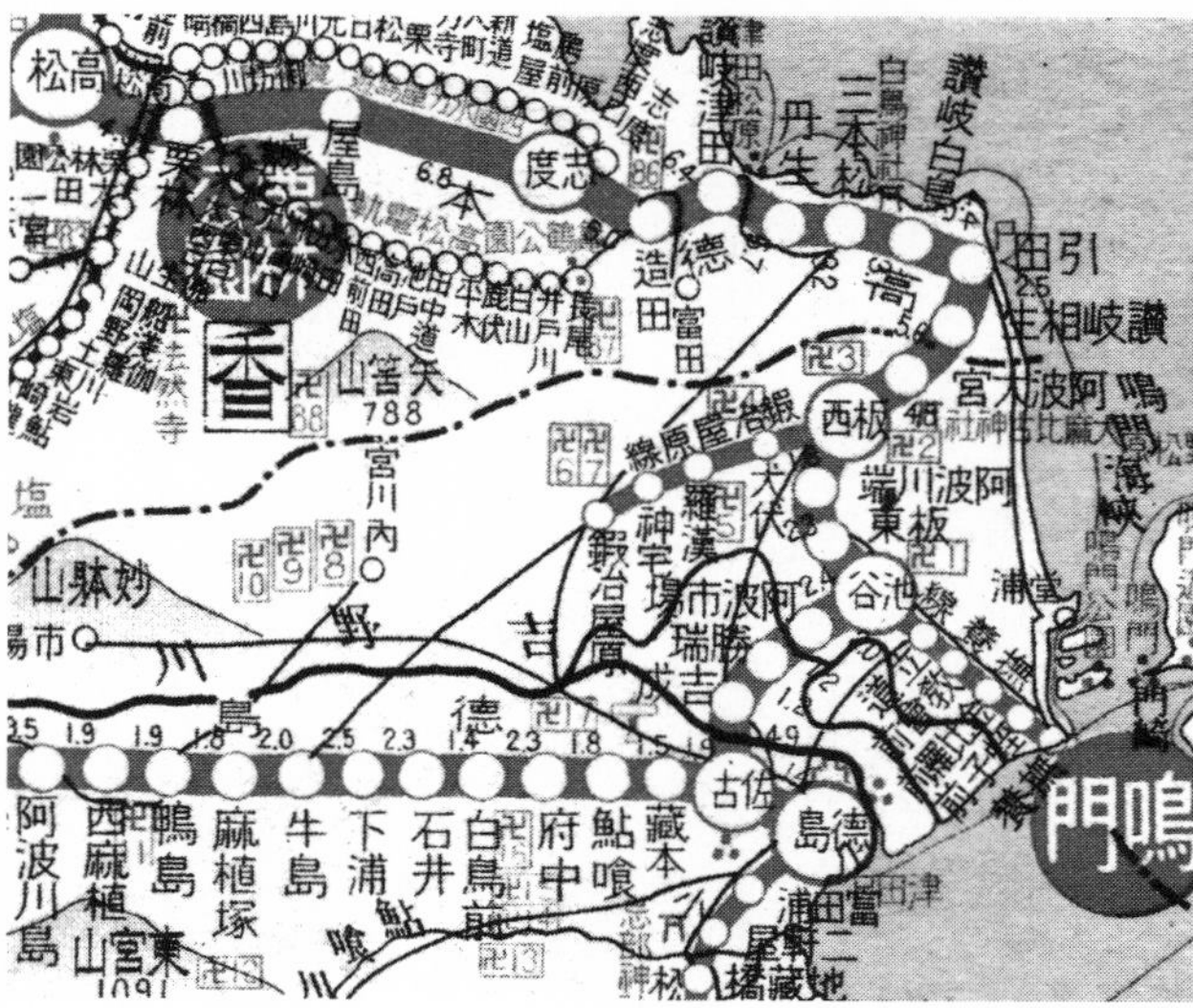

高徳本線が全通した同 10 年 (1935) の『鉄道旅行図』

上下図とも発行は三省堂

のもそのあたりが理由だろう。ＪＲでは今なお東海道本線など慣習的に本線を名乗る場面もあるが、国土交通省の『鉄道要覧』で正式な名称として掲載されているのは「東海道線」や「中央線」である。

高徳線は全長七四・五キロと「本線」を名乗るわりには短く、全通したのも昭和一〇年（一九三五）と意外に新しい。最初の開業区間は大正五年（一九一六）の撫養（初代）～池谷～吉成～中原（後の阿波中原）～古川という八マイル五七チェーン（一四・〇キロ）区間で、阿波電気軌道という私鉄であった。その名の通り当初は電車を走らせる計画であったが断念、後に国鉄として買収されるまで蒸気機関車が牽引していた。大正一五年（一九二六）には社名も

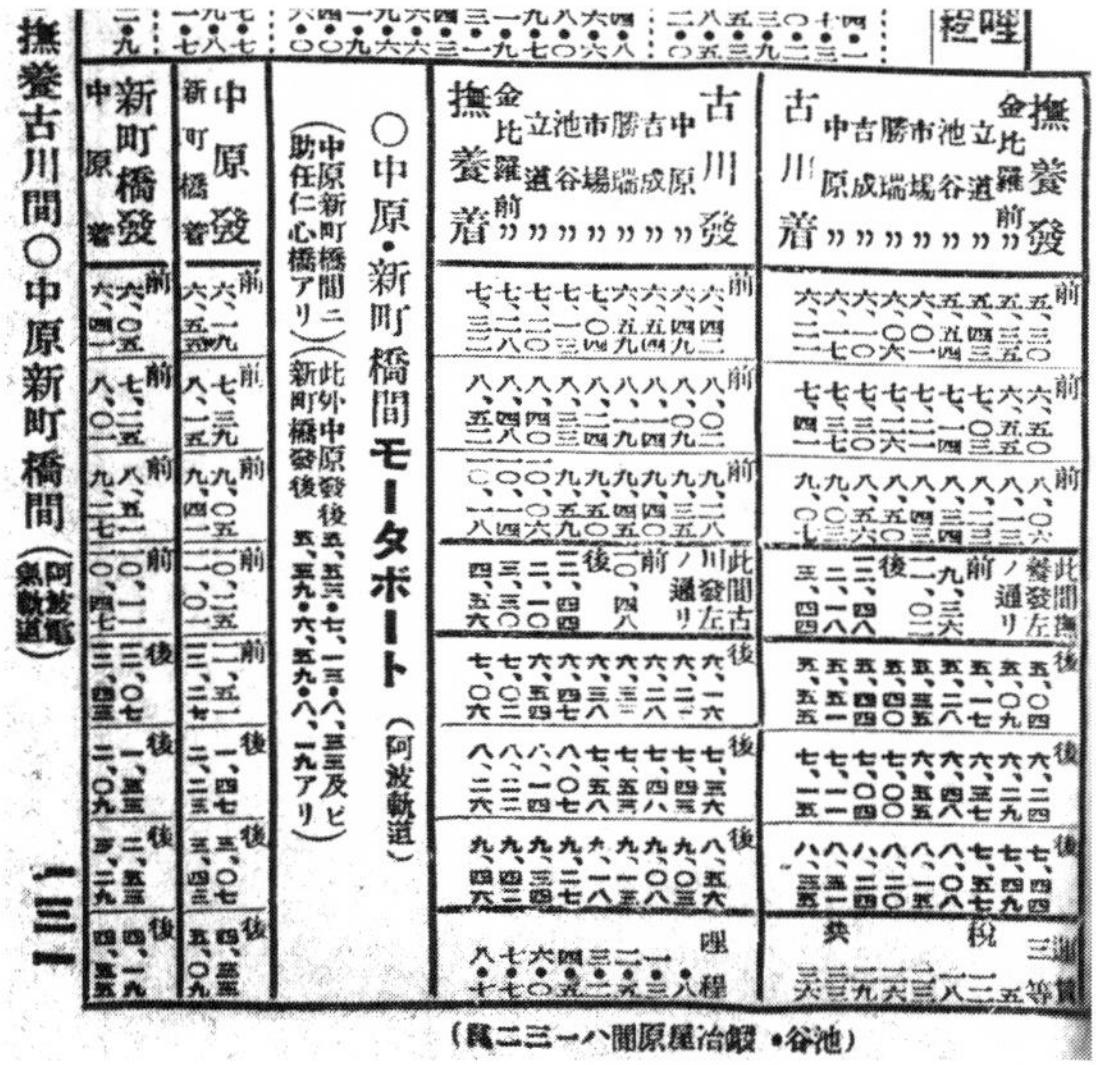

高徳線の徳島県側のルーツは阿波電気軌道（阿波軌道は誤り）で、吉野川に面した中原駅から連絡船（本表では「モータボート」）が接続、途中で助任、仁心橋を経て徳島中心市街にある新町橋を結んでいた。
旅行案内社『ポケット汽車汽船旅行案内』大正 14 年 4 月号

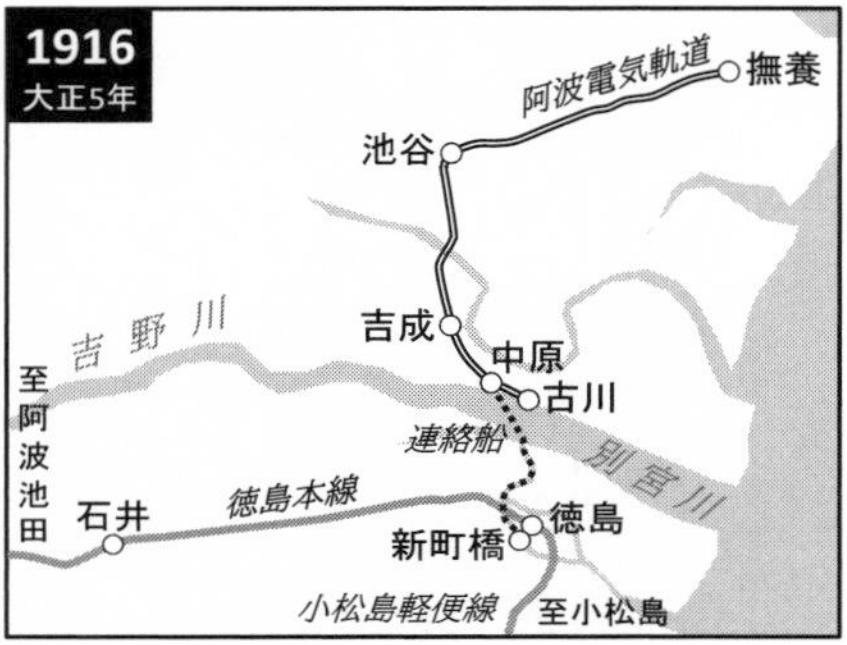

電気を外して阿波鉄道に改称している。ついでながら徳島県は日本の全都道府県のうち唯一、現在に至るまで一回も電車が走ったことがない。当初の開業区間のうち、現在では撫養〜池谷間が鳴門線となり、吉成〜古川間（二・八キロ）は全通時に廃止されている。

この廃止区間は吉野川（当時は別宮川）の北岸に沿って敷設され、そこから徳島市街まで本来なら長大な鉄橋を架けたいところだが小私鉄では不可能で、途中駅の中原から徳島市の中心市街の新町橋に至る連絡船が結んでいた。吉野川を渡った後に派川の新町川に入って助任、仁心橋を経て終点の新町橋という経路だが、徳島駅から眉山へ伸びる大通りが新町川を渡る橋である。中原からここまでの所要時間は三五分（廃止直前）であった。時刻表によれば「モータボート」などと記載されているから小型船だったようだ。鉄道省の高徳本線計画に伴って阿波鉄道の区間は昭和八年（一九三三）に買収され、国鉄阿波線となる。これにより中原〜新町橋間の川船は省営の「鉄道連絡船[29]」という位置づけになった。「川

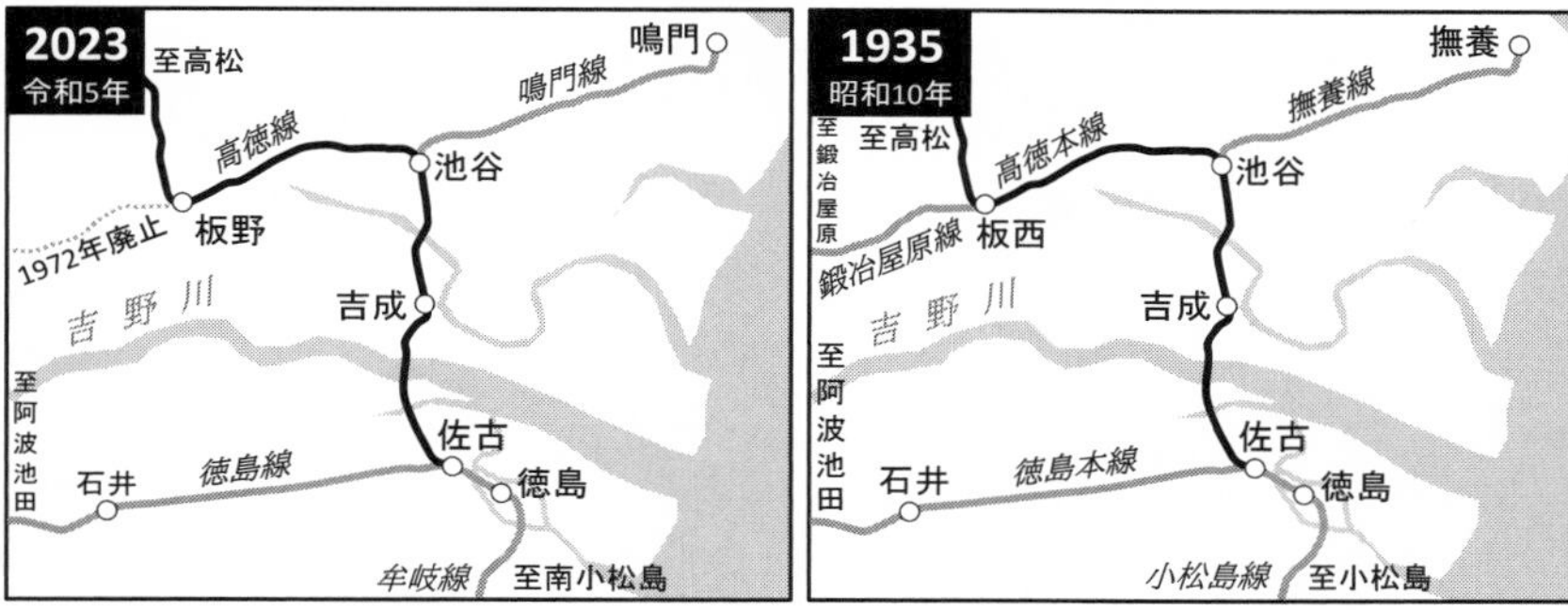

船」の鉄道連絡船は全国を見渡してもこれが唯一の事例であろう。細かいことを言えば、本四～四国の連絡ルートのうち、岡山～高松間を結んだ山陽汽船の岡山（京橋）から三蟠までは川船であり、ここで大型船に乗り換えて高松へ向かっていた。このため岡山～三蟠間だけは旭川を上下する「川船」であった。この航路は明治三六年（一九〇三）から同四三年の宇高連絡船の開業までの短い期間であった。また、東海道本線が全通する直前に長浜～大津（現びわこ浜大津）間を結んだ太湖汽船は湖上の鉄道連絡船である（明治一五～二二年）。

高松側からは高徳線として大正一四年（一九二五）の高松～志度間が最初に開通した。四国水力電気線（現高松琴平電気鉄道志度線）のルートに重なるが、省線は当時わずか七往復（大正一五年四月現在）だから、それほど影響はなかったかもしれない。大正一五年（一九二六）には讃岐津田、昭和三年（一九二八）に引田まで延伸し、昭和一〇年（一九三五）には長大な吉野川橋梁の完成を待って引田～板西（現板野）間および吉成～佐古間の二区間が完成、同年三月二〇日に全通した。これに伴って国鉄阿波線は池谷～撫養（現鳴門）間を撫養線（現鳴門線）、板西（現板野）～鍛冶屋原を鍛冶屋原線（昭和四七年廃止）に分離、残りはこれら支線を率いる「高徳本線」に改称されている。

吉野川橋梁は三、一三五フィート（九五五・五メートル。現在の資料では九四九・二メートル）、完成当時では羽越本線阿賀野川、東海道本線天竜川、札沼南線石狩川、東海道本線大井川、関西本線揖斐川の各橋梁に次ぐ国内（台湾・朝鮮を除く）では第六位の長さであった。構造的に見れば、現在の新幹線まで引き継がれている「連続ワーレントラス橋」（三径間）が初めて採用された鉄橋である。

主要な街道に沿って
——五畿七道と街道に由来

- 東海道本線
- 北陸本線
- 山陰本線
- 山陽本線
- 南海電気鉄道
- 参宮線

東海道本線――五十三次は今も国の主軸

東海道と聞いて大方が思い浮かべるのは、現在の国道一号よりも弥次さん喜多さんで親しまれる「東海道五十三次」かもしれない。かつては永谷園の「お茶漬け海苔」の袋の中に必ず一枚ずつ広重の五十三次の浮世絵が入っていて、これで近世東海道や広重の世界に親しみ始めた人は少なくないだろう。

日本を代表するこの主要街道は近世になって初めて登場したわけではなく、経路の差はあれ、古代律令制の頃から官道として整備されている。また当時の地方区分はこれらの主要官道に沿って行われていた。都を中心とする五か国―五畿（山城・大和・摂津・河内・和泉）と東海道・東山道・北陸道・山陰道・山陽道・南海道・西海道の七つの道を併せた「五畿七道」の呼び名がそれである。

このうち「東海道」の諸国は伊賀・伊勢・志摩・尾張・三河・遠江・駿河・伊豆・甲斐・相模・武蔵（当初は東山道所属）・安房・上総・下総・常陸の一五か国。現在の「東北」や「中国」といったブロック的な分け方ではないが、当時としては方面別に地方を把握するやり方は合理性があったのだろう。ちなみに七道の名を冠した鉄道は東海道本線の他に北陸本線、山陰

「東海道鉄道」と表記された路線名称制定以前の東海道本線。沼津駅から南へ伸びる支線は同線の建設資材を陸揚げするために敷設された貨物線。1：20,000「沼津」明治32年修正

本線、山陽本線、南海電気鉄道がある。

東海道本線は今でこそ長距離旅客輸送を新幹線に委ねているが、その開業以前の昭和三〇年頃には、国鉄の全営業キロの三パーセントに過ぎない同線の旅客輸送量が全国鉄の二五パーセント、貨物輸送も二四パーセントに達していた[30]という。戦前から「六大都市」と呼ばれた東京・横浜・名古屋・京都・大阪・神戸のすべてを結んでいることを考えれば当然のことであろ

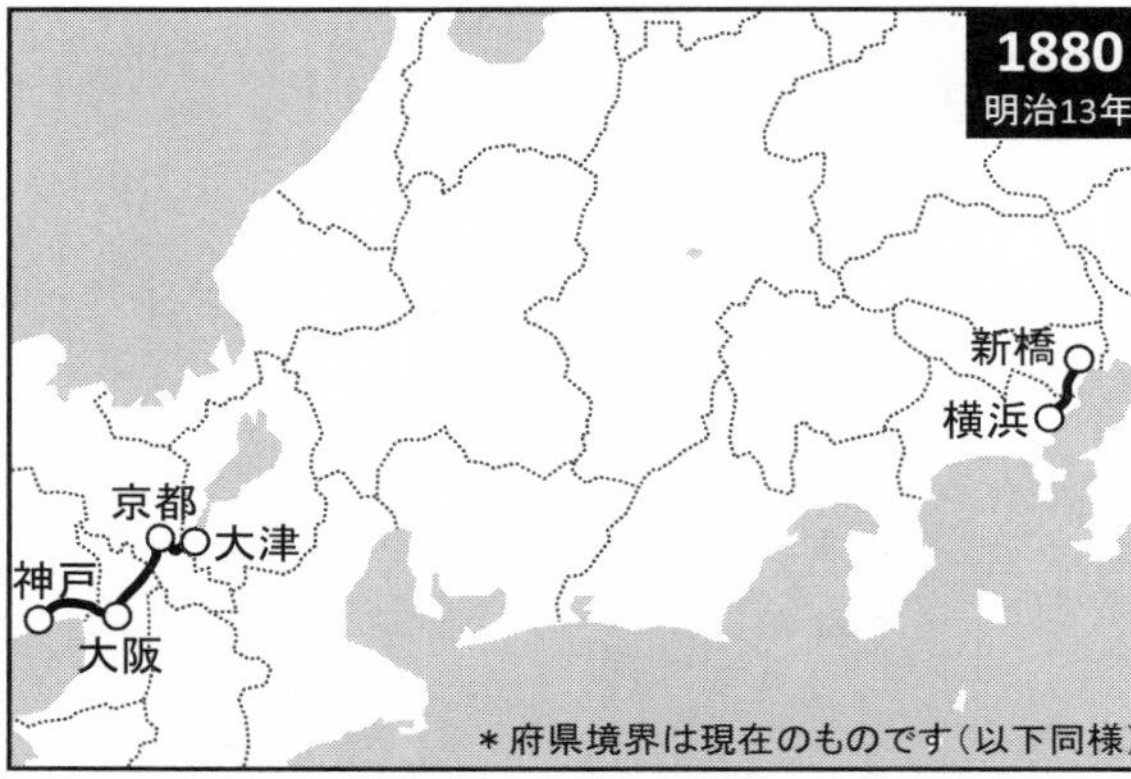

う。令和元年（二〇一九）の統計でも、国内のすべての新幹線の輸送実績である約九九三・四億人キロのうち、東海道・山陽新幹線（合計）が七三三・三億人キロと約七四パーセントを占めている。

　そもそも東京と京都・大阪を結ぶ鉄道は明治一六年（一八八三）に中山道を経由することが決定していた。これは英国人技師ボイルが「水運の発達した東海道より未開発地の中山道経由

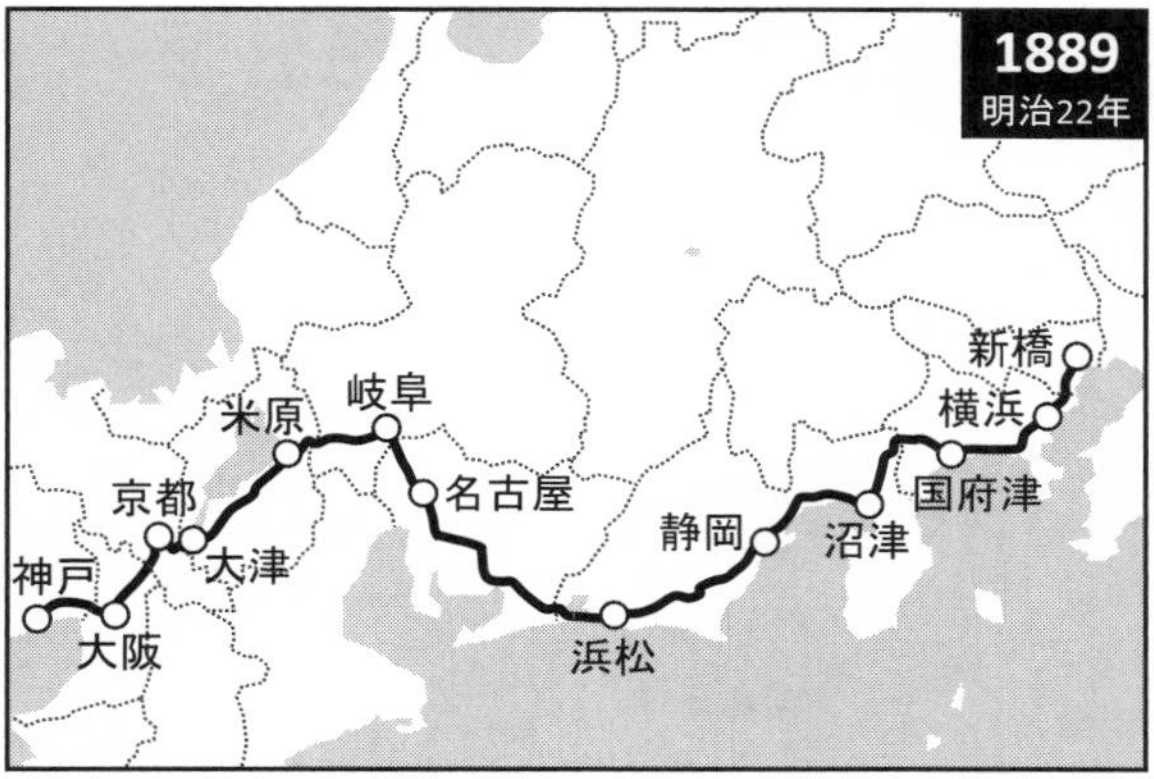

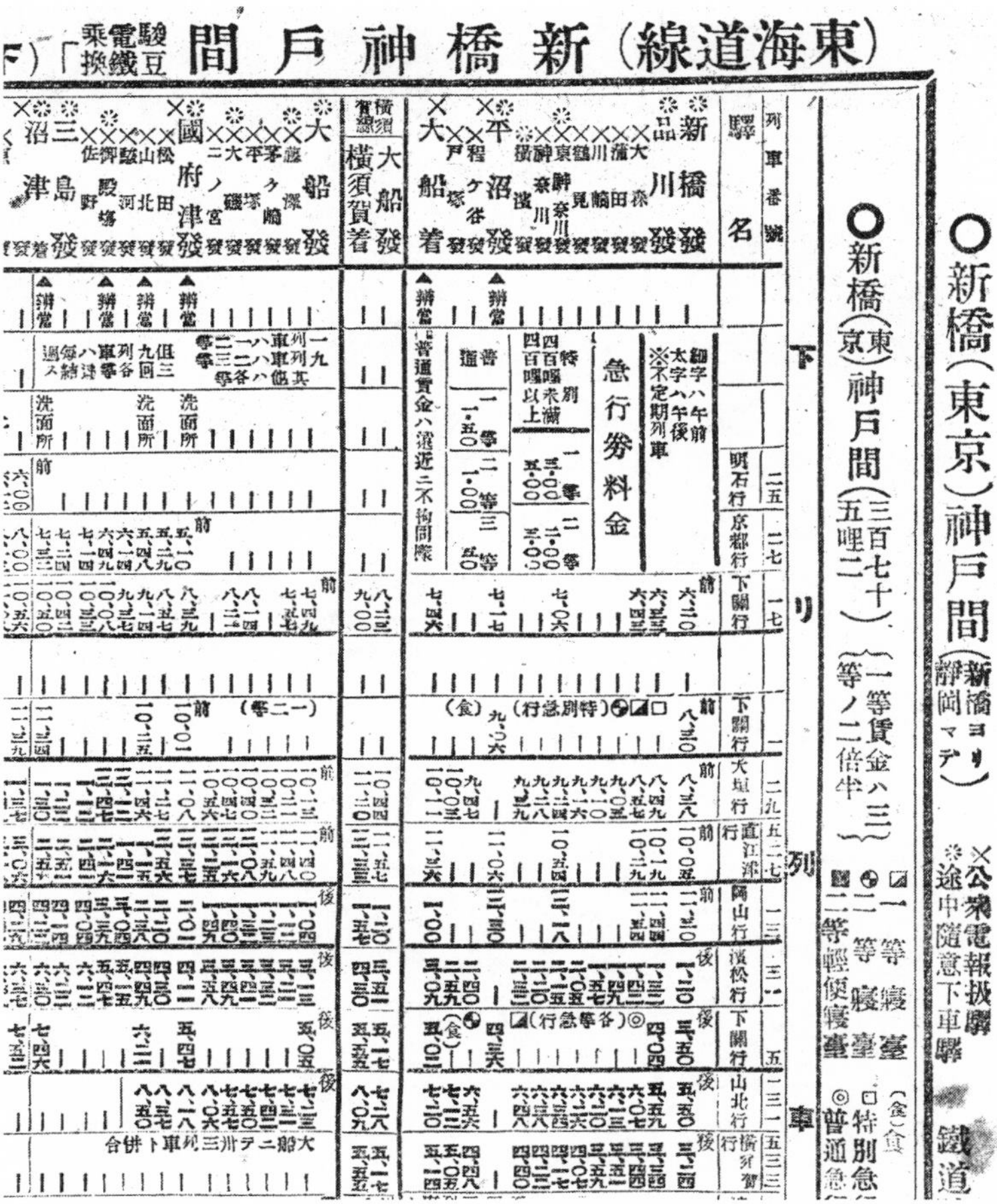

東京駅の開業まであと９か月に迫った頃の東海道本線。京浜電車（現京浜東北線）の運転前なので、大垣行き、浜松行きなどの長距離列車が大森、鶴見などの駅にも停車している。中央に見える「特別急行」の下関行きは一等・二等寝台と食堂車付きで、大阪に20時25分、下関には翌朝９時38分の到着であった。長途25時間８分。米原経由の直江津行きも見える。駸々堂『鉄道航路旅行案内』大正３年３月号

が望ましい」と主張したことによるが、もうひとつは列島の中心に一本の幹線を敷き、その南北側に支線を伸ばす利便性を考えた結果でもある。ところがその後詳細に沿線を調べたところ、経由地の地形の険しさによる急勾配、難工事によるコスト高などが判明、これを勘案して同一八年には東海道経由に変更された。今ならそんなことは誰もが知っているだろうが、地形図の測量さえ緒に就いたばかりという段階であるから、当時としては仕方がない。

この年には東京の上野から高崎まで、西側からは後に東海道鉄道の一部となる長浜〜大垣間が明治一七年（一八八四）までに開通しているのだが、中山道・東海道どちらの経由になっても有効な区間であり、とにかく走りながら考え、欧米列強に必死に食らいついていた明治の「スピード感」が窺える。

東海道本線という呼び名は、全国の官営鉄道の名称が定められた明治四二年（一九〇九）一〇月一二日に鉄道院が正式に告示したもので、それ以前は一般に「東海道鉄道」と呼ばれていた。これは明治二二年（一八八九）から見える官報の表記でもわかるし、明治二〇〜三〇年代の地形図にもそう記されている。ただし同二七年に発行された日本初の冊子状鉄道時刻表『汽車汽船旅行案内』には「官営鉄道　東京（新橋）神戸間」としているなど、やはり正式名称のない時代ならではの揺れもあったようだ。

北陸本線
——北陸道に沿う日本海縦貫線

「北陸道」といえば、今では高速道路の北陸自動車道を指す略称になってしまったが、古代の五畿七道の頃から存在する官道だ。近世まで続いたこの道に沿って明治に入ってから鉄道の建設が進められるが、本州の日本海側で最初に建設された鉄道が、このうち現北陸本線の前身である長浜～敦賀間である。近江と越前の国境に位置する柳ヶ瀬隧道（トンネル）部分を除いた区間が明治一五年（一八八二）に開通、同一七年には隧道の開通でこの区間が全通した。これにより大阪方面からは、大津～長浜間の琵琶湖上の連絡船を介して敦賀までの往来が可能となったのである。

なお、柳ヶ瀬隧道（一三五二メートル）は日本で初めて掘削にダイナマイトを使ったトンネルで、明治三一年（一九九八）に日本鉄道海岸線の金山（かねやま）隧道（現ＪＲ常磐線竜田（たった）～富岡間。一六五五メートル＝当時）が開通するまでは日本最長のトンネルであった。この区間は路線変更のため廃止されたが、今でも県道トンネルとして現役である。

敦賀から先は明治二九年（一八九六）に福井まで、同三〇年に小松、同三一年四月に金沢、同一一月に高岡と順次延伸され、同三二年には富山に達した。その後は鉄道国有法の公布に

北陸道と並行する北陸本線。直江津に近いこの区間は当初信越線として開業した。現在は「えちごトキめき鉄道日本海ひすいライン」。1：50,000「高田西部」昭和５年修正

伴って全国の幹線私鉄が同四〇年までに国有化されたのを受けて同四二年に全国の線路名称が制定され、ここで「北陸本線」の名称が決まっている。翌四三年に富山県東部の泊まで伸びたところで明治は終わった。

一方で新潟県の直江津（現上越市）には長野方面を結ぶ信越線がすでに到達していたが、そこから西へ明治四四年（一九一一）に名立までが開通している。後の北陸本線の終点近くであるが、この時点では信越線（支線）であった。大正元年（一九一二）九月号の時刻表『汽車汽船旅行案内』（庚寅新誌社）によれば、新橋から当時の終点であった泊へ行く急行列車が走っている。新橋を昼の一二時二五分に出て品川、平沼（横浜接続）、大船、国府津、山北、三島、沼津、静岡、浜松、豊橋、岡崎、大府、熱田、名古屋、そこから大垣までの全駅および米原に停車、深夜一時五分に米原を出た後は各駅停車となって金沢に翌朝八時四分、富山に一〇時三分、終点の泊には一一時三四分。新橋を出てから富山まで二一時間三八分、泊までは二三時間あまりの長丁場であった。

富山側からは断崖絶壁が続く親不知付近の難工事を経て新潟県の青海まで伸びたのが大正元年（一九一二）一〇月、同年一二月に「信越線」として糸魚川まで伸びてきた線路と大正二年（一九一三）四月一日に接続され、米原〜直江津間が全通した。これにより東京から信越線（大正三年に信越本線と改称）経由の列車が初めて設定され、『汽車汽船旅行案内』（旅行案内社）の大正四年（一九一五）二月号によれば、上野を一六時に出た長野、直江津経由の福井行は富山に着くのが翌朝の六時五四分。所要一四時間五四分で、親不知区間の開通以前に比べると実に七時間近い大幅な短縮であった。

その北陸本線の全通から一〇二年経った平成二七年（二〇一五）三月一四日、北陸新幹線の長野〜金沢間が延長開業した。東京〜富山間は「かがやき」ならわずか約二時間一〇分である。

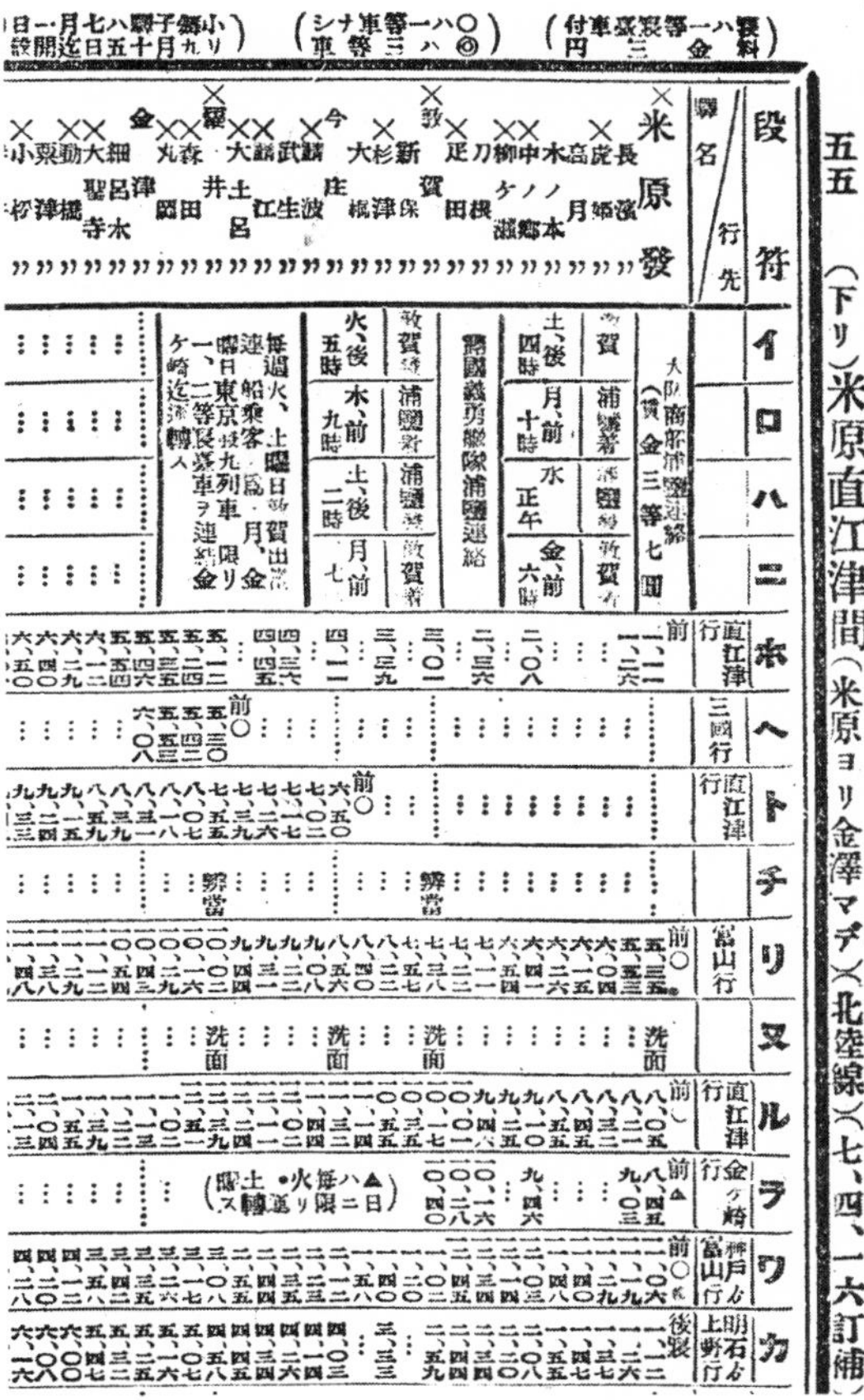
五五 （下リ）米原直江津間（米原ヨリ金澤マデ）北陸線（七、四、一六訂補）

（寝臺料金 一等八円 二等三円）（一〇八 〇ハ三 ◎ 一等車 二等車 ナシ）（小鯛子驛 八月十五日ヨリ 七月一日迄開設）

直江津まで全通して５年後の北陸本線。敦賀から先の急勾配の山越え区間もあり、米原〜福井間は４時間ほどを要していた。最下段に見える「明石より上野行」は直江津、長野を経由して米原から延々 21 時間 18 分後の朝 10 時半に上野に到着。金ケ崎は後の敦賀港で、ウラジオストク航路に接続していた。
公益旅行合資会社『公益旅行案内』大正７年５月号

これに伴って並行在来線が第三セクター鉄道に移管されたが、北陸本線は石川県内の金沢〜倶利伽羅間が「ＩＲいしかわ鉄道」、おおむね富山県内の倶利伽羅〜市振間（富山県）が「あいの風とやま鉄道」、新潟県内の市振〜直江津間が「えちごトキめき鉄道日本海ひすいライン」となった。公募候補から選考委員が選んだいかにもイマ風のひらがな混じりの命名で、新奇を衒ったのかもしれないが発想の底の浅さは否めない。利用者にとっても覚えづらく呼びにくい。令和六年（二〇二四）春には新幹線が金沢〜敦賀間に延伸開業の予定であるが、福井県内の北陸本線は第三セクター鉄道の「ハピラインふくい」に移管される予定だ。加賀鉄道、越中鉄道といった質実剛健なネーミングをする会社はいつ現われてくれるのだろうか。

山陰本線——出自の異なる複数路線を併せて

おそらく三〇年以上は前の話になるが、「山陰」は暗いイメージだから「北陽」に変えよう、という動きがあった。しかし定着しないまま現在に至っている。そもそも古代から長く続いてきた広域地名を安易に変えてよいものだろうか。陰があるからこそ陽もあり、しっとり落ち着

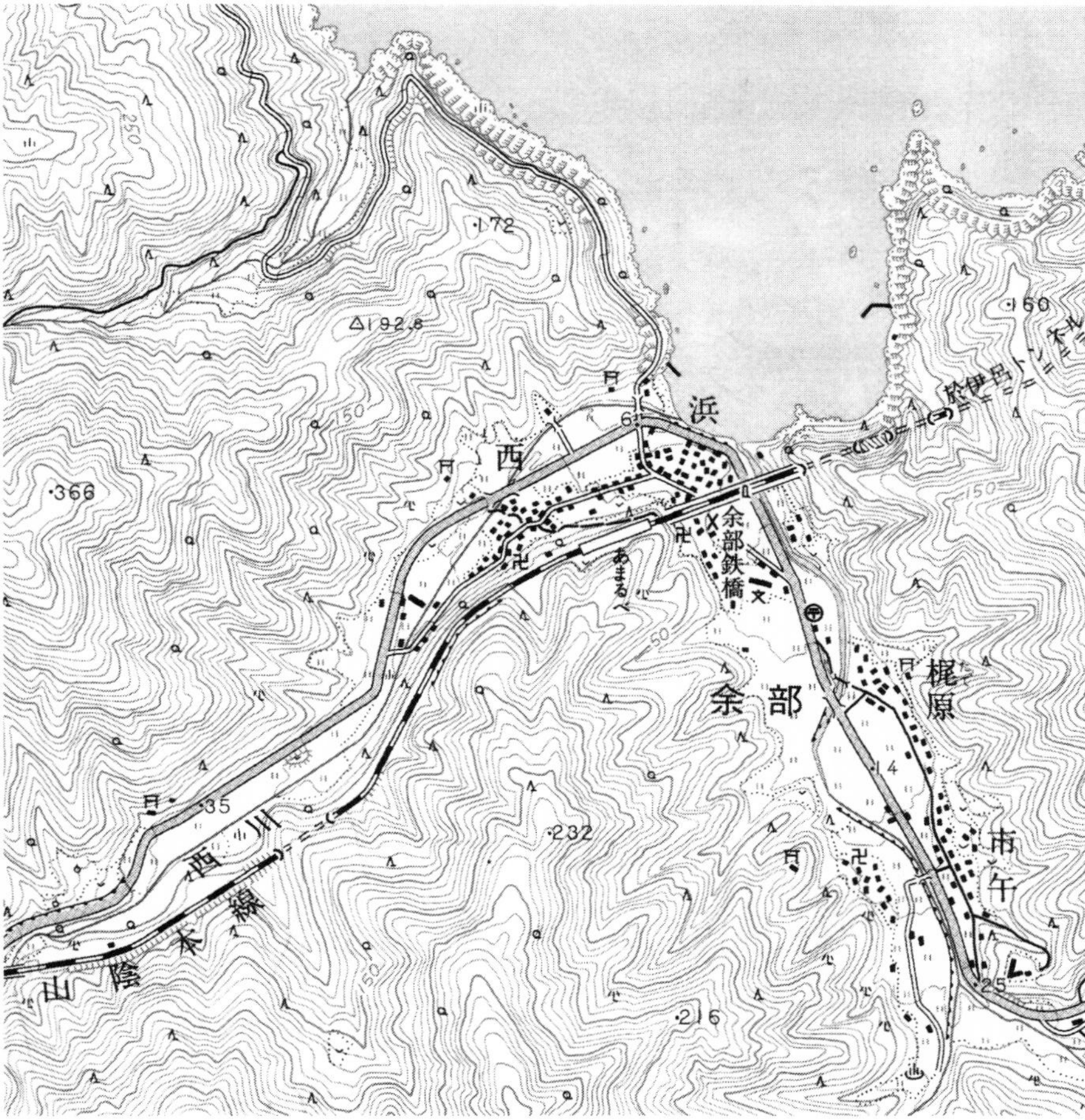

京都～出雲今市（現出雲市）間で最後の開業区間に架けられた高さ41.5mの「余部鉄橋」は平成22年（2010）から新しいPCコンクリート橋に。1：25,000「余部」平成12年修正

平成22年（2010）にPCコンクリート橋に架け替えられた余部橋梁

いた印象に好感を覚える人は少なくないだろう。

　山陰道は古代の「五畿七道」のひとつで、所属するのは丹波、丹後、但馬、因幡、伯耆、出雲、石見、隠岐の八国である。現在の行政区画でいえば京都府と兵庫県のそれぞれ北部、鳥取県、島根県にあたるが、そこを貫く山陰道に沿って走るのがＪＲ山陰本線だ。京都駅を起点に鳥取、松江などを経て下関市内の幡生駅までの六七三・八キロ（これに加えて長門市〜仙崎間の支線二・二キロ）で、東北本線の一部が第三セクターのＩＧＲいわて銀河鉄道および青い森鉄道に移管されてからは日本最長の路線だ。

　同じく京都市を起点とする国道九号とはかなりの区間で重なるが、島根県の益田から西側は国道九号がＪＲ山口線に沿って津和野、山口を経て小郡（山口市）に至るのに対して、山陰本線はあくまで海岸線に忠実に萩、長門市を経由、響灘沿いに南下する国道一九一号に並行する。全線を直通する列車は消えてすでに久しく、当然ながら京都から下関まで行く人は、山陽新幹線ができる以前から検討の余地なく東海道・山陽ルートを利用した。ただし純粋に列車旅を楽しみたい人となればこちらを選ぶ人もいるに違いない。ほとんどが単線で非電化区間も多く列

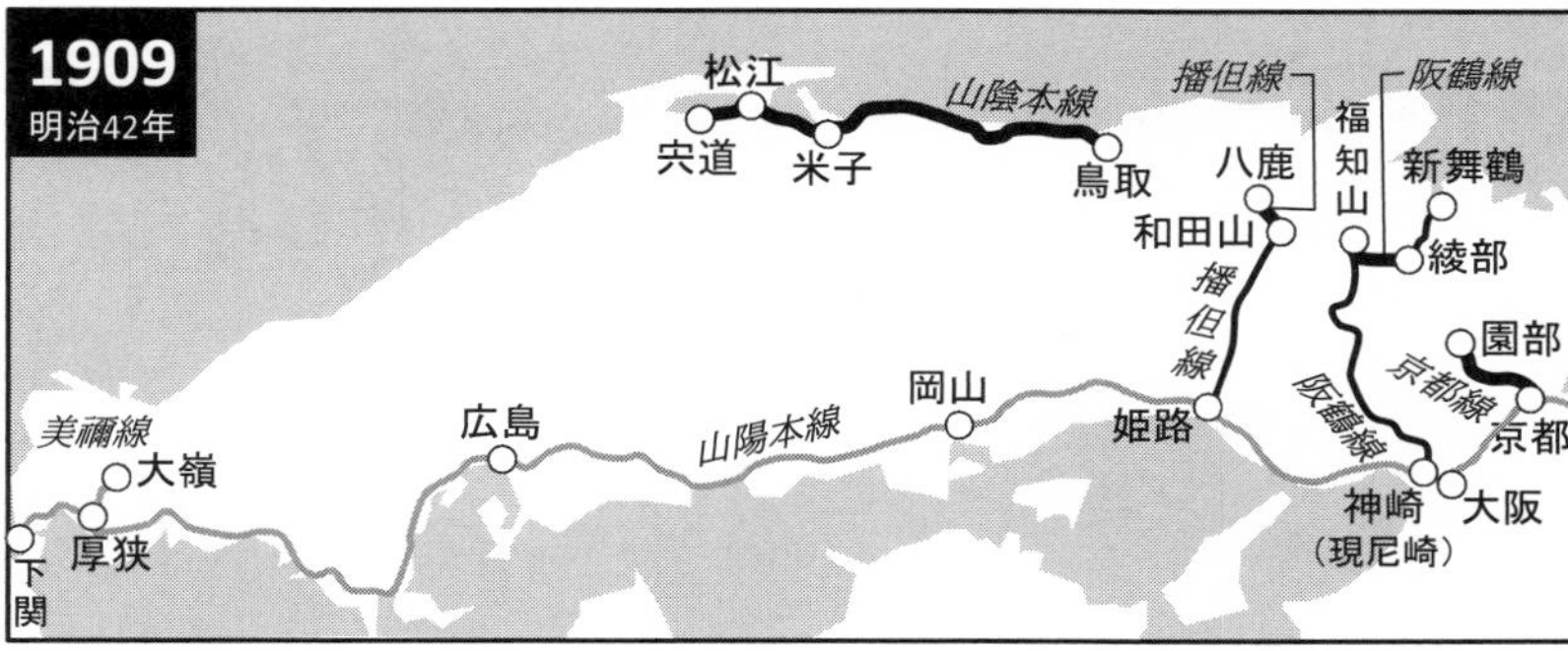

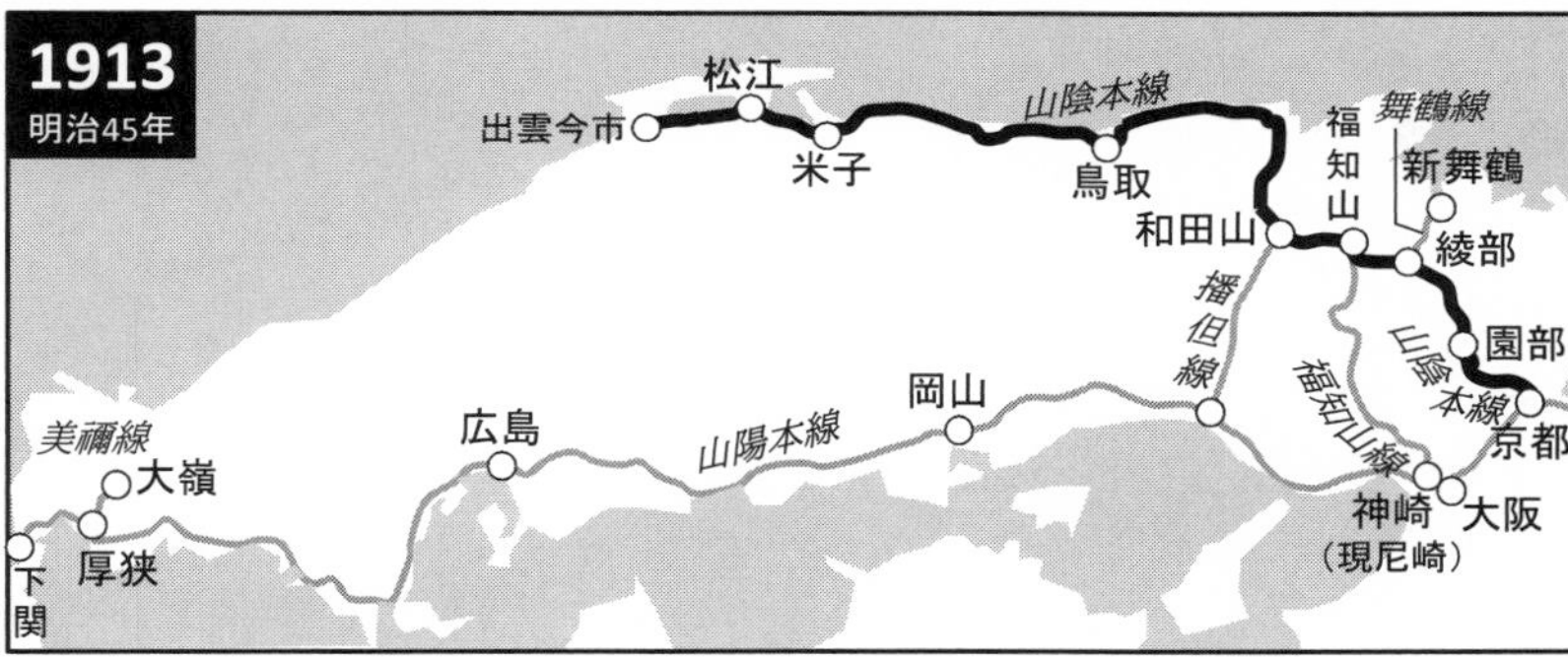

車の本数は少ないが、間近に迫る白砂青松の海岸や石州瓦に彩られた集落を眺めながらの車窓はまた格別である。

山陰本線が完成するまでには長い時間がかかった。まずは私鉄の京都鉄道が明治三〇年（一八九七）に京都〜嵯峨（現嵯峨嵐山）間を開通させたのが最初で、同三二年に園部まで伸びた状態で同四〇年に鉄道国有法により国に買収された。鳥取県内では同三五年に境（現境港）〜米子〜御来屋（みくりや）間が官営鉄道として開通する。他の路線とは接続しない「離れ小島」であった。それが東西に延伸されて鳥取〜

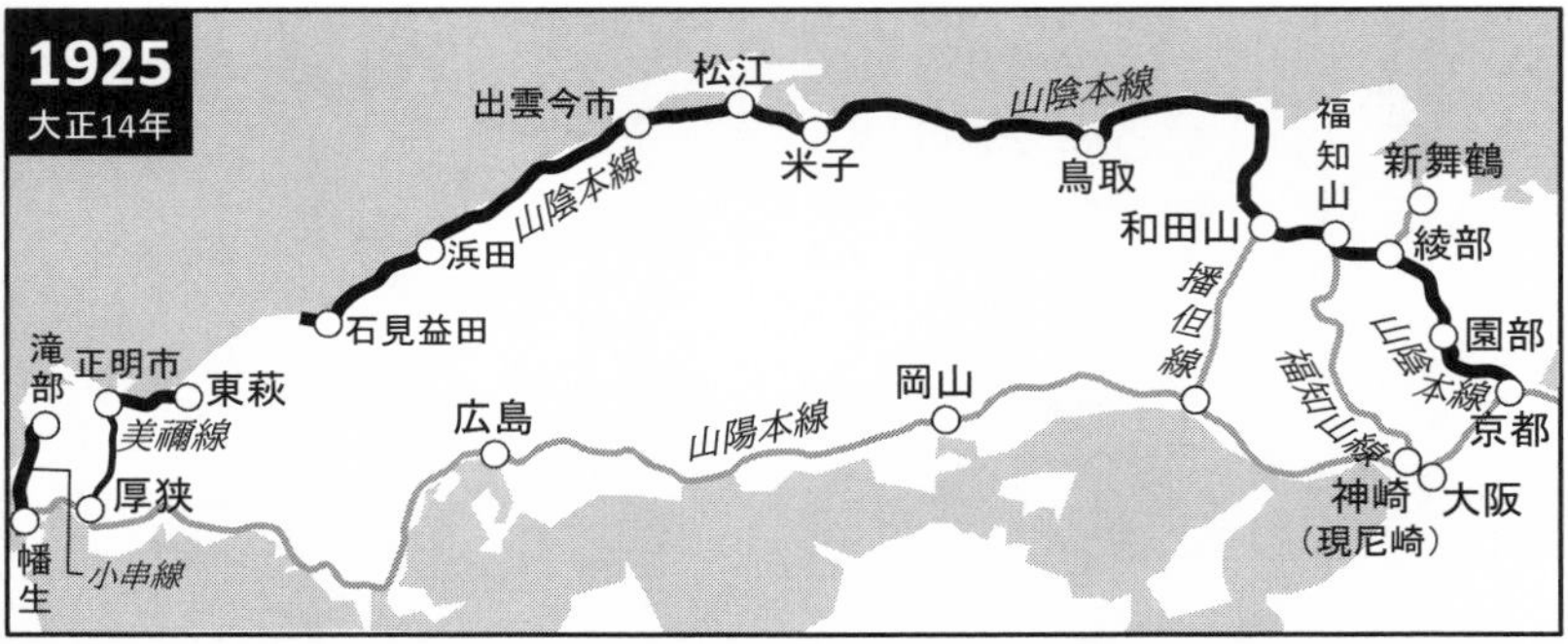

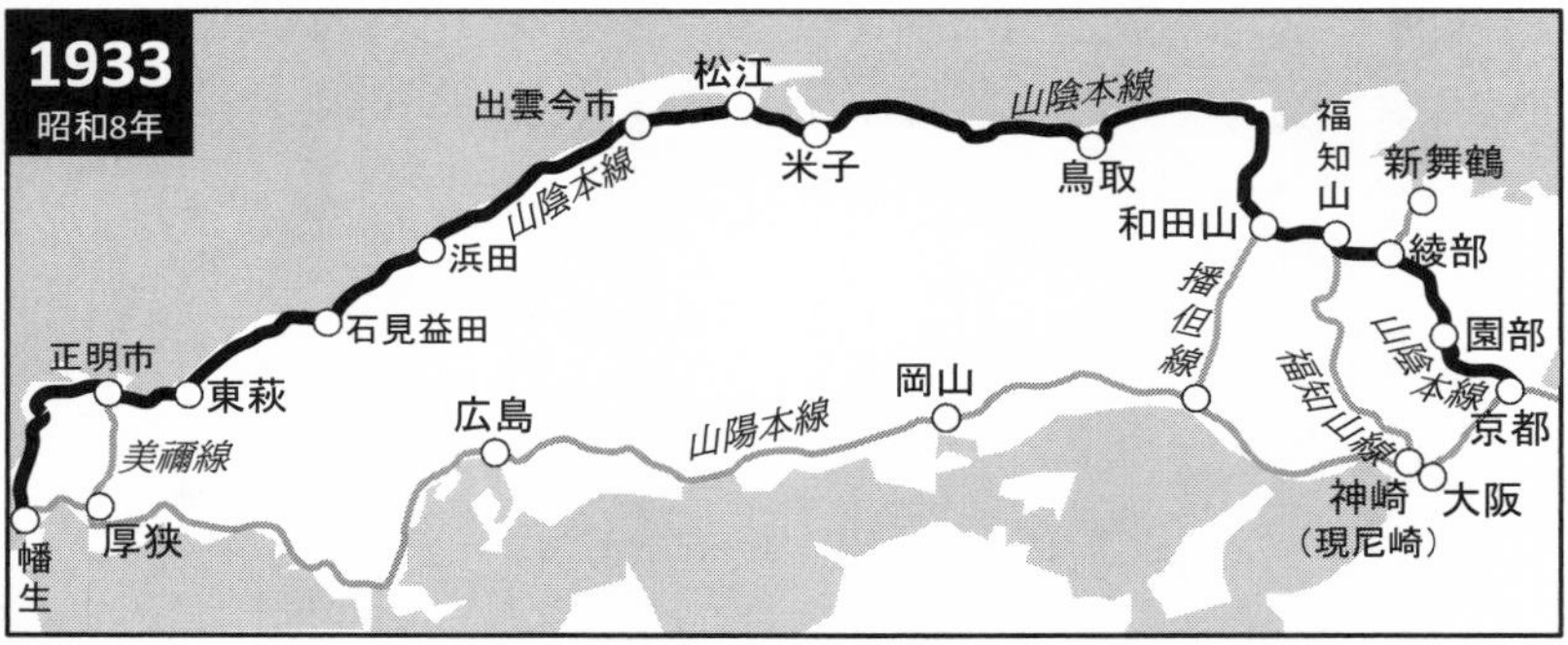

米子～松江間が明治四一年（一九〇八）に開通、その翌年に全国の線路名称が制定されたのに伴って山陰本線と命名されている。

部分開業を繰り返しながら明治四五年（一九一二）に有名な「余部鉄橋」の区間が完成、京都～出雲今市（現出雲市）間が開通した。この時に京都線の京都～綾部間、阪鶴線の綾部～福知山間、播但線の和田山～香住間および同線の支線であった和田山～福知山間をそれぞれこちらに移籍させて繋いだ形だ。

出雲今市から西側は大正に入ってからの開業である。石見

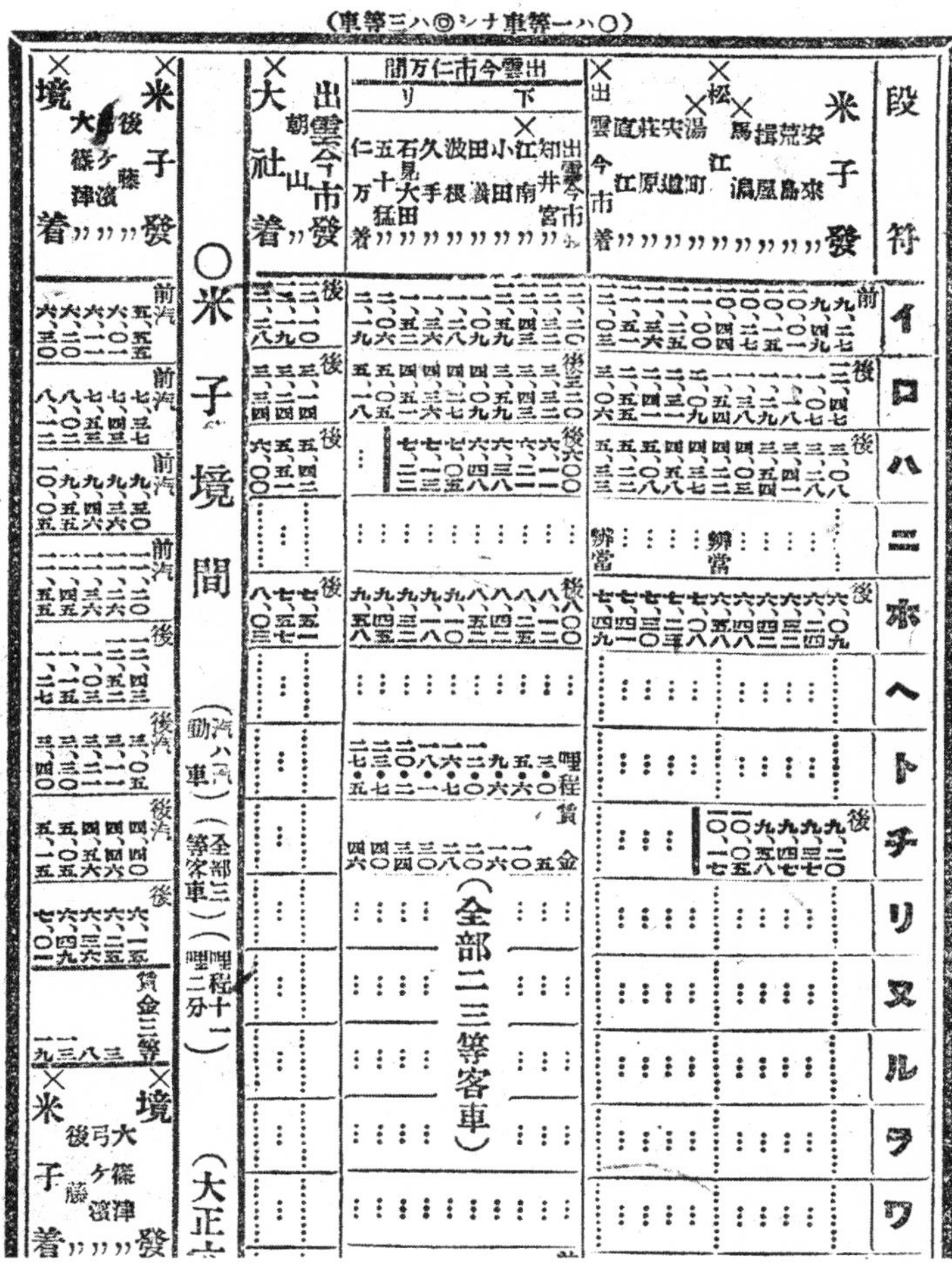

京都から島根県の仁万（にま）駅まで開通していた山陰本線。出雲今市は現出雲市駅。全線の開通はまだ15年後の昭和８年（1933）であった。
公益旅行合資会社『公益旅行案内』大正７年５月号

大田（現大田市）には大正四年（一九一五）、浜田に同一〇年、石見益田（現益田）に同一二年一二月に達した。ここで四月に全通したばかりの山口線と接続、京都から小郡（現新山口）までの「国道九号ルート」は完成した。現在でも松江・浜田方面からの特急はすべて山口線へ入るので、実質的にはこちらを山陰本線とした方が実態に即しているかもしれない。

今は普通列車しか通らない益田以西の区間は、まず大正三年（一九一四）に東下関〜幡生〜小串間の長州鉄道を買収した国鉄小串線が北へ延伸する。石見益田からの山陰本線が昭和八年（一九三三）に須佐〜宇田郷間を開通した段階でついに全線が完成するのだが、この時に山陽本線の厚狭を起点として北上してきた美禰線（現美祢線）の正明市（現長門市）から東の萩方面、西の長門古市方面への延伸区間、それに響灘沿いの小串線を全部合わせた。複雑怪奇なので、恐縮だが前掲の変遷図を参照しながらお読みいただきたい。

山陽本線——瀬戸内海の船便に対抗して

半世紀近くも前の昭和五〇年（一九七五）に山陽新幹線が博多へ通じるまでは、数々の優等

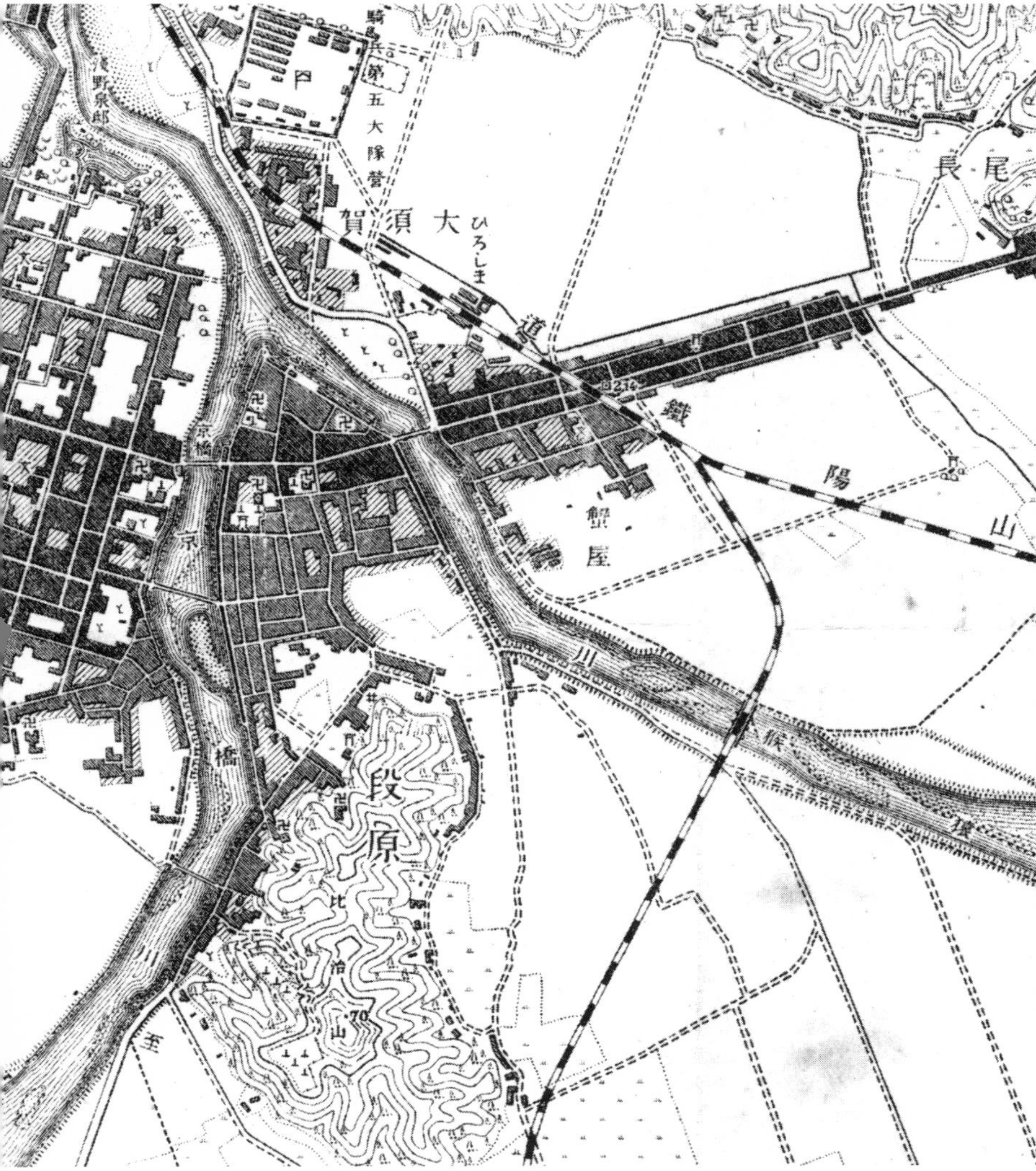

山陽鉄道が広島まで開業した年に測量された地形図。南へ分岐するのは日清戦争時に陸軍の要請で急遽建設された宇品港への支線（後の宇品（うじな）線）である。
1 : 20,000「広島」明治 27 年測図

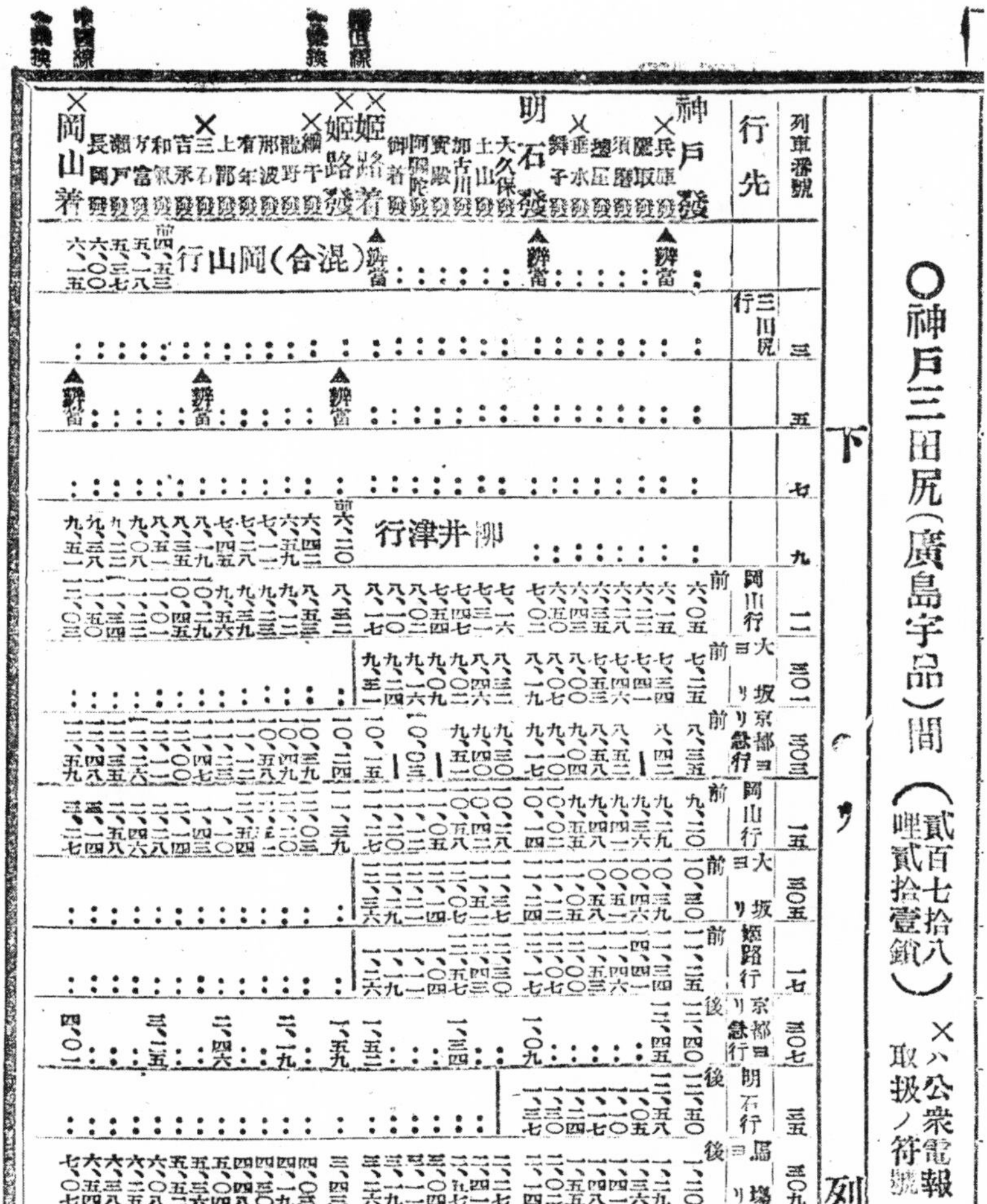

〇神戸三田尻（廣島宇品）間（貳百七拾八哩貳拾壹鎖）　×ハ公衆電報取扱ノ符號

下り列車

列車番號　行先

神戸發　兵庫發　須磨發　塩屋發　垂水發　舞子發　明石發　大久保發　土山發　加古川發　寶殿發　阿彌陀發　御着發　姫路着　姫路發　網干發　龍野發　有年發　上郡發　三石發　吉永發　和氣發　万富發　瀬戸發　長岡發　岡山着

山陽鉄道時代の時刻表。当時の終点は山口県の三田尻（現防府）で、下関（当初は馬関）まで全通するのは翌年の明治34年（1901）であった。瀬戸内海の汽船と競合することから、日本で最初に食堂車（食堂付き一等車）を連結したのは本表の前年である同32年である。駸々堂『鉄道航路旅行案内』明治33年9月号

列車がこの山陽本線を駆け抜けていた。昭和戦前期に東京から大陸の玄関口・下関まで直通する特急「桜」「富士」などがその看板である。

日本では他の幹線の多くが私鉄で始まったのと同様、この路線も山陽鉄道が敷設している。ほぼ山陽道に沿うルートなので、これ以外の社名は考えられない。開業は明治二一年（一八八八）の兵庫〜明石間に始まり、翌二二年には神戸駅で官営鉄道に接続、二四年には岡山、二七年に広島、三〇年に徳山と延伸を繰り返し、明治三四年（一九〇一）五月二七日に馬関（ばかん）（翌三五年に下関と改称）まで全通を果たしている。

本来なら国が建設すべき区間であるとして、当初は兵庫県の商人たちが神戸〜姫路間で敷設申請したのを政府は認めず、馬関までとするよう行政指導、大阪や東京の有力者を発起人に加えている。社長を引受けた中上川（なかみがわ）彦次郎は福沢諭吉の甥にあたり、慶應義塾を出た後に教職を経て外遊、帰国後は外務省や福沢が創刊した時事新報社を経営した経歴を持つ。山陽鉄道の建設にあたっては当初からできる限り急勾配を避け、しかも最初から複線化を念頭に設計するなど第一級の幹線鉄道を目指す先行投資を惜しまなかった。勾配も官営鉄道の幹線で最急二五パーミル（一〇〇〇メートルで二五メートルの高度差を生じる）が一般的であったのに対し、中上川社長は経費をかけて迂回させても緩い一〇パーミル制限を厳守させた。その理想追求の姿勢が大阪商人など他の株主と対立、明治二四年（一八九一）に中上川は三井銀行へ転出してしまう。その後は三原〜広島間の線路設計にあたって安上がりな二二・二パーミル（最急二二・六パーミル）の急勾配区間が登場、以後ここは「セノハチ（瀬野～八本松）」で知られる急勾配区間となり、補助機関車の連結を要することとなった。

山陽鉄道が登場する以前の大阪～下関・門司間は瀬戸内海の汽船が独占していたため、それに対抗するため神戸～下関間の運賃を三円（三等＝明治三六年）と、官営鉄道より対マイルで二割ほど安く設定した。[31] それでも大阪商船の二円四〇銭（三等＝同）より割高なので、車内の快適性をとりわけ重視している。明治三二年（一八九九）には日本で初めて食堂付き一等車[32]を導入、翌三三年には寝台車を他に先駆けて連結した。客車も早期から乗り心地の良い大型ボギー車を採用している。ボギー車は台車が前後に付いた現在では当たり前の形式だが、二軸の小型客車が一般的な当時ではまだ珍しい。同三四年の全通直後に刊行された『山陽鉄道案内』では、車内設備についてこんな風に説明している。[33]

「山陽鉄道は常に率先、文明的施設を採用せり、各列車には運転上の安全を保つべき真空制動機（バキューム、ブレーキ）の取付あると、列車は前頭より終尾迄通り抜けせらるべき米国流の長大なる「ボギー式」客車を以て組立てあると、急行列車には車中にて西洋料理を調進せらるべき食堂車及美麗なる寝台車の連結せらるゝと、夜行列車には各等共車室内に電灯を点火すると、及び冬季は蒸気暖房の仕掛あると等是なり其他主要停車場には荷運夫（赤帽）を配置し、洗面所を設け、車中客の用向を弁せしむる為めには各等に列車ボーイを乗込ましめ、電報を以て上等弁当の注文を取次がしむる等亦旅客の便利を感ぜらるゝ所なるへし」

これらのサービスはその後ごく当たり前になったが、それぞれ「ないのが当たり前」だった時代にいかに斬新だったかを想像してみよう。下関駅前には洋式の直営「山陽ホテル」も明治三五年（一九〇二）に開館した。ここから大陸へ渡る人が滞在した高級ホテルである。

南海電気鉄道——五畿七道から命名

私が子どもだった半世紀前といえば、野球全盛の時代である。体育が苦手で、スポーツ全般にまったく興味のなかった私でさえ「南海」を知っていたのは、まさに野球が今以上に世間の注目を集めていたからだろう。だからこれが鉄道会社名であることは後で知った。昭和一三年（一九三八）結成の「南海軍」をルーツとする由緒ある南海ホークスは、現在では福岡ソフトバンクホークスに引き継がれている。

関西大手私鉄の一角を占めるこの鉄道会社は、正式名称を南海電気鉄道という。電気の字が加わったのは戦時中の「大近鉄時代」を経た戦後の昭和二二年（一九四七）で、戦前は南海鉄道と称した。元は蒸気機関車が牽引する鉄道としてスタートしている。そのルーツは現存する

JR以外の民営鉄道では国内最古とされる阪堺鉄道（大阪と堺を結ぶ意）で、明治一八年（一八八五）一二月二九日に難波～大和川間を開業、同二一年五月一五日には目的地の堺に到達した。客の入りは上々で、早くも同二五年末には難波～住吉間の複線化も完成している。[34]

この阪堺鉄道を紀州街道沿いに和歌山まで延伸する鉄道が計画され、同鉄道の経営メンバーが名を連ねた別会社の紀泉（きせん）鉄道（紀州と泉州＝大阪府南部を結ぶ意）が立ち上げられた。設立認可申請時の社名は紀摂鉄道（紀伊と摂津の両国）であったが、すぐに南陽鉄道と改め、これを創業総会での議決でさらに南海鉄道と改称して落ち着いている。堺～佐野（現泉佐野）間に始まり、現本線の終点である和歌山市駅まで全通したのは明治三六年（一九〇三）のことだ。

南海という社名の由来を、『南海電気鉄道百年史』（昭和六〇年）では「東海道、山陽道、中山道等、古来からいい古されてきた街道名に並ぶ名称で、紀泉、紀阪あるいは紀摂では、気宇壮大とはいい難く、「南海」の命名者の見識は評価していいはず[35]」としている。

「街道名に並ぶ名称」という表現は少々誤解されそうなので補足しよう。南海道とは古代に定められた五畿七道の「七道」のひとつである。全国を都に近い五畿（山城・大和・摂津・河内・和泉）から主に放射状をなす七つの道すなわち東海道・東山道・北陸道・山陰道・山陽道・南海道・西海道という幹線官道を意味するが、同時にそれぞれの道に沿った行政区分としての国も指す。たとえば東海道に所属する国（平安時代以降）は、古代東海道に沿った伊賀・伊勢・志摩・尾張・三河・遠江（とおとうみ）・駿河・伊豆・甲斐・相模・武蔵・安房・上総・下総・常陸の

明治20年代の南海鉄道。難波～大和川間を明治18年（1885）、同21年に堺まで延伸した南海のルーツ・阪堺鉄道。図に記された「堺区」は明治22年（1889）に堺市が誕生する以前の郡区町村編成法時代の行政区画である。1：20,000仮製地形図「堺」明治31年修正（同年には和歌山方面への延伸区間がすでに開業しているはずだが、図には反映されていない）

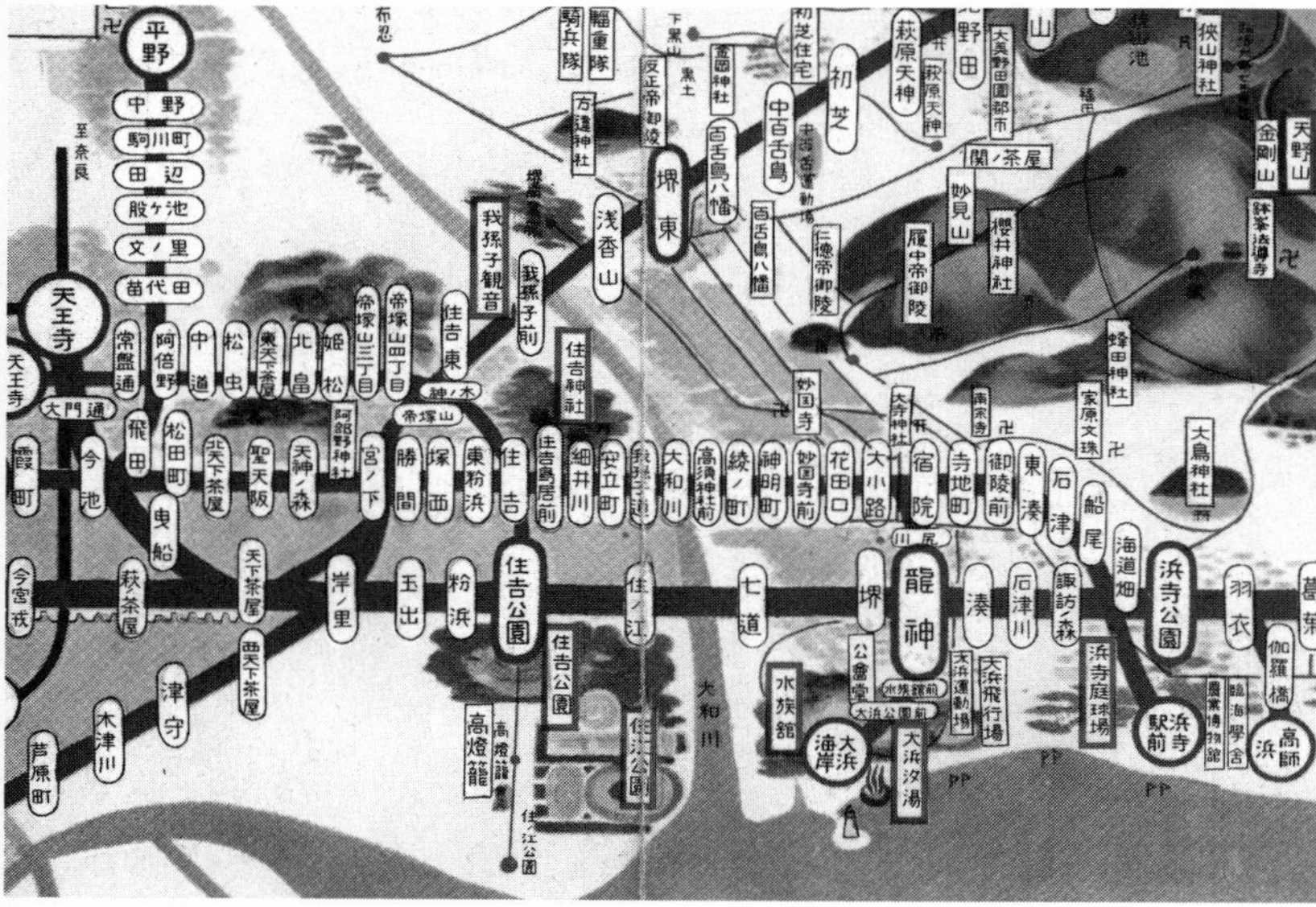

一五か国、東山道は近江・美濃・飛騨・信濃・上野・下野・陸奥・出羽の八か国という具合だ。南海鉄道の由来である南海道は、紀伊・淡路・阿波・讃岐・伊予・土佐の六か国を指す。要するに紀伊国（三重県の一部および和歌山県）と淡路国（兵庫県）に四国を加えたエリアで、これが終点たる紀州和歌山を目指すルートとしてふさわしい、というわけである。

阿波国（徳島県）にとって、摂津の大阪（大坂）といえば名産である藍の販路として非常に重要で結びつきは強く、古くから旅客貨物ともに往来が頻繁であった。このため明石海峡大橋が開通して直通バスが走る

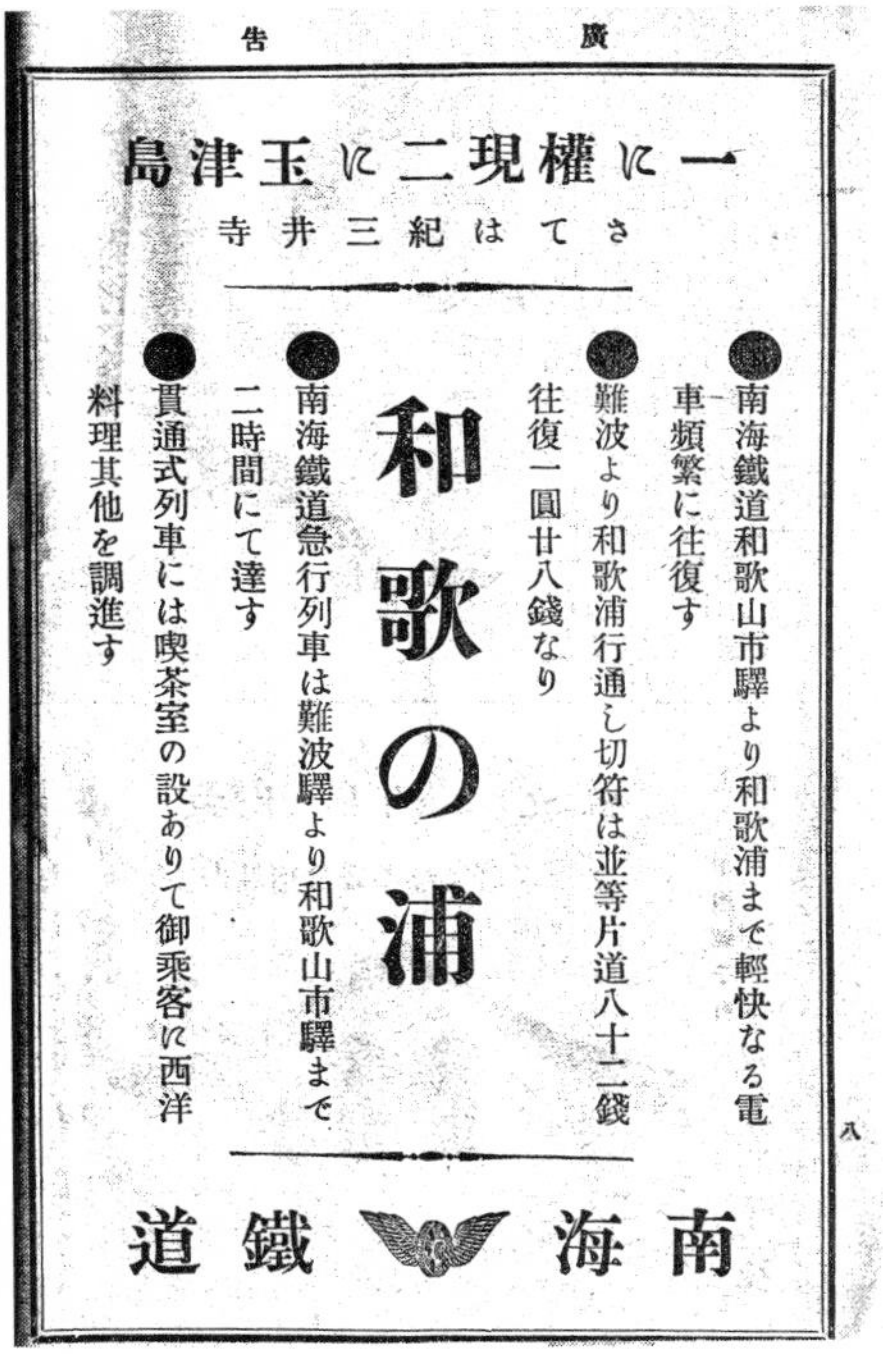
廣告

一に權現二に玉津島

さては紀三井寺

●南海鐵道和歌山市驛より和歌浦まで輕快なる電車頻繁に往復す

●難波より和歌浦行通し切符は並等片道八十二錢往復一圓廿八錢なり

和歌の浦

●南海鐵道急行列車は難波驛より和歌山市驛まで二時間にて達す

●貫通式列車には喫茶室の設ありて御乘客に西洋料理其他を調進す

八

南海鐵道

隣の車両に通り抜けられる「貫通式列車」には喫茶室まで付き、「西洋料理その他」も提供された。庚寅新誌社『汽車汽船旅行案内』明治42年7月号

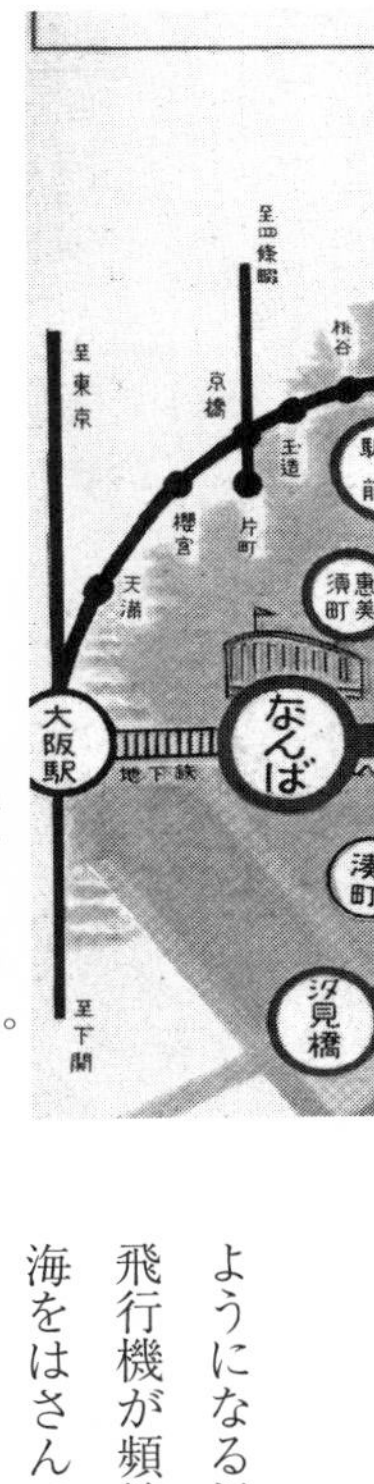

軌道線も含め、南海鉄道は阪堺間に稠密な路線網を張り巡らしていた。ただしライバルの阪和電気鉄道（現阪和線）は黙殺されている。南海鉄道「沿線案内」昭和12年（1937）頃

ようになる以前は、大阪～徳島間を飛行機が頻繁に往復していた。間に海をはさんでいるとはいえ、直線距離なら約一一〇キロ（東京～甲府間にほぼ同じ）という異例なほど近い航空路であった。南海ではその飛行機が一般化するずっと以前の戦前から和歌山を経由して大阪と徳島を結ぶ鉄道と鉄道連絡船によるルートを確立させており、現在も社名に関わる「サザン」が四国連絡特急として運転されている。

◎難波和歌山市間（電車併用 難波濱寺公園間 天王寺住吉間）

○難波和歌山市間（四拾哩参鎖） 本鐵道ハ特等並等ノ二階級

◎通常切符各驛下車隨意

下リ列車

驛名	前	前	前急行	前急行	前	前	後急行	後	後	後急行
×難波發▲	五、一五	｜	八、〇〇	一〇、〇〇	｜	一一、三五	一、一五	｜	三、〇〇	五、〇〇
●惠美須發	｜	｜	｜	｜	｜	｜	｜	｜	｜	｜
●荻ノ茶屋發	｜	｜	｜	｜	｜	｜	｜	｜	｜	｜
●×天下茶屋發	｜	｜	｜	｜	｜	｜	｜	｜	｜	｜
●玉出發	｜	｜	｜	｜	｜	｜	｜	｜	｜	｜
×住吉發	五、二七	｜	八、一三	一〇、一三	｜	一一、四七	一、二七	｜	三、一三	五、一三
●住ノ江發	｜	｜	｜	｜	｜	｜	｜	｜	｜	｜
●大和川發	｜	｜	｜	｜	｜	｜	｜	｜	｜	｜
×堺發▲	五、三六	｜	八、二一	一〇、二一	｜	一一、五六	一、三六	｜	三、二一	五、二一
●蘭原發	｜	｜	｜	｜	｜	｜	｜	｜	｜	｜
●湊發	｜	｜	｜	｜	｜	｜	｜	｜	｜	｜
●諏訪ノ森發	｜	｜	｜	｜	｜	｜	｜	｜	｜	｜
濱寺公園着	五、四七	｜	八、三三	一〇、三三	｜	一二、〇七	一、四七	｜	三、三三	五、三三
×濱寺公園發▲	五、四九	七、〇五	八、三五	一〇、三五	一一、〇〇	一二、一〇	一、四八	二、三〇	三、三四	五、三五
葛ノ葉發	五、五六	七、一三	｜	一〇、三八	一一、〇八	一二、一七	一、五三	二、四〇	三、四一	｜
×大津發	六、〇四	七、二四	八、四三	一〇、四四	一一、三〇	一二、二五	一、五九	二、四八	三、四九	｜
×岸和田發	六、一五	七、三七	八、五二	一〇、五三	一一、五〇	一二、三六	二、〇八	三、〇一	四、〇〇	五、五〇
×貝塚發	六、三一	七、五〇	九、〇〇	一一、〇三	一二、〇三	一二、五〇	二、一七	三、一四	四、一五	五、五八
佐野着	六、四〇	八、〇〇	九、〇八	一一、一〇	一二、一三	一二、五九	二、二五	三、二四	四、二四	六、〇六
佐野發	六、四六		九、〇九	一一、一一		一、〇一	二、二六		四、三三	六、〇八
×樽井發	六、五八	｜	｜	一一、二三	｜	一、一三	二、三六	｜	四、四四	｜
×尾崎發	七、〇六	｜	九、二三	一一、二八	｜	一、三一	二、四二	｜	四、五三	六、二三
×箱作發	七、一五	｜	｜	一一、三五	｜	一、四四	二、四九	｜	五、〇一	｜
×淡輪發	七、二四	｜	九、三六	一一、四二	｜	一、五三	二、五六	｜	五、一〇	六、三五
×深日發	七、四五	｜	九、四二	一一、四八	｜	二、〇一	三、〇三	｜	五、二四	六、四一
紀ノ川發	八、〇四	｜	｜	一二、〇五	｜	二、一〇	｜	｜	五、三三	｜
×和歌山市着▲	八、一〇	｜	一〇、〇三	一二、一〇	｜	二、二六	三、二三	｜	五、五九	七、〇一

２年前から難波～浜寺公園間（この間複線）で電車運転を開始しているので、佐野、和歌山市方面への直通列車（蒸気機関車牽引による運転）は●印の付いた「電車専用駅」には停車しなかった。×印は公衆電報取扱駅。

庚寅新誌社『汽車汽船旅行案内』明治 42 年７月号

参宮線――「お宮参り」が線名になったＪＲ

三重県を走る参宮線（さんぐうせん）は明治二六年（一八九三）の大晦日に開業した歴史の長い路線である。当初は参宮鉄道と称する私鉄で、文字通り伊勢神宮へ参拝する人たちの足として敷設された。現在では多気（たき）～鳥羽間二九・一キロの短いローカル線だが、当初の起点は三重県庁のある津駅で、やはり私鉄であった関西（かんせい）鉄道の津駅から延伸する形で南下、松阪（まつさか）を経由して宮川（みやがわ）駅（宮川橋梁の西側）までの区間で始まった。

明治三〇年（一八九七）には宮川を渡って伊勢神宮の外宮（げくう）に近い山田駅（現伊勢市）まで延伸され、その後は同四〇年に鉄道国有法で国有化、同四四年に現在の終点である鳥羽まで全通している。同四二年には、旧社名を踏襲して「参宮線」と命名された。

全国各地に神宮を名乗る社は数多いが、その中でも伊勢神宮は正式名称が「神宮」だけあってまさに別格である。江戸時代から「お伊勢参り」は庶民が堂々と旅行できる貴重な機会で、そのついでに各地を物見遊山して回るのが楽しみだったという。本音を言えば「ついで」の方が主目的だったかもしれないが、各地から通じるいくつかの伊勢街道は参詣客で大いに賑わった。人の集まるところには宿も茶店も進出し、さまざまなサービスも提供される。そんな伊勢街道の中でも東海道の四日市の先の「追分」で分かれて南へ向かう伊勢参宮街道は江戸など東国からの参詣客が利用するメインルートで、その道にほぼ沿って敷設されたのがこの参宮鉄道であった。

一方、大阪からの伊勢参宮に用いられたのはいくつか経路があるが、このうち奈良県の初瀬(はせ)を通って青山峠を越えるのが参宮表街道（初瀬街道）である。この経路にほぼ忠実に沿って敷設されたのが参宮急行電鉄であった。現在の近鉄大阪線（桜井以東）と山田線である。「参急」と略称されたこの電気鉄道は近鉄のルーツである大阪電気軌道の子会社として発足し、青山峠の下を長いトンネルで抜ける急勾配ルートを昭和四年（一九二九）～六年にかけて全通させている。終着駅の宇治山田駅は鉄筋コンクリート三階建て（塔屋を含めると五階建て）の当時としては壮麗なもので、現在では登録有形文化財となっている。駅名は開業当初の自治体名である宇治山田市にちなむが、これは明治二二年（一八八九）の町村制施行時に宇治八か町と山田二二か町が合併した連称地名（当初は宇治山田町）で、同三九年に市制施行した。現在の伊勢市になったのは昭和三〇年（一九五五）の昭和の大合併で周辺五村と合併した時である。

この参急の開通で大阪から伊勢方面はそれまでの関西本線から参宮線を経由して約三時間半かかっていたものが、最速二時間四二分（上本町～宇治山田間下り、開業時ダイヤ）と大幅に短縮された。ただ鉄道省も黙って指をくわえていたわけではなく、姫路始発で大阪、京都を経由、草津線から亀山経由という別ルートで大阪～山田間を三時間四分で走破する「快速」列車

国鉄参宮線とそのライバル、参宮急行電鉄本線（左上に線名）、その南を並行する今はなき伊勢電気鉄道の３路線が競合していた頃。1：200,000「宇治山田」昭和７年鉄道補入

で対抗した（鳥羽行）。これなら大阪の北部や神戸、京都などの客に対しては参急と十分戦える。一方で参急も昭和八年（一九三三）一〇月改正ダイヤでは特急が二時間一七分に短縮。差を広げられた省線は、姫路発の件の列車を停車駅削減などでさらにスピードアップ（大津から津まで無停車）、二時間五二分で大阪～山田間を結んでいる。おまけに和食堂車も連結した。

実はこの頃、全国的にも「参宮」を称する鉄道会社は意外に多かった。鹿島参宮鉄道（後の関東鉄道→鹿島鉄道→廃止）、琴平参宮電鉄（戦後に廃止）、筑前参宮鉄道（戦時国有化で国鉄勝田線→廃止）などがそれぞれの神社へ参詣客を運んでいる。まだまだ鉄道が陸上輸送の主役だった時代である。

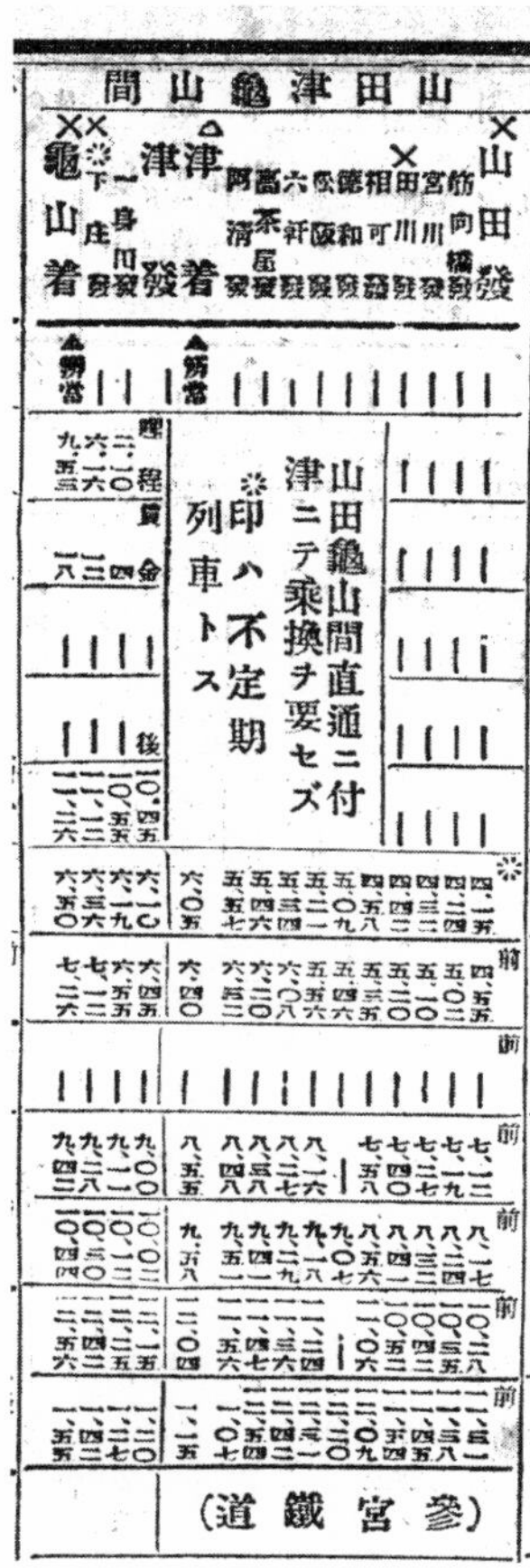

山田（現伊勢市）～津間が参宮鉄道。津～亀山間は関西鉄道に乗入れるため乗り換えを要しない旨の記載がある。同鉄道は明治40年（1907）に国有化された。駸々堂『鉄道航路旅行案内』明治38年8月号

川、城、住宅地
——その他いろいろな線名

- 中央本線
- 東武アーバンパークライン（野田線）
- 東急田園都市線
- 大井川鐵道
- 名古屋市営地下鉄名城線
- 西武鉄道の各線
- 東京の地下鉄路線名

中央本線——本州のまん中を通る

中央本線（中央線）の名は、あまりにも馴染みが深いので誰も不思議に思わないようだ。ヨドバシカメラのＣＭで「丸い緑の山手線　まん中通るは中央線……」で首都圏の人には「東京のまん中を走る」イメージが強いかもしれないが、本来は東京駅から甲府と木曽谷を通って名古屋駅までの区間である。もっとも列車系統は長野県の塩尻駅を境に東西に分かれており、九〇年ほど前から東京方面と名古屋を結ぶ直通列車は走っていない。

それがいつまで運転されていたか気になったので手元の時刻表で調べてみると、昭和八年（一九三三）時点での一往復が最後で、同九年一二月の改正ダイヤでは姿を消している。ついでながら同八年のダイヤによれば、当時の「汽車ターミナル」であった飯田町駅（東京市）を午前九時四五分に出る八〇一列車は甲府駅にお昼過ぎの一三時四〇分に到着する。八ヶ岳山麓の急勾配区間を過ぎて塩尻に着くのが一七時三〇分、木曽谷ではすでに日も暮れて、終点の名古屋に着くのは夜も更けた二三時三一分であった。実に延々一三時間四六分の大旅行である。急勾配区間が多くを占めてトンネルも目立つから、おそらく名古屋に着いた頃には足腰も痛く、顔も服も煤だらけだったに違いない。もっとも東海道本線の特別急行「燕」なら東京～名古屋

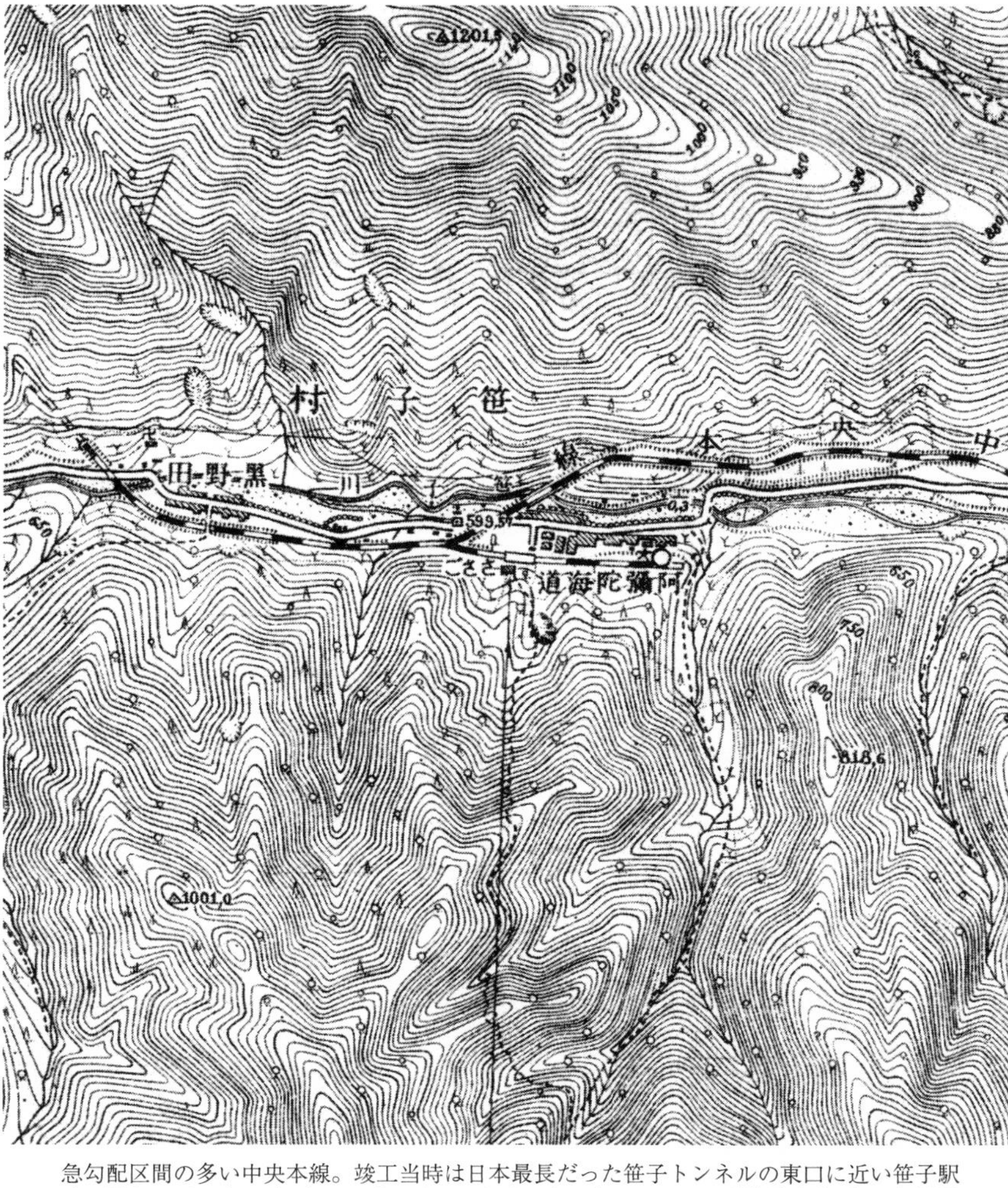

急勾配区間の多い中央本線。竣工当時は日本最長だった笹子トンネルの東口に近い笹子駅は、昭和 41 年（1966）までスイッチバック式であった。1：25,000「笹子」大正 10 年測図

間を五時間半、普通列車でも一〇時間半前後で結んでいたから、そんな酔狂な乗り方をする人は珍しかっただろうが。

　さて、中央本線という名称である。考えてみればその命名は他の路線と発想がまったく異なっている。明治期に民営鉄道が大半を占めていた日本の主要幹線が明治三九年（一九〇六）

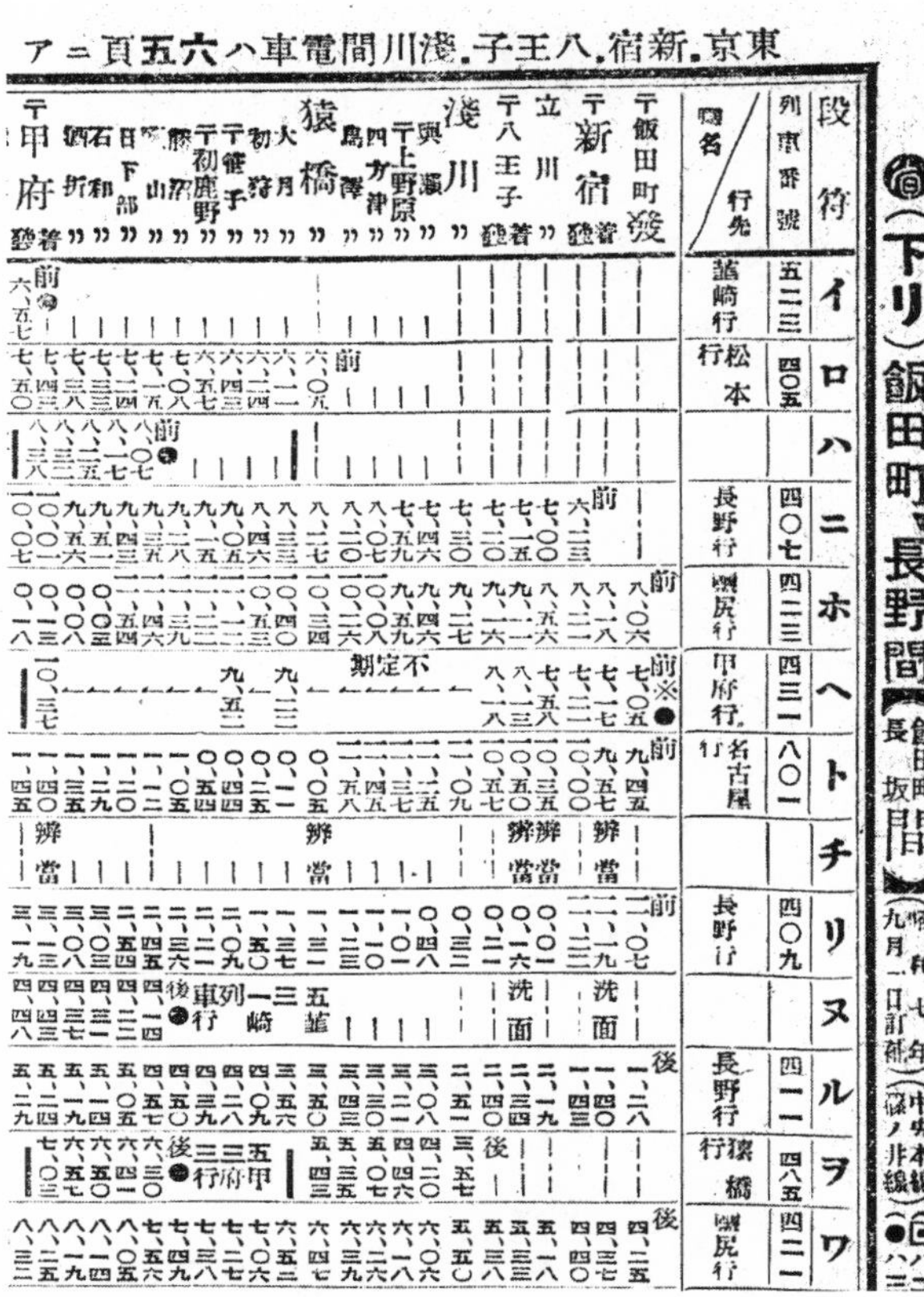

中央本線は、幹線鉄道としては珍しく「列車区間」である甲府までの電化が昭和６年（1931）に完成、電気機関車が牽引していた。これにより普通列車でも飯田町～甲府間で40分程度の時間短縮を実現している。浅川（現高尾）までは同５年に電化、省線電車が頻繁に運転されていた。名古屋行きが走っていた最後の時期。
東京旅行社『汽車汽船ポケット旅行案内』昭和８年１月号

の鉄道国有法の施行を受けて翌年までに国有化、同四二年一〇月一二日に「国有鉄道線路名称」が官報で告示されたが、この時に「本線」となったのは東海道、北陸、山陽、山陰、関西、東北、奥羽、総武といった、古代以来の「五畿七道」や広域の地方名、長崎、函館といった主要都市の名称、奥羽、総武のように起終点または経由地の国名を繋いだものであった。

この時に中央本線はまだ全通しておらず、線路名称告示の時点では昌平橋（しょうへいばし）（御茶ノ水付近）～篠ノ井（しののい）（現長野市）間の「中央東線」、野尻～名古屋間の「中央西線」の二路線に分かれており、東線は現在の篠ノ井線も含むなど細かく見れば現在とは異なるが、いずれにせよ全通の暁には「中央本線」となることが予定されていた。

現在この路線が通るのは東京都、神奈川県、山梨県、長野県、岐阜県、愛知県であり、その区間の大半が教科書的には中部地方であるが、「中部本線」ではない。中央というのは地域名称ではなく、素直に解釈すれば「本州の中央」を通ることから命名されたのだろう。この鉄道路線に並行する高速道路も中央自動車道と命名され、ついでながら両者が通過する甲府盆地の南部には平成の大合併で中央市という自治体も登場している。

地域の広さはともかく、他にも「まん中」を走る路線にこれが用いられることがあり、たとえば大阪メトロの中央線は大阪市街のほぼ中央を東西に貫く路線だし、韓国でもソウル首都圏電鉄の中央線（チュンアンソン）はまん中を東西に走り抜けている。ついでながらロンドンの地下鉄も都心を貫くセントラル・ラインがやはり東西幹線だ。地名で中央を名乗るのは線名より多く、東京都で初めて登場した中央区（昭和二二年に日本橋区と京橋区が合併）に続き、昭和四七年（一九七二）の札幌市、福岡市が続き、今では全国に計一〇か所の中央区が存在する。他にも多数の市内の町名に中央は大人気だが、鉄道としてはある程度広域を結ぶ性格上、それほど簡単には命名できないのだろう。

東武アーバンパークライン（野田線）

——〝都市公園〟線？

東武野田線は大宮から柏を経て船橋を結ぶ六二・七キロの路線で、多くの区間で国道一六号に沿って走る。最近では東武鉄道の案内で「野田線」を見かけることはなくなった。大宮で乗り換え案内をする新幹線の車内アナウンスでも最近まで聞かれた「野田線」は封印され、アーバンパークラインという愛称に従っている。そういえば昨今では横浜市営地下鉄ブルーラインとグリーンライン、えちごトキめき鉄道妙高はねうまライン（旧信越本線）のように、英語由来のラインを名乗る事例が増えてきた。

その愛称名を論じる前に、一応は今も「正式名称」である野田線の歴史をなぞっておこう。

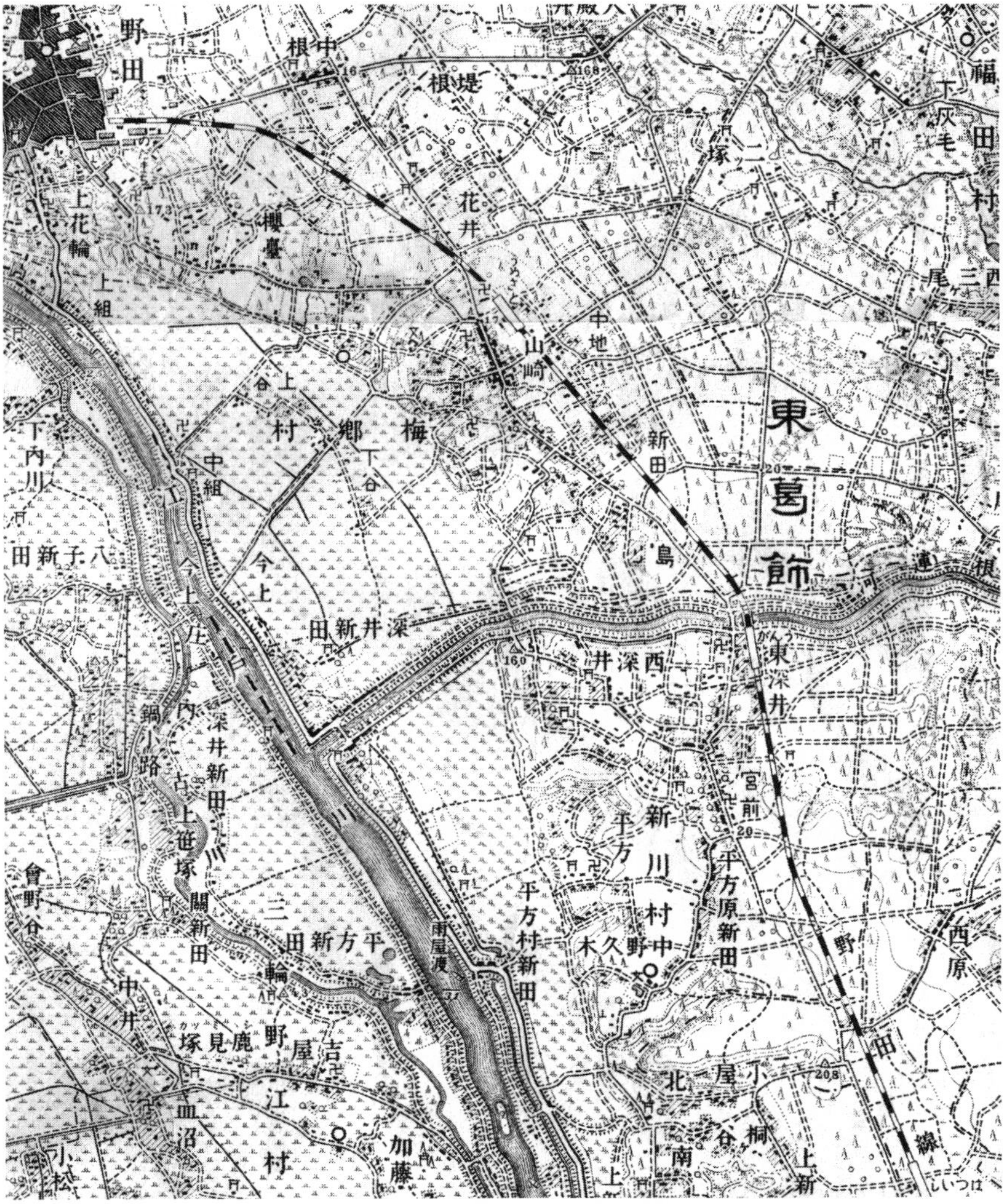

千葉県営鉄道時代の野田線は野田町駅が終点。その南側の水面は醤油の輸送路であった江戸川で、中央の利根運河で利根川と結ばれた。1 : 50,000「粕壁」明治 39 年測図

一八三　○取手下館間○馬橋流山間○柏野田町間

（＊ハ切符通用期限内隨意下車驛）

取手下館間
（大正六年六月一日改正）
常總鐵道

	取手發	寺原〃	稲戸井〃	守谷〃	小絹〃	※水海道〃	三妻〃	石下〃	宗道〃	下妻〃	大寶〃	黒子〃	大田郷〃	下館着
前	…	…	…	…	…	六、二〇	六、三三	六、四四	六、五三	七、〇四	七、一四	七、二四	七、三二	七、四〇
前	七、〇〇	七、〇八	七、一七	七、三〇	七、三九	八、〇〇	八、一四	八、二六	八、三六	八、四五	八、五四	九、〇四	九、一二	九、二〇
	一〇、〇五	一〇、一三	一〇、二二	一〇、三五	一〇、四三	一一、〇四	一一、一七	一一、二九	一一、三八	一一、四八	一一、五七	一二、〇九	一二、一七	一二、二五
後	一二、三〇	一二、三七	一二、四五	一二、五五	一、〇三	一、二二	一、三五	一、四六	一、五五	二、〇五	二、一四	二、二四	二、三二	二、四〇
後	三、五二	三、五九	四、〇七	四、一八	四、二六	四、四六	四、五九	五、一〇	五、一九	五、二九	五、三八	五、四九	五、五七	六、〇五
	…	…	…	…	…	…	…	…	…	…	…	…	…	…
後	七、四〇	七、四七	七、五五	八、〇四	八、一二	八、三〇	八、四三	八、五六	九、〇五	九、一二	九、二一	九、二九	九、三七	九、四五
後	九、〇〇	九、〇七	九、一六	九、二八	九、三六	九、四五	…	…	…	…	…	…	…	…
哩程		一.四	三.五	六.一	八.二	一一.〇	一五.〇	一八.〇	二〇.六	二三.五	二五.〇	二七.二	二九.五	三一.九

○馬橋流山間
（六年十一月二十日改正）

	馬橋發	大谷口〃	鰭ヶ崎〃	流山着
前	六、二二	六、三〇	六、三六	六、四二
前	七、四八	七、五六	八、〇二	八、〇八
前	九、三五	九、四三	九、四九	九、五五
	一〇、四六	一〇、五四	一一、〇〇	一一、〇六
前	一一、五五	一二、〇三	一二、〇九	一二、一五
後	一、四〇	一、四八	一、五四	二、〇〇
後	三、一五	三、二三	三、二九	三、三五
後	五、三八	五、四六	五、五二	五、五八
後	八、一六	八、二四	八、三〇	八、三六
哩程		一.三	二.二	三.五
並等賃金		四	六	一〇

○柏野田町間
（六年六月改正）
千葉縣營輕鐵

	柏發	豐四季〃	初石〃	※運河〃	梅郷〃	野田町着
前	八、〇〇	八、〇八	八、一五	八、二三	八、二九	八、三五
前	一一、〇〇	一一、〇八	一一、一五	一一、二三	一一、二九	一一、三五
後	二、一〇	二、一八	二、二五	二、三三	二、三九	二、四五
後	五、四〇	五、四八	五、五五	六、〇三	六、〇九	六、一五
後	八、四〇	八、四八	八、五五	九、〇三	九、〇九	九、一五
哩程		二.〇	三.八	六.〇	七.五	九.一
三等賃金		四	八	一三	一六	二〇

	野田町發	梅郷〃	※運河〃	初石〃	豐四季〃	柏着
前	六、四〇	六、四七	六、五三	七、〇一	七、〇八	七、一五
前	九、四〇	九、四七	九、五三	一〇、〇一	一〇、〇八	一〇、一五
	一二、五〇	一二、五七	一、〇三	一、一一	一、一八	一、二五
後	四、〇〇	四、〇八	四、一五	四、二四	四、三二	四、四〇
後	七、〇〇	七、〇七	七、一三	七、二一	七、二八	七、三五
哩程		一.六	三.一	五.三	七.一	九.一
三等賃金		四	七	一二	一六	二〇

○佐貫龍ヶ崎間
並等車（六年六月一日改正）
龍ヶ崎鐵道

左端の「千葉県営軽鉄」が東武野田線の前身で、終点の野田町駅は現野田市駅の南西側にあった。中央は流山軽便鉄道（現流鉄）、右端は常総鉄道（現関東鉄道常総線）である。公益旅行合資会社『公益旅行案内』大正７年５月号

まず明治四四年（一九一一）五月九日に千葉県営鉄道として常磐線の柏を起点に野田町（現野田市駅の近く）までを開業した。野田は醤油の大産地であり、その原料や製品の輸送が主目的であったという。開業翌年の大正元年（一九一二）の時刻表『汽車汽船旅行案内』九月号によれば、会社名の代わりに「千葉県鉄道部」の名が掲げられ、柏〜野田町間の九・一マイル（一四・六キロ）を三五分で結ぶ蒸気機関車牽引の旅客列車が一日六往復設定されていた。

大正一二年（一九二三）には北総鉄道に譲渡されて船橋まで延伸する。さらに昭和四年（一九二九）九月には野田町から清水公園まで、一一月には東武鉄道粕壁（現春日部）駅を経て一二月には大宮駅に達した（電化も完成）。延伸開業した際にわずかの間だが終点の置かれた駅の近くにある清水公園は、明治二七年（一八九四）にキッコーマンの前身である野田醤油の初代社長の父・茂木柏衛が開園した長い歴史をもつ。ちょうど駅が開業した年、ドイツで林学を学んだ本多静六博士の設計による自然公園として大規模な拡張が行われた。博士は明治神宮の設計にも携わっているが、この公園の存在がアーバンパークラインの名称に一役買っていることは間違いないだろう。

大宮まで延伸したことにより、千葉県北部にあたる下総国（北総）のみならず武蔵国の埼玉県も沿線に加わったため「北総」の社名は不適当ということか、両国合わせた総武鉄道に昭和四年（一九二九）改称している。この会社はずっと以前に設立された総武本線の前身の総武鉄道とは異なるが、その前身の北総鉄道も千葉ニュータウンを走る現在の北総鉄道とは関係ない

（昭和四七年に北総開発鉄道として設立、平成一六年に現社名に変更）。その後、太平洋戦争中の昭和一九年（一九四四）には東武鉄道と合併した際に大宮～柏間を野田線、船橋～柏間を船橋線と命名。これが「東武野田線」の名称の始まりだが、そのわずか四年後の昭和二三年（一九四八）には大宮～船橋間の全線を野田線に統合している。

アーバンパークラインの愛称が登場したのは平成二六年（二〇一四）で、伊勢崎線の一部をスカイツリーラインと呼び始めた二年後であった。路線が東京の郊外住宅地を走って利便性が高い一方で、自然を身近に感じられる公園が多いことなどを東武鉄道は命名理由として挙げている。アーバン（都市）＋パーク（公園）の造語のようだが、参考までに英語で urban park といえばニューヨークのセントラルパークや東京なら日比谷公園のような「都市公園」を意味するのでその内容は異なる。まあ日本語と割り切れば違和感はないかもしれない。この種のカタカナ英語による愛称を私は好きではないが、「あの沿線がアーバン？」といった冷笑にはもっと抵抗がある。コロナ禍を体験して都会の正体も見えてきたところで、質実剛健な野田線に戻すというのはどうだろうか。

東急田園都市線——渋沢栄一が夢見た田園都市の系譜

昭和の終わりから平成の初めにかけて、「都市」を名乗る鉄道路線名が相次いで誕生した。昭和六三年（一九八八）の学研都市線（ＪＲ西日本・片町線）、平成三年（一九九一）の学園都市線（ＪＲ北海道・札沼（さっしょう）線）、同年の神戸電鉄公園都市線である。世はバブル経済の絶頂から崩壊への大転換期であった。ＪＲの学研都市線、学園都市線はそれぞれ在来の路線にこの時に付いた愛称であるが、大学や高校などが沿線に集まっていることからの命名で、文教地区というイメージは昔から好まれる定番だ。ＪＲの両路線で愛称が普及した背景には、線名の由来である起点・片町駅（大阪市）が廃止された片町線、沼の字の由来である石狩沼田駅寄りの区間が廃止された札沼線、という正式名称から乖離した現実があったのかもしれない。公園都市線は神戸電鉄の北摂三田（ほくせつさんだ）ニュータウンの足として開通した新線である。

さて、バブル期よりずっと以前に開通した「都市線」の老舗が、東急田園都市線だ。東京急行電鉄（現東急電鉄）という会社は、もともと渋沢栄一が設立に関わった田園都市株式会社（大正七年設立）にルーツをもつ。同社は東京西南郊に位置する旧荏原（えばら）郡（現目黒区、品川区、大田区、世田谷区の大半に相当）に優良な住宅地を開発し、当時の「新中間層」に向けて提供

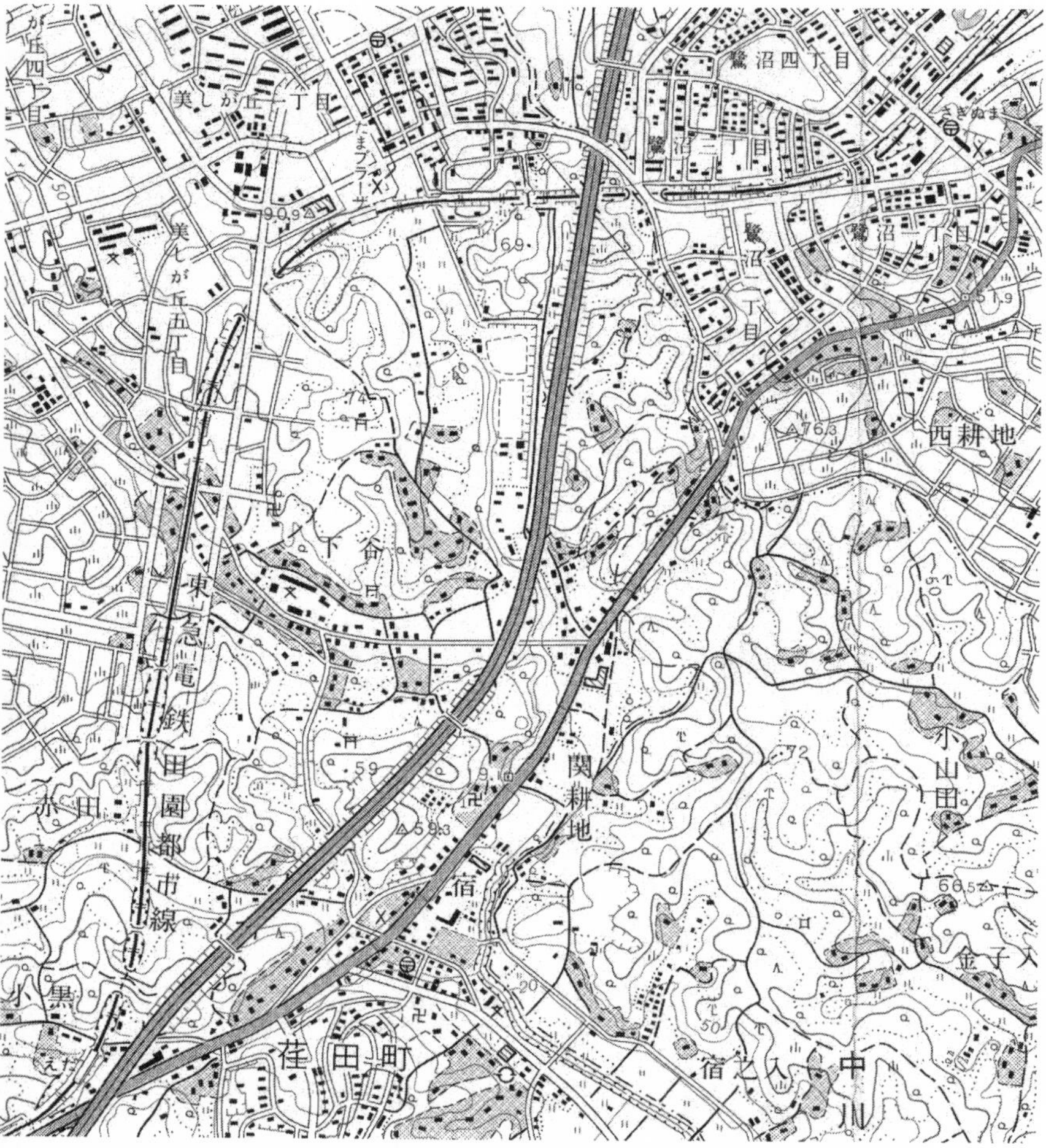

開通6年後の田園都市線とその沿線。宅地造成中のエリアが多くを占める。東急の「急」の字付近には昭和52年（1977）にあざみ野駅が設置された。1：25,000「荏田」昭和47年修正

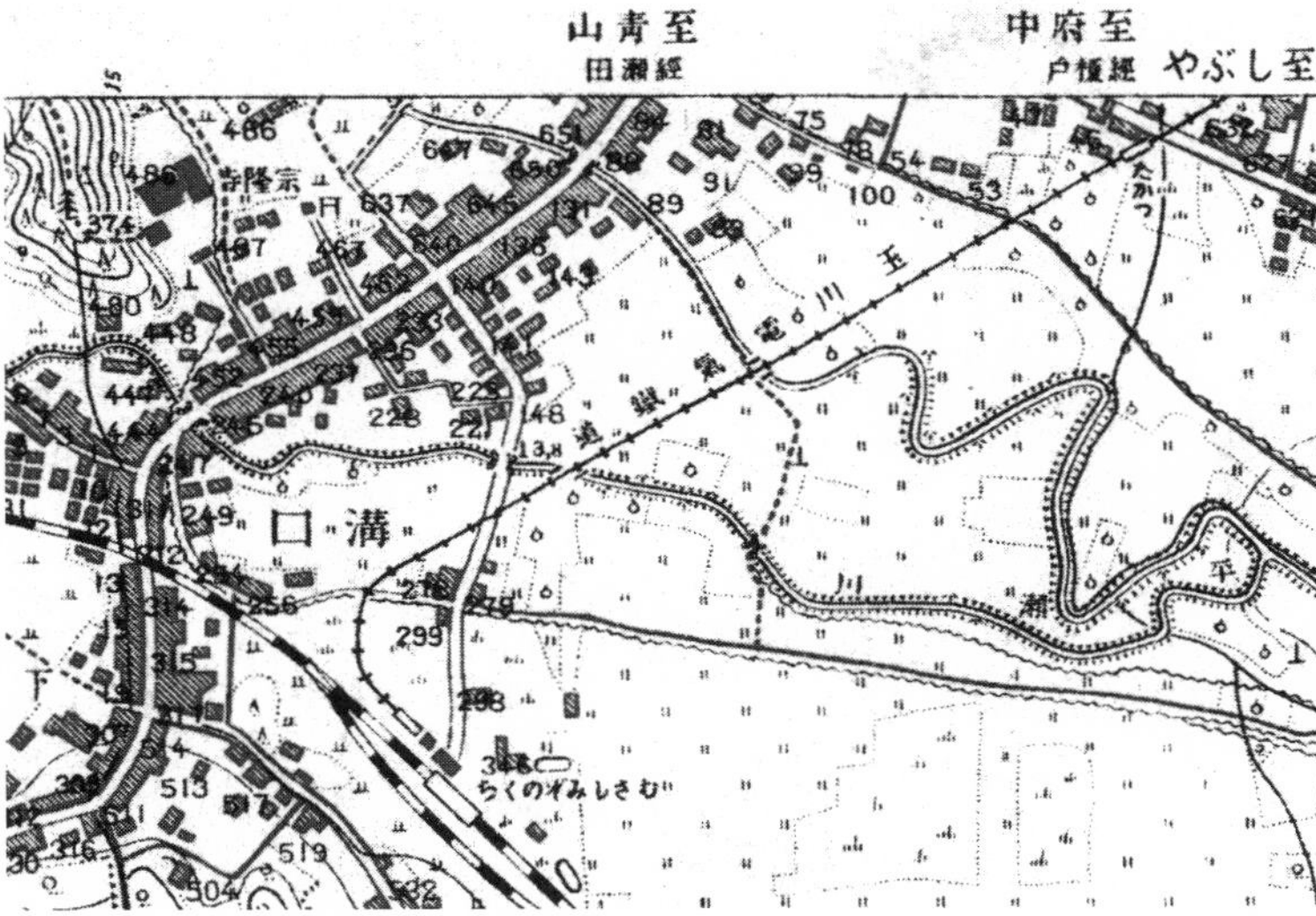

後に東急田園都市線の一部となる高津～溝ノ口（現溝の口）間は玉川電気鉄道が最初に敷設した。1:10,000「溝口」昭和４年測図

した。

田園都市はGarden Cityの訳語で、イギリスのエベネザー・ハワードが提唱した新しい形の都市である。過度の人口集中で住環境が悪化していた大都市ロンドンを離れ、田園地帯で職住接近の自立型都市を想定したものであった。ただし日本で取り入れられた「田園都市」は、イギリスのレッチワースで行われたような自立型都市ではなくいわゆるベッドタウンであり、また土地所有権を持つ田園都市協会に住民が地代を払う形態ではなく、分譲住宅である点で「別物」ではあったが、関東大震災でほとんど被害のなかった東京の田園都市は高級分譲住宅として人気を

―博した。その複数箇所にのぼる田園都市から都心への足として開業したのが、子会社の目黒蒲田電鉄（現東急電鉄）である。初めて目黒（現目黒線）～丸子（現多摩川線沼部）間を開業したのが大正一二年（一九二三）三月一一日なので、令和五年（二〇二三）にちょうど一〇〇周年を迎える（会社設立から一〇一周年）。

日本の大手私鉄の中で不動産会社をルーツとするのは東急だけだが、戦後も住宅地開発には積極的で、昭和二八年（一九五三）からは「大井町線溝ノ口以西の多摩川西南の丘陵地帯を開発し、大井町線を小田急電鉄江ノ島線中央林間まで延長、その沿線を東横線沿線に匹敵するほどの市街地に発展させせよう、という構想」[36]を立て、雑木林の中に農家が点在していた丘陵地の農村部に、一五にのぼる土地区画整理組合によって事業面積約一二平方キロもの広大な土地が開発された。第一期開業区間は昭和四一年（一九六六）四月一日の現溝の口～長津田間であるが、起工式を行った同三八年一〇月一一日には、すでに大井町線を田園都市線と改称している。

新線の途中駅は起点側から梶が谷（梶ヶ谷）、宮崎台（宮崎）、宮前平（土橋）、鷺沼、たまプラーザ（元石川）、江田（荏田）、市が尾（市ヶ尾）、藤が丘（谷本）、青葉台（成合）、田奈（恩田）の一〇か所が設置された。昭和五二年（一九七七）にはあざみ野駅を新設している。カッコ内は建設中の仮称で、いずれも地元の地名だが、実現した駅名には田園都市を意識した新命名が目立つ。北部の中心「たまプラーザ駅」は当時の東急社長・五島昇氏自らの命名で、スペイン語の広場 plaza を用いた新鮮さが「他とは違う高級感」を与えたかもしれない。

大井川鐵道——電源開発とともに生きる

「箱根八里は馬でも越すが、越すに越されぬ……」と詠われた大井川は、駿河と遠江（とおとうみ）の国境をなす日本有数の大河である。大雨が降れば手が付けられない暴れ川となり、江戸時代は頻繁に川留めになった。そうなれば旅人はなす術もなく両岸の島田、金谷（かなや）の宿場で何日もの停滞を余儀なくされた。両岸はすぐ満員となるので、延泊の人波はそのまた隣の藤枝や日坂（にっさか）などにも及んだという。長らく橋が架けられなかったのは「防衛上の配慮」と説明されてきたが、橋を架けても増水ですぐに流されてしまうことに加え、川留めの及ぼす地元経済への好影響も背景にあったらしい。

大井川の長さは多摩川の二割増しの一六八キロとそれほどでもないが、源流域には南アルプスの、三〇〇〇メートル級の峰々が聳立（しょうりつ）しているので河川勾配は非常に急で、水量も豊富だ。これほど水力発電に適した川も珍しいので、明治末の昔から電源開発の適地として注目されたのも当然だ。そのために建設されたのが大井川鐵道である。

地方鉄道はおおむね地元の有力者に加えて東京などの投資家が出資するパターンが多いのだが、この鉄道の昭和一五年（一九四〇）の株主一覧によれば、筆頭が御料林を管理する帝室林

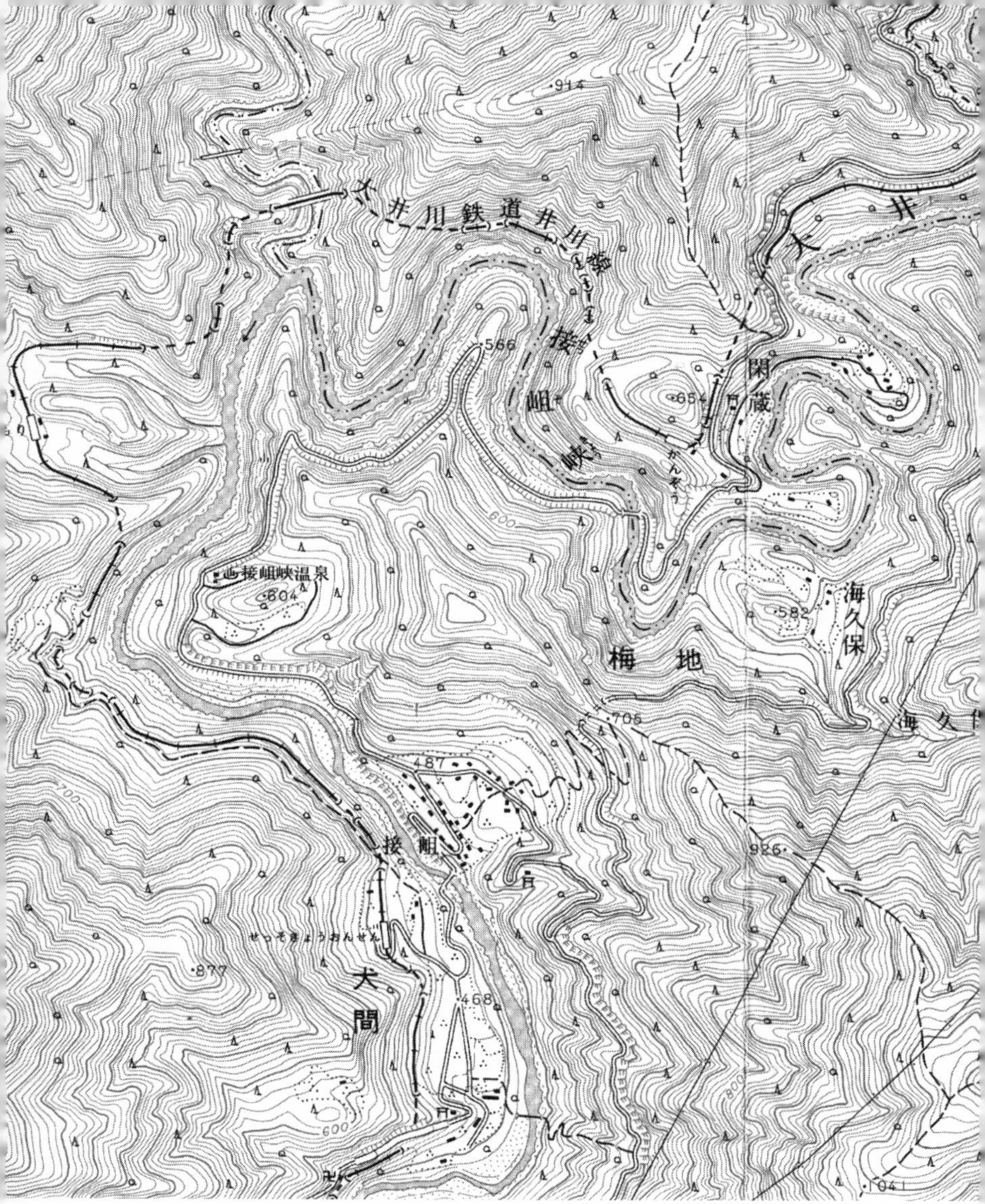

大井川上流の深山幽谷をたどる大井川鐵道井川線。線名の「大」の字の左側が日本の鉄道橋で最も高い関の沢橋梁（水面から70.8m）。1：25,000「井川」平成８年部分修正

野局の株式名義人である内蔵頭(くらのかみ)の一八〇〇〇株、以下は東電証券一六八〇〇株、大井川電力が一六六二四株、富士電力三八〇〇株など、電力関係が総株数の四割を占めている。[37] 明らかに電源開発のための鉄道であった。電力会社は第二次大戦中に日本発送電という巨大な国策会社に統合され、戦後は地方別の電力会社（ここでは中部電力）となって現在に至る。

大井川鐵道は東海道本線の金谷駅を起点に大井川に沿って千頭(せんず)まで遡る大井川本線三九・五キロと、千頭〜井川(いかわ)間を結ぶ井川線二五・五キロの二路線からなる。大井川本線は昭和五一年（一九七六）から蒸気機関車の保存運転を行っている「老舗」であり、また普通列車では近鉄

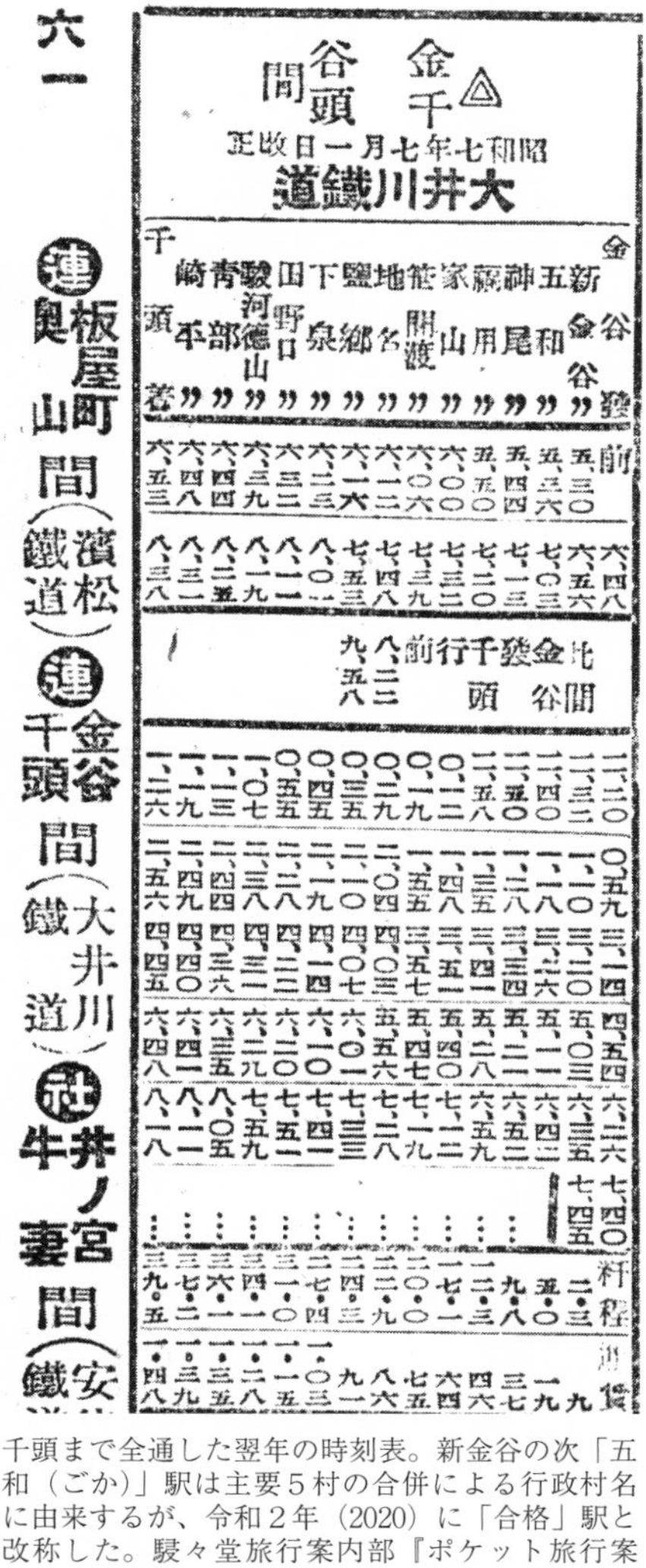

△ 金谷 千頭 間

昭和七年七月一日改正

大井川鐵道

駅									粁程	運賃
金谷發	前	六、四八	一一、三〇	〇、五九	三、一四	四、五四	六、二六	七、四〇		
新金谷〃	五、三〇	六、五六	一一、三三	一、一〇	三、二〇	五、〇三	六、三五	七、四五	二・三	九
五和〃	五、三六	七、〇三	一一、四〇	一、一八	三、二六	五、一一	六、四二	…	五・〇	一九
神尾〃	五、四四	七、一三	一一、五〇	一、二八	三、三四	五、二一	六、五三	…	九・八	三七
福用〃	五、五〇	七、二〇	一一、五八	一、三五	三、四一	五、二八	六、五九	…	一二・三	四六
家山〃	六、〇〇	七、三三	〇、一二	一、四八	三、五一	五、四〇	七、一二	…	一七・一	六四
笹間渡〃	六、〇六	七、三九	〇、一九	一、五五	三、五七	五、四七	七、一九	…	二〇・〇	七五
地名〃	六、一二	七、四八	〇、二九	二、〇四	四、〇三	五、五六	七、二八	…	二二・九	八六
鹽郷〃	六、一六	七、五三	〇、三五	二、一〇	四、〇七	六、〇一	七、三三	…	二四・三	九一
下泉〃	六、二三	八、〇二	〇、四五	二、一九	四、一四	六、一〇	七、四一	…	二七・四	一〇三
田野口〃	六、三三	八、一一	〇、五五	二、二八	四、二二	六、二〇	七、五一	…	三一・〇	一一五
駿河徳山〃	六、三九	八、一九	一、〇七	二、三八	四、三一	六、二九	七、五九	…	三四・一	一二八
青部〃	六、四四	八、二五	一、一三	二、四四	四、三六	六、三五	八、〇五	…	三六・一	一三五
崎平〃	六、四八	八、三一	一、一九	二、四九	四、四〇	六、四一	八、一一	…	三七・二	一三九
千頭着	六、五三	八、三八	一、二六	二、五六	四、四五	六、四八	八、一八	…	三九・五	一四八

此間 金谷發千頭行 前八、三三 九、五八

六一

連 板屋町 奥山 間（濱松鐵道）

連 金谷 千頭 間（大井川鐵道）

社 井ノ宮 牛妻 間（安…

千頭まで全通した翌年の時刻表。新金谷の次「五和（ごか）」駅は主要5村の合併による行政村名に由来するが、令和2年（2020）に「合格」駅と改称した。駿々堂旅行案内部『ポケット旅行案内』昭和7年11月号

特急や南海電鉄などの車両が旧塗色そのままで走っていることもあり、以前からマニアに人気のある路線だ。平成二三年（二〇一一）には新金谷駅に新たな転車台がお目見えし、機関車が上下列車とも前向きで走れるようになっている。

井川線は大井川発電所建設のために戦前に敷設された大井川電力専用鉄道が前身で、戦後には井川ダムの建設のため延伸された。要するに工事用の鉄道出身であるため、線路幅こそ大井川本線と同じであるが、それよりはるかに小さな車両が使われており、急カーブと急勾配に加えて全線六一か所にも及ぶトンネルを抜けながら断崖絶壁を進む。昭和三四年（一九五九）にようやく一般人を乗せる地方鉄道になったが、今では「トロッコ列車」で知られ、特に紅葉シーズンなどには多くの観光客で賑わう。長島ダム建設で水没した際の代替路線にアプト式の電気機関車が連結される急勾配区間もあり、日本の鉄道で最も高い関の沢橋梁（アーチ橋。水面からの高さ七〇・八メートル）も架かっているなど、見どころの多い路線である。

大井川鐵道の他に川の名をとった会社名としては阿武隈急行（福島県・宮城県）、くま川鉄道（熊本県）、長良川鉄道（岐阜県）、錦川（にしきがわ）鉄道錦川清流線（山口県）、東急電鉄と西武鉄道の多摩川線（いずれも東京都）、東武鉄道鬼怒川線（栃木県）、北陸鉄道浅野川線（石川県）などがあるが、第三セクター鉄道が目立つ。その他では「川」と名乗らないが黒部川に沿って断崖絶壁をゆっくり走る「トロッコ電車」の黒部峡谷鉄道（富山県）や、わたらせ渓谷鐵道（群馬県・栃木県）もその仲間であろう。

名古屋市営地下鉄名城線

——初めて「右・左回り」を採用した環状鉄道

遠い記憶だが、幼児の頃に父の実家がある名古屋へ行った際、乗ったのが黄色い地下鉄であった。これほど鮮やかなカナリア色は、自分が住んでいる関東ではお目にかかったことがないので、強く印象に残ったものである（現在はステンレスに黄帯）。日本の大都市では東京、大阪に次いで三番目（私鉄の一部地下区間等を除く）、昭和三二年（一九五七）に登場したのがこの名古屋市営地下鉄一号線、現在の東山線だ。

その後、栄町（現栄）駅で同線と十字に交差する二号線が昭和四〇年（一九六五）に開通、後に一号線は東山線、二号線には名城線という愛称が与えられた。名城とは金の鯱で知られる名古屋城のことで、その二〇年前の名古屋大空襲で鯱のある天守閣は残念ながら焼け落ちている。二号線の開通は昭和三四年（一九五九）に名古屋城の再建工事、竣工がはじまった六年後で、そのすぐ近くを通ることからの命名であろう。

名城線は昭和四六年（一九七一）に大曽根〜栄〜金山〜名古屋港というルートを完成したが、その後同四九年に金山から東へ延伸、新瑞橋までの「支線」が四号線の呼び名で走り始めた。愛称が正式に決定する前に「号線」で呼ぶのは、都営地下鉄大江戸線が練馬〜光が丘間だけ開

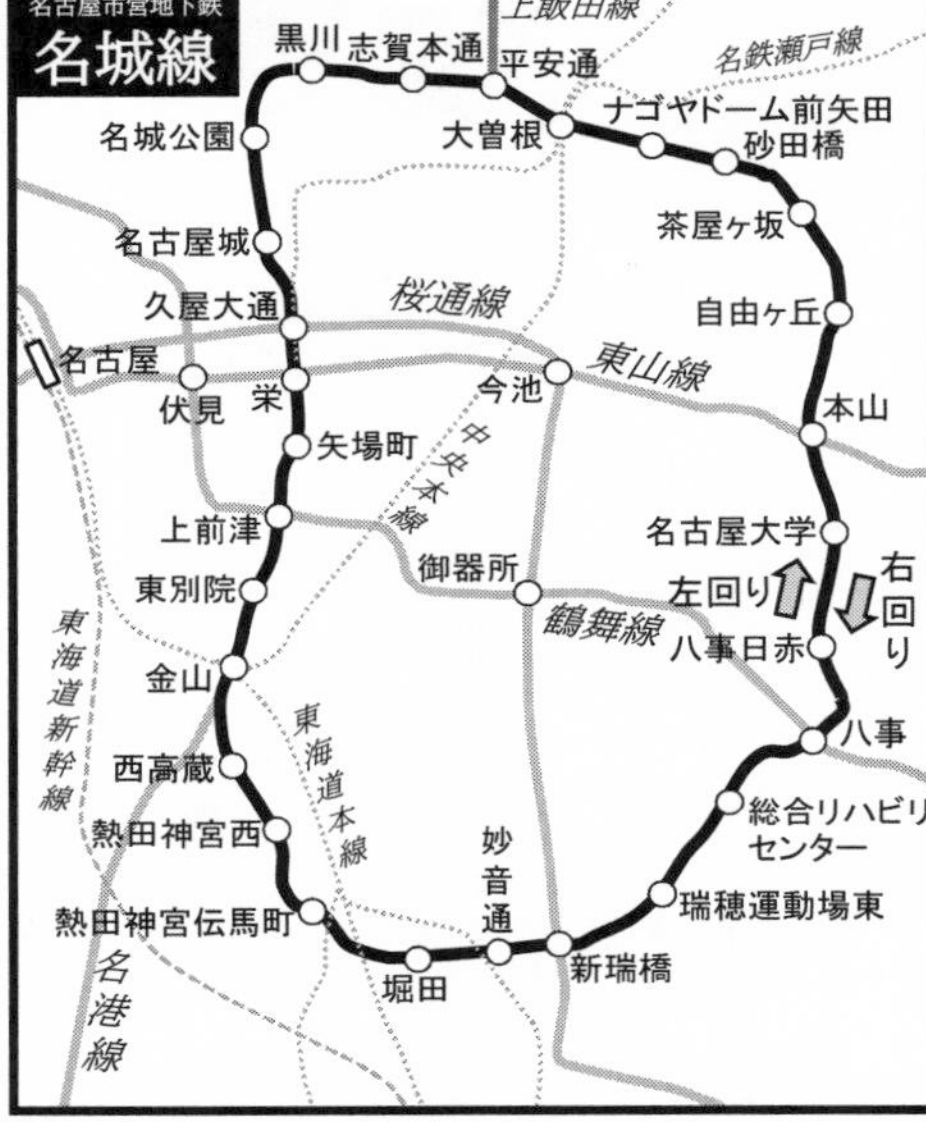

日本で環状運転を行っている唯一の地下鉄、名古屋市営地下鉄名城線。平成16年（2004）に名古屋大学～新瑞橋間が開通して環状になった。鉄道では初めて「右回り・左回り」の呼称を用いた路線である。

通していた時代に「都営地下鉄一二号線」とした事例もあるが、名城線はその後、大曽根～名古屋大学～新瑞橋間を順次開業、平成一六年（二〇〇四）には全通して環状運転を始めている。一方で金山～名古屋港間は新たに「名港線」となった。

世界の地下鉄ではロンドン（サークル線）、モスクワ（五号線）、マドリッド（六号線）、ソウル（二号線）、北京（二号線・一〇号線）など環状運転する路線は珍しくないが、日本ではこの名城線が初の環状系統となった。国内では地上を走る山手線、大阪環状線に次いで三番目である（路面電車を除く）。ただし先行二線と決定的に違うのが運転方向の表示を外回り・内回りではなくて右回り・左回りを採用したことだ。

そもそも外回り・内回りという表現は実にわかりにくい。東京の山手線で「外回りの電車」が新宿駅からどちらへ向かって走るか即答できる人は東京でも少ないだろう。なるほど日本の複線鉄道は左側通行なので、環状線だと時計回りする電車は外側を走り、反時計回りの電車は内側を走る。理屈はそうかもしれないが、このわかりにくさは絶望的だ。

名古屋の地下鉄でも実現にあたってそれを指摘した人がいたのだろう。先例にとらわれることなく右回り・左回りを採用したのは快挙である。車両側面の行き先表示には山手線と同様に駅名はないが、「名城線（右まわり）」などとあって、英語表記もClockwise（時計回り）とCounterclockwise（反時計回り）。外国人もこれなら路線図と対照して一目瞭然だ。

最近になって名古屋市在住の人に、地下鉄がなぜ右回り・左回りを採用したのか尋ねてみたら、市内を循環する市営バスの系統で昔からこの用語が使われていたから、単に踏襲しただけではないかとの答えであった。いずれにせよ乗客のわかりやすさを第一に考えれば必然的な表記である。

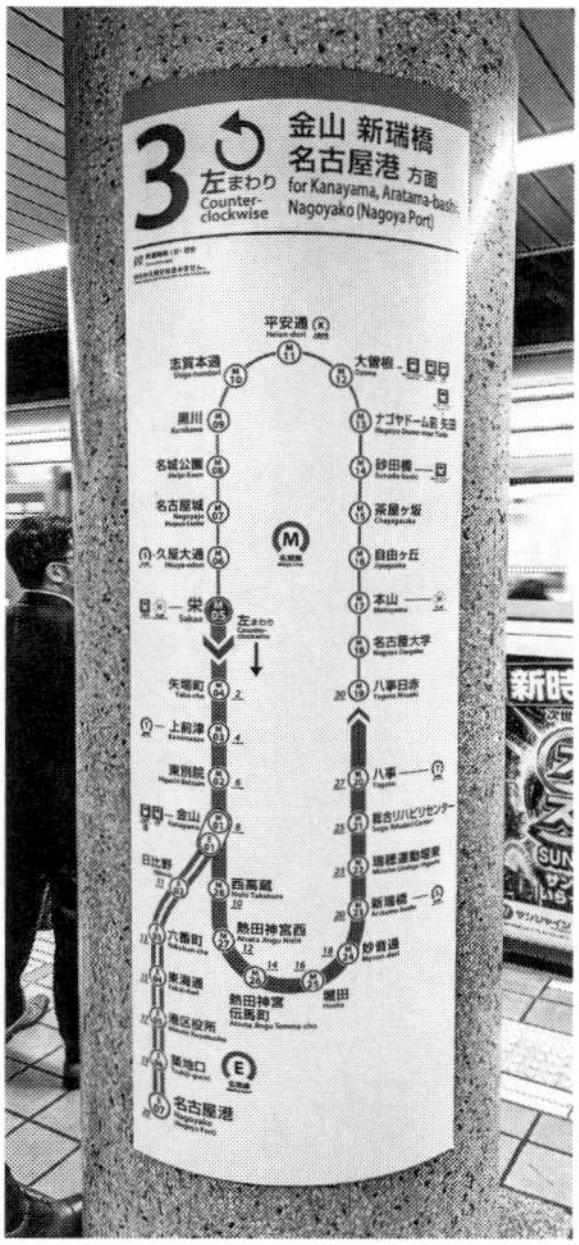

「左まわり」の表記が見える名城線の案内表示。金山駅にて。

山手線や大阪環状線もヘタな意地を張っていないで（無意識かもしれないが）、すぐにでも導入すべきではないだろうか。ついでながら、大江戸線は環状運転をしていないのに円く繋がっているので何とも呼びにくい。実際には「都庁前・光が丘方面」「大門・両国方面」などと区別しているが、これをたとえば「右巻き」「左巻き」と呼んだらどうだろう。

西武鉄道の各線——戦後にことごとく改名

だいぶ少数派になったというが、東京の池袋駅から所沢や飯能へ向かう電車——西武池袋線のことを今も「武蔵野線」と呼ぶ年輩者がいるそうだ。ふつう武蔵野線といえばＪＲ東日本の路線名であり、東京二三区のずっと外側をぐるりと半環状的に走る電車である。しかしこの線が最初に府中本町～新松戸間を開通したのは昭和四八年（一九七三）と新しいので関係なく、西武池袋線の前身、大正四年（一九一五）に開業した武蔵野鉄道——通称武蔵野線のことである。

さて、そもそも武蔵野がどの範囲を指すかは厳密に定義しにくいが、地形区分で捉えるなら、かつて古多摩川が土砂を堆積させた広大な扇状地から成る武蔵野台地という呼び方が明解だ。具体的には北は川越、南は多摩川、東は江戸城あたりまでという表現で間違いないだろう。

関東平野と関東山地のちょうど境目にあたる飯能（はんのう）の町（現飯能市）は入間（いるま）川の支流、名栗（なぐり）川

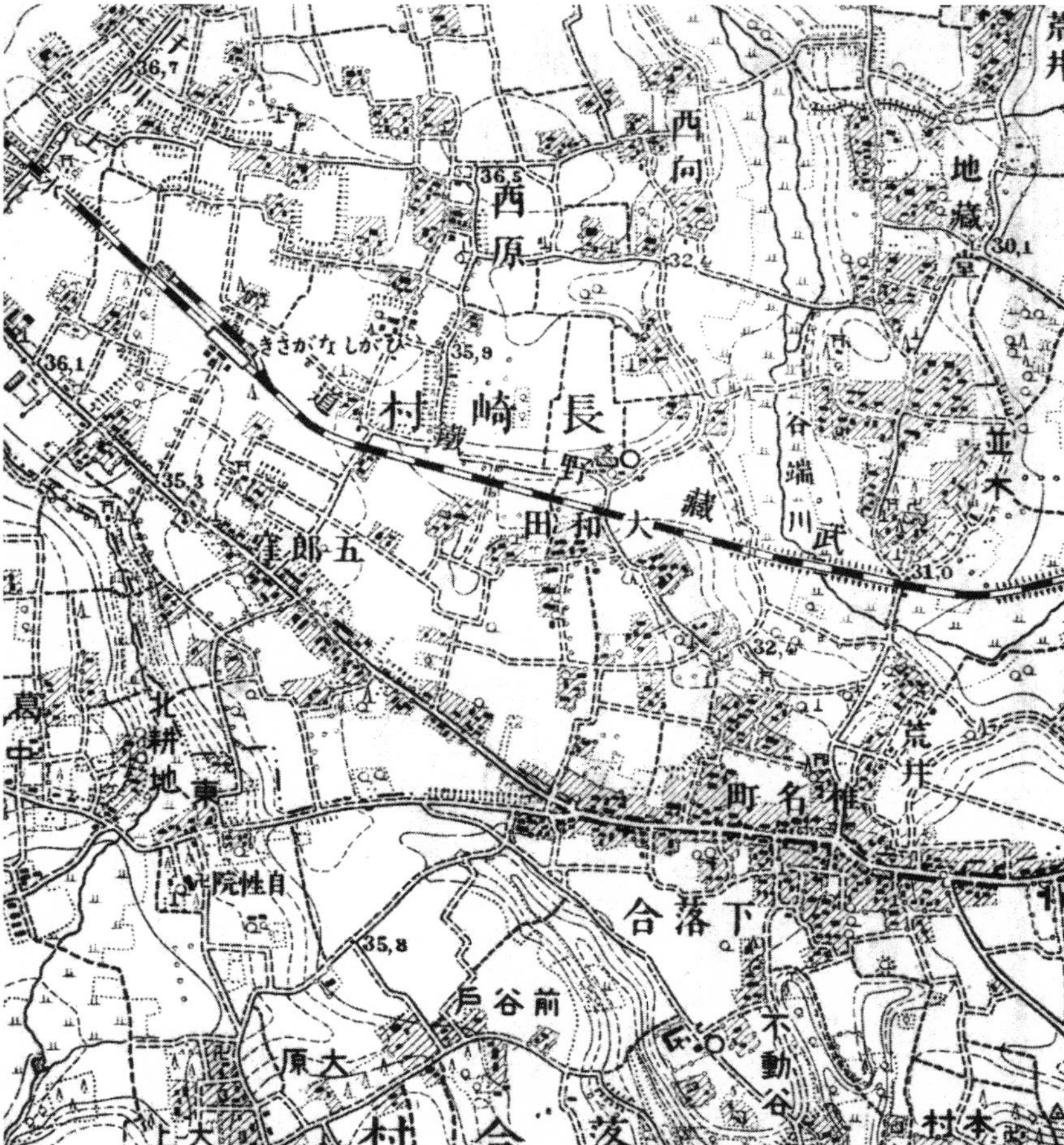

西武池袋線が武蔵野鉄道として開通した頃。椎名町駅はまだない。現在の日本加除出版は椎名町と五郎窪の地名表記の中間付近にある。1：20,000「中野」大正４年鉄道補入

○池袋飯能間（全部二、三等客車）（辨當販賣驛 所澤）（大正七年一月一日改正）武藏野鐵道

驛名	前	前	前	後	後	後	後	後	後※	哩程	賃金三等
池袋發	六、二五	八、二三	九、五四	一二、〇四	二、一三	四、一四	六、〇九	八、四三	一〇、〇〇		
東長崎〃	六、三四	八、三二	一〇、〇四	一二、一三	二、二三	四、二二	六、一八	八、五一	一〇、〇八	二・〇	四
練馬〃	六、四三	八、三九	一〇、一三	一二、二三	二、三一	四、二九	六、二七	九、〇一	一〇、一五	三・八	八
※石神井〃	六、五五	八、四八	一〇、二五	一二、三五	二、四四	四、三九	六、四〇	九、一三	一〇、二四	六・六	一三
保谷〃	七、〇五	八、五七	一〇、三七	一二、四六	二、五五	四、四八	六、五一	九、二四	一〇、三三	八・九	一七
東久留米〃	七、一七	九、〇七	一〇、四九	一二、五八	三、〇七	四、五八	七、〇三	九、三六	一〇、四三	一一・一	二三
秋津〃	七、二七	九、一六	一一、〇〇	一、〇九	三、一八	五、〇七	七、一四	九、四七	一〇、五五	……	……
※所澤〃	七、三九	九、二七	一一、一二	一、二一	三、三〇	五、一九	七、二六	九、五九	一一、〇〇	一五・四	三〇
※西所澤〃	七、四七	九、三三	一一、二〇	一、二九	三、三八	五、二五	七、三五	一〇、〇九	……	一六・九	三三
三ケ島村〃	七、五八	九、四三	一一、三二	一、四一	三、五〇	五、三四	七、四七	一〇、一九	……	一九・七	三八
※豊岡町〃	八、一一	九、五三	一一、四五	一、五四	四、〇三	五、四四	八、〇〇	一〇、三二	……	二三・〇	四四
佛子〃	八、二〇	九、五九	一一、五五	二、〇四	四、一三	五、五〇	八、一〇	一〇、四〇	……	二四・七	四七
飯能着	八、三〇	一〇、〇七	一二、〇四	二、一三	四、二三	五、五八	八、一九	一〇、四九	……	二七・二	五三

○池袋飯能間（總武、東武、中央、信越方面ノ一五）

驛名	前※	前	前	前	前	後	後	後	後	哩程	賃金三等
飯能發	……	五、二二	六、五〇	九、〇九	一〇、五四	一、〇二	三、二三	四、五八	七、〇八		
佛子〃	……	五、三三	六、五八	九、一九	一一、〇四	一、一二	三、三一	五、〇八	七、一八	二・五	五
※豊岡町〃	……	五、四一	七、〇四	九、二九	一一、一五	一、二三	三、三八	五、一九	七、二九	四・二	八
三ケ島村〃	……	五、五五	七、一五	九、四五	一一、三一	一、三九	三、四九	五、三五	七、四五	七・五	一五
※西所澤〃		六、〇六	七、二四	九、五六	一一、四二	一、五〇	三、五八	五、四七	七、五八	一〇・三	二〇
※所澤〃	四、五五	六、一七	七、三五	一〇、〇七	一一、五三	二、〇二	四、〇八	五、五八	八、〇九	一一・八	二三
秋津〃	五、〇二	六、二五	七、四三	一〇、一四	一二、〇一	二、一〇	四、一五	六、〇六	八、一七	……	……
東久留米〃	五、一〇	六、三六	七、五三	一〇、二五	一二、一三	二、二一	四、二三	六、一七	八、二九	一六・一	三一
保谷〃	五、一八	六、四六	八、〇二	一〇、三六	一二、二三	二、三一	四、三一	六、二七	八、三九	一八・三	三五
※石神井〃	五、二六	六、五七	八、一一	一〇、四六	一二、三三	二、四二	四、四〇	六、三八	八、四九	二〇・六	四〇
練馬〃	五、三七	七、〇九	八、二二	一〇、五八	一二、四五	二、五四	四、四九	六、五〇	九、〇二	二三・四	四五
東長崎〃	五、四五	七、一七	八、三一	一一、〇六	一二、五三	三、〇二	四、五六	六、五八	九、一〇	二五・二	四八
池袋着	五、五三	七、二五	八、三八	一一、一四	一、〇一	三、一〇	五、〇三	七、〇六	九、一八	二七・二	五三

七、二

西武池袋線の前身・武蔵野鉄道が開業して３年後の時刻表。蒸気機関車牽引で、駅もまだ少なかった。所沢が「弁当販売駅」となっている。

公益旅行合資会社『公益旅行案内』大正７年５月号

の「渓口集落」で古くから市場が立ち、木材や絹織物の町として発達したところである。当地出身の平沼専蔵は若い頃に横浜で羅紗などの取引商として独立、実業家としての経験を積んでいくが、明治四四年（一九一一）には平沼銀行を設立、同年には郷里・飯能の有力者たちとともに巣鴨村（現豊島区）と飯能町（現飯能市）を結ぶ武蔵野軽便鉄道株式会社の発起人となった。平沼は後に初代社長に就任しているが、大正二年（一九一三）四月七日に七七歳で没した[38]ので開通は見届けていない。

「軽便」の文字からレール幅の狭い小型鉄道の印象があるかもしれないが、これは当時の鉄道建設促進政策の一環として、出願の手続や鉄道建設の諸規制を緩和した軽便鉄道法が明治四三年（一九一〇）に施行されており、同法に基づく鉄道という意味である。線路幅は現在と同じ一〇六七ミリであった。敷設免許が下付された時の『官報[39]』によれば区間は単に巣鴨～飯能間となっているが、当時の池袋駅の所在地は北豊島郡巣鴨村である（後に西巣鴨町→東京市豊島区）。開業時には「軽便」の文字を外して武蔵野鉄道となった。

これが現在の西武鉄道の前身会社であるが、その二一年前の明治二七年（一八九四）に国分寺～久米川（現東村山駅付近）を開業したのが旧西武鉄道である。当初は川越鉄道と称し、国分寺から北上して川越（現本川越）までの間のみの路線であった。その後は電力会社の所有を経て大正一一年（一九二二）に西武鉄道に落ち着いている。しかし川越鉄道時代の大正三年（一九一四）には東上鉄道（現東武東上線）が川越と池袋、同四年には前述の武蔵野鉄道が所

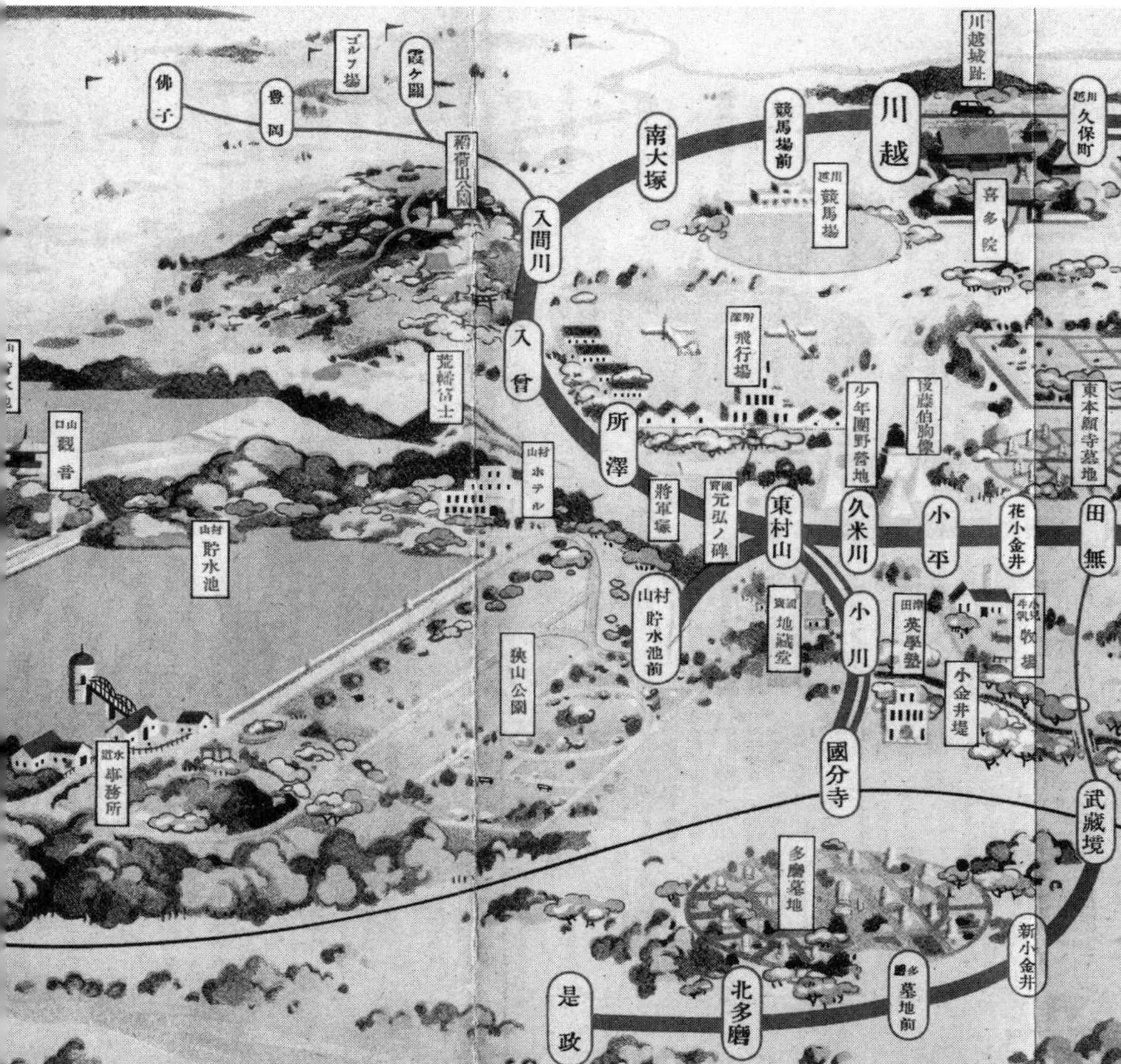

旧西武鉄道（新宿線系統）の沿線案内図。高田馬場から直通急行を走らせていた村山貯水池は、同社の観光の目玉であったため巨大に描かれている。ライバルの武蔵野鉄道（池袋線系統）および多摩湖鉄道は無視。西武鉄道「沿線御案内」昭和 13 年（1938）

沢から池袋と相次いで短絡したため西武は危機に陥り、苦労して昭和二年（一九二七）の開業に漕ぎつけた都心直結線が東村山〜高田馬場間の村山線（現新宿線の一部。当初は東京市営地下鉄計画のあった早稲田までの計画）であった。昭和に入ると多摩湖鉄道が国分寺から北上して社名の通り村山貯水池（別称・多摩湖）を目指して開業する。

昭和一五年（一九四〇）〜二〇年にかけて武蔵野鉄道は多摩湖鉄道と旧西武鉄道を合併して西武農業鉄道となるが、翌二一年には現在の「西武鉄道」となって現在に至る。路線名は旧社名にならって国分寺〜本川越間を川越線、池袋〜飯能〜吾野（あがの）間を武蔵野線、旧多摩湖鉄道を多摩湖線としたが、大々的に変わるのが昭和二七年（一九五二）三月二五日の高田馬場〜西武新宿間の開業だ。

これを機に村山線（直前は高田馬場〜西武園間）を実態に合わせて西武新宿〜本川越間として「新宿線」と改め、武蔵野線は「池袋線」（池袋〜吾野間。当時まだ秩父線は開通していない）と、ターミナル別にわかりやすい線名に整理している。ちなみに川越線の東村山以南は国分寺線となり、多摩湖線は変わらず継続した。

旧武蔵野鉄道では最初の支線であった豊島線（練馬〜豊島園）は現在も同じ線名で、西所沢で分岐する狭山（さやま）線は武蔵野鉄道時代に山口線と称し、戦後の昭和二六年（一九五一）に現在の狭山線に改称している。終点は若干の移転も含みながら村山公園→村山貯水池際→村山→狭山湖→西武球場前とめまぐるしい。

旧西武鉄道川越線（現国分寺線）の小川駅から西へ分岐して玉川上水に至る支線は、当初は日立航空機専用鉄道であったが、後に西武上水線となる。昭和四三年（一九六八）にこれが拝島まで延伸された時点で現在の拝島線に改称した。小川から東側は複雑で、陸軍兵器補給廠小平分廠への専用線が後にブリヂストンタイヤ東京工場専用線となり、それを萩山まで延伸、旧多摩湖鉄道の萩山～小平間と接続（後に萩山駅を移転）したのが現在の拝島線である。

東村山～西武園間を結ぶ西武園線はかつて村山線（高田馬場～東村山～村山貯水池前）の一部で、東村山から西へ一・九キロ進んだ野口信号場から北側へ昭和二五年（一九五〇）に進路を変更して西武園に至る路線が現状で、かつて信号場から直進していた村山貯水池駅（運転再開の際に「前」の字は外れた）までの区間は廃止された。

他の西武鉄道とは接続していないのが多摩川線（武蔵境～是政）で、砂利運搬のために大正六年（一九一七）から一一年にかけて敷設された多摩鉄道が前身である。昭和二年（一九二七）に旧西武鉄道多摩線となったが、昭和二七年（一九五二）には武蔵境線、同三〇年に現在の多摩川線と変更が頻繁であった。昭和二〇～三〇年代には地図などに「是政線」の表記も見られるが、これは通称かもしれない。

秩父線は池袋線の終点・吾野駅から西武秩父までを開業した昭和四四年（一九六九）に命名された。東京メトロ有楽町線へ直通するための西武有楽町線は昭和五八年（一九八三）に小竹向原～新桜台間を開業、平成六年（一九九四）に練馬まで全通してから直通運転が行われている。

最後に新交通システムの山口線。前身は似たルートで遊園地の遊具としての「おとぎ電車」が昭和二五年（一九五〇）に開業、同二七年に地方鉄道法に基づく「山口線」（通称おとぎ線）となった。軌間七六二ミリの狭軌線で、いずれも廃止された頸城（くびき）鉄道（新潟県）や井笠鉄道（岡山県）の車両を走らせる貴重な軽便鉄道であったが、昭和六〇年（一九八五）に新交通システム（案内軌条（きじょう）式鉄道）に改築、ルートも一部変更して山口線（愛称・レオライナー）として現在に至っている。

東京の地下鉄路線名——多くが都心地名を名乗る

「東洋唯一の地下鉄道」が東京に開通したのは昭和二年（一九二七）の一二月三〇日であった。東京地下鉄道株式会社という民間会社である。一八九六年にハンガリーのブダペストで世界初の電車による地下鉄（幕末開業のロンドンは当初蒸気機関車による運転）が開業してから三一年の遅さだが、その必要性は有識者の間では早くから説かれていた。

地下鉄が浅草〜上野間にお目見えして２年後に、東京の市電路線図の中に記載された地下鉄。「地下電車」の表記が興味深い。東京市電気局「電車案内」昭和４年（1929）発行

後に「地下鉄の父」と呼ばれる早川徳次（一八八一〜一九四二）は大正三年（一九一四）に欧米へ外遊した際、ロンドンで地下鉄の発展ぶりを目の当たりにしてその必要性を説く。帰国後はその実現に奔走、着工までの紆余曲折や関東大震災の試練はあったが、ようやく開業に漕ぎ着けた。ついでながら、誤解されやすいのが「同名」の早川徳次で、こちらは総合電機メーカーであるシャープの創業者で、シャープ

ペンシルの発明者としても知られている。生年は一回り下の明治二六年（一八九三）。「地下鉄の父」の方は名前の読みが「のりつぐ」なので、地下鉄ならではの名前、と覚えておけばよい。

さて、その一方で東京市営の地下鉄も計画されていた。しかし予算面などで議会と折り合わず、結局は実現していない。戦前に開通したのはこの東京地下鉄道（浅草〜新橋間）と、五島慶太率いる東京高速鉄道（新橋〜渋谷間）のみであったが、昭和一四年（一九三九）の時刻表によれば、それぞれ「地下鉄線」「高速線」と区別されている。この二線が現在の銀座線だ。

昭和一六年（一九四一）には帝都高速度交通営団（営団地下鉄・現東京メトロ）に統合されたが、一路線であれば線名は必要ない。銀座線の名が登場したのは二路線目が開業する前年の昭和二八年（一九五三）である。新線には赤い車体に斬新な銀帯の車両が颯爽とお目見えし、丸ノ内線と名付けられた。線名には東京随一の商業地である銀座と、代表的なビジネス街の丸ノ内（現在の町名は丸の内）が選ばれたわけだ。

その後は都営地下鉄が昭和三五年（一九六〇）に押上（おしあげ）〜浅草橋間に登場する。京浜急行および京成電鉄との列車直通のため架線集電方式が採用された。都営では唯一のため、正式名称はともかく単に「都営地下鉄」と呼ばれたようだが、昭和四三年（一九六八）に三田線の前身である六号線が開業したため、それぞれ一号線・六号線と明確化されている。二〜五号線が欠番の理由は、東京の地下鉄計画を進めた都市交通審議会（運輸省内に設置）答申による通し番号に従ったため。ちなみに二号線は日比谷線、三号線は銀座線である。

東京地下鐵道㊙江ノ島電鐵◎築地電軌　四二

㊙澁谷、井ノ頭公園、吉祥寺間　帝都電鐵

營業時間（澁谷發吉祥寺行初發前五時十分ヵ終發後十一時三十五分迄／吉祥寺發澁谷行初發前五時五十分ヵ終發夜半十二時二十分迄）以上澁谷、永福町間ハ十分每。永福町、吉祥寺間ハ廿分每ニ運轉ス

驛名　澁谷、神泉、一高前、西駒場、池ノ上、下北澤、代田二丁目、東松原、明大前、永福町、西永福、濱田山、高井戸、富士見ヶ丘、久我山、三鷹臺、井ノ頭公園、吉祥寺

●賃金　澁谷、吉祥寺間粁程十二粁八運賃二十三錢

◎淺草、上野、銀座、新橋間　東京地下鐵道

營業時間（淺草發（新橋行）前六、三〇ヵ夜一一、〇〇迄（上野行夜〇、一五迄）／新橋發（淺草行）前六、三四ヵ夜一一、五四迄（上野行夜〇、一九迄））前一〇、〇〇ヵ後八、〇〇迄ハ二分半其他ハ五分每ニ運轉ス（所要時十七分）

▼停留所　淺草、田原町、稻荷町、上野、上野廣小路、末廣町、神田、三越前、日本橋、京橋、銀座、新橋　▼運賃　三驛迄五錢。四驛目八錢。五驛目ヵ七驛目迄十錢。八驛目十三錢。九驛目以上十五錢。

㊙鎌倉、江ノ島、藤澤間（神奈川縣片瀬町）　江ノ島電氣鐵道

江ノ島發（藤澤行）初五、一〇終夜〇、一〇　鎌倉發（江ノ島行）初六、一五終夜〇、一五
藤澤發（江ノ島行）初五、三〇終夜〇、三五　藤澤發（鎌倉行）初五、三〇終後一一、一〇
江ノ島發（鎌倉行）初五、二〇終後一一、二〇　鎌倉發（藤澤行）初六、一五終後一一、二〇
以上十分每運轉（但前六、三〇前及後一〇、〇〇後ハ每廿分每發車）
自七月一日至八月末日迄海水浴場行納涼電車運轉右期間中海水浴納涼割引往復乘車券發賣
●運賃一區每ニ五錢全區間六區、金三十錢全線一〇粁二分
●團體割引ハ三十人以上割引方ハ鐵道省所定ト同ジ

「東洋初の地下鉄道」としてデビューした東京地下鉄道が新橋まで全通して２年後の時刻表（中央）。新橋～渋谷間は別会社の東京高速鉄道が昭和 13 ～ 14 年に開業した。左側の江ノ電は昭和６年（1931）から夏季の運行が始まった「納涼電車」に言及している。

東京旅行社『汽車汽船ポケット旅行案内』昭和 11 年４月号

営団地下鉄で三番目の路線は「日比谷線」と命名された（昭和三六年開業）。先行路線名の銀座・丸ノ内と日比谷は至近距離だが、都心へ通じていることをアピールしたかったのかもしれない。昭和三九年（一九六四）には初めて「非地名系」の東西線が登場するが、その後は千代田線（昭和四四年）、有楽町線（同四九年）といずれも都心の地名が選ばれている。その後は少し離れた皇居西側の門の名をとった半蔵門線（同五三年）、南北線（平成三年）、旧都心を通らずに西側を池袋～新宿三丁目～渋谷と南北に結ぶ副都心線（平成二〇年）が命名されているが、線名に採用された銀座・丸ノ内・日比谷・千代田・有楽町・半蔵門は直径三キロの円の中にすっぽり入る。

都営地下鉄は昭和五三年（一九七八）に一〇号線を開業するが、これを機に一号線を浅草線、六号線を三田線、新開業の一〇号線を新宿線と改称した。営団地下鉄に対して旧都心から離れた地名が線名に選ばれたところが都営路線の特徴である。平成三年（一九九一）に鉄輪リニア方式で登場した一二号線は、都心部の「環状」区間の開通に合わせて線名を公募した。路線名称選考委員会は「東京環状線」を第一候補としたが、環状運転もしないのに不適切だとする当時の石原慎太郎都知事の意見に従って再考、大江戸線になった。おおむね江戸の範囲の外周をぐるりと回るルートを考えれば適切な命名であろう。

出典一覧

函館本線

1 鉄道協議会日誌∨【ＪＲ北海道】函館本線（長万部〜小樽）を廃止に導いた自治体間の「温度差」 https://tetsudokyogikai.net/jr/shiribeshi

2 北海道新聞∨二〇一八年一二月開通の後志道 一年半で補修四回も https://www.hokkaido-np.co.jp/article/434078

留萌本線

3 『北海道地名分類字典』 本多貢 北海道新聞社 一九九九年 二二二頁

4 「列車別乗車人員 令和三年特定日調査（平日）に基づく」 北海道旅客鉄道 https://www.jrhokkaido.co.jp/corporate/region/pdf/koumoku/04_2021.pdf

5 『全訂全国市町村名変遷総覧』 市町村自治研究会監修 日本加除出版 平成一八年 一一頁

阪急宝塚線

6 『新版 角川日本地名大辞典』 DVD-ROM版 KADOKAWA 二〇一一年∨小浜村

福知山線

7 『日本国有鉄道百年史』第四巻　日本国有鉄道　昭和四七年　四五〇頁以下

8 『汽車汽船旅行案内』明治三六年一月号　庚寅新誌社　四頁　広告

山田線

9 『日本鉄道請負業史』大正・昭和（前期）篇　日本鉄道建設業協会　一九六七年　一三七頁

赤穂線

10 『官報』第二九〇四号　大正一一年四月一一日

11 『日本鉄道請負業史』昭和（後期）篇　日本鉄道建設業協会　一九九〇年　五九四頁

飯田線

12 『三信鉄道建設概要』三信鉄道株式会社編　三信鉄道　昭和一二年「三信鉄道線路縦断面図」

木次線

13 『国鉄全線全駅』の「乗降客数」数値の二分の（一）とした（掲載数がすべて偶数なので国鉄発表の「乗車人数」を二倍した数値と想定）。

14 西日本旅客鉄道ニュースリリース「輸送密度二、〇〇〇人／日未満の線区別経営状況に関する情報開示」二〇二二年一一月三〇日

香椎線
15 『西日本鉄道百年史』西日本鉄道株式会社一〇〇年史編纂委員会編纂　西日本鉄道
二〇〇八年 二七頁
山手線
16 『中仙道両毛水戸日光甲武品川線鉄道案内』藤田定勝編　明誠館　明治二四年 二九頁
国会図書館デジタルコレクション所蔵　https://dl.ndl.go.jp/pid/764284/1/38
17 『汽車汽船旅行案内』明治二七年一一月号　庚寅新誌社 二〇頁
18 『日本鉄道案内記』日本鉄道社員・松岡広之　編集兼発行　明治三二年　三三一頁
国会図書館デジタルコレクション所蔵　https://dl.ndl.go.jp/pid/762799/1/342
富山地方鉄道
19 『富山地方鉄道五十年史』富山地方鉄道株式会社　富山地方鉄道　昭和五八年 二九四頁
湖西線
20 『官報』第二一一四号　大正八年八月二一日
21 『新版　角川日本地名大辞典』DVD-ROM 版　KADOKAWA　二〇一一年〈比良山地
22 『日本鉄道名所六　北陸線　関西線　紀勢線』小学館　一九八七年 三四頁〜三五頁
石勝線「夕張支線」
23 改訂増補『夕張市史』下巻　夕張市史編さん委員会　夕張市役所　昭和五六年

二九四頁

磐越西線

24　『日本国有鉄道百年史』第四巻　日本国有鉄道　昭和五〇年第二版　三三三頁以下

南武線

25　『南武線物語』五味洋治　多摩川新聞社　一九九三年三刷　四九頁

八高線

26　『日本鉄道請負業史』大正・昭和（前期）篇　日本鉄道建設業協会　一九七八年　二八二頁

京浜東北線

27　『汽車汽船旅行案内』大正四年三月号　旅行案内社　四二頁（電車休止中）、『汽車汽船ポケット旅行案内』大正六年一一月号　東京旅行社　二四頁、四四頁（電車運転再開後）

28　『京浜電気鉄道沿革史』京浜急行電鉄株式会社編　京浜急行電鉄　昭和二四年　三一七頁

高徳線

29　『鉄道ピクトリアル』通巻四九二号（一九八八年三月号）「日本の鉄道連絡航路の系譜」青木栄一　一三頁

東海道本線

30　『日本国有鉄道百年史』通史　日本国有鉄道　昭和五〇年第二版　四四五頁

山陽本線

31　『鉄道航路旅行案内』明治三八年八月号　駸々堂より官営鉄道新橋～京都間三等（三三八哩〇三鎖　五二七・九キロで三円七五銭）とほぼ同じ距離の山陽鉄道神戸～下関間三等（三二九哩二二鎖　五二九・九キロで三円〇〇銭）を比較。大阪商船の神戸～下関または門司間は三等で二円四〇銭

32　交通新聞社のウェブサイト「トレたび」＞国内食堂車誕生一一一周年
https://www.toretabi.jp/train/vol27/01.html

33　『山陽鉄道案内』山陽鉄道株式会社運輸課　明治三四年発行　奥付直前
『日本の私鉄』和久田康雄　岩波新書　二一頁、三四頁 他

南海電気鉄道

34　『日本鉄道史』上編　鉄道大臣官房文書課編　大正一〇年 七六九頁

35　『南海電気鉄道百年史』　南海電気鉄道株式会社編　南海電気鉄道　昭和六〇年 一一四頁

東急田園都市線

36　『東京急行電鉄五〇年史』東京急行電鉄社史編纂事務局編　東京急行電鉄　昭和四八年発行 六〇三頁

大井川鐵道

37　「大井川の電源開発と大井川鉄道」加藤新一　『鉄道ピクトリアル』通巻四三六号（一九

八四年九月号）二二頁

西武鉄道

38　鉄道院文書「武蔵野鉄道」巻一（明治四四年〜大正三年）より取締役死亡届（大正二年四月二五日）国立公文書館蔵

39　『官報』第八五〇二号　明治四四年一〇月二一日

鉄道路線名 分類表

※分類基準などは272頁に記載

			JR線	JR以外の鉄道（社名）	JR以外の路線名
地域	街道・七道		東海道本線　東海道新幹線　山陽本線　山陽新幹線　山陰本線　北陸本線　北陸新幹線（参宮線※）	南海電気鉄道　北陸鉄道　山陽電気鉄道	〔南海〕南海本線
	広域地方名称（都道府県より広いもの）		東北本線　東北新幹線　関西本線※（本四備讃線）九州新幹線　西九州新幹線	（三陸鉄道）関東鉄道（北越急行）東海交通事業　近畿日本鉄道　西日本鉄道	
	国名		日高本線　越後線※　吉備線（吉備＝備前・備中の旧名）相模線※	上毛電気鉄道（上毛＝上野国）相模鉄道　えちごトキめき鉄道　のと鉄道　えちぜん鉄道　しなの鉄道（伊豆箱根鉄道）伊豆急行　遠州鉄道　伊勢鉄道　伊賀鉄道（京都丹後鉄道）紀州鉄道　伊予鉄道　土佐くろしお鉄道	〔名鉄〕三河線※　〔近鉄〕志摩線※
		方角つき	南武線※　日南線	東武鉄道　西武鉄道　泉北高速鉄道	〔名鉄〕尾西線※　〔三岐鉄道〕北勢線※
	都道府県名		北海道新幹線	（青い森鉄道）IGRいわて銀河鉄道　福島交通　秋田内陸縦貫鉄道　山形鉄道　あいの風とやま鉄道　富山地方鉄道　IRいしかわ鉄道　福井鉄道　ハピラインふくい　静岡鉄道　愛知環状鉄道　愛知高速交通（リニモ）（京都丹後鉄道）沖縄都市モノレール	

呼称	広域地方名称（都道府県より狭いもの）	宗谷本線　富良野線　津軽線　吾妻線　（鹿島線）　山手線　内房線　外房線　（湖西線）　美祢線　（筑豊本線）	道南いさりび鉄道　津軽鉄道　（三陸鉄道）　由利高原鉄道　会津鉄道　鹿島臨海鉄道　秩父鉄道　いすみ鉄道　（北越急行）　多摩都市モノレール　湘南モノレール　箱根登山鉄道　（伊豆箱根鉄道）　岳南電車　嵯峨野観光鉄道　能勢電鉄　水島臨海鉄道　（平成筑豊鉄道）（筑豊電気鉄道）　松浦鉄道　南阿蘇鉄道	〔京成〕千原線（ニュータウン名）〔東京臨海高速鉄道〕りんかい線　〔東京メトロ〕副都心線　〔都営地下鉄〕大江戸線　〔西武〕豊島線・狭山線・山口線　〔小田急〕多摩線　〔北越急行〕ほくほく線（工事線名＝北越北線）　〔名鉄〕知多新線　〔京阪〕交野線　〔近鉄〕南大阪線・けいはんな線　〔阪急〕千里線
	自然地名・自然物	海峡線　（田沢湖線）　武蔵野線	阿武隈急行　わたらせ渓谷鐵道　江ノ島電鉄　黒部峡谷鉄道　富士山麓電気鉄道　アルピコ交通（ALPIne COrporation）　大井川鐵道　天竜浜名湖鉄道　長良川鉄道　（叡山電鉄）　錦川鉄道　くま川鉄道	〔三陸鉄道〕リアス線　〔由利高原鉄道〕鳥海山ろく線　〔東武〕鬼怒川線　〔西武〕多摩湖線・多摩川線　〔東急〕東急多摩川線　〔京王〕高尾線　〔えちごトキめき鉄道〕日本海ひすいライン・妙高はねうまライン　〔富山地鉄〕立山線　〔大井川鐵道〕大井川本線　〔名古屋臨海高速〕（あおなみ線）　〔叡山電鉄〕叡山本線　〔近鉄〕信貴線　〔阪神〕武庫川線　〔能勢電鉄〕妙見線　〔神戸市営地下鉄〕海岸線
合成	国名合成	石勝線　石北本線　奥羽本線　羽越本線　常磐線　両毛線（上野+下野）　総武本線※　信越本線　上越線　上越新幹線　紀勢本線　播但線※　因美線　伯備線　芸備線（本四備讃線）　予讃線　土讃線　予土線　（筑豊本線※）　筑肥線　豊肥本線　日豊本線　肥薩線	（三陸鉄道）　野岩鉄道　上信電鉄　阿佐海岸鉄道　（平成筑豊鉄道）（筑豊電気鉄道）　肥薩おれんじ鉄道	〔東武〕東上本線※（東京+上野国）　〔関東鉄道〕常総線※

			JR線	JR以外の鉄道（社名）	JR以外の路線名
合成		方角つき	陸羽東線　陸羽西線　磐越東線　磐越西線　越美北線	北総鉄道	
合成	起終点などの合成		釧網本線　札沼線（終点側は廃止）　五能線（線名の合成）　仙山線　仙石線　米坂線　水郡線　八高線　白新線（計画時の起点が白山）　大糸線（国鉄区間の起終点）　太多線　名松線（未成）　阪和線※　姫新線　福塩線　岩徳線　高徳線　久大本線　吉都線	京成電鉄　新京成電鉄　京浜急行電鉄　京王電鉄　京阪電気鉄道　阪神電気鉄道　（阪急電鉄＝旧称は京阪神急行電鉄）	〔東急〕東横線※　〔京王〕京王線　〔京都丹後鉄道〕宮福線　〔京阪〕京津線※
合成	都府県名の合成		京葉線　埼京線（系統名）	東葉高速鉄道　三岐鉄道　京福電気鉄道（旧京都電灯の営業エリア＝京都＋福井）	〔三岐鉄道〕三岐線
都市・		起点	函館本線　北上線　鶴見線※　横浜線※（線外）　小海線（当初の国鉄起点が小海）　片町線（現在起点なし）　加古川線　徳島線※　後藤寺線		〔京成〕押上線　〔都営地下鉄〕新宿線　〔西武〕池袋線・新宿線・国分寺線　〔東急〕目黒線・大井町線　〔近鉄〕大阪線・名古屋線・京都線・生駒線・道明寺線　〔西鉄〕貝塚線
都市・		途中駅	千歳線　八戸線（現在は起点）　山田線（現在は線外）　花輪線（田沢湖線）　只見線（開業時は未成の終点）　川越線　成田線※　根岸線　飯山線　飯田線　小海線　高山本線　小浜線　御殿場線　身延線　桜井線　赤穂線　木次線　可部線　美祢線　山口線　宇部線※　小野田線※　香椎線　大村線	真岡鐵道　養老鉄道　井原鉄道	〔東武〕野田線・佐野線※　〔東急〕池上線※　〔東京メトロ〕銀座線・日比谷線・有楽町線・半蔵門線（開業時は未成の途中駅）　〔都営地下鉄〕浅草線・三田線　〔富山地鉄〕上滝線・不二越線（会社名由来の不二越駅）　〔名鉄〕犬山線・竹鼻線※・各務原線※・広見線（旧駅名＝新広見）・小牧線・西尾線※　〔名古屋市営地下鉄〕鶴舞線　〔福岡市営地下鉄〕箱崎線・七隈線　〔平成筑豊〕糸田線

駅名等 › 起点・途中駅・終点 › 終点	根室本線　室蘭本線（当初は岩見沢起点）　留萌本線（当初の終点）　大湊線　釜石線　大船渡線（旧終点・盛は大船渡市内）　男鹿線　左沢線　気仙沼線　石巻線　弥彦線　水戸線※（現在は線外）　烏山線　日光線　高崎線　（鹿島線）　東金線（現在は途中駅）　久留里線（現在は途中駅）　赤羽線　横須賀線（現在は途中駅）　青梅線※（現在は途中駅）　五日市線※　七尾線※　城端線　氷見線　篠ノ井線　伊東線　武豊線　草津線　奈良線※（線外）　桜島線　舞鶴線　福知山線　和歌山線　境線　津山線　宇野線　呉線（現在は途中駅）　鳴門線　牟岐線（命名時は未成の終点）　内子線（現在は途中駅）　唐津線※　篠栗線（現在は途中駅）　長崎本線　佐世保線　三角線　鹿児島本線	小湊鐵道（未成）　芝山鉄道　小田急電鉄（旧称は小田原急行鉄道）　樽見鉄道　明知鉄道（駅は明智駅）　信楽高原鐵道　智頭急行　水間鉄道　北条鉄道　甘木鉄道　若桜鉄道　島原鉄道	〔関東鉄道〕竜ヶ崎線※　〔東武〕伊勢崎線・日光線・宇都宮線・桐生線（終着駅は赤城）・小泉線・越生線※　〔西武〕西武秩父線・拝島線　〔京成〕金町線・千葉線・東成田線　〔東急〕東急新横浜線　〔京急〕逗子線・久里浜線　〔小田急〕小田原線・江ノ島線　〔相鉄〕いずみ野線（現在は途中駅）・相鉄新横浜線　〔大井川鐵道〕井川線　〔名鉄〕瀬戸線※・常滑線・河和線・蒲郡線・豊川線・豊田線　〔名古屋市営地下鉄〕上飯田線　〔近江鉄道〕八日市線※・多賀線　〔叡山電鉄〕鞍馬線※　〔京阪〕宇治線・中之島線　〔阪急〕京都本線・嵐山線・宝塚本線・箕面線・神戸本線・伊丹線・甲陽線・今津線　〔阪神〕なんば線　〔近鉄〕難波線・奈良線・橿原線・天理線※・田原本線・長野線・御所線・吉野線※・山田線・鳥羽線・湯の山線　〔南海〕高野線※・高師浜線・多奈川線・加太線※　〔神戸電鉄〕有馬線・三田線・粟生線　〔山陽電鉄〕網干線　〔高松琴平電鉄〕琴平線・志度線・長尾線　〔伊予鉄道〕高浜線・横河原線・郡中線　〔土佐くろしお〕中村線・宿毛線　〔西鉄〕太宰府線・甘木線　〔平成筑豊〕伊田線・田川線

			JR線	JR以外の鉄道（社名）	JR以外の路線名
都市・駅名等		複数	指宿枕崎線　日田彦山線　京浜東北線（系統名・線名の連称）	高松琴平電鉄	〔鹿島臨海〕大洗鹿島線　〔えちぜん鉄道〕三国芦原線※・勝山永平寺線　〔京阪〕石山坂本線　〔大阪メトロ〕長堀鶴見緑地線　〔土佐くろしお鉄道〕ごめん・なはり線　〔西鉄〕天神大牟田線
	代表都市名		大阪環状線　おおさか東線　博多南線	ひたちなか海浜鉄道　流鉄（旧総武流山電鉄）　千葉都市モノレール　銚子電気鉄道　東急電鉄（旧東京急行電鉄）　東京モノレール　東京臨海高速鉄道　横浜高速鉄道　横浜シーサイドライン　長野電鉄　上田電鉄　名古屋鉄道　名古屋臨海高速鉄道　豊橋鉄道　四日市あすなろう鉄道　北大阪急行電鉄　大阪モノレール　神戸電鉄　北神急行電鉄　神戸新交通　和歌山電鐵　井原鉄道　広島電鉄　北九州モノレール	〔東急〕世田谷線　〔京王〕相模原線　〔名鉄〕名古屋本線・羽島線　〔近鉄〕鈴鹿線
	都市内の小地域				〔東京メトロ〕丸ノ内線・千代田線　〔名古屋市営地下鉄〕東山線　〔京阪〕鴨東線　〔大阪メトロ〕四つ橋線・千日前線　〔大阪モノレール〕彩都線　〔能勢電鉄〕日生線　〔神戸電鉄〕公園都市線　〔神戸市営地下鉄〕山手線・西神線

	都市内の通り名			桜通線〔京都市営地下鉄〕烏丸線〔大阪メトロ〕御堂筋線・谷町線・堺筋線・今里筋線
その他	**寺社・施設名など**	関西空港線　瀬戸大橋線　宮崎空港線	仙台空港鉄道　舞浜リゾートライン（叡山電鉄）一畑電車（一畑薬師）	〔東武〕大師線〔京成〕成田空港線〔西武〕西武園線〔東急〕こどもの国線〔京王〕井の頭線・競馬場線・動物園線〔京急〕大師線※・空港線〔富山地鉄〕富山港線〔名鉄〕築港線・空港線〔名古屋市営地下鉄〕名城線・名港線〔南海〕空港線・和歌山港線〔福岡市営地下鉄〕空港線
	その他	中央本線（湖西線）JR 東西線（参宮線※）	弘南鉄道（青い森鉄道）ゆりかもめ　WILLER TRAINS（京都丹後鉄道の名で運輸営業）	〔仙台市営地下鉄〕南北線・東西線〔東京メトロ〕東西線・南北線・副都心線〔京成〕本線〔西武〕西武有楽町線（乗入れ路線名）〔東急〕田園都市線〔京急〕本線〔相鉄〕本線〔横浜市営地下鉄〕ブルーライン・グリーンライン〔富山地鉄〕本線〔名古屋臨海高速〕（あおなみ線）〔近江鉄道〕本線〔京都市営地下鉄〕南北線〔京阪〕本線〔阪神〕本線〔大阪メトロ〕中央線〔大阪モノレール〕本線〔山陽電鉄〕本線

※線名の採用はおおむね次のような原則をとっています。

①JRは路線名で、系統名は原則として除外。

②「JR以外の鉄道」はJR以外の民営・第三セクターなどを示し、その路線名は〔　〕内に会社名（一部略称）を示しました。ただし1路線のみの鉄道会社は路線名を省略。

③貨物鉄道、鋼索鉄道（ケーブルカー）、軌道法による「路面電車」、新交通システム等、および第3種鉄道事業線などは除外。

④「起点・終点」は必ずしも駅名ではなく、また起点と終点の判断基準は必ずしも正式なものと一致しません。ここでは歴史的経緯、列車番号などを考慮して便宜的に分類しています。JR・その他ともに旧私鉄名を採用したものには※を付けました（青梅電気鉄道→青梅線など）。

⑤必ずしも1種類に分類できないものもあり、場合によって複数にまたがるものは（　）で示しています。

鉄道・路線名の・ひみつ
—木更津線、人吉本線を知っていますか

2023年6月22日　初版発行

著　者　今　尾　恵　介
発行者　和　田　　　裕

発行所　日本加除出版株式会社
本　社　〒171－8516
東京都豊島区南長崎3丁目16番6号

組版・印刷　㈱亨有堂印刷所　　製本　牧製本印刷㈱

定価はカバー等に表示してあります。
落丁本・乱丁本は当社にてお取替えいたします。
お問合せの他、ご意見・感想等がございましたら、下記までお知らせください。

〒171-8516
東京都豊島区南長崎3丁目16番6号
日本加除出版株式会社　営業企画課
電話　03-3953-5642
FAX　03-3953-2061
e-mail　toiawase@kajo.co.jp
URL　www.kajo.co.jp

ISBN978-4-8178-4884-0